Bibliothèque publique Nipissing Ouest

OPÉRASCOPE

Le film-opéra en Amérique

Nous remercions le Conseil des Arts du Canada ainsi que la Société de développement des entreprises culturelles du Québec de l'aide apportée à notre programme de publication. Nous reconnaissons également l'aide financière du gouvernement du Canada par l'entremise du Programme d'aide au développement de l'industrie de l'édition (PADIÉ) pour nos activités d'édition.
Gouvernement du Québec — Programme de crédit d'impôt pour l'édition de livres — Gestion SODEC

Mise en pages : Constance Havard
Maquette de la couverture : Raymond Martin
Illustration de la couverture : Frank Desgagnés

Distribution :
Canada
Dimedia
539, boulevard Lebeau
Saint-Laurent (Québec)
H4N 1S2
Tél. : (514) 336-3941
Téléc. : (514) 331-3916
general@dimedia.qc.ca

Europe francophone
Librairie du Québec / D.E.Q.
30, rue Gay Lussac
75005 Paris
France
Tél. : (1) 43 54 49 02
Téléc. : (1) 43 54 39 15
liquebec@noos.fr

Dépôt légal : B.N.Q. et B.N.C., 4ᵉ trimestre 2003
ISBN : 2-89031-485-5
Imprimé au Canada

© Copyright 2003
Les éditions Triptyque
2200, rue Marie-Anne Est
Montréal (Québec)
H2H 1N1
Tél. et téléc. : (514) 597-1666
Courriel : *triptyque@editiontriptyque.com*
Internet : *www.generation.net/tripty*

Réal La Rochelle

OPÉRASCOPE

Le film-opéra en Amérique

Avec les voix de
Alain Resnais et François Girard

Triptyque

Du même auteur

Le Cinéma et l'Enfant, Montréal, Éducation nouvelle, 1972.

Callas. La diva et le vinyle, Montréal et Grenoble, Triptyque / La vague à l'âme, 1988.

Médée, c'est Callas, Montréal, La Cinémathèque québécoise, 1988.

Cinéma en rouge et noir, Montréal, Triptyque, 1994.

Callas. L'opéra du disque, Paris, Christian Bourgois, 1997.

Coordination d'ouvrages collectifs

«Québec/Canada. L'enseignement du cinéma et de l'audiovisuel. The Study of Film and Video», Paris, *CinémAction*, hors série, 1991.

Avec François Jost, «Cinéma et musicalité», Montréal, *Cinémas*, automne 1992.

Écouter le cinéma, Montréal, Les 400 coups, 2002.

L'opéra, pour l'essentiel, est plus ou moins du théâtre chanté. Là-dessus, on peut ajouter n'importe quoi : du ballet, des numéros de trapèze, des tremblements de terre, ou un orchestre de cent cinquante cloches de vache et de sirènes. Stylistiquement parlant, l'opéra est la plus libre et la plus diversifiée de toutes les formes d'art.

Virgil Thomson

«Qu'est-ce qu'un ténor?»
demandait le petit Bobby Breen

Quand, après la fin d'une lointaine Seconde Guerre mondiale, j'étais à la petite école de La Sarre en Abitibi (Québec), chez les terribles Frères des Clercs de Saint-Viateur, quelques brises passèrent parfois au milieu des terreurs et des cauchemars.

Une de ces bouffées d'air frais arriva un certain samedi, pendant une séance de cinéma, au sous-sol de la baraque scolaire. Les frères nous présentaient depuis quelque temps, outre des Laurel et Hardy, quelques films avec l'enfant chanteur américain Bobby Breen.

Dans un de ceux-là, Bobby, orphelin recueilli par les bonnes gens d'un cirque, entend parler un jour d'un *ténor*. «Qu'est-ce qu'un ténor?» demande le bel enfant. Moi aussi je devins anxieux de connaître la réponse, puisque j'étais fasciné par ce film musical où les petites mélodies s'enchaînaient à de grands airs chantés haut et fort.

Dans l'énervement, je n'ai pas compris la réponse donnée dans le film. Si bien qu'après la projection, avec quelques copains, nous harcelions le frère surveillant: «C'est quoi, un ténor?» Il nous expliqua la chose, et ce qu'était un air d'opéra. C'est ainsi que, pour la première fois de ma vie, j'appris à connaître l'opéra par le biais d'un *musical* américain.

Aujourd'hui, grâce au dictionnaire biographique *Hollywood Songsters*, j'apprends que ce film de 1936 s'appelle *Let's Sing Again*, qu'il comprend une mélodie homonyme, une autre intitulée *Farmer in the Dell*, une berceuse, ainsi que l'aria *La donna è mobile*. J'y apprends aussi que Bobby Breen, de son vrai nom Borsuk, était un Juif né à Montréal, qu'il fit neuf longs métrages à Hollywood entre 1936 et 1943 à titre de garçon soprano prodige, une pièce sur Broadway, et qu'il participa au *Eddie Cantor Show* de la radio de NBC.

Merci, Bobby, de m'avoir fait passer quelques bonnes heures de mon enfance et de m'avoir présenté Verdi et l'opéra.

Luc Simon Perrault, *La Presse.*

Introduction

«THÉÂTRE OPÉRASCOPE»
L'opéra des cinémas nord-américains

Au printemps de 1988, un incendie rase un établissement commercial du quartier Rosemont de Montréal. En nettoyant les débris, les ouvriers mettent au jour le mur d'un bâtiment voisin, dévoilant une immense réclame peinte sur les briques: THÉÂTRE OPÉRASCOPE.

Ce nom désigne un cinéma des premières décennies du siècle, avant les superbes palaces hollywoodiens, au moment où fleurissaient divers «scopes»: Ouimetoscope, Nationoscope... Cette révélation involontaire de l'archéologie cinématographique nous rappelle aussi que Montréal fut la première ville du Canada à présenter l'invention des Lumière, le 27 juin 1896, quelques mois seulement après son lancement au Grand Café de Paris. Éblouissement jamais éteint depuis plus d'un siècle.

Un axe Paris-Montréal avait ainsi été construit, qui fut rapidement concurrencé par celui de New York, d'où Edison exporta le cinéma accompagné du phonographe. Emil Berliner s'était également installé à Montréal, pour fuir les batailles juridiques américaines, et veillait au grain de l'enregistrement sonore avec son gramophone. Il allait bientôt participer aux expériences de sonorisation des films[1]. Quoi qu'il en soit de ce chassé-croisé, le film est imaginé et reçu, dès sa création industrielle, comme sonore, musical. Tel un opéra. Déjà le 20 avril 1895, un article de *La Presse* rend compte de la présentation à Montréal du *Kinetograph* d'Edison:

> Edison a combiné le phonographe et la photographie instantanée à distance en un seul instrument. Avec ce merveilleux appareil une révolution s'opérera sur tout le globe dans les différentes industries. C'est ainsi que le plus humble villageois pourra se procurer le plaisir de voir et d'entendre, moyennant une rétribution des plus modiques, nos grands chanteurs et les prima donna les plus célèbres sur n'importe quel point du globe.

«C'est grand, c'est beau, c'est terrible!» écrit encore *Le Monde* le 29 juin 1896, dans la chronique «L'immortalité conquise par le cinématographe»:

> Grâce au cinématographe, nos grands orateurs, nos grands chanteurs, nos grands déclamateurs, dont le talent fugace ne peut guère nous servir de modèle que par tradition, vivront parmi nous.

Plus tard, le 27 juin 1908, on trouve dans *La Presse* un éditorial lyrique sur «L'alliance du phonographe et du cinématographe»:

> En unissant le phonographe au vitascope, il sera facile de se payer tous les soirs le grand opéra de Paris ou les représentations les plus connues de l'univers entier... Avec tous leurs perfectionnements, le Cinématographe et le phonographe ont pris dernièrement une importance capitale dans la société, et ces deux instruments que l'on considérait, il y a peu de temps, comme de simples moyens de faire passer agréablement une heure ou deux, sont montés de beaucoup dans l'estime des gens les plus sérieux... Le cinématographe est le théâtre de l'avenir.

Peut-on alors s'étonner qu'on érige à Montréal un Théâtre Opérascope? «Théâtre» (de l'américain *theater* désignant les salles de cinéma), lieu où les films se promènent encore à travers le mélodrame et le music-hall. «Opérascope» vient aussi des États-Unis, où de multiples salles de spectacles et de cinéma, dans les petites villes ou les patelins du Middle West, portent le nom d'*opera house* ou de *lyric hall*, comme le Tabor Opera House. Se souvient-on que *The Birth of a Nation* (*Naissance d'une nation*) eut sa première, le 1er janvier 1915, au Loring Opera House de Riverside, en Californie? Que Buster Keaton, en 1921, dans *The Playhouse*, s'inventa un Keaton's Opera House? Et que dire de l'ouverture de ce magnifique *musical* de Rouben Mamoulian, *Applause* (1929), qui nous indique que le music-hall miteux où va se dérouler la tragédie s'appelle le Zenith Opera House?

Le terme «opérascope» peut marquer emblématiquement le lieu, l'objet et la stylistique d'ensemble de l'opéra dans les cinémas nord-américains. Ce mot, qui désigne un lieu populaire et reprend le suffixe «scope» utilisé déjà à toutes les sauces publicitaires, ne craint pas, en préfixe, de voler le terme «opéra» dans un geste de subversion dont le caractère bon enfant n'a d'égal que l'esprit de fronde. «Opérascope» peut allégoriquement signifier que le cinéma populaire a remplacé définitivement le vieil opéra mais qu'il contribue du même coup à sa régénération par les moyens de l'enregistrement audiovisuel.

Car un premier travelling à vol d'oiseau sur la fusion de l'opéra et du film en Amérique du Nord laisse paraître un constat très net. *L'opéra filmé n'existe pas*. Pas plus aux États-Unis qu'au Québec et au Canada. Opéra filmé dans l'acception que lui donne Kurt Weill (*Opernfilm*), c'est-à-dire transposition à l'écran des ouvrages lyriques conçus pour la scène et inscrits dans le répertoire, genre qui a traversé l'Europe, avec des bonheurs divers mais une tenace constance, depuis les débuts du cinéma sonore.

Nul *Opéra de quat'sous* de Pabst en Amérique, ni *Louise* d'Abel Gance, non plus que *Figaros Hochzeit* de Wildhagen ou *Der Rosenkavalier* de Paul Czinner, rien des *Rigoletto* ou *Madama Butterfly* de Carmine Gallone. Sophia Loren n'y fait pas de *lipsync* sur la voix de Tebaldi dans une *Aïda* de péplum, Thomas Beecham n'y dirige pas une version anglaise des *Contes d'Hoffmann*, pas plus que Bergman n'y réalise sa *Tröllflöjten* (*La Flûte enchantée*). Sans compter que Daniel Toscan du Plantier n'aurait pu provoquer à filmer de l'opéra ni Losey ni Rosi, pas plus que Syberberg, Comencini, Wajda, Zulawski ou Frédéric Mitterrand.

L'*Opernfilm* n'existe pas en Amérique; pourtant, le film-opéra (Weill l'appelle le *Filmoper*) est largement répandu, mais d'une manière telle qu'il se refuse a priori toute parenté avec l'opéra filmé conventionnel. L'opéra des cinémas d'Amérique du Nord est le fruit d'une rupture quasi générale et définitive avec les *textes* de l'opéra européen traditionnel. Bien sûr, y est pour quelque chose le brassage du flot migratoire européen, du métissage sociopolitique, dans lequel s'est retrouvé un fleuve culturel aux multiples sources.

Mais il y a plus. La fin du développement de l'art lyrique occidental, au début du XXe siècle, a coïncidé avec l'arrivée du phonographe et du cinématographe. Yehudi Menuhin a déjà indiqué comment, pour l'Amérique, ces deux technologies avaient été déterminantes pour la dissémination de la musique dans toutes les couches populaires[2]. Toutefois, il n'y a pas que le rôle de porteur ou de support qui puisse être attribué aux médias audiovisuels. Ces technologies de l'image et du son ont surtout été des outils de transformation, voire des modes spécifiques d'expression. Ce faisant, elles ont fait subir aux strates antérieures des influences et des emprunts, ce que Hannah Arendt appelle «la violence de l'interprétation[3]». Le *Filmoper* nord-américain témoigne de cette violence, la sécrète, la fabrique et l'exprime. Par commodité, appelons un instant ces films-opéras des opérascopes.

Ils ressemblent à celui d'une des premières séquences de *Splendor* d'Ettore Scola. Sur une place de village, un projectionniste ambulant a étendu la toile blanche. Quand le père démarre le film muet, l'enfant met en marche un gramophone. Surgit alors l'alliage primitif d'un spectacle lyrique synchronisant *Metropolis* et *Aïda*. Le petit Jordan raconte: «L'ingénieur du son, c'est moi. Les souvenirs de ma petite enfance sont presque tous ici. L'écran qui claque au vent comme un coup de fouet, les trompettes de Giuseppe Verdi, les roues dentées de Fritz Lang.»

Où est l'opéra?

Où loge donc le film-opéra dans les cinémas nord-américains, ceux de Hollywood et des indépendants états-uniens, ceux du Québec et du Canada anglais? Le présent essai esquisse une réponse à cette question complexe, dont les éléments de résolution nichent çà et là dans une forêt touffue de milliers de films musicaux. Au moyen d'une série de promenades – certaines plus approfondies, d'autres encore exploratoires ou en rase-mottes –, l'objectif d'*Opérascope* est d'abord de décrire les contours singuliers du film-opéra de cette géographie culturelle, ensuite d'analyser quelques films et créateurs qui en ont matérialisé les rêves et les visées.

Bien qu'il ne soit pas toujours aisé de circonscrire le domaine du film-opéra nord-américain, nous chercherons à l'éclairer au moyen de quelques concepts révélateurs, grâce à des compositeurs contemporains qui ont réfléchi sur ce nouvel objet tout en mettant la main à la pâte dans divers films. Kurt Weill, Maurice Blackburn, Michel Fano, entre autres, aideront à comprendre ce nouveau type de film lyrique. Weill le pratiqua à Hollywood après l'avoir théorisé à Berlin; Blackburn l'explora dans les cinémas québécois et canadien par son long travail à l'Office national du film du Canada (ONF); Fano en traça avec rigueur les paramètres théoriques à partir de ses recherches sur *Wozzeck* et de son travail filmique en France. Le premier a avancé l'idée de *film-opéra du futur*, le deuxième, la notion d'*opéra audiovisuel*, et le dernier a choisi l'expression *nouvel opéra audiovisuel*.

Ces diverses appellations se rejoignent, tout en recoupant celle d'Alban Berg, qui projeta de porter son *Wozzeck* à l'écran, puis d'écrire un *Tonfilmoper*, un «film-opéra sonore». Elles sont nées de la conviction que le film-opéra moderne, véritablement novateur, surgirait du potentiel expressif des sons et images filmiques, et s'éloignerait graduellement, parfois abruptement, des formes dramatiques musicales de l'opéra occidental développé pendant trois siècles comme art de la scène, en gros depuis l'*Orfeo* de Monteverdi (1607) jusqu'à *Pelléas et Mélisande* de Debussy (1902) et *Wozzeck* (1925).

Comme les cinémas nord-américains n'ont jamais pratiqué l'opéra filmé de ce répertoire traditionnel, mais ont produit de nombreux films musicaux dramatiques et lyriques, la seule question pertinente en la matière porte sur l'émergence d'un film-opéra ou d'un opéra audiovisuel nouveau, hors norme, atypique. Ce film-opéra existe, mais là où on ne l'attend pas toujours quand on évoque le terme «opéra» dans le sens référentiel au corpus européen: *opera seria*, *opera buffa*, opéra-comique, opérette, *Singspiel*, etc. Le film-opéra nord-américain est présent dans le *musical* hollywoodien ou dans ses marges, dans certaines formes musicales des indépendants et de l'underground américains ou encore, au Québec et au Canada, dans ce que Blackburn et Fano appellent des opéras audiovisuels. J'expliciterai dans un moment les domaines et les paramètres de ces formes modernes de l'opéra filmique.

La méthode des rêveries d'un promeneur solitaire

La matière est très vaste. Prenons le corpus le plus imposant, le *musical*. Si, comme le montre John Dizikes dans son essai *Opera in America*, l'opéra américain loge pour l'essentiel dans «le *musical* et la comédie musicale[4]» (Gershwin, Weill et Leonard Bernstein n'en pensaient pas moins), l'examen du film-opéra dans le *musical* ouvre une boîte de Pandore, fabuleuse et terrifiante. Ainsi que l'a indiqué Rick Altman, l'analyste perspicace de l'*American Film Musical*[5], ce genre hollywoodien dépasse les capacités d'un seul chercheur. Il en existe des centaines d'exemplaires, et encore s'agit-il du seul corpus commercial hollywoodien. Il faut pouvoir glaner aussi du côté des films musicaux des indépendants américains. Idéalement, il est nécessaire de chercher dans le cinéma expérimental et underground pour y détecter le nouvel opéra audiovisuel. Au Québec et au Canada, s'il n'y a pas de *musicals* et peu de producteurs commerciaux indépendants, l'ONF (organisme d'État) a permis une assez large expression du film-opéra contemporain dans ses zones exploratoires, tout comme l'a pratiqué le cinéma expérimental indépendant.

Voilà donc le décor de cette forêt du film-opéra nord-américain. L'enjeu premier n'est pas de tout le décrire, mais d'abord de le reconnaître comme tel, de désigner sous cette appellation l'adéquation et la légitimité de genres filmiques musicaux très divers, qui paraissent parfois même contradictoires avec la notion traditionnelle de l'opéra. Il semble donc pertinent, à cette étape-ci des définitions et des premières reconnaissances, de s'attarder sur quelques exemples plus révélateurs d'une transformation et d'un renouveau, quitte à renvoyer à plus tard le tracé détaillé de l'évolution historique de ces nombreux cinémas.

Tout en gardant une trame de fond diachronique, indispensable à l'ancrage référentiel de ces formes évolutives du film-opéra à New York et à Hollywood, à Toronto et à Montréal, *Opérascope* s'attardera sur quelques exemples emblématiques, entrelacés aux fils historiques, brodés çà et là sur le canevas d'ensemble. Il y aura ainsi de fréquents arrêts sur image, par exemple sur Rouben Mamoulian ou sur quelques *musicals* afro-américains, sur l'apport scénaristique de Betty Comden et Adolph Green, sur quatre ou cinq Minnelli, le travail de Weill à Hollywood, ou encore sur quelques films-opéras de l'ère du «post-*musical*»: ceux des Martin Scorsese, Francis Coppola, Brian De Palma, Milos

Forman, Herbert Ross, Carl Reiner, Croker Coulson et Adrian Velicescu... En toile de fond, on cheminera depuis l'origine des industries audiovisuelles (le rêve édisonien du *Grand Opera*) jusqu'aux années de transition de la Warner-Vitaphone (commercialisation de la synchronisation du film et du phonographe), puis dans le dossier du *musical* jusqu'à son effondrement.

On découvre très tôt, à la suite du crépuscule d'après-guerre du *musical* américain, des cinéastes canadiens comme Norman McLaren et Michael Snow qui commencent à New York leurs opéras filmiques expérimentaux. Après coup, parallèlement au post-*musical* américain, les cinémas québécois et canadien révèlent un courant solide et continu du film-opéra, qui se déploie chez des cinéastes comme Gilles Groulx, Pierre Hébert, Fernand Bélanger, Micheline Lanctôt, Denys Arcand, William MacGillivray, Peter Mettler, François Girard, Jacques Leduc et Michel Langlois, ou encore dans le travail filmique de musiciens et de concepteurs sonores tels André Duchesne, Yves Daoust, René Lussier, Robert Marcel Lepage, Jean Derome, Claude Beaugrand, ainsi que dans la création singulière de Glenn Gould.

En filigrane de ces analyses, il m'a semblé intéressant de donner à entendre deux voix de cinéastes, venant de temps à autre éclairer la mosaïque par des dialogues. Alain Resnais et François Girard ont ainsi aimablement accepté de moduler quelques réflexions sur la musicalité et l'opéra filmiques.

Il y a forcément des absences, ou encore des effleurements un peu rapides : tout le cinéma expérimental et underground états-unien est laissé de côté, de même que la majeure partie de son cinéma d'animation. Il faudrait aussi explorer plus en profondeur le post-*musical* américain. Et je m'en suis tenu à l'expression cinématographique courante, sans aborder la vidéo musicale, le clip et le vidéo-opéra.

La structure composite de l'ouvrage, divisé en deux parties, comprend trois séquences crypto-musicales. Avant le lever de rideau, le *Prologue* se promène, le temps de quelques mesures, sur le phénomène culturel du sonore, une clé pour la compréhension plus approfondie du cinéma musical et du film-opéra. C'est le départ d'un leitmotiv qui resurgit régulièrement sur l'art phonographique, moyen et matrice du cinéma sonore et musical, et sur certaines de ses figures : Orson Welles et Bernard Herrmann, Marc Blitzstein, Glenn Gould, René Lussier... Au milieu de l'essai, l'*Intermezzo* forme une sorte d'entracte. Je me suis permis un scénario de film-opéra sur *La fanciulla del West* de Puccini, conçu dans un espace audiovisuel révélateur des industries phonographiques et filmiques, sur un terrain mythique on ne peut plus américain. L'*Épilogue* sert de conclusion provisoire ainsi que de méditation sur un problème sémantique non encore résolu: quel nom donner à l'opéra moderne en Amérique du Nord, au film-opéra qui en est issu et qui s'en est détaché? Leonard Bernstein, parlant du *musical* comme opéra américain, s'arrêtait sur cette «question sans réponse»: «Peut-être, admettait-il, le mot opéra n'est pas celui qui convient[6].»

La situation nord-américaine, dans ses diverses manifestations, soulève une question de fond. Le film-opéra a-t-il fait surgir un nouvel opéra? Ailleurs qu'au théâtre, y a-t-il une actualité contemporaine pour l'opéra, qu'on dit effondré depuis les années vingt, et que Patrice Chéreau, en préparant *Wozzeck* au Châtelet, appelle «un genre qui n'a pas de présent[7]»? Le présent de l'opéra n'est-il pas filmique, justement? Que peut-on faire après *Pelléas et Mélisande*, se demandait-on en 1902, au moment même de l'arrivée du phonographe et du cinématographe? Si, à certains égards, l'*Opernfilm* a élargi le public et transformé la production/diffusion de l'opéra, il reste encore accroché au corpus d'un ensemble muséal dans lequel la création de nouveaux ouvrages est secondarisée, voire exclue. Ce qui n'a pas empêché l'émergence de *Filmopern* exceptionnels au fil de l'histoire du cinéma, venus d'horizons européens aussi divers que ceux d'Eisenstein, de René Clair, de Fellini, de Jacques Demy et de Chantal Akerman.

La question centrale est donc de savoir si le film-opéra est un lieu, une technologie et un moyen d'écriture de nouveaux opéras. Vaste chantier difficile à examiner, certes, mais dont on peut déjà dégager de riches traces de métissages, de fusions, de *logiques d'unification* dans la diversité des phénomènes et des expériences. Même s'il est utopique de penser saisir toute l'ampleur de ce courant, il peut être intéressant d'en montrer des exemples en foisonnement et de crayonner des pistes d'analyse et de réflexion.

Film sonore, opéra filmé, film-opéra

C'est en songeant au cinéma sonore, à ses «possibilités musicales» et à ses «lois formelles fondamentales», que Kurt Weill a élaboré les principes du film-opéra moderne, contemporain et futur, dans un texte publié à Berlin en 1930, à l'aube de la commercialisation du film sonore. Ce court article[8], visionnaire en quelque sorte, est produit par un compositeur qui n'a jamais encore travaillé au cinéma, à une époque où la «révolution du parlant» est embryonnaire, peu pratiquée et explorée. Jusque-là, Weill s'est passionné pour le renouveau de l'opéra au théâtre, de même que pour les possibilités de création lyrique à la radio. Qu'il en soit venu si rapidement à concevoir les diverses formes de l'opéra au cinéma montre à quel point ce musicien avait l'intelligence des nouveaux lieux audiovisuels offerts à la composition moderne.

Weill distingue trois formes d'opéra à l'écran. La première enregistre, met «en conserve» le répertoire de théâtre; la deuxième procède à une adaptation cinématographique en profondeur d'ouvrages scéniques traditionnels, amorçant ainsi une transition, un passage qui est en même temps une rupture; la troisième enfin construit de nouveaux films lyriques, «prototypes d'un "film-opéra" futur». Mais pourquoi ne pas savourer la lettre de ce texte capital ?

> Je doute que l'«opéra en conserve» puisse offrir au grand public un quelconque équivalent des représentations vivantes d'opéra. Il me semble totalement exclu de transposer simplement les moyens musicaux, scéniques et représentatifs de l'opéra actuel dans le film parlant. La représentation d'opéras classiques, telle qu'elle est pratiquée aujourd'hui (même quand on y incorpore des tentatives de modernisation), présente une incompatibilité avec le point de vue du théâtre moderne. Elle est absolument inutilisable au cinéma. De toutes les formes théâtrales, c'est justement l'opéra, dont l'effet dépend du contact immédiat du chanteur avec le public, qui semble le moins apte à être proprement et simplement décalqué. On pourrait à la rigueur produire un jour un film parlant en s'appuyant sur le livret et la partition de *La Flûte enchantée*, ou même d'un opéra de Wagner. Mais le résultat obtenu serait si éloigné du modèle original qu'il en deviendrait presque une nouvelle création. Seuls des réalisateurs capables, grâce à leur audace ou à leur talent, de dépasser ce sentiment de piété face au travail du maître, pourraient s'atteler à cette tâche. La création de nouveaux films parlants autonomes est plus importante que tous les essais de cette sorte. Dans leur construction d'ensemble, ils sont tellement déterminés par l'aspect musical que l'on peut déjà les considérer comme les prototypes d'un «film-opéra» futur. C'est seulement quand on aura ainsi fait la lumière sur les possibilités musicales et les lois formelles fondamentales du cinéma parlant que l'on pourra penser à transformer un opéra classique en «film-opéra».

Peu après, aux États-Unis, Weill va continuer de s'enthousiasmer pour le cinéma musical lyrique:

> Le cinéma offre un médium parfait pour une création musicale dramatique originale, du même niveau que les différentes formes du théâtre musical: comédie musicale, opérette, pièce avec musique et opéra. Si nous voulons développer une forme d'art (ou une forme de divertissement) dans laquelle la musique prend une part essentielle, nous devons permettre au compositeur de collaborer avec l'auteur du scénario et le metteur en scène de la même manière qu'au théâtre musical.

Weill loue les gains déjà accomplis par Mamoulian et Lubitsch (coup de chapeau au passage au René Clair d'*À nous la liberté* et du *Million*), s'enflamme pour toutes les formes de films où le compositeur peut s'exprimer (documentaire, dessin animé, *musical*, fiction dramatique). Dans le *musical* plus spécifiquement, il voit le lieu du nouveau théâtre musical, en raison particulièrement du grand intérêt du public américain pour la musique, de sa passion pour la musique au théâtre (Broadway, vivier des *musicals* hollywoodiens), enfin grâce au niveau élevé de la musique populaire américaine et du jazz («vecteur de liberté, de franchise, de simplicité») vers lequel se sont tournés tant de compositeurs modernes.

Cet espace opératique encore difficile à nommer, ce «théâtre musical quelque part entre l'opéra et la comédie avec musique», Kurt Weill l'a détecté et médité pendant sa période américaine. Il y a vu un terrain favorable à la naissance d'un nouveau *théâtre musical*, nom qu'il donne à cette forme d'opéra différente de la tradition européenne. Si Weill trouve «difficile de répondre à la question de savoir dans quel contexte cette forme d'opéra peut se développer», il n'hésite pas à enchaîner: «Il est possible qu'un théâtre musical naisse du théâtre de Broadway [...] que Broadway devienne le lieu de naissance [...] d'un opéra américain.»

Weill songe un moment à ce que des théâtres «reprennent le flambeau et amorcent une révolution identique à celle que nous avons connue dans les opéras allemands lors de l'après-guerre», mais il craint que «ces idées ne soient encore prisonnières de la tradition». Aussi, n'hésite-t-il pas à déclarer:

> En Amérique, la nouvelle œuvre d'art musicale naîtra peut-être justement du nouveau médium qu'est le cinéma. Car nulle part ailleurs le ciné-

ma a atteint une perfection technique et une popularité pouvant ouvrir la voie à une nouvelle forme artistique.

Kurt Weill est à la fois obsédé et fasciné par les fusions. Il note d'abord que «de nos jours, la musique de théâtre est bien plus importante que la musique pure». Ensuite, il précise que le théâtre musical est un métissage de genres: «Je considère comme un des progrès majeurs de ces dernières années le fait que la distinction entre bonne et mauvaise musique a remplacé celle qui opposait musique légère et musique sérieuse, et que la bonne musique légère est mieux considérée que la mauvaise musique sérieuse», ce qui rejoint son projet d'«équilibre entre les valeurs opposées de l'humour et de la tragédie». Il donne l'exemple de *La Flûte* de Mozart, et cite les compositeurs européens Gilbert et Sullivan, Offenbach et Johann Strauss. Aux États-Unis, le compositeur constate une symbiose entre l'opéra et le *musical*:

> Le théâtre musical, tel qu'il existe aujourd'hui, s'exprime d'une part dans l'opéra, totalement isolé du drame, et d'autre part dans la comédie musicale, c'est-à-dire une poignée d'événements d'actualité centrés autour de quelques *songs* phares. Sans contester le droit à l'existence de ces deux genres, qui ont chacun leur public, on peut dire qu'une renaissance du véritable théâtre musical est possible, car il bénéficie d'un espace gigantesque situé entre les deux genres.

Ces métissages originaux de «nouvel opéra» vont se faire nécessairement dans et par la technologie audiovisuelle, par la radio, mais surtout par le cinéma. Kurt Weill, constatant l'énorme travail à faire dans «l'évolution du cinéma sonore» (nouvelle réalité technique et esthétique qui «doit trouver ses formes d'expression autonomes s'il veut avoir droit à l'existence»), croit qu'il faut confier «la production de films parlants à des gens qui connaissent les possibilités d'expression et de liaison du texte et de la musique». C'est déjà envisager le compositeur comme responsable, dans l'équipe cinématographique, de l'ensemble de la bande sonore, travaillant à l'émergence d'une nouvelle entité filmique qui émane de l'*opéra*.

Ainsi, par cet enchaîné de diverses strates de fusions, Weill construit une matrice qui part des formes traditionnelles de l'opéra pour se déployer en de nouveaux espaces, grâce à de nouvelles mécaniques ou technologies. Si le *musical* filmique est déjà le laboratoire du film-opéra futur, c'est qu'il se construit sur les lois du cinéma sonore, c'est-à-dire la musicalité d'ensemble des voix, des bruitages et des musiques.

Si Weill a pu participer à quelques *musicals* hollywoodiens, il est clair qu'il n'a jamais atteint ne fût-ce que le seuil d'un statut de compositeur à qui l'on ait confié la totalité de la bande sonore. Le Québécois Maurice Blackburn eut à l'ONF de Montréal la chance de se colleter à ce nouvel espace filmique, après avoir travaillé avec McLaren (qui souvent composait images et sons directement sur pellicule) et avoir discuté à Paris de musique concrète avec Pierre Schaeffer et Pierre Henry. Michel Fano témoigne: «On peut incontestablement trouver, dans les films sur lesquels a travaillé le musicien Maurice Blackburn, un véritable projet sonore... Notons qu'il est très étonnant d'avoir pensé le son de cette manière dans les années 50 et 60[9].»

Blackburn s'est expliqué là-dessus en 1965, lors d'un premier hommage que lui rendait la Cinémathèque québécoise:

> J'ai toujours eu un penchant pour l'opéra: on y retrouve plusieurs formes d'expression en étroite conjonction les unes avec les autres – le chant, la musique, le théâtre. C'est peut-être parce que je conçois le cinéma comme un opéra qu'il m'est difficile de penser aux images, aux bruits, au commentaire, à la musique, comme si ces éléments pouvaient être compartimentés, isolés les uns des autres. Je ne crois pas que la musique de film peut avoir une existence en dehors du cadre audiovisuel pour lequel elle a été créée[10].

À la même époque, Michel Fano avait commencé à travailler, avec Alain Robbe-Grillet surtout, à la conception sonore filmique intégrale. Empruntant à Varèse la notion de *partition sonore*, rappelant que Berg était «obsédé par ce qu'il appelait le Film-Oper», Fano avance que «tout ce qui est entendu dans un film participe d'un *continuum sonore* à épaisseur sémantique variable... En d'autres termes: phonèmes, bruits, sons, instruments constituent un ensemble». Ce faisant, il considère que son travail sur *L'Homme qui ment*, par exemple, ouvre «les portes du film-opéra». Fano résumera plus tard sa pensée dans la synthèse suivante:

> Réel «fonctionnement musical» du film, la partition sonore apparaît alors comme un langage second, de connotation, dont le subtil et rigoureux réseau de «mémoires» et de «programmes» doit investir pleinement le spectateur, sollicitant ainsi la totalité de sa perception, pour l'immobiliser

à tel ou tel niveau privilégié. Elle fait accéder le spectacle ainsi conçu à la hauteur du nouvel opéra. Elle ouvre les portes d'un domaine fabuleux, celui des œuvres audiovisuelles *totales*[11].

Le film-opéra est-il un genre?

On voit ainsi la logique d'unification qui lie à distance les propos de Weill, de Blackburn et de Fano sur le film-opéra. Cette vue moderne d'un nouveau type d'ouvrage lyrique leur venait de leur état de compositeur, rêvant d'une tâche inédite et d'un statut particulier dans le cinéma. Fano précise: «Le créateur des sons musicaux d'un film doit assumer le contrôle de toute la bande sonore[12].» L'histoire du cinéma nous a appris qu'en la matière, il y a loin de la coupe aux lèvres.

Pourtant, cette idée d'un tout filmique coulé dans la musicalité audiovisuelle ne fut pas le fait des seuls compositeurs. Certains réalisateurs s'en emparèrent et la pratiquèrent, et c'est à juste titre que Weill s'enthousiasma pour le travail des Mamoulian, Lubitsch et Clair. Ces cinéastes ont tous travaillé très tôt dans le cinéma sonore, les deux premiers en particulier au commencement du *musical* hollywoodien. Or, en même temps que d'autres réalisateurs (King Vidor, Dudley Murphy, par exemple), Mamoulian et Lubitsch, au tournant des années 30, ont opté pour des *musicals* harmonisant les bruits, les dialogues, le chant et les musiques instrumentales. Ces *musicals* s'avérèrent fondateurs d'une des matrices du film-opéra.

Cette pratique, qui ne pouvait prétendre au travail d'un compositeur contrôlant toute la bande sonore, s'en approchait néanmoins avec force, puisque des réalisateurs sensibles au lyrisme filmique pouvaient maîtriser l'ensemble de l'écriture audiovisuelle de ces nouveaux opéras. Il n'en reste pas moins que, même sous cet éclairage, il est encore difficile de faire admettre que le *musical* appartient au film-opéra.

Le *musical* hollywoodien est parfois tenu pour un genre, voire un sous-genre de la comédie américaine. Par exemple, Clive Hirschhorn, en tête de sa volumineuse monographie encyclopédique *The Hollywood Musical*, note l'éclosion d'un fait qui lui apparaît majeur, rarement mis en lumière de manière aussi autoritaire et tranchée: «Le *musical* fut *le seul nouveau genre* cinématographique à naître avec la venue des "talkers" (qu'on nomma ainsi à l'arrivée des films sonores[13]).»

Mine de rien, Hirschhorn soulève beaucoup de poussière. Son affirmation présuppose une compréhension claire et unanime de la notion de genre et de *musical* (tant au niveau théorique qu'à celui d'un contour descriptif formel et structural). Elle exclut du même souffle, dans la diachronie du genre, ce qui avant *The Jazz Singer* (*Le Chanteur de jazz*) est pertinent aux rapports complexes entre le son et l'image filmique. En fixant l'an 1 du *musical* à l'arrivée du sonore, on ne désigne pourtant rien d'autre que le début de la commercialisation de la synchronisation filmique, ce qui laisse dans l'ombre deux phénomènes majeurs de l'émergence du *musical* filmique. D'abord existe, depuis l'origine du cinématographe et du phonographe, la volonté et le désir d'unifier les deux technologies, de produire une matrice filmique sonore du *musical*: des vaudevilles, des opéras, des opérettes (*La Veuve joyeuse* de Lehar en 1907, *Aïda* durant les années 1910, les vaudevilles de Cameraphone à la même époque, ou encore, en 1927 – la même année que *The Jazz Singer* –, ce troublant *The Student Prince* [*Le Prince étudiant*] de Lubitsch, adapté de l'opérette de Sigmund Romberg, un long métrage «muet» qui est néanmoins un *musical*). Ensuite, l'image filmique des premiers âges, même privée temporairement de synchronicité sonore, s'est organisée très tôt suivant les lois et les formes de la musique.

Mais Hirschhorn n'est pas seul. Alain Masson avance aussi que

> l'existence du genre repose assurément sur l'invention du parlant, et l'on peut considérer *Le Chanteur de jazz* comme sa première manifestation et son manifeste inaugural. Le lien historique entre le succès du cinéma sonore et du film chantant est d'ailleurs évident et universel[14].

Rick Altman en revanche, à la recherche d'une piste plus productive, note que l'existence même du cinéma est le résultat d'une interpénétration du film avec d'autres médias, ce qui est particulièrement évident dans le métissage avec les médias du domaine sonore. Ce phénomène est à l'œuvre depuis les toutes premières années de l'histoire cinématographique[15]. Ce qui explique que la sonorisation musicalisée des films fasse partie autant de l'ère primitive du cinéma que de son développement à l'âge d'or du «muet», avant de s'épanouir à l'époque du cinéma sonore.

Cela dit, quand il s'agit plus spécifiquement du film musical, la problématique de cette forme, par rapport à une typologie des genres, contient une complexité qui tient de l'usage particulier, englobant, de la musique. Et pas uniquement de la musique *dans* le film – voire de son inscription en profondeur dans le sujet – mais par rapport au sens plus prégnant de la musicalité filmique et du tout audiovisuel.

Cette complexité se manifeste d'emblée dans la terminologie. Si le terme américain *musical*, ou *film musical*, est assez large pour englober plusieurs possibilités génériques, en revanche, l'appellation française de *comédie musicale* a donné lieu à un contresens: soit qu'on y voie un sous-genre de la comédie américaine, soit qu'on en fasse un genre à part entière, incompatible avec les formes du drame et de la tragédie.

> On appelle *comédie musicale* un genre de films dont la fiction, souvent simple et frivole, laisse interrompre son déroulement narratif par des intermèdes musicaux. Quoique le ton en soit souvent léger et souriant, la notion de comédie n'implique ici rien d'autre que le refus de prendre entièrement au sérieux des arguments dramatiques parfois riches de pathos[16].

Altman pour sa part rappelle une définition industrielle et commerciale du *musical*, qu'il trouve cependant trop floue:

> Une comédie musicale, selon les professionnels du cinéma, est un film avec de la musique. C'est-à-dire que la musique émane de ce que j'appellerai la diégèse, le monde fictif créé par le film, en quoi elle s'oppose au fond musical typiquement hollywoodien et qui vient, lui, de nulle part.

Altman conclut par ailleurs: «La comédie musicale est tout film avec une musique diégétique[17].»

Ce chercheur ne veut pas non plus de descriptions trop étroites du *musical*. Il procède donc à un dépoussiérage de ces descriptions trop rapides et faciles, il construit une grille descriptive plus élaborée et plus fine. Mais ses nouveaux paramètres élargis du genre, quoique riches d'ouvertures analytiques (par exemple, en regard du drame et de la tragédie en musique), conduisent à un résultat paradoxal. Bien sûr, cette grille analytique révèle l'existence bien réelle d'un genre hollywoodien de *musical*, solidement ancré dans un système où s'entrecroisent les progrès techniques du cinéma, les modes de production des grands studios ainsi que les éléments diégétiques des films. En même temps, Altman se voit contraint de procéder à l'exclusion de plusieurs types de films musicaux à première vue incompatibles avec le système du genre: les revues (anthologies de numéros), les biographies de musiciens et les concerts filmés, plusieurs films musicaux pour enfants, les courts métrages musicaux (d'animation ou en prise de vues réelle), les opéras et les crypto-opéras[18].

Quelques exemples. Altman retient *Snow White and the Seven Dwarfs* (*Blanche-Neige et les sept nains*) de Disney, un *musical* à juste titre, mais non *Fantasia* ni *Make Mine Music* (*La Boîte à musique*), pas plus que Masson d'ailleurs. Les deux analystes parlent de *Hallelujah*, mais non de *Carmen Jones*, et Masson ne dit mot de *Porgy and Bess*. Ni l'un ni l'autre ne mentionne *The Emperor Jones*, non plus que Hirschhorn, qui pourtant, à l'instar de l'industrie filmique, couvre aussi large «que Hollywood [qui] qualifie tout film avec de la musique de comédie musicale», comme le dirait cyniquement Altman[19]. Personne non plus ne traverse les frontières du long métrage. Tous laissent ainsi dans les limbes ces innombrables courts métrages qui sont d'authentiques *musicals*, des fictions en prise de vues réelle ou des documentaires (ou le métissage des deux), ou encore ces nombreux petits bijoux musicaux d'animation.

Pas étonnant alors que les «*musicals* semblent particulièrement résistants à l'analyse[20]», ou encore, comme l'avoue finalement Alain Masson, que le *musical* «se place au-dessus du réseau des genres[21]». Altman de son côté fait remarquer: «Les analyses qui porteront sur ce genre sont donc condamnées à être partielles car on ne peut raisonnablement attendre d'aucun simple mortel qu'il domine des domaines aussi divers et moins encore qu'il délimite tout seul leurs inter-relations dans l'espace d'un ouvrage[22].» Difficile aussi, dans ces conditions d'analyse des genres, d'approcher le *musical* comme film-opéra.

Il devient par conséquent nécessaire de placer l'examen des films musicaux opératiques sous un éclairage différent, plus large et plus englobant que celui du genre *musical*. Le retour et le recours à la musique fournissent la clé. En particulier l'immense zone de la musique qui a procédé à son hybridation avec le drame, la musique lyrico-dramatique, forme singulière de l'expression musicale occidentale, qu'on désigne par le terme générique *opéra*, ou *favola in musica*, comme on l'appelait dans l'Italie de la Renaissance. Fable, récit mythique, représentation dramatique musicalisée, qui pour l'essentiel font appel à un texte (poème), à sa mise en musique par le chant et l'accompagnement des instruments, aux comédiens qui chantent et/ou dansent cette poésie musicalisée, le tout évoluant dans un décor scénique fabuleux. Un David Vaughan s'approche de ce métissage quand il voit dans le *musical* hollywoodien un *lyric cinema*[23], tout comme l'effleure aussi un Stanley Donen[24]. Rick Altman, sans nommer l'opéra, fait du *musical* une description très proche: «ce genre fascinant qui se donne comme une célébration multimédia et constitue la forme d'art la plus complexe au monde[25]».

C'est que l'opéra, tout comme le film-opéra, n'est pas réductible à un genre, ainsi que l'explique Youssef Ishaghpour:

> L'opéra n'est pas un art parmi d'autres. Possible ou non, il vise une synthèse des arts. Il se veut même la réalisation du concept de l'art: la création d'une image totale du monde rempli de sens; du monde devenu musique, et de la musique devenue monde. C'est la réunion, du moins de leurs formes latérales et mineures, et une synthèse, plus idéologique et fantasmée que réelle, de tous les arts: leur intégration organique et continue qui chante, sinon comme la musique des sphères, mais dans une composition où les éléments se répondent, grâce à la musique dans une réalisation de l'utopie de l'art[26].

Opéra, synthèse. Dans cette optique, comment apparaît l'opéra américain, ainsi que le film-opéra du *musical*? Après Kurt Weill, Leonard Bernstein a contribué, par une large vulgarisation télévisée, à éclairer la définition de cet opéra contemporain, qui prend le relais du grand corpus de l'européen long de trois siècles. L'opéra américain, c'est l'*American musical comedy* ou l'*American musical play*, qui marque l'émergence d'un nouveau *Singspiel*, une sorte d'équivalent dans le Nouveau Monde de ce que fut au XVIIIe siècle la révolution lyrique mozartienne. Le *Singspiel* mozartien, rappelle Bernstein, «était le *Annie Get Your Gun* de l'époque»!

Il est utile de rappeler les propos de Bernstein à ce sujet, qu'il énonça dans son émission télévisée, sur ABC, le 7 octobre 1956:

> Nous vivons un tournant historique similaire à celui du théâtre musical populaire en Allemagne, peu avant la venue de Mozart. En 1750, la grande attraction s'appelait le *Singspiel*, qui était le *Annie Get Your Gun* de l'époque, avec vedettes, comédie et tout. Cette forme populaire se transforma en œuvre d'art grâce au génie de Mozart. Après tout, *La Flûte enchantée* est un *Singspiel*, mais signé Mozart.
>
> Nous sommes dans la même position, nous avons besoin de l'arrivée de notre Mozart. Quand cela arrivera, si cela se produit, nous n'aurons certes pas une autre *Flûte enchantée*. Nous aurons une nouvelle forme d'art,

et le mot «opéra» ne sera peut-être pas le bon pour la désigner. Il doit bien y avoir un vocable plus pétillant pour un événement aussi excitant. Événement qui peut arriver d'une seconde à l'autre. Ce moment historique est tout près, c'est une nécessité historique capable de faire émerger le talent créateur vital à l'instant même[27].

Cigarette à la main, l'air décontracté d'un crooner plus encore que d'un animateur, Bernstein explique à des centaines de milliers d'Américains le sens et les composantes du nouvel opéra états-unien. Pour l'essentiel, le *musical* est fondé sur des sujets et un langage foncièrement américains, une écriture plus directe, plus simple, un dialogue plus familier que dans l'opérette, un discours naturel et moins emphatique que dans le «grand opéra». Par ailleurs, le *musical*, qui produit l'unité dans la variété et la diversité des éléments (texte, danse, musique), a développé, depuis les années 30, la critique et la satire sociales.

Par-dessus tout, l'opéra américain se nourrit de l'apport essentiel des musiques populaires, au premier chef de l'incontournable jazz, de toutes les ramifications qu'il véhicule. Et Bernstein de désigner l'aréopage de l'opéra américain: Jerome Kern, Cole Porter, George Gershwin, Marc Blitzstein, Kurt Weill, ainsi que Stephen Sondheim. Cet opéra, ce *speech/song business* comme il l'appelle, définit pour l'essentiel la structure, l'écriture et la stylistique du *musical* américain, une des synthèses des pôles de l'opéra occidental depuis ses origines, une résolution contemporaine du vieux dilemme de l'opéra: *Prime la parole (la poesia), poi la musica.*

Au fil des siècles, cette contradiction avait trouvé d'autres résolutions: Mozart (*L'Enlèvement au sérail, La Flûte*), Beethoven (*Fidelio*), puis *Carmen, Pelléas et Mélisande, Louise* de Charpentier, *La fanciulla del West,* ainsi que les modernes allemands du *Sprechgesang,* le *Porgy and Bess* de Gershwin, et Kurt Weill qui allait disant: «L'objectif et la signification du théâtre musical résident dans l'union entre texte et musique dans leur fusion la plus totale.»

À la question «le *musical* est-il le seul genre nouveau créé par le cinéma sonore?», Kurt Weill avait donné sa réponse: la bande sonore cinématographique, gérée par un compositeur contemporain, dévoile le lieu d'un nouvel opéra filmique, synthèse et structuration de toutes les formes musicales dramatiques et de leurs métamorphoses.

Certes, l'industrie hollywoodienne a bel et bien érigé le *musical* en genre, dans des formes assez codées et un certain conformisme. Aussi est-il légitime, comme plusieurs l'ont fait, de tenter de définir ce genre et d'en analyser le corpus. Mais il importe de reconnaître que le *musical* est plus large et plus englobant, que les conventions du genre flottent en quelque sorte dans un cosmos plus vaste qui permet leur éclatement, leur dépassement quand le genre s'éteint.

Cet espace hors genre est celui du film-opéra, ouvert à toutes les modulations. Si le *musical* a été dénié comme opéra, réduit aux codes d'un genre par commodité industrielle et idéologique, cela montre en bout de piste que son histoire est une lutte entre la modernité de la musicalisation globale du filmique et les conventions destinées au commerce de la consommation culturelle. Lutte dont les enjeux furent la musique afro-américaine, l'avant-gardisme de l'opéra américain, la transformation de l'opéra dans les médias audiovisuels contemporains.

Histoire fascinante, paradoxale, où évoluent à la fois le centre de gravité d'un genre à succès et les satellites du futur, cohabitant dans une des plus formidables aventures contemporaines de gestation et d'accouchement du nouvel opéra.

Notes

L'épigraphe du début, par Virgil Thomson, est une citation de Carol Antony, «How Now, Brünhilda?», *Ear*, dossier «Opera and Music Theatre», mars 1985.
Quoique l'essentiel du texte consiste en recherches inédites et dialogues nouveaux, certains passages ont fait l'objet de publications ou de communications dans les revues, colloques et livrets de disques suivants:
À l'écran, émission diffusée sur le réseau FM de Radio-Canada le 29 décembre 1994; colloque *L'Adaptation dans tous ses états: passage d'un mode d'expression à l'autre*, Université Laval, 31 octobre 1996; colloque *Le Cinéma et les autres arts*, organisé par l'Association québécoise des études cinématographiques, Musée des Beaux-Arts de Montréal, 16 novembre 1990; programme du Goethe Institut sur *Mozart à l'écran*, septembre-octobre 1991; Michel Foucher (dir.), «Les Ouvertures de l'opéra: une nouvelle géographie culturelle?», *Transversales*, Presses universitaires de Lyon, 1996.
24 Images, n° 48, mars-avril 1990; n° 60, printemps 1992; n° 71, février-mars 1994; n° 73-74, septembre-octobre 1994; n° 83-84, automne 1996; n° 86, printemps 1997; n° 90, hiver 1998. *CinémAction*, n° 62, janvier 1992. *Cinébulles*, vol. 10, n° 3, avril-mai 1991. *Cinémas*, vol. 3, n° 1, automne 1992. *Copie zéro*, n° 20, mai 1984. *Fréquence*, n° 1-2, 1994; n° 3-4, 1995. *Positif*, n° 437-438, juillet-août 1997. *Revue canadienne de théorie politique et sociale*, vol. 14, n° 1-3, 1990. *La Revue de la Cinémathèque*, mai-juin 1989.

Livret du coffret phonographique *Maurice Blackburn: Filmusique, filmopéra*, La Phonothèque québécoise/Musée du son, 1995; livret du disque *La Plante humaine* de Robert Marcel Lepage, AM042CD.

1. Informations obtenues grâce aux travaux du Groupe de recherche sur l'avènement et la formation des institutions cinématographique et scénique (GRAPHICS) de l'Université de Montréal, et à ceux de Germain Lacasse, entre autres *Le Bonimenteur et le Cinéma oral*, Ph.D., Université de Montréal, septembre 1996. Les textes de journaux cités ont été fournis par Mario Cloutier. D'autres informations similaires, sur les premières tentatives de sonorisation des films à Montréal, viennent de Jean-Pierre Sirois-Trahan, qui m'a communiqué ses dossiers de recherche pour son article «La bataille du parlant, rue Ste-Catherine, vingt ans avant *The Jazz Singer*», *24 Images*, n° 77, été 1995.
2. *The Music of Man*, Methuen, Toronto, 1979, p. 224-25.
3. «Walter Benjamin», dans *Vies politiques*, Gallimard, Paris, 1974.
4. Yale University Press, New Haven/Londres, 1993, p. xi. Ailleurs, Dizikes appelle le *musical* de Broadway «l'opéra de New York», «une forme spécifique d'opéra populaire américain», p. 502.
5. Indiana University Press, Bloomington/Indianapolis, BFI Publishing, Londres, 1987; *La Comédie musicale hollywoodienne*, Armand Colin, Paris, 1992.
6. Dans Steven Ledbetter, ed., *Sennets & Tuckets. A Bernstein Celebration*, BSO / Godine, Boston, 1988, p. 40.
7. *Le Monde de la musique*, juin 1992.
8. «Tonfilm, Opernfilm, Filmoper» («Film sonore, opéra filmé, film-opéra»), 24 mai 1930, dans Pascal Huynh, *Kurt Weill de Berlin à Broadway*, Plume, Paris, 1993, p. 87-88. Les autres citations de Kurt Weill, plus bas, proviennent du même ouvrage: p. 291, 276-277, 298, 278-279, 290-291, 259, 264, 266, 83, 90, 248 et 242.
9. Réal La Rochelle. «Entretien avec Michel Fano», *24 Images*, n° 60, printemps 1992.
10. «Récitatif», *Musique et cinéma*, Cinémathèque canadienne, Montréal, mars 1965.
11. «Michel Fano: film, partition sonore», *Musique en jeu*, n° 21, novembre 1975, p. 10-13; «Musique de cinéma», *Encyclopædia universalis*, vol. 4, p. 521-522.
12. *Musique en jeu, op. cit.*
13. Pyramid, Londres, p. 11. Je souligne.
14. «Comédie musicale», dans Jean-Loup Passek, *Dictionnaire du cinéma*, Larousse, Paris, 1991, p. 136.
15. Rick Altman (dir.), *Sound Theory/Sound Practice*, Routledge, 1992, p. 114 et 133. «Les médias que nous trouvons différents du cinéma sont plutôt très liés à lui, au point qu'il est devenu impossible de considérer le cinéma comme un phénomène indépendant. Si cet état de fait agit sur la production d'images, il est à plus forte raison encore plus évident dans le domaine du son.»
16. Alain Masson, article cité, p. 136.
17. *Op. cit.*, p. 12 et 92.
18. *Op. cit.* Voir en particulier le chapitre «Le problème de l'histoire des genres» et les pages 117 et suiv. sur la définition du corpus. Une des premières tâches de ce chercheur, pour «reconsidérer radicalement le genre et sa terminologie» et briser

ainsi la courte vue de Hollywood à «qualifier tout film avec de la musique comédie musicale» (p. 23), sera de raffiner les paramètres de définition d'un corpus plus spécifique au *musical* américain, soit cinq paramètres sémantiques et cinq autres syntaxiques (p. 117), ce qui forme en bout de piste les «structures récurrentes du genre» (p. 11). Pour circonscrire le genre et son corpus d'analyse (un ensemble de plus de mille films aux États-Unis), Altman construit les définitions suivantes, combinant contenu et forme, thèmes et structures:

i) niveau sémantique: un genre narratif de long métrage, présentant un couple d'amoureux dont l'histoire se déroule dans une société ostensiblement humaine, combinant réalisme et mouvement rythmique, mélangeant les dialogues et la musique diégétique;

ii) sur le plan syntaxique, le *musical* offre des contradictions assez tranchées entre les deux sexes; un parallélisme marqué entre la formation du couple et le succès des péripéties dramatiques; la musique et la danse comme expression joyeuse à la fois personnelle et communautaire, signifiants du triomphe de l'amour sur tous les obstacles; une continuité narrative et musicale sur le modèle du mariage mystique; enfin un remplacement de la hiérarchie du récit classique (image commandant le son) renversée aux moments forts du film par la prédominance de la bande sonore sur l'image (voir le tableau p. 127 du livre d'Altman).

Ainsi balisée, l'étude conduit à une série d'exclusions. Ces exclusions, si elles permettent de raffiner l'étude d'un corpus apte à enrichir l'analyse, la théorie et l'histoire d'un genre qui existe réellement, qui a ses studios et ses chaînes de production, ses codes, ses stylistiques et ses esthétiques, ne peuvent toutefois que faire apparaître comme assez limitatif l'examen du filmique musical, qui s'est épanoui dans un large foisonnement et une grande complexité.

19. *Op. cit.*, p. 23.
20. Jane Feuer, *The Hollywood Musical*, Indiana University Press, 1993, p. ix. Jane Feuer situe le phénomène dans les mouvances plus larges de la culture populaire véhiculée à l'ère de la reproduction mécanique audiovisuelle (en reprenant la formule de Walter Benjamin), ce qui lui permet d'analyser de manière plus ample et plus transversale la présence englobante dans le genre du sujet du *backstage* et de l'*entertainment* (coulisses et scène), les racines de la musique populaire dans le *musical*, au premier chef le jazz, ainsi que les antagonismes entre d'une part la musique classique et l'opéra européens et d'autre part la musique populaire, de même que les contradictions idéologiques innovation/conservation à l'œuvre dans le genre.
21. *Comédie musicale*, Stock, Paris, 1994, p. 18.
22. *Op. cit.*, p. 9.
23. «After the Ball», *Sight & Sound*, n° 26, automne 1956, p. 89.
24. *Movie*, n° 24, 1973, p. 28. «Le *musical* ressemble à l'opéra en ce sens qu'il est complètement irréaliste.»
25. *Op. cit.*, p. 12.
26. *Opéra et théâtre dans le cinéma d'aujourd'hui*, La Différence, Paris, 1995, p. 24-25.
27. *The American Musical Comedy*, série *Omnibus* (ABC, 7 octobre 1956). L'essentiel des idées de Bernstein sur l'originalité de l'opéra américain est contenu dans les scé-

narios d'*Omnibus* formant la trilogie également composée de *The World of Jazz* (CBS, 16 octobre 1955) et de *What Makes Opera Grand?* (NBC, 23 mars 1958). Voir aussi l'émission *Young People's Concert: What is American Music?* (CBS, 1er février 1958).

La Pêche au son, de Jean-Sébastien Durocher.

PROLOGUE

Hitchcock et le synthétiseur Trautonium utilisé pour *The Birds*.

« The birds are coming! »

Un des grands paradoxes de l'audiovisuel contemporain est qu'il ne s'entend pas, ou du moins qu'il s'entend mal. «Civilisation de l'image», dit l'énorme cliché, indestructible. Personne n'a encore osé parler d'une civilisation du sonore ni même d'une culture moderne de l'image/son.

Pourtant, l'évidence crève les yeux, sinon les tympans. L'expérience sonore, pour l'être humain, est un des phénomènes sensoriels les plus anciens, les plus profonds et les plus troublants qui soient, du point de vue tant de la physiologie de l'ouïe que de l'empreinte, de la *gravure* laissée sur le psychisme, comme en témoignent les ouvrages de Tomatis sur l'oreille et la vie, l'oreille et la parole. Mais, fait remarquer Paul Blanquart,

> notre Occident s'est construit sur l'œil. Dès l'origine. Ce que nous appelons civilisation repose sur une exclusion: celle de la voix, anharmonique, telle qu'elle jaillit des profondeurs (gorge, poitrine, ventre), semblable aux cris des animaux, au sifflement du vent, à la clameur des eaux. Et l'oreille, oubliée, se venge aujourd'hui[1].

D'ailleurs, avant l'arrivée de l'écriture, borne iconique des débuts de l'Histoire, la longue marche d'humanisation fut sonore: écoute de survie de la nature bruissante, communication sociale sono-rythmique, langage, culture orale. Nul phonographe préhistorique, nul fossile sinusoïdal n'ayant gardé trace de ce gigantesque corpus, on a l'impression qu'il n'en reste qu'un long silence abyssal, un trou noir infini en lieu et place de sites archéologiques.

Pourtant, ce silence même n'est pas réel. Il n'est pas absolu en tout cas. La culture sonore préhistorique est quelque part encore audible, à travers ces personnes qui aujourd'hui l'actualisent dans tel jeu africain de percussions (qui n'est pas de la musique au sens occidental, mais un moyen de communication et un rituel social), dans ces contes et mélodies populaires qui, si on savait les lire avec un quelconque carbone 14 du sonore civilisationnel, pourraient être situés dans un passé très reculé. Ces traces centenaires furent par exemple recueillies sur cylindres par Bartok à travers le monde, ou au Québec par Édouard-Zotique Massicotte et Marius Barbeau.

Quand, au colloque *Ars acustica* de Montréal, en mai 1990, l'Américain Malcolm Goldsein nous fait entendre un vieux cylindre du dernier Indien Ishi, on peut penser que cette incantation amérindienne – dans la langue maintenant morte qui la module – remonte à plusieurs millénaires et que, enfin, à la suite de son parcours fluide et intemporel, le phonographe la capte et l'enferme avant la mort de son porteur (rappelons-nous Edison, dans l'un des usages prévus de l'invention du phonographe: recueillir la parole des mourants).

Un autre exemple plus récent, à couper le souffle. Fred Gaisberg, en 1902 et 1904, enregistre au Vatican près d'une vingtaine d'arias interprétées par le dernier castrat vivant, Alessandro Moreschi (1858-1922). C'est le seul enregistrement existant d'un grand castrat, qui documente d'un coup ce phénomène des XVIIe et XVIIIe siècles, qu'on croyait éteint au XIXe et qui, dans ce tombeau vivant du Vatican, perdura jusqu'à ce qu'un producteur discographique génial le saisisse dans son dernier souffle.

Aujourd'hui même, il ne fait aucun doute que la culture sonore soit très puissante, depuis l'arrivée dérangeante de la machine parlante (pratiquant «l'ensevelissement de la voix vivante») jusqu'à la résurrection de la phonographie dans le postmodernisme de fin de millénaire, comme le montrent l'excellente exposition allemande *Broken Music* ou le travail depuis plus de vingt ans de l'artiste québécois en arts visuels Raymond Gervais. Surtout chez les jeunes générations, pour qui la consommation et la fréquentation de produits sonores sont la nourriture onirique par excellence, celle de l'actualité comme celle de la mémoire, ainsi qu'en témoigne musicalement le film *Sonatine* de Micheline Lanctôt. Le gigantesque succès du walkman en fait foi, en même temps porteur et signe de cette culture radio-phonographique. Paul Blanquart à nouveau:

> Le walkman, jusque dans ses excès qui détruisent le tympan, est un appel pathétique à penser le bruit pour construire à partir de lui. Il faut réintégrer le bruit en civilisation.
>
> Voici qui nous renvoie sans doute à une limite de notre raison occidentale et, inséparablement, de notre conception apollinienne de la musique. Celles-ci, disions-nous, reposent sur une exclusion. Et cet exclu avait un nom en Grèce: Dionysos, dieu étranger venu de Thrace. Vivant en dehors de la Cité, sauvage par rapport à l'ordre social et politique, il est en relation privilégiée avec la nature, en fusion par le vin avec les énergies végétatives[2].

Cette puissance se remarque aussi dans le fait que, à bien y réfléchir, la civilisation même de l'image est sonore. C'est l'évidence, dit-on souvent. Pourtant cette clarté conduit pratiquement, comme le tabou, au silence, tant le discours général est abusivement iconique. Culte bizarre, crypto-biblique, où l'on adore des images, où l'on encense des icônes, où le cinématographe atteint ses premières lettres de noblesse dans l'image seule et pure.

On a voulu faire du cinéma «muet» un pari absolu, cristallisé jusqu'au paroxysme, par exemple, dans l'extraordinaire *Der letzte Mann* (*Le Dernier des hommes*) de Murnau, ou dans ce cri étouffé de Chaplin qui, tout en créant dans la douleur ces chefs-d'œuvre du sonore que sont *City Lights* (*Les Lumières de la ville*) et surtout *Modern Times* (*Les Temps modernes*), n'en faisait pas moins de *City Lights* «un véritable manifeste du cinéma muet», avant d'abdiquer: «Je ne souhaite pas être le seul défenseur de l'art du cinéma muet[3].»

Le paradoxe le plus inconfortable de l'esthétique cinématographique moderne n'est-il pas d'avoir été fondé sur ce malentendu, sur ce choix «aparthéide», sur cette curieuse partition? Si bien que le fait sonore du filmique, depuis ses origines utopiques dans le *Kineto-phonograph* d'Edison, a été laissé pour compte ou secondarisé dans l'histoire, l'esthétique, le langage et l'archivistique du cinéma.

Pour renverser la vapeur, pour rétablir l'équilibre, peut-être faut-il recourir un moment à un mot-image à connotation sonique, apte à conjurer le mauvais sort culturel de l'image filmique: *cinéphonographie*, terme forgé à partir des noms des inventions d'Edison pour synchroniser l'image filmique et le son musical, le *Kineto-phonograph* en 1895 et le *Cinephonograph* en 1911. La cinéphonographie vise surtout à mettre l'accent sur le travail de l'enregistrement sonore en fonction et en direction de l'image en mouvement. L'utilisation de ce néologisme archaïsant rêve de combler le vide relatif, dans le terme «cinéma», de la donnée sonore. L'analyse et la critique filmiques s'en tiennent généralement et historiquement à l'*iconique*, laissant de côté la bande-son et le contrepoint images/sons. Dégager des sables archéologiques le vieux terme *cinephonograph*, l'actualiser en cinéphonographie, vise à faire apparaître empiriquement la dialectique filmique dans le même mouvement de la production et de la reproduction d'images *et de sons*. On pourrait dire aussi la «phonoscopie», pour reprendre le nom d'une revue française. Ce que Michel Chion appelle l'*audio-vision* devrait pouvoir aider à éclairer la cohabitation de ces contraires, à tenter une réconciliation entre Apollon et Dionysos, la seule chance au fond de capter les ondes larges et complexes d'une culture non sectaire.

Il y a plusieurs terrains d'enquête à approfondir en cinéphonographie. D'abord, la longue histoire des tentatives de sonorisation des films, en fait depuis le tout début du cinématographe, avec une régularité et une constance remarquables. Toute la période dite du «muet» voit la répétition inlassable d'expériences de sonorisation filmique, tant en laboratoire qu'en essai devant public. À cet égard, *The Jazz Singer* est moins le début du sonore que l'aboutissement systématisé de plus de trente ans de travail. Dans cette foulée, les cylindres et les disques, de même que les appareils de synchronisation et d'amplification, font partie intégrante de l'histoire du cinéma.

Par ailleurs, on connaît encore mal les rapports de la radio et du cinéma, en dehors de la publicité. Pourtant, il a existé, aux États-Unis en tout cas, durant les années 30 à 50, une abondante production d'adaptations radiophoniques de films. Cecil B. De Mille fut un producteur fort actif dans cette forme de programmes populaires. De plus, en l'absence de bande magnétique, le support pellicule a souvent servi, durant les années 30, à l'enregistrement sonore destiné à la radio. Deux exemples historiques ont refait surface: une composition du cinéaste

Walter Ruttmann, *Week-end*, enregistrée et montée sur pellicule, au début des années 30; des opéras live dirigés par Toscanini au Festival de Salzbourg en 1937, enregistrés sur pellicule par le procédé autrichien Selenophone[4]. Enfin, sont encore peu analysées les influences de l'art radiophonique sur le cinéma, chez Orson Welles par exemple (Alain Resnais dit de *Citizen Kane* que c'est d'abord une bonne bande sonore à laquelle on a joint des images, ce qui contredit la majorité des exégèses de ce classique). Dans le cinéma québécois, les sujets des films des années 50 viennent souvent de la radio, comme *Un homme et son péché*; l'examen du travail radiophonique de Pierre Perrault, préalable à son cinéma de la «parole québécoise», aiderait à comprendre le «direct» québécois des années 60.

Ensuite, surgit la question difficile et complexe des images pour la musique, nichant sur une frontière au tracé flou entre la phonographie et le filmique. Dans la culture audiovisuelle, il s'agit d'un puissant courant depuis plus de vingt ans (vidéoclip, télévision musicale, renaissance du film-opéra), une mode à bien des égards, mais aussi un vecteur technico-culturel remontant en réalité aux débuts mêmes de l'invention du cinématographe et du phonographe.

Enfin, le travail de conception sonore, qui traverse l'histoire du cinéma, depuis Eisenstein et Vertov jusqu'à Michel Fano, ce dernier préconisant que l'ensemble de la bande sonore soit comme une composition musicale en symbiose avec l'image.

Ce qu'une démarche cinéphonographique suggère, quand on veut éclaircir la donnée sonore filmique en profondeur, ce sont des prolégomènes en radio-phonographie. D'abord mieux écouter, pour ensuite bien écouter/voir. À sa manière, la publicité d'AT&T les résume bien, quand la firme sponsorise à New York le programme *American Movie-Makers. The Dawn of Sound*[5]. Depuis le début du siècle, à travers les firmes Western Electric et Bell, ce sont les recherches en enregistrement et en amplification sonores qui ont participé à jeter les bases du cinéphonographe.

Or, l'industrie de l'enregistrement sonore et son histoire sont encore trop peu considérées par les chercheurs et le public. La phonographie, contrairement au cinéma et à la télévision, est loin d'être une discipline universitaire, ou une réalité muséologique. La musique, oui, et même maintenant les musiques populaires (Simon Frith, George Martin), mais non la phonographie, qui est pourtant le seul vrai support moderne et le principal mode de production de toutes les musiques. Les phonothèques nationales, même là où elles sont le plus développées, comme en France, apparaissent souvent en plan éloigné. La phonographie donne l'impression d'être encore à l'âge des fêtes foraines. Connaît-on ses Lumière, Chaplin, Hitchcock et Godard? Devine-t-on que cette histoire contient quelques Fellini? Sait-on au juste le poids historico-esthétique des Fred Gaisberg, Goddard Lieberson, George Martin (au-delà du fait qu'il fut le réalisateur des albums des Beatles), John Culshaw, Walter Legge (malgré sa vedettarisation posthume récente), et de ces armées d'ingénieurs du son, de publicitaires, de disquaires encore anonymes; ces graves et intelligents fous de la collection, ces Henri Langlois sauvant les phonogrammes de la destruction et de l'oubli? Que dire des processus de production de la phonographie et de leur similitude, incroyable et logique, avec les autres industries culturelles audiovisuelles? De toute évidence, il faudrait préparer le retour de cet enfant prodigue, qui contient sans doute de surcroît un Mozart prodige.

Et que dire de la radiophonie, dont les meilleurs produits sont à juste titre appelés des «films sonores»? Le mode de diffusion de la radio, sa dominante de *culture de flot*[6], a souvent empêché sa conservation. Il est cependant vite apparu que la phonographie servait de relais mémorial à une partie de la production radiophonique (musiques, documents historiques, archives, voix illustres, pièces de théâtre, radio-romans...) et, de façon plus nette encore, de support à la vaste majorité des productions de l'art radiophonique.

Dès son jeune âge, la radio esquissait les contours d'un tel art. En Allemagne, au milieu des années 20, le *Hörspiel* (jeu dramatique pour l'écoute) le concrétisait, et des artistes d'avant-garde s'y intéressèrent. Brecht produisit à ce moment-là ses *Écrits sur la radio*, et fabriqua un *Hörspiel* avec Weill et Hindemith. Depuis le milieu des années 70, la radio de Cologne a son atelier du nouveau *Hörspiel*.

Le détour par l'ancien et le nouveau Hörspiel peut être instructif, car cet art du sonore est une sorte d'équivalent radio-phonographique de la bande-son du film comme partition musicale. Petit florilège: expériences de Weill-Brecht (par exemple, *La Traversée de Lindbergh*), de Walter Ruttmann (*Week-end*), d'Orson Welles (toute sa production radio, qu'on a commencé à rééditer), de Pierre Schaeffer (*Dix ans d'essais radiophoniques, 1942-1952*), de Glenn Gould (*The Solitude Trilogy*, de même que ses documentaires radiophoniques), œuvres de Michel

Chion, de George Martin (*Under Milk Wood* de Dylan Thomas), ainsi que la production de l'atelier de la radio de Cologne. Le domaine québécois en la matière est également intéressant. En vrac, les productions de René Lussier (*Le Trésor de la langue*), d'Yves Daoust (*Maurice Blackburn, ou portrait d'un méconnu*), de Marthe Forget (*Pour Debussy: autour de la maison Usher*), les films sonores de Jean-Daniel Lafond sur Flaherty et Pierre Perrault, les partitions filmiques de Maurice Blackburn (*Filmusique, filmopéra*), les disques d'Alain Clavier (*Environnement urbain*) ou de Louis Portugais (*La Radio communautaire*)[7].

Dans son premier long métrage, *La Plante humaine* (1996), le cinéaste d'animation Pierre Hébert offre un essai-opéra sur la domination de la télévision, de l'image guerrière contemporaine, qui s'installe en parallèle à la lecture, aux contes et légendes de la tradition orale (hébraïque, amérindienne, chinoise, africaine). Un des leitmotive de ce film est la figure de Léonard de Vinci, dont une réflexion porte justement sur l'œil et l'oreille, l'ouïe et la vue. Pierre Hébert présente une devinette de Leonardo sur le son et l'image:

> Des hommes adresseront la parole
> à des hommes qui ne les ouïront point.
> Ceux-ci auront les yeux ouverts sans y voir.
> On leur parlera sans obtenir de réponse.
> On implorera merci de celui qui a des oreilles sans entendre.
> On offrira des luminaires à celui qui est privé de la vue.

La réponse à cette devinette, que son auteur écrit de façon inversée pour être lue dans un miroir: C'EST LE CULTE DE L'IMAGE. Ainsi, par le truchement du reflet illusoire d'une glace, apparaît l'idolâtrie de l'image et le rejet du verbe et de la culture sonore.

«La capacité d'une société "de l'oreille" à mémoriser les sons déroute l'homme "de la vue", soutient Robert Murray Schafer, qui poursuit: Nous avons simplement besoin d'être instruits: qu'on nous fasse prendre conscience de cette nouvelle vocation, qu'on nous amène à tourner vers l'avenir notre oreille oubliée, qu'on nous aide à l'utiliser avec plus de discernement[8].» Si, comme le rappelle Paul Blanquart, la civilisation occidentale est celle de la vue apollinienne, du cartésianisme, du pouvoir absolu et de la théorie, si la longue civilisation sonore garde, encore aujourd'hui, ses caractéristiques d'émotions dionysiaques et d'empirisme, de sorcellerie et de satanisme, cela ne veut pas dire qu'il n'est pas temps de se mettre à l'écoute de la revanche du bruit.

Au fond, n'aimons-nous pas avoir peur des fantômes sonores? Hitchcock nous avait bien aidés, en nous donnant surtout à entendre ses créatures ailées démoniaques: «*The birds are coming. The birds are coming!*» Avons-nous même entendu le vieux Fred, qui nous prévenait de cette clé dans la bande-annonce du film? L'insuccès relatif de *The Birds* ne vient-il pas du fait qu'on s'est contenté de le voir au lieu d'aussi l'entendre et l'écouter, par le truchement de sa conception sonore supervisée par Bernard Herrmann, fabriquée par Remi Gassman et Oscar Sala regroupés autour du mystérieux synthétiseur Studio Trautonium?

On a longtemps cherché le sens allégorique de ces oiseaux. Je propose qu'on y entende et qu'on y voie une symbolique de la vengeance contemporaine du bruit et du son, puisque, à bien y penser, si ces oiseaux ont pour objectif, d'abord et avant tout, de *crever les yeux*, jamais ils ne touchent aux oreilles...

Notes

1. *L'Oreille oubliée*, Centre Georges Pompidou, Paris, 1982.
2. *Ibid.*
3. Voir «Charlie and the Threat of the Talkies», dans Charles Maland, *Chaplin: An American Culture*, Princeton University Press, 1989, p. 110 et suiv.
4. Donald McCormick, «The Toscanini Legacy: Part II, the Selenophone», *ARSC Journal*, vol. 22, n° 2, 1991.
5. *New York Times*, 19 novembre 1989.
6. Bernard Miège, *La Société conquise par la communication II*, Presses universitaires de Grenoble, 1997, p. 57.
7. Ces deux dernières productions furent réalisées durant les années 70 en collaboration avec l'Atelier sonographe du Vidéographe de Montréal, dont l'histoire reste à faire.
8. Dans Paul Blanquart, *L'Oreille oubliée, op. cit.*

Première partie

UN NOUVEAU FILM-OPÉRA

Chapitre 1

Singin' in the Rain: Le *musical* de la révolution Warner / Vitaphone

Au commencement, peut-être, était *Singin' in the Rain*.
Au commencement tout comme en fin de parcours. Car si l'on considère le scénario de Betty Comden et Adolph Green comme symptomatique du crépuscule du musical hollywoodien, il n'en illustre pas moins paradoxalement le retour aux sources, la remontée dans l'espace fondateur de l'irruption commerciale du cinéma sonore et de la naissance du *musical*.

Un des premiers *musicals*, le *Hollywood Review of 1929* (*Hollywood chante et danse*), est justement arrimé sur la chanson *Singin' in the Rain* d'Arthur Freed et Nacio Herb Brown. Une version orchestrale sous-tend d'abord le générique, donnant ainsi au film son thème principal. Défilent ensuite un certain nombre de numéros (Joan Crawford, Laurel et Hardy, Marion Davies, Buster Keaton, entre autres), avant le sketch sur *Romeo and Juliet* qui sert de pont.

Cette scène du balcon est exceptionnellement en bichromie, rompant l'ensemble en noir et blanc. Elle commence par la version classique «élitiste» de Shakespeare, soutenue par une musique de Tchaïkovski, jusqu'à ce qu'on entende un *Coupez!* retentissant. On découvre alors que John Barrymore dirige une équipe de cinéma en train de tourner la scène. S'ensuit un dialogue animé où l'on discute fort de la nécessité de «moderniser» la vieille langue du barde anglais (c'est un thème qui sera cher à Comden et Green). À la blague, les acteurs reprennent le dialogue en anglais moderne, accompagné cette fois d'une musique Broadway.

Tout de suite après arrive le numéro chanté-dansé *Singin' in the Rain*, dans une version mélancolique accompagnée au banjo, dans un style lent et un peu triste qui ressemble à une ballade country, à une sorte de blues. Nous sommes loin de l'exubérance, de la joie et des couleurs du futur chef-d'œuvre. Ici, en 1929, en noir et blanc, avec les girls en cirés et la fine pluie fantomatique, c'est une chanson presque dramatique, une mélopée grave que reprendront certaines futures citations en poussant ces harmoniques jusqu'à la tragédie (*A Clockwork Orange* [*Orange mécanique*], *Fame*). D'une certaine façon, cette version de 1929 illustre le paradoxe déchirant de cette singulière collusion du chant et de la pluie, innocente à première vue, mais dont la beauté est celle d'une plante vénéneuse.

Dans le finale de *Hollywood Review of 1929*, pour boucler la boucle, revient encore le même chant, dans un décor grand-guignol en jaune-vert, où domine en arrière-plan une énorme arche de Noé, devant laquelle s'alignent choristes, danseurs et solistes. Qui se souvient que Buster Keaton a lui aussi chanté *Singin' in the Rain*? Un instant, se détache de la masse de ce finale son visage impassible, presque glabre.

Le *musical* de la révolution du cinéma sonore

Le véritable impact du film *Singin' in the Rain* (*Chantons sous la pluie*) vient d'abord du fascinant tandem Comden et Green, qui en sont les auteurs au sens strict, plutôt que ses réalisateurs Stanley Donen et Gene Kelly, ce qui n'enlève rien au talent de ces derniers ni à la stylistique de leur mise en scène[1].

La bande-annonce de *Singin' in the Rain*, en 1952, est explicite:
«Voici le récit d'un grand moment de l'histoire du cinéma…
quand l'écran apprit à PARLER!»

Mais, rétorquent les incrédules dans la panique, les films parlants sont des monstres! Qu'à cela ne tienne, répond le producteur R. F. Simpson, nous allons sur-le-champ transformer le premier film parlant de Monumental Pictures en *musical*:

«... Et les films "parlants" se mirent à CHANTER!»

Ainsi, avec ces quelques titres en surimpression, la «très grosse» production de MGM plonge le spectateur au début de la courbe des vingt-cinq premières années du cinéma sonore hollywoodien, ainsi que du premier triomphe du chant et de la musique sur la parole. *Singin' in the Rain*, sous ses dehors bon enfant, est un nouveau manifeste du *Prima la musica...* de l'opéra filmique américain.

Singin' in the Rain est un discours sur le *musical* hollywoodien lui-même, sur MGM, sur Hollywood et sa transformation radicale à l'arrivée du sonore. C'est le plus fascinant film-miroir jamais sorti de Hollywood, film dans le film aux multiples portes de mise en abyme. Bref, et sans y paraître, tant le sujet et les dialogues paraissent naïfs et banals, joyeux et goguenards, un film autoréflexif au sens fort du terme.

Qui plus est, ce *musical* comique et loufoque, malgré son air de ne vouloir que faire passer cent agréables minutes à son public, est au fond une tragédie, celle de la mort du «muet» − mort de la première grande invention cinématographique, qu'on croyait éternelle −, lequel subit avec l'arrivée du sonore son premier chemin de Damas: carrières brisées de stars, chômage massif de milliers de musiciens, anonymat cruel de chanteuses et de chanteurs condamnés par contrat à doubler les voix de nouvelles vedettes, transformations matérielles radicales des studios, etc.

> Nos réflexions revenaient sans cesse aux bouleversements dramatiques de cette époque, qui vit de grandes carrières brisées parce que l'image publique d'une star fut brutalement détruite à cause d'une voix ne convenant pas à sa figure mythique. En particulier, nous avions en mémoire la chute de John Gilbert, roi de l'écran muet en 1928... Nous avons alors décidé que notre personnage principal serait une telle star. Mais il fallait un truc pour mouler ce sujet tragique dans une comédie satirique légère comprenant quinze à vingt chansons de Freed et Brown[2].

Comden et Green, comme le souligne pertinemment le bon vieux *Trente ans de cinéma américain*, ont su, dans la majorité de leurs scénarios de *musicals*, structurer leurs sujets «de manière (gentiment) pirandellienne[3]», et ils ont compris que légèreté pouvait rimer avec gravité, grâce avec profondeur, divertissement avec amertume. Faire cohabiter, par le jeu du miroir et de l'illusion optique, le comique et le tragique, la beauté vivante et la mort, à la manière de cette voluptueuse peinture en trompe-l'œil sur la *Vanité* (femme et crâne dans un miroir). Dans ce contexte, l'écriture caustique de Comden et Green rejoint cette réflexion de Kurt Weill sur Offenbach, lors d'une production radiophonique de *La Grande Duchesse de Gérolstein*, dont il soulignait «la bonne santé des idées parodiques[4]». Comme chez les maîtres du genre, de Cervantes à Chaplin, chez Offenbach aussi le persiflage poussé au paroxysme est une forme d'expression de contenus sérieux et philosophiques.

Hollywood «postmoderne» avant la lettre

Singin' in the Rain, dès son ouverture, nous plonge au cœur de l'industrie du son. Lors du lancement hollywoodien d'un grand film muet, c'est par une émission radiophonique en direct que l'on apprend les antécédents de la vedette Don Lockwood (Gene Kelly), et surtout la duplicité du discours médiatique. «Dignité... Toujours de la dignité!» proclame Lockwood pour parler de sa «formation artistique». Il évoque le conservatoire, les salles de concert, les tournées triomphales, alors que les flash-back nous montrent les bas-fonds du *musical* populaire: vaudeville, violons folkloriques, tristes pitreries et révolte du public contre les artistes pleutres.

Ce faux-fuyant discursif se répétera lors de la première rencontre entre Don et Kathy Seldon. Cette dernière, qu'on découvrira «danseuse de caractère et de circonstance» sortant d'un gros gâteau kitsch dans une fête de première, abreuve auparavant la star Don de son discours méprisant sur le cinéma, sur la supériorité du théâtre «à la Shakespeare», et annonce tout de go qu'elle quitte bientôt Los Angeles pour New York: «Parce que cela ennoblit la profession»!

Ainsi, les premières minutes du film forment un virulent manifeste anti-snobisme intellectuel sur le *musical* hollywoodien et ses racines populaires, le tout coulé dans une intrigue d'une étonnante et drolatique simplicité, qui permet du même souffle une lecture mordante des graves enjeux qui se brassaient à la fin des années 20. D'une part, la nouvelle modernité du cinéma enfin sonorisé et musicalisé; d'autre part, le mépris pseudo-intellectuel et nostalgique de certains tenants du théâtre et de l'opéra européens, sertis des diamants des premières loges sur les poitrines des nouveaux riches américains.

Les flèches contre l'industrie hollywoodienne elle-même ne sont pas en reste. Inanité des films non sonorisés (la vedette masculine tend l'oreille ostensiblement; un carton explicite le mouvement de ses lèvres: «Je crois que j'entends des pas!»); mépris des producteurs contre les musiciens («Vous êtes pianiste, autant dire rien, n'est-ce pas?»); fermeture brutale, non planifiée des studios pour s'arranger avec la technologie du son; premiers pas hirsutes du sonore (mauvaises prises de son, désynchronisation, etc.); opportunisme (si un *talkie* risque un bide, pourquoi ne pas le tourner en *musical*?), sans compter les mensonges flagrants: nommer sur-le-champ un pianiste obscur au titre de directeur du département musique, ou encore, comme le laisse faussement croire la fin du film, qu'une chanteuse doublant une star puisse avoir un contrat pour devenir vedette après un premier succès, alors qu'on sait que tant de chanteurs et chanteuses à Hollywood sont restés dans l'éternel anonymat, sans leur nom au générique[5]. Le clou de cette diatribe anti-hollywoodienne est cette remarque faite par Kelly: «Le cinéma est une pièce de musée. Je suis une pièce de musée.» Bref, la riante causticité de Comden et Green est un feu roulant: chaque scène, chaque réplique.

La qualité essentielle du scénario de *Singin' in the Rain* réside dans le tissu très fin de son intrigue. Mise à nu de la fabrication d'un film, miroir du cinéma lui-même, ici du *musical* filmique: mise en chantier, fabrication, diffusion, voire films rêvés, fantasmes gratuits ponctuant le processus de production terre-à-terre d'un film. Dans cette optique, en mimant les codes, les clichés volontaires, l'écriture apparemment hollywoodienne, les scénaristes arrivent, par l'acuité de leur regard et la profondeur du propos, à réaliser un univers cher à Cocteau, celui du miroir et de la traversée du miroir.

Singin' in the Rain est composé de trois couches gigognes, superposées en miroirs.

D'abord la trame dramatique, celle de trois jeunes qui deviennent les stars du nouveau *musical*, trame qui est un premier miroir de Hollywood en 1929, de MGM en particulier.

Dans cette première grande boîte, une deuxième: un film en chantier, *Cavalier*, dont on voit les traces en noir et blanc (écran dans l'écran), et qui passe en quelques semaines par trois états: production «muette», puis film parlant (avec avant-première désastreuse), enfin *musical* («pourquoi ne pas faire un *musical*... et changer *Cavalier* en *musical*?»; «nous avons besoin d'un titre musical», «nous avons besoin de numéros musicaux modernes», un numéro sur Broadway même et sa capacité de nourrir le *musical* filmique). En bout de piste, cette décision de faire un *musical* conduit à la découverte d'un mode de production de l'enregistrement en play-back et du *lipsync*, de la symbiose entre la phonographie et l'image filmique.

Enfin, troisième boîte, la citation (docu-fictive) des films d'époque, ponctuant l'ancrage historique du film, grosso modo de 1927 à 1929, depuis *The Jazz Singer* jusqu'à *Broadway Melody*. Car MGM, qui se profile nettement derrière le nom de Monumental Picture, ne se prive pas ici de citer non seulement son premier (le premier) *musical Broadway Melody*, mais encore son *Hollywood Review of 1929* (dans lequel on trouve pour la première fois *Singin' in the Rain*), et aussi *Going Hollywood* (*Pays de rêve*) au moyen de la chanson *Beautiful Girl*.

Sans compter (quatrième boîte?) ce merveilleux finale dans lequel, en un seul plan-séquence, on découvre les deux nouvelles stars sous un immense panneau publicitaire de... *Singin' in the Rain* justement, ce qui laisse entendre qu'on aurait déjà fait à MGM, en 1929, un *musical* avec un tel titre musical, ce qui est un formidable gag de Comden et Green: si MGM n'a pas, en 1929-1930, fait ses choux gras de *Singin' in the Rain*, eh bien! le voici enfin en 1952. Ce dernier plan-séquence, situé en 1929, regarde déjà ironiquement en *flash-forward*, vingt ans en avance, tout en étant un «présent» de 1952, puisque ce *Singin'* à succès est justement le film qu'on vient de voir!

Certaines scènes sont encore davantage réflexives s'il en est, puisqu'elles touchent la musique et le théâtre musical. Par exemple, quand le jeune couple va se dire son amour pour la première fois, Don Lockwood décide de faire entrer Sally dans un grand studio vide et de lui installer un décor approprié. Ainsi, ce premier duo d'amour non seulement se déroule et *se dit* en musique, mais il emprunte les moyens du *musical* filmique pour s'exprimer. Moyens et conscience du moyen: pour ce numéro *You're Meant for Me*, le duo est filmé à découvert (mais adroitement bien éclairé, Don ayant allumé les spots sous nos yeux et actionné la machine à vent), à la fois sujet et mode d'expression du sujet, par un pseudo-film en train de se faire et de nous être montré.

Une autre scène, très habile, est celle des cours de diction pour le recyclage des acteurs du muet, qui donne lieu à l'époustouflant numéro *Moses Disposes*... L'exercice commence par le parler banalement rythmé, puis s'enfle et se précise en *parlando* progressivement musicalisé en forme de rap avant la lettre, puis en chant dansé et accompagné de la rythmique du *tap dance*. Par cette méthode et ce développement (Comden et Green ont écrit ce *lyric* expressément pour le film), nous sommes ici témoins d'une leçon adroite illustrant le concept de Leonard Bernstein du *speech/song business*, si typique du *musical* américain.

La présence du phonographe est très bien montrée dans la séquence de l'enregistrement de la voix de Sally pour la star Lina Lamont (Jean Hagen). On voit d'abord une répétition, enchaînée en ellipse sur une scène de tournage du *musical Cavalier* (premier niveau), plan resserré ensuite dans un cadrage qui fait oublier le studio et nous donne comme un premier résultat du tournage et du *lipsync* (mais ici, il s'agit du niveau de la trame de *Singin' in the Rain*, puisque ce plan est en couleur); fondu enchaîné enfin sur le même plan, en noir et blanc, visionné en salle (le *Singing Cavalier* est donc terminé), avec ajustement du son pour faire entendre qu'il est joué sur un disque, comme on le faisait en 1929 pour la sonorisation des films en salle. Ainsi, dans la même coulée, nous sommes passés par quatre lieux différents et par trois phases différentes du son du film: enregistrement, play-back, diffusion sur disque dans la salle. N'oublions pas toutefois que, suprême ironie de cette séquence, il y a une autre couche (invisible) de ce doublage, puisque Sally/Debbie Reynolds est elle-même doublée par Betty Royce.

Le clou du film se situe dans la séquence de Broadway, hommage à la source du *musical* filmique, l'emblématique *Broadway Melody* de 1929. Don Lockwood discute avec le producteur Simpson d'une scène à *scénariser* qui, à côté des numéros plus fantaisistes du *Singing Cavalier*, introduira dans le drame la dimension *moderne*, celle de l'actualité du *Broadway musical*. Gene Kelly, dont l'ambiguïté du personnage fait qu'on ne sait plus bien ici s'il joue son rôle dans *Singin' in the Rain*, dans *Cavalier* ou son propre personnage de chorégraphe, explique alors à Simpson ce qu'il entrevoit. La longue séquence qui va suivre – ni rêve ni *flash-forward*, mais sorte de parenthèse – se place carrément dans le récit de *Singin' in the Rain*, tout en appartenant fictivement à *Cavalier* et en citant le vieux *Broadway Melody*. Ce qui est merveilleux, au terme de ce long numéro, c'est que le producteur, à qui Ron demande: «Qu'en pensez-vous?», répond, pince-sans-rire: «Je n'arrive pas à me l'imaginer tant que je ne l'ai pas vu à l'écran»!

Cette séquence opératique elle-même est composite, astucieusement ciselée d'allers-retours dans l'histoire et l'actualité moderne du *musical*. Lancée par le *Broadway Melody* de 1929, elle se prolonge dans une scène moderne dans un bar louche, un premier pas de deux Kelly/Cyd Charisse, qui se poursuit par une tournée des théâtres de Broadway, puis enchaîne sur une dernière scène moderne. Nouveau pas de deux dans un décor qui rappelle, au-delà des modulations, le plateau qu'on a déjà vu dans le duo d'amour du studio de Monumental Picture. Alternance caractéristique du rapport entre Broadway vu pour lui-même mais aussi comme sujet de *musical*, contradiction, depuis les origines en 1929, entre le *musical* au service de sujets et le *musical* lui-même comme sujet[6].

Enfin, on notera l'ironie de la séquence finale du film: le public découvre le truc du *lipsync* (deux micros, l'un en fonction, l'autre fermé), Don crie au producteur et au public: «Cette fille [Sally] est la vraie star du film» (contresens et mensonge à Hollywood). Le tout se termine loin des micros de scène, dans l'enchaînement (naturel?) au *musical*, où Gene Kelly et Debbie Reynolds entonnent leur dernier duo d'amour... eux-mêmes en *lipsync* sur Gene Kelly et Betty Royce préenregistrés!

Dans ce film emblématique à plus d'un titre, il ne faut pas oublier les citations caustiques de l'opéra européen traditionnel, qui reviennent à trois moments: le *Ridi Pagliacci* qui précède le *Make 'Em Laugh* de Donald O'Connor; la musique au piano pendant le tournage d'une séquence muette, musique d'atmosphère de *Don Giovanni* de Mozart; enfin la danse de *Good Morning* dont un des pas du trio imite sarcastiquement le ballet classique.

Nous ne sommes jamais au bout de notre émerveillement avec ce film qui, au début des années 50, porte le *musical* filmique à son zénith, quand on détecte paradoxalement les premiers symptômes de son déclin. Un dernier exemple, lié à son titre même. Au moment où Kathy est requise, à son corps défendant, pour doubler sur scène Lina Lamont, le chef d'orchestre lui demande ce qu'elle va interpréter. Kathy répond, sans hésiter: *Singin' in the Rain*. D'où vient donc cette chanson, qu'elle connaît déjà par cœur? Tout droit du film qu'ils viennent de tourner, *Singing Cavalier*, même si on ne l'a pas vue en tournage ni en studio d'enregistrement. Pourtant, lorsqu'on a précédemment vu et entendu Gene Kelly chanter et danser cette chanson, elle ne faisait pas partie du film *Cavalier*, mais de l'intrigue de *Singin' in the Rain*, tout simplement. Kathy détient donc ce septième sens qui lui fait connaître et le film *Cavalier* dans lequel elle travaille, et le film *Singin' in the Rain* dans lequel Debbie Reynolds joue son personnage! Sans compter que tout le monde sait, autant dans la salle que dans le film de Donen/Kelly, que *Singin' in the Rain* appartient à l'origine au film *Hollywood Review of 1929*.

Devant tous ces miroirs, ces glaces, ces illusions d'optique, citations, emprunts, scénarios mélangés, scénario d'un scénario de film, et film de plusieurs autres films, on sort de *Singin' in the Rain* étourdis et éblouis, dans le même état où nous plongeait il y a quelques années, à l'Odéon de Paris, l'essai théâtral de Giorgio Strehler, *L'Illusion* de Pierre Corneille. Théâtre éblouissant, jouant sur l'illusion même du théâtre, donc théâtre sans propos ou sans sujet autre que la réalité de sa propre illusion, spectacle hallucinant de la mort du théâtre aujourd'hui, du théâtre comme *mort-vivant*.

L'Illusion de Strehler est une tragédie, comme l'est aussi *Singin' in the Rain*. Aussi ne faut-il pas s'étonner que deux des plus célèbres emprunts à ce film de 1952 aient été insérés dans d'autres tragédies filmiques. D'abord, au sens fort du terme, dans *A Clockwork Orange*, où Kubrick en fait un indice essentiel (la découverte d'Alex comme meurtrier et violeur), tout comme dans *Fame*, quand Alan Parker utilise le célèbre refrain pour souligner la tentative de suicide de la jeune fille dans le métro. On en trouve aussi des traces dans *Qu'est-ce qu'on attend pour être heureux!* de Coline Serreau, ainsi que dans *Crimes and Misdemeanors* (*Crimes et délits*) de Woody Allen.

Au bout du compte, après son apparition dans *Hollywood Review of 1929*, où elle fut pour la première et dernière fois cette innocente chanson comique et mélancolique, de type folk, accompagnée au banjo, *Singin' in the Rain* est devenue, grâce à l'intelligence et à la sensibilité de Comden et Green, une mélodie apparemment joyeuse, porteuse d'un germe de mort.

Pour *Singin' in the Rain* en 1952, parler du tragique de la mort du «muet» à Hollywood, c'est aussi commencer à dire le premier déclin du cinéma sonore américain, du *musical* et, peut-être, du cinéma tout court puisque, dès après la Seconde Guerre mondiale, l'arrivée de la télévision s'est mise à bouleverser le système industriel audiovisuel.

C'est le moment de fissure précédant l'effondrement des Temples des Majors, ces pyramides modernes du désert californien. À sa manière, *Singin' in the Rain* est un joyeux et ricaneur bal de fin de millénaire, bal fou d'un cinéma sonore qui a moins de vingt-cinq ans. Bien jeune pour mourir.

«My name is...»

Un de mes anciens étudiants de cinéma a enregistré sur son répondeur un message, qu'il chantonne decrescendo: «LAISSEZ UNE VOIX, laissez une voix, *laissez une voix...*» Il y a là une invitation chaleureuse (peut-être involontairement teintée d'inquiétude) à ce qu'une autre voix se fasse entendre et s'enregistre à son tour.

On aime bien recevoir des voix, et de temps en temps les garder dans des boîtes sonores ou audiovisuelles. C'est à quoi jouait Orson Welles qui, sautant de la radio au cinéma, continuait parfois à dissimuler sa présence derrière une image de microphone, ne donnant pour toute représentation que sa voix *over*: «*My name is Orson Welles.*»

J'ai toujours pensé qu'un ouvrage sur la cinéphonographie avait besoin de voix, dont la fonction est de s'entrelacer aux chapitres descriptifs et analytiques, aidant à les faire tenir ensemble comme un réseau de vibrations sonores et musicales, invisibles mais omniprésentes.

À défaut de les écouter sur bandes, on ne peut ici qu'en lire le message et être ainsi privés des timbres, des inflexions, des hésitations et des rires, et même des silences si essentiels à la structure vocale. Qu'importe. On peut rêver autour de ces esquisses ou scénarios de voix, et participer à l'effort imaginaire de leur (re)construction.

J'ai retenu, au fil des pages, les voix de deux cinéastes qui, autant par certains hasards que par la volonté de les faire échanger sur le sujet, ont bien voulu participer au dialogue sur la question du film-opéra, de la musicalité filmique intégrale.

Alain Resnais a gentiment accepté de parcourir quelques lieux de l'immense forêt américaine du *musical*. Ce dialogue, enregistré à Paris à la fin de septembre 1994, a été diffusé sur Radio-Canada deux mois plus tard à l'émission *À l'écran*.

Tout comme lui vis-à-vis de Stephen Sondheim, j'ai d'abord eu beaucoup de timidité à m'adresser à ce grand cinéaste. Mais j'avais pu me conforter et m'enhardir de ses propos sur la musique dans ses entretiens avec François Thomas (*L'Atelier d'Alain Resnais*[7]), et entrevoir qu'il pourrait aimer approfondir la question du *musical* de Broadway et de Hollywood. Il a accepté avec enthousiasme, a pris tout son temps pour en discuter librement et avec beaucoup d'émotion, hors des paramètres contraignants de l'interview.

Existe-t-il une autre formule que celle de «l'éternelle reconnaissance» pour l'en remercier? Pourquoi pas tout bonnement: «Merci de tout cœur, Alain Resnais», pour ces parcours fragmentaires (au fond très structurés) qui se glissent dans cet essai comme ces fascinants travellings musicaux dont il a le secret, et qui ont enchanté notre adolescence cinéboulimique.

La voix de baryton-basse d'Alain Resnais, grave et bien timbrée comme celle d'un chanteur lyrique ou d'un comédien, ne donne toutefois pas l'impression de l'habitude de la projection dans un théâtre. Au contraire, l'élocution du cinéaste est plutôt intimiste, radiogénique, très lente et réfléchie, portant l'empreinte d'un discours continuellement méditatif.

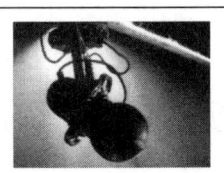

My name is Alain Resnais

Serge Daney aimait répéter: «Ce qu'il y a de plus beau, ce sont les commencements.» Alain Resnais, quels sont vos commencements dans le musical *américain?*
Ah! Il faut que je me mette en marche arrière!
Les premiers *musicals* américains que j'ai vus devaient être des films de Fred Astaire. J'avais une douzaine d'années, une dizaine peut-être. Il y avait toujours ce moment où le dialogue prenait une coloration particulière, tout à coup ce dialogue devenait du chant, puis un orchestre mystérieux s'y ajoutait. On était en pleine féerie, j'adorais ça.

Le musical *fait aussi partie intégrante de vos films, où apparaissent Stephen Sondheim, John Kander, Betty Comden, Adolph Green. D'une certaine façon, le* musical *est consubstantiel à votre écriture filmique...*

Je serais bien content en effet s'il pouvait y avoir une influence de la comédie musicale, de la musique tout simplement, sur mon travail.

Pourquoi suis-je complètement séduit par cette forme du *musical*, aussi bien au théâtre qu'au cinéma? C'est peut-être que j'aime bien, quand je suis au spectacle, qu'on me montre du *spectacle*. Qu'on me dise: «Ce n'est pas la vie quotidienne que je montre, ce sont des acteurs maquillés qui sont sur un écran, sur une scène. On n'essaie pas de vous faire croire que c'est la réalité de tous les jours, c'est de l'imaginaire.» Ce point de vue-là est poussé à son maximum dans la comédie musicale. S'il y a une chose qu'on ne voit pas dans la vie quotidienne, c'est bien deux personnes en train de s'exprimer par le chant. C'est un phénomène si irrationnel qu'on se demande même comment l'idée en est venue. Dans l'opéra (je n'ai pas envie de mettre des frontières entre comédie musicale, opérette et opéra), où l'idée est venue de chanter des paroles qui aient un sens par rapport à l'action, on ne peut pousser plus loin le manque de naturel. Je trouve ça très stimulant. Mais les raisons profondes de ce plaisir, je ne les connais pas. Ce que j'aime bien dans le cinéma, c'est que c'est un art impur, qui mélange des tas de choses. On y retrouve des lois de la peinture, des lois de chorégraphie, des lois photographiques, un jeu qui peut être aussi bien théâtral que neutre. Généralement, les attaques que le cinéma subit viennent de ce qu'un autre art se serait développé mieux que lui. Le cinéma ne serait jamais qu'une sorte de contrebandier.

Dans le genre comédie musicale, il y a pour moi une petite séquence tout à fait convaincante. Dans *Summer Stock* (*La Jolie Fermière*), Judy Garland est une pauvre fermière en faillite qui ne peut plus payer ses dettes. Pour arriver à joindre les deux bouts et à nourrir ses vaches et ses cochons, elle est obligée d'accueillir une troupe de théâtre pendant l'été, ce qui transforme sa grange en salle de répétition. Elle est plutôt effrayée au début, même si une partie de ses soucis sont réglés par cet apport d'argent et si elle trouve sympathique le metteur en scène, le héros du spectacle, Gene Kelly. Il y a une scène où elle se promène au clair de lune et entre dans la grange, marche sur la scène. Elle commence plus ou moins à chantonner. Elle ne s'est pas aperçue que Kelly était là lui aussi. Il vient la saluer. Elle lui dit: «Je ne comprends pas ce que vous faites. Pourquoi chanter au lieu de parler?» Gene Kelly lui dit: «Mais c'est la seule manière d'arriver, avec de pauvres mots peut-être, à une émotion qui soit vraiment transmise tout de suite à vous, spectateurs et spectatrices.» Et là, Kelly le prouve, il lui dit quelques phrases: «Imaginez que je vous dise: "Vous êtes belle, jolie, vous me plaisez", il ne se passe pas grand-chose. Mais si je le chante...» Là il chante, et en effet c'est totalement convaincant. Cela aura des suites, évidemment. On peut imaginer que la fermière n'aurait jamais été séduite s'il s'était contenté de lui parler par les mots...

Il y a une scène similaire dans Singin' in the Rain, *imaginée par Betty Comden et Adolph Green. Gene Kelly organise le plateau de studio et la mise en scène filmique de l'échange amoureux, qui va se terminer dans l'apothéose...*

Oui, c'est un très joli passage du film. C'est drôle, quand *Singin' in the Rain* est sorti à l'époque, des critiques ont dit: «Ça prouve que les Américains ne peuvent plus faire de comédies musicales, c'est un genre fini.» Ce film n'a pas du tout été reconnu. Et puis, à mesure que les années ont passé, il est devenu l'épitomé de la comédie musicale.

Pour Comden et Green, l'épitomé du *musical* ne se limite pas à *Singin' in the Rain* en 1952. Leur merveilleux travail scénaristique sur le spectacle et la musique était déjà amorcé dans *The Barkleys of Broadway* (*Entrons dans la danse*, 1949), et se poursuivra en particulier dans *The Band Wagon* (*Tous en scène*, 1953) et dans *It's Always Fair Weather* (*Beau fixe sur New York*, 1955). Ce singulier ensemble autoréflexif, unique dans l'histoire hollywoodienne du nouveau film-opéra, est assez cohérent pour former une sorte de tétralogie crypto-wagnérienne, qui sera l'objet du chapitre 7.

Notes

1. Cette assertion rejoint le propos de George Cukor, lors de mon interview à Beverly Hills en 1968, durant laquelle il soutenait que dans le système hollywoodien, la «politique des auteurs» ne tient pas si elle désigne les réalisateurs qui n'ont pas écrit ou participé de près au scénario des films. Cukor soutenait que le véritable auteur dans les grands studios est le scénariste, ce qui ne diminue en rien le métier et l'art du réalisateur, qui travaille au niveau de la mise en scène, de la mise en forme du film, non à celui de son sujet, de ses idées et de ses personnages (voir *Cinéma en rouge et noir*, Triptyque, Montréal, 1994).
2. Betty Comden et Adolph Green, «Introduction», *Singin' in the Rain*, coll. «The MGM Library of Film Scripts», Viking, New York, 1972. Dans cette optique, l'édition Criterion en vidéodisque de *Singin' in the Rain* (1988) a bien raison de regrouper en complément des extraits de *Broadway Melody* et de *Hollywood Review of 1929*, en plus de nous donner le court métrage *Voice of the Screen*, produit et diffusé en 1926 par la Warner/Vitaphone, grâce à qui démarra la révolution cinéphonographique.
3. CIB, Paris, 1970, p. 396.
4. Cité dans les notes de Jürgen Schebera pour le disque *Der Kuhhandel*, Capriccio CD 60 013-1, 1992, p. 31: «Cette sorte de musique sérieuse parodique possède les vertus étincelantes pour susciter une interprétation qui a la flamboyance de la danse...»
5. En témoigne l'article de Miles Kreuger, «Dubbers to the Stars», *High Fidelity*, juillet 1972.
6. Voir Jane Feuer, *op. cit.*
7. Flammarion, Paris, coll. «Cinémas», 1989.

CHAPITRE 2

Warner / Vitaphone à la défense de l'opéra américain

Quand éclate, au milieu des années 20, la révolution commerciale du cinéma sonore, quand s'installe, hors des laboratoires, le spectacle de la cinéphonographie, il ne fait aucun doute que la musique vient d'obtenir par le film un nouveau support de diffusion de masse en même temps qu'un nouveau mode d'expression. Mais l'origine archéologique de cette matrice est bien antérieure à l'arrivée spectaculaire du «parlant». Aussi est-on redevable à Charles M. Berg, dans son essai *Archeology of Music Video*[1], d'avoir méticuleusement conduit ses fouilles jusque dans la préhistoire de l'industrie audiovisuelle.

L'utopie du *Kineto-phonograph*

Dans un de ses courts métrages expérimentaux, Edison fait (involontairement, peut-être) la défense et l'illustration d'un film sonore, d'un opérascope populaire. Un violoniste joue devant un immense pavillon de phonographe. Deux ouvriers enlacés viennent ironiquement danser pendant l'enregistrement de cette musique. En quelques secondes, ce film naïvement réflexif dévoile l'infrastructure de sa bande sonore et le potentiel de son action sur le public. Curieusement, le premier cinéaste du Québec, Léo-Ernest Ouimet, a tourné un film semblable au début du siècle. Intitulé *Mes espérances* (1908), ce court film familial montre les enfants du cinéaste autour d'un immense gramophone pour 78 tours. Un des enfants monte sur un fauteuil et fait jouer un disque. Puis il en prend un autre et le montre à la caméra. On imagine le réalisateur, fondateur du célèbre cinéma Ouimetoscope de Montréal, accomplissant par ce film une expérience de sonorisation avec le disque.

> Durant l'année 1887, explique Thomas A. Edison, il m'apparut possible de faire les plans d'un appareil qui produirait pour l'œil l'équivalent du phonographe pour l'ouïe, et, par la combinaison des deux, d'enregistrer et de reproduire simultanément toutes les sortes de sons et d'images en mouvement.

Charles M. Berg poursuit: «En 1895, le *Kineto-phonograph* permettait, en visionnement individualisé, de voir et d'entendre la courte interprétation d'un chanteur[2]...»

Ainsi, Berg a éclairé ce fait que, dès l'origine de la mise en forme technologique de cette industrie, il y eut projet et volonté de synchroniser sons et images en mouvement; et non seulement de le faire en général, mais par la forme spécifique du cinéma musical. En témoignent les écrits d'Edison et de son assistant W. K. L. Dickson, de même que les expériences et les prototypes qu'ils bricolèrent.

Par exemple, en 1894, le producteur de Broadway N. D. Mann, pour lancer le nouveau *musical The Flames*, eut l'idée de «combiner le kinétoscope et le phonographe d'Edison dans un montage de quelques extraits du *musical*» et de diffuser cette réclame avant la première au théâtre[3]. En 1895, Edison commercialisa son *Kineto-phonograph*, vraisemblablement le plus lointain ancêtre des juke-box audiovisuels: les Panoram Soundies, les Scopitones, les Cinematic et le Vidéo-Box québécois de Zone Productions[4].

Au début du siècle, les essais se multiplient: Léon Gaumont en France, Oskar Messter en Allemagne, ou encore Carl Laemmle qui, aux États-Unis, présente le Synchroscope allemand. En 1912-1913, Edison revient à la charge, depuis son Studio Kinetophone, en produisant de multiples courts métrages musicaux passant des utopies du grand opéra aux capsules pop des Van & Schenk, Pennant Winners of Singland,

Edison's Minstrels et autres Chimes of Normandy. Par ailleurs, Charles Berg a relevé maints exemples dans lesquels le «greffon des images[5]» s'est pratiqué durant l'exécution live de chansons et de musique dans les nickelodéons puis dans les cinémas. D'abord par des diapositives, ensuite par des images en mouvement sous forme de *photoplay*, de *song vignettes*, etc. Dans un sens ou dans l'autre, on visualise des sons, on «musicalise» des images.

Ces bricolages d'opérascopes s'intégraient dans des spectacles prémonitoirement multimédias, où les programmes offraient acrobates, jongleurs et trapézistes, vues animées, bouffonneries yankees, chanteurs d'opéra ou de romances. À Montréal, à la fin de 1907, c'est ce que claironnent les affiches du parc Sohmer, du Nationoscope, du Readoscope et de l'Olympia. Carrefour où circulent depuis le début du siècle les phonographes Edison et Pathé, de même que le gramophone Berliner; la presse montréalaise s'enorgueillit aussi dans les réclames d'offrir «des chansons illustrées en français et en anglais», tout autant que «de fort jolies vues en couleurs provenant de la maison Pathé, France, ainsi que les dernières productions comiques et sensationnelles de New York».

Dans ce contexte, l'automne 1907 est le moment d'une première exceptionnelle de cinéma sonore, pour laquelle les deux plus importants «théâtres» de la rue Sainte-Catherine (dans l'Est francophone), le Ouimetoscope et le Nationoscope, se livrent une chaude concurrence. Le premier ouvre le bal le 7 octobre, le second, le 21. La «machine parlante» du Ouimetoscope est le Cinémato-gramo-théâtre français de Georges Mendel; celle de son concurrent, le Chronomégaphone de Gaumont. Ernest Ouimet, pour meubler sa grande salle toute neuve, a fait appel à Emil Berliner, qui installe un *auxetophone*, «sorte d'amplificateur de sons à air comprimé que l'on ajoute au gramophone».

À cette époque, Edison avait bien concocté son *Kineto-phonograph*, mais l'appareil n'était encore qu'une sorte de juke-box pour visionnement individuel. Son Cinephonograph n'apparaîtrait qu'en 1911; de toute façon, les machines parlantes françaises de 1907 ne durèrent que quelques semaines. Les techniques de synchronisation et d'amplification n'étaient pas encore au point. Néanmoins, il est utile de s'arrêter aux programmes de ces événements, en avance sur le développement technologique.

Ces programmes d'opérascopes (Gaumont les appelle des phonoscènes) véhiculent la même cohérence et le même équilibre que ceux imaginés par Edison, dans la répartition entre musiques sérieuses et populaires. *L'Idylle de Singapour* et *La Marseillaise* cohabitent avec les chansons de M. Affre, «fameux ténor de l'Opéra de Paris»; les scènes d'opéra et d'opérette de Paris, Berlin et Vienne côtoient une danse espagnole, *Le Siffleur nègre*, ainsi que le duo de cornet *Merle et Pinson* de MM. Josef et Desfossés. Ailleurs, MM. Renaud et Rousselière, «artistes parisiens engagés au Metropolitan Opera House de New York», ainsi que deux grands artistes italiens de Covent Garden se produisent à côté d'une «très curieuse imitation d'animaux» et de la chanson comique *Parade d'église*. Enfin, un *Every Little Bit Helps* ne craint pas le voisinage d'*O Magali*, duo de l'opéra *Mireille*. Toutes les séances de ces programmes eurent un succès retentissant[6].

Le 6 août 1926, quand Warner et Vitaphone lancent *Don Juan* à New York, ce long métrage est précédé de quelques brefs films. Le premier de ces courts métrages est un mot de bienvenue de Will H. Hays, président de la Motion Picture Producers and Distributors of America:

> Mes amis,
> Aucune histoire écrite pour l'écran n'est aussi dramatique que l'histoire du cinéma elle-même.
> Aujourd'hui, nous écrivons un autre chapitre de cette histoire. (...)
> Dans les films que nous présentons, la musique joue un rôle de premier plan. Le cinéma est un facteur déterminant dans le développement de l'appréciation de la bonne musique, et ce, à l'échelle nationale. Ce service est maintenant décuplé par Vitaphone, qui transportera les orchestres symphoniques jusque dans les petites salles des villages. On a dit que l'art des instrumentistes et des chanteurs est éphémère, qu'il ne crée que dans l'instant. À partir d'aujourd'hui, l'artiste et son art ne mourront plus[7].

Le corpus musical qui accompagne et prolonge cette première contient par-dessus tout des courts métrages de prestations lyriques. Si le premier programme propose l'opéra traditionnel avec le ténor Martinelli et les sopranos Marion Talley et Anna Case, le second, en revanche, se tourne plus nettement du côté du théâtre musical de Broadway, avec Al Jolson en tête. Dans les années qui suivent, il ne fait plus de doute que les courts métrages des *Vitaphone Varieties* vont faire la plus belle place à cet «opéra américain» plutôt qu'au *Grand Opera* dont rêvait déjà

Edison au tournant du siècle. Succès confirmé bientôt par *The Jazz Singer* en 1927, puis par le premier long métrage musical entièrement sonorisé, au titre emblématique: *Broadway Melody*, en 1929.

Si New York et Hollywood, à travers l'industrie de programmes de Warner/Vitaphone, ne rejetèrent pas d'abord entièrement le projet de tourner des scènes d'opéras conventionnels, et d'y faire briller les stars du Metropolitan Opera comme Frances Alda, Giuseppe de Luca, Gigli, Charles Hackett et Martinelli, ou encore Rosa Raisa et Ernestine Schumann-Heink, il n'en demeure pas moins que le gros des courts métrages s'alimenta à la tradition populaire du folklore et du jazz, du vaudeville et des sketchs. Au cinéma, la matrice de la musique lyrique américaine s'avéra rapidement être celle de Broadway, et servit même de forme structurante à l'opéra traditionnel, dont les courts métrages fixèrent rapidement la durée et le cadre. Le *Grand Opera* devenait, par l'extrait populaire, une des composantes des *Varieties*.

Ainsi, le nouveau cinéma sonore des États-Unis créait par le *musical* le genre spécifique de l'opéra américain et, contrairement à ce qui se passait en Europe (en Allemagne, en Italie, en France, en Grande-Bretagne), rejetait une fois pour toutes l'*Opernfilm*, l'adaptation filmique du texte quasi intégral de l'opéra du répertoire. Les dirigeants de la Warner avaient choisi le *musical* de Broadway. Comme le signale Douglas Gomery, Harry Warner, qui se méfiait du «parlant», s'intéressa en mai 1925 à un essai sur un film de jazz:

> Harry avait mijoté l'idée d'un usage de cette nouvelle invention. Il fit remarquer plus tard à Catchings: «Si le film peut parler, il peut chanter.» Warner Bro. enregistrerait les meilleurs *musicals* et les présenterait dans des cinémas de petite ou moyenne grandeur. Ces cinémas seraient ainsi dotés de représentations aussi bonnes et même meilleures, pour un coût beaucoup moins élevé. Voilà une vision entrepreneuriale qui exigerait un grand apport de capitaux, que seul un banquier comme Catchings pourrait fournir[8].

Il ne faut pas perdre de vue non plus que Warner avait inauguré au printemps 1925 la station de radio KFWB, ce qui plaçait la major au confluent de la radiophonie et du cinéma sonore.

COMME *2001: L'ODYSSÉE DE L'ESPACE*, LE CINÉMA SONORE COMMENCE PAR UNE AUBE

Lancée à l'automne 1989 au Musée d'art moderne de New York, l'exposition *American MovieMakers: The Dawn of Sound* est unique en son genre. Reprise en septembre 1991 à la Cinémathèque québécoise de Montréal (*L'Aube du sonore aux États-Unis*), elle dévoile la force d'impact du sonore dans le filmique, durant cette période cruciale de transition à la fin des années 20, surtout dans la collusion régénératrice entre les industries de l'image et celles du son, la radiophonographie et le cinéma. Au sens matériel et technique du terme, entre le disque et le film. Cette période relativement courte, démarrée en 1926 (première au Warner's Theatre de New York), s'arrêta en 1928 quand Western Electric rendit disponible l'enregistrement sonore optique, qui se généralisa. Si bien qu'en 1931, la Warner coula avec son navire, après avoir été la seule major à utiliser son procédé entre 1929 et 1931.

Deux choses sont d'abord frappantes dans ce passage perturbateur. Primo, la supériorité technique du disque sur l'enregistrement optique, qui fit croire aux personnels techniques et administratifs de Warner/Vitaphone que le procédé devait perdurer. Secundo – et là s'accomplit le métissage dans la technoculture –, le fait que ce procédé, par sa simplicité première, soutenait le film musical, le concert en même temps que le cinéma, ce pourquoi les Warner s'intéressèrent d'abord moins au «parlant» qu'aux scènes d'opéra, de music-hall et de prestations d'orchestres. Avec l'apparition de ce nouveau cinéma, le premier espace sonore s'établissait dans la musique phonographique. Ainsi, ce qui frappe d'emblée dans cette exposition *Dawn of Sound*, avant même qu'on s'intéresse aux interprétations lyriques des courts métrages Vitaphone et aux bribes de chansons de *The Jazz Singer*, c'est la récurrence d'ouvertures ou d'entractes symphoniques comme segments de structuration de certains longs métrages.

Le célèbre *Don Juan* du 6 août 1926 est entrecoupé d'un entracte sans images fait de l'ouverture de l'opéra *Mignon*, indépendante de la musique-fleuve du major Edward Bowes qui arrose tout le long métrage. Le *Noah's Ark* de 1928 comprend aussi un disque d'ouverture musicale, de même qu'*Under a Texas Moon* (1930). Quant au *Viennese Nights* de la Warner/Vitaphone (1930), première opérette écrite spécifiquement pour le support cinéphonographique par Sigmund Romberg et Oscar Hammerstein II, il comprend une ouverture phonographique de cinq minutes, ainsi qu'un entracte musical de dix minutes. Enfin, *The Jazz Singer* contient, outre ses dix bobines/disques, quelques phonogrammes supplémentaires de numéros musicaux[9].

CE QUI BOUT DANS CETTE MARMITE

Le choix de la Warner/Vitaphone en faveur de la musique filmique ou du cinéma musical s'est fait cependant dans un joli désordre ou, pour reprendre l'expression de Salman Rushdie à propos de Hollywood, dans un bel état d'*inconscience*.

On peut certes y voir une situation, un moment crucial, une transition de tremblement de terre où domine l'ambiguïté. Néanmoins, cette incertitude s'inscrit dans un état propice à l'émergence de nouveaux métissages. Ainsi les dirigeants de Warner/Vitaphone jouent-ils à fond la carte élitiste des riches New-Yorkais quand ils lancent leur *Don Juan* (emprunté au répertoire théâtral défendu par John Barrymore) avec son ouverture de *Mignon* et la musique d'Edward Bowes interprétée par le prestigieux Orchestre philharmonique de New York. Qui plus est, le programme des courts métrages de la célèbre première du 6 août 1926 comprend un choix d'artistes significatif, comme en témoigne Charles Wolfe:

> Les violonistes Mischa Elman et Efrem Zimbalist, le pianiste Harold Bauer, le ténor Giovanni Martinelli ainsi que les sopranos Marion Talley et Anna Case ont interprété des pages de Wagner, de Dvorak et de Beethoven, des airs d'*I Pagliacci* et de *Rigoletto*. Dans la veine musicale plus légère, il n'y avait que le numéro de Roy Smeck, un solo de guitare hawaïenne.

Pourtant, la Warner change complètement son fusil d'épaule dès la deuxième représentation:

> Des interprétations populaires d'Al Jolson, de George Jessel, du tandem comique Willie et Eugene Howard, de la diseuse Elsie Janis (dont le pot-pourri nostalgique de la Première Guerre mondiale préfigurait la partition du long métrage, *The Better 'Ole*). Le baryton Reinald Werrenrath complétait la distribution, mais ses interprétations de *Long, Long Trail* et de

The Heart of the Rose ont à leur manière enrichi le contenu de ce programme beaucoup moins intellectuel[10].

Ce va-et-vient, s'il témoigne d'une lancée d'essais tous azimuts, reflète en même temps l'antinomie entre deux classes de musiques: classique et opératique d'un côté, jazz, populaire et variétés vaudevillesques de l'autre. Il révèle aussi la volonté que les producteurs de programmes pouvaient véhiculer dans leur enthousiasme à diffuser largement et à populariser la musique, *toutes* les musiques.

Malgré cet écartèlement, les programmes Warner/Vitaphone témoignent en même temps d'une sorte de désir – ici certainement dans l'*inconscience* – de ne perdre ni l'une ni l'autre de ces musiques, qui se retrouvent dans un premier temps, en dépit du bon sens socioculturel, réunies au moins matériellement par le biais d'un support technique.

La suite est connue. L'offre et la demande mais aussi ce subtil synchrétisme audiovisuel conduiront à la dominance du modèle Broadway, consacré par *The Jazz Singer* et d'abondants courts métrages, sans toutefois que le bébé classique ne soit jeté avec l'eau du bain, comme on le verra plus tard, sans que les musiciens classiques et les stars d'opéra ne soient évincés, loin de là. Dès 1926-1927 triomphent les Roy Smeck, Syd Chaplin et Al Jolson, Joe E. Brown, George Burns et Gracie Allen, sans compter que Willie et Eugene Howard, trois semaines après la première de *Don Juan*, se permettent déjà un vaudevillesque numéro de cynisme sur l'opéra, *Between the Acts at the Opera*, peut-être le plus lointain ancêtre des Marx Brothers et de leur nuit des longs couteaux à l'Opéra.

«LE RÊVE DE L'OPÉRA AMÉRICAIN»

La matrice créée par les courts métrages Vitaphone pour l'opéra américain allait assez tôt s'épanouir dans le long métrage, dans cette forme originale et inédite du *musical*, aussi typique du cinéma américain que le western.

L'éclosion est rapide, fulgurante, incisive. Une sorte de big-bang de l'opéra du cinéma américain, dont les dix premières années en particulier, de 1929 à 1940, de *Broadway Melody* à *Fantasia*, sont symptomatiques d'une cristallisation maîtrisée des traits et du genre. S'y croisent tous les paramètres de fusion de l'opéra, du *musical* de Broadway à l'emprunt des stars du Metropolitan Opera, du vaudeville à l'opérette européenne, tous ces éléments coulés dans le moule que Kurt Weill, après son arrivée aux États-Unis en 1935, appelle «le rêve de l'opéra américain[11]».

Ainsi, en dix ans, immédiatement après l'aube du sonore, sont produites des œuvres lyriques significatives à divers égards, telles *Hallelujah* de King Vidor (1929), *Song o' My Heart* (1930) avec le ténor irlandais John McCormack, *42nd Street* (*42e Rue*) et *The Emperor Jones* (1933), *One Night of Love* (*Une nuit d'amour*) avec la soprano Grace Moore et *The Merry Widow* (*La Veuve joyeuse*) de Lubitsch (1934), *Top Hat* (*Le Danseur du dessus*) et *A Night at the Opera* (*Une nuit à l'opéra*) en 1935, *San Francisco* et *Maytime* (*Le Chant du printemps*) avec Jeanette MacDonald, de même que *Show Boat* (*Le Théâtre flottant*) en 1936-1937 et *The Wizard of Oz* (*Le Magicien d'Oz*) en 1939. Et, bien sûr, *Fantasia* de Walt Disney en 1940, qui couronne une première décennie de popularisation du classique au cinéma, tout en magnifiant, à sa manière, le triomphe du *musical* de Broadway. La seule énumération de ces titres a de quoi faire rêver sur la gigantesque créativité et la maîtrise du genre, sur sa grande capacité de variations aussi. Floraison survenue, qui plus est, en plein désert culturel.

La seule année 1929 est déterminante. Le cinéma musical est encore à ce moment à cheval entre deux technologies sonores: celle de la synchronisation manuelle entre disque et film chez Warner/Vitaphone et celle de la piste sonore optique. Néanmoins, les firmes produisent cette année-là plusieurs *musicals*, dont quelques titres sont significatifs. *Broadway Melody*, *Hallelujah*, ce premier chef-d'œuvre du *musical* filmique américain, avec des chansons d'Irving Berlin, ensuite *The Love Parade* (*Parade d'amour*) de Lubitsch, où apparaît pour la première fois Jeanette MacDonald, *Applause* de Rouben Mamoulian, sans compter une version sonorisée du *Phantom of the Opera* (*Le Fantôme de l'Opéra*) de Rupert Julian, déjà diffusé en 1925 en «muet».

Il est significatif que les trois quarts de ces nouveaux *musicals* soient assumés par de grands réalisateurs. En particulier celui de Lubitsch, cinéaste qui venait à peine de terminer, en version non sonorisée, *The Student Prince in Old Heidelberg* (1927), pour lequel les textes de la copie en vidéocassette soulignent qu'il est «tout en musique».

Curieux film handicapé, en effet, inspiré librement du *musical* de Sigmund Romberg (1924), et qui appelle la musique de toutes ses images. Par le rythme du montage, d'abord. Celui-ci est à certains moments très scandé visuellement: par exemple, au début, les saluts à l'empereur, formés de multiples plans rapides où des masses d'hommes soulèvent leur haut-de-forme, ou bien lors des chants et danses des étudiants à l'auberge. Cela coexiste avec des rythmes lents ailleurs, ceux de plans-séquences que généraliseront bientôt les *musicals*: dans le décor champêtre, intentionnellement composé de végétation artificielle romantique pour les ébats des jeunes amoureux, ou encore dans le palais désert où s'étiole le prince.

Mais il y a davantage que le montage pour musicaliser cette écriture filmique. À deux reprises, les étudiants chantent. Après l'arrivée du prince à l'auberge, ils entonnent le *Wanderschaft*: un plan de l'orchestre qui attaque, puis un de l'illustration de la première page de la partition de la chanson, enfin divers plans d'étudiants qui s'égosillent. Et plus tard, quand le prince revient à Heidelberg, un carton annonce que les étudiants vont exécuter le *Gaudeamus igitur* (que Brahms a célébré dans son *Ouverture académique*), ce qui est fait sur un rythme lent et nostalgique. Ces deux séquences produisent un effet dérangeant, comme s'il y avait une panne de son pendant la projection. Ce n'est pas un accompagnement live de piano, comme dans le reste du film, qui pouvait ici suppléer à la non-sonorisation, puisque Lubitsch a visiblement et longuement filmé des acteurs chantants en plans rapprochés. On dirait plutôt que ces séquences auraient voulu ou pu être synchronisées à des disques, comme on le faisait partiellement déjà à l'époque pour certains longs métrages. Apparemment ce ne fut pas le cas.

Ainsi amputé, *The Student Prince*, en 1927, ressemble à un *Jazz Singer* sans fragments sonorisés. C'est déjà un *musical*, mais dont on aurait paradoxalement égaré la bande sonore (comme il arriva au premier *Show Boat* de 1929, qu'on tourna d'abord en «muet», puis vite gauchement sonorisé). Lubitsch a signé ici un film de transition, un passage cinétique au *musical*.

Broadway Melody
Premier *musical* du matin ou dernier de l'aube?

Oscar du meilleur film en 1929, *Broadway Melody*, de Harry Beaumont, doit sa récompense au fait d'avoir été, certes, le premier *musical all-talking, all-singing, all-dancing,* mais aussi pour avoir établi une matrice audiovisuelle qui n'existait jusque-là que dans des courts métrages Vitaphone.

Ce fut un singulier produit de transition, une sorte de bâtard attendrissant. MGM lui accola une trame sonore phonographique (dix bobines/disques pour 81 minutes), mais on sait que ce film circula en deux versions, sonore et *muette*[12]! *Broadway Melody* mit aussi en œuvre une première du *musical* cinéphonographique: le tournage en play-back.

> L'ingénieur du son Douglas Shearer conçut alors une idée qui n'avait jamais été expérimentée jusque-là. Il proposa que, du moment où il n'y avait aucun problème avec la musique déjà enregistrée, il suffisait de la faire jouer au moyen de haut-parleurs sur le plateau pendant que les interprètes y enregistreraient leurs mouvements pour la caméra. À la fin du processus, on raccorderait le film au préenregistrement[13].

Le long métrage musical exige un développement dramatique dont le *legato* et la structure soient capables de dépasser la simple addition de numéros ou de sketchs musicaux. À cet égard, si la réalisation de *Broadway Melody* n'est pas dans son ensemble à la hauteur de celles dues la même année à Lubitsch, Mamoulian et Vidor, sa longue ouverture est remarquable: fluidité des fondus enchaînés audiovisuels, inscription dramatique au cœur même de Broadway. Amorcé par une série de travellings verticaux à vol d'oiseau sur Manhattan, dont l'ouverture de *West Side Story* en 1961 pourra se souvenir, ce prologue nous fait ensuite plonger dans la fébrilité sonore des bureaux d'imprésarios, où se succèdent et s'enchaînent des dizaines d'interprétations de toutes sortes, galopades musicales, brouhaha de claquettes et de paroles dignes d'un patchwork pop art. Cette séquence délimite à la fois un espace structurant de l'opéra filmique et un contenu se déployant à partir du théâtre musical de Broadway, mais qui s'affranchit de la scène dans le même mouvement. *Broadway Melody* établit de la sorte, quoique en raccourci, le moule générique central du *musical* filmique, qui s'épanouira par exemple dans *Applause*.

Rick Altman classe ce type de *musical* dans le sous-genre «comédie-spectacle», pour le distinguer des deux autres qu'il décèle: le *musical* «conte de fées» (*The Love Parade, Top Hat, Maytime, The Wizard of Oz*...), et celui de la «comédie-folklore» (*Hallelujah, San Francisco, Show Boat,* etc.). Cette classification, qui a l'avantage de montrer l'oscillation pendulaire, dans le *musical*, entre le réalisme du terroir national et le surnaturel de l'imaginaire féerique – et le passage en médiane du show broadwayien, si l'on peut dire –, n'éclaire toutefois pas la dynamique entre ces pôles qui, passant d'*Emperor Jones* à *Snow White and the Seven Dwarfs*, de *San Francisco* à *A Night at the Opera*, est capable de marquer d'unicité ces ouvrages en apparence disparates.

Cette unicité vient de la capacité du *musical* américain, consolidé et magnifié par les codes filmiques plus encore que par la scène, de produire une métamorphose de l'opéra (des diverses formes antérieures de l'opéra européen), de couler ces formes, comme sait le faire la culture américaine de la première moitié du siècle, dans un modèle large et souple, souvent standard, pour le meilleur et pour le pire.

Notes

1. «Visualizing Music: The Archeology of Music Video», *OneTwoThreeFour*, n° 5, printemps 1987.
2. *Ibid.*
3. *Ibid.*
4. Sur les «soundies», voir Marc Glassman et Judy Wolfe Glassman, «3 For a Quarter - 1 For a Dime», *Coda*, n° 212, mars 1987. En ce qui concerne le Scopitone et le Cinematic français, voir Nicolas Deville et Yvan Brissette, *Rock'n'clip*, Paris, Seghers/Cogite, 1988. Quant au Vidéo-Box, il a été présenté pour la première fois en octobre-novembre 1989 lors de l'exposition *Album magnétique* à la maison de la culture Frontenac (Montréal).
5. Expression utilisée dans *Rock'n'clip, op. cit.*
6. Jean-Pierre Sirois-Trahan, *op. cit.* Voir aussi la note 1 de l'Introduction.
7. Mary Lea Bandy, ed., *The Dawn of Sound, American MovieMakers*, The Museum of Modern Art, New York, 1989, p. 17. On avait dit la même chose, presque textuellement, à l'arrivée du phonographe.
8. *Ibid.*, p. 49-50.
9. Tous ces titres sont des productions Warner/Vitaphone, l'exposition intégrale en comprenant quelques autres de MGM.
10. *The Dawn of Sound, op. cit.*, p. 37.
11. Notes accompagnant le disque *Street Scene*, COL 4139, CBS, 1973. Explicitant son point de vue, Weill ajoute: «Plus j'étudie la situation, et plus Broadway m'apparaît représenter le théâtre vivant de ce pays; un opéra américain, comme je l'imagine, ferait partie de ce théâtre vivant.»
12. Voir *The Dawn of Sound, op. cit.*, p. 53.
13. *Loc. cit.*

Chapitre 3

1929: big-bang du *musical* filmique

Si l'année miracle de 1929, sous la poussée de la technologie du film sonore, donne vie à l'opéra filmique américain par quatre œuvres emblématiques, force est de constater que l'abondante production naissante des *musicals* reflète encore des gaucheries et des indécisions navrantes, des tâtonnements révélateurs de l'immense bouillonnement des transitions.

Tous les studios des majors plongent dans la musique, une abondante production s'organise dans l'improvisation et dans la frénésie. Le *musical* hollywoodien, faut-il le rappeler, apparaît paradoxalement au même moment que le grand krach boursier, et des fleurs inattendues éclosent dans ce qui est déjà la première poubelle du nouveau genre.

En examinant un échantillon de ce chantier-laboratoire, on peut y voir le trait encore gros d'influences antérieures et extracinématographiques, non encore épurées et transformées. *Broadway Melody*, par exemple, traîne encore quelques cartons du cinéma muet. Ailleurs, c'est l'empreinte du théâtre et de la radio qui entache les réalisations cinématographiques.

La Warner/Vitaphone, avec Al Jolson dans *Say It with Songs*, aboutit à un échec commercial en essayant de reconduire le triomphe du *Jazz Singer*. Le nouveau mélo est presque tout entier arrimé à la radio dans ses parties musicales (secondairement au disque, avec le 78 tours de la chanson-leitmotiv *My Little Pal*). Le film s'ouvre d'ailleurs dans un poste de radio en pleine effervescence où, par une série de fondus enchaînés, défilent divers types de programmes parlés et chantés, dont la brève apparition d'une soprano.

Say It with Songs, s'il a l'intérêt involontaire d'offrir une certaine documentation sur la radiophonie d'époque (production et écoute), se contente, sur le plan filmique, de produire de la radio en images, des images banalement filmées toujours sous le même angle, face au micro et aux interprètes. Il y a toutefois une exception, l'intéressante séquence du pénitencier. Dans le grand réfectoire, où les prisonniers écrivent des lettres, Al Jolson chante. Quelques contrechamps montrent les prisonniers, et un travelling descriptif fait de même. Une cloche interrompt la musique. Plan général de la grande pièce. Voix off: «Silence!» Les prisonniers se lèvent, sortent du réfectoire, puis défilent dans d'immenses corridors. De retour dans sa cellule, Jolson reprend la chanson et, jusqu'à la fin des paroles «*Violet can do it, why can't you?*», un travelling balaie les autres cellules et les prisonniers attentifs à la musique. La séquence se clôt sur un gros plan de Jolson, avec en surimpression de lents défilés de prisonniers.

Cette séquence témoigne, par sa variété, sa fluidité et sa liberté d'écriture, d'un affranchissement du spectacle radiophonique filmé à plat et d'une plongée dans le décor musical pur, où *lipsync* et accompagnement extranarratif insufflent à la mise en scène un langage et une rythmique autonomes.

Paramount ne produit aucune fulgurance de ce type dans *Dance of Life*, dont l'intrigue se situe dans le milieu du music-hall, du «burlesque», où se côtoient un clown et des *chorus girls*. Tous les numéros musicaux ne sont que du théâtre filmé depuis la salle, en monotones plans larges ou rapprochés, l'ensemble de ces bout à bout préfigurant la captation sèche de la télévision.

Même chose pour le *Hollywood Review of 1929* qui, du début à la fin, dans ses enchaînements en coupe franche des divers numéros, avec en prime son animateur Jack Benny, fait figure de maquette pour les futurs *Ed Sullivan Show*. Vingt ou trente ans avant terme, ce film a bizarrement l'allure, le rythme, la manière de filmer des variétés télévisées. Il ne lui manque que le public en salle pour applaudir; en lieu et place, ce sont parfois les choristes sur scène qui accomplissent cette tâche.

Une «naissance de Vénus» audiovisuelle

Le véritable *musical* est radicalement autre chose que la sonorisation en musique d'un film (par disque synchronisé ou son optique), comme en témoignent encore naïvement certaines productions Warner /Vitaphone dans la transition de l'aube du sonore, et qui ne font, par mimétisme, que reconduire la pratique du temps du «muet». La nouveauté se produit quand le *musical* filmique accomplit le métissage entre la parole et la musique, plus précisément le métissage entre musiques, paroles et décors sonores de bruits d'ambiance. Refusant d'emblée le «parlant» ininterrompu fréquent au théâtre et à la radio, ainsi que le flot musical continu de l'opéra, le *musical* filmique, sans inventer du tout au tout cette matrice empruntée au *musical* de Broadway, la crée toutefois de manière originale comme prototype d'une bande sonore intégrale, fusionnant tous les sons possibles et leurs valeurs, les soumettant du même coup aux rythmiques des montages, tout en préservant sa relative autonomie à l'égard du visuel par l'articulation de l'extranarratif à l'intrigue.

Sur ce plan, des quatre exemples emblématiques de 1929, *Sunnyside Up*, de David Butler, est un petit bijou encore mal connu, et qui annonce les remarquables opéras audiovisuels de René Clair, *Le Million* et *À nous la liberté*.

L'ouverture de *Sunnyside Up* est étourdissante, tricotée avant la lettre à la Robert Altman.

Après un premier carton: «New York, 4 juillet – quatre millions d'habitants», démarre un fabuleux plan-séquence. La caméra est d'abord à ras de sol d'une rue grouillante dans un quartier populaire de New York, au niveau d'une fontaine-champignon où des enfants se douchent pour lutter contre la chaleur excessive. Un travelling vertical vers le haut dégage ensuite la rue en plongée, suivi d'un travelling avant descriptif. Divers bruits et musiques forment le décor sonore de ces premiers mouvements. Sans s'interrompre, la caméra va ensuite accomplir divers panoramiques et travellings sur les façades donnant sur la rue, s'arrêtant de temps en temps sur une fenêtre, puis sur une autre, ponctuant ces brefs arrêts de courtes scènes, de bribes de dialogues, etc. La caméra balaie ainsi le côté droit de la rue, puis s'en va de l'autre en continuant son manège, suit un couple d'amoureux en travelling arrière, pour s'arrêter enfin et découvrir un magasin de fruits et légumes.

Ce plan-séquence inaugural est tout aussi brillant dans le domaine du son. Il s'amorce sur un ramage de cris et de bruits grouillants entremêlés de piano mécanique, une première fenêtre fait voir un instant un garçon pratiquant son violon, ailleurs il y a des morceaux de dialogues en avant-plan, avant la remontée des bruits de rue quand la caméra reprend son mouvement.

La scène se situe peu de temps avant le spectacle de quartier pour la fête nationale du 4 juillet, dans cette rue dont l'extrémité, surplombant une dénivellation en contrebas, servira de proscenium pour une série de numéros de *musical*. Auparavant toutefois, la continuation de la séquence dans l'appartement de Molly et de sa sœur, au-dessus du magasin, introduira une première chanson, exécutée par Molly, *I'm a Dreamer*. De face, de manière très moderne, Molly regarde la caméra en chantant; elle s'accompagne à l'image d'une cithare mécanique.

Un deuxième carton, «Long Island – quatre cents habitants», introduit ensuite les riches et le jeune premier du film en parallèle avec la rue de New York, où nous revenons bientôt sous les feux d'artifice, puis dans l'appartement des filles. Deux copains viennent y rejoindre celles-ci pour le dîner. Arrivée ensuite du jeune homme riche dans la rue grouillante, léger accident de voiture qui permettra sa rencontre avec Molly, alors qu'éclate la fête. Fanfare et marche de Sousa, majorettes et défilé, puis succession de numéros musicaux, dont celui de Molly, *Keep Your Sunnyside Up*, dans une suite de champs-contrechamps avec la foule joyeuse qui rit, applaudit, enfin se transforme en chœur. Pour terminer, le premier dialogue des protagonistes, dans l'appartement de Molly, se déroule avec un quatuor vocal masculin en arrière-plan de la rue, où la fête bat son plein.

L'articulation dialectique de la bande-son à l'image, tout au long de *Sunnyside Up*, est étonnante de virtuosité et d'invention, plus encore que la captation des numéros musicaux, dont celui, spectaculaire, du grand Charity Carnival de Long Island. Malgré les limitations techniques de l'époque, les divers plans et champs sonores sont traités et montés avec une intelligence de la musicalité qui fait de la première moitié du film – dans la rue des «quatre millions» – un morceau d'anthologie.

Cette manière reprend le dessus dans le dernier tiers du film, dans les chansons plus intimistes, dont le délicieux duo *If I Had a Talking Picture of You*, hommage amoureux au nouveau cinéma sonore. C'est ce même duo qui sert de clôture à l'œuvre, bouclant ainsi la boucle d'une réalisation qui, à sa manière joyeuse et bon enfant, devient une défense et illustration de la nouvelle musicalité du sonore filmique.

Miles Kreuger, dans son article «The Birth of American Film Musical», après avoir rappelé que, «en l'espace d'une seule année, Hollywood inventa le *musical* filmique[1]», confirme le caractère hautement créatif de Hollywood dans le *musical* filmique, loin d'une simple reproduction des scènes de Broadway ou de la radio. Cette créativité est à placer dans le contexte de l'explosion des technologies nouvelles (son, couleurs, 70 mm, etc.), ainsi que du rôle déterminant des majors dans la naissance d'une industrie de programme pour le *musical* filmique.

1929: une année miraculeuse pour le cinéma; il y eut autant d'innovations durant cette seule année que pendant toutes les autres de l'histoire du cinéma.

À rattacher à cela la capacité de Hollywood – et de ses départements de musique – d'adapter ou de faire écrire des scénarios, des chansons et des musiques directement pour le film, ce qui, de l'avis de certains, cessera à la fin des années 50, moment où on peut situer la fin du genre et le début de son déclin, quand arrivent la télévision, le rock et la première véritable modernité de l'industrie phonographique (bande magnétique, haute-fidélité, microsillon, etc.).

La créativité hollywoodienne dans le nouveau genre du *musical* se manifeste enfin, de façon déterminante, par la capacité des studios d'assurer la formation de leurs premières stars (et de tout le personnel des interprètes), ce qui assure, dès les premiers *musicals* significatifs, une autonomie technico-esthétique radicalement différente de celle du théâtre et de la radio.

> Les premières stars à apparaître émergèrent pour la plupart des rangs mêmes de Hollywood, auxquelles s'ajoutèrent quelques interprètes sporadiques de Broadway qui furent éduqués et perfectionnés par les studios[2].

Dès 1929 donc, pour certains films, plus de zones grises, plus de *work in progress*. Lubitsch produit *The Love Parade*, dont on dit, parallèlement à *Applause*, qu'il est le premier vrai *musical* filmique au sens plein du terme. Inutile de chicaner sur cette double paternité, puisque maintenant l'histoire accorde à ces deux cinéastes la création d'une écriture filmique pertinente à l'opéra américain.

Ouverture au Zenith Opera House

Là où *Dance of Life* échoue à traverser le miroir, à entrer au cœur des coulisses du théâtre de *vaudeville*, *Applause* réussit brillamment. Tristesse de ces bas-fonds de Broadway, mélancolie mélodramatique de rêves brisés, petites joies éphémères, ce premier film de Rouben Mamoulian rend à merveille cette palette de tons de gris, au confluent du réalisme cru et de l'image d'Épinal bariolée à gros traits. Le valeureux réalisateur, dont toute la carrière au théâtre et au cinéma est guidée par l'opéra, ancien et moderne, mit en scène en 1930 *Die glückliche Hand* de Schönberg au Metropolitan Opera. Cinq ans plus tôt, à Rochester, il avait fait les régies de *Carmen*, de *Boris Godounov* et de *Faust*, ainsi que celles d'opérettes de Gilbert et Sullivan. Entre 1929 et 1957, il a réalisé six *musical*s: *Applause*, *Love Me Tonight* (*Aimez-moi ce soir*, 1932), *The Gay Desperado* (*Le Joyeux Bandit*, 1936), *High, Wide and Handsome* (*La Furie de l'or noir*, 1937), *Summer Holiday* (*Belle Jeunesse*, 1947) et *Silk Stockings* (*La Belle de Moscou*, 1957). Tous ces *musicals* apportent une contribution significative à la création d'un film-opéra américain.

Applause (d'après un roman de Beth Brown), sorte de *musical* «antimusical» de facture et d'esprit modernes, a d'abord ceci de particulier d'être un film plus new-yorkais qu'hollywoodien. Tourné aux studios Astoria à New York pour Paramount, il accouche même de séquences qui préfigurent Woody Allen et *On the Town* (*Un jour à New York*) de Kelly et Donen. Tout le film est d'ailleurs prémonitoire de ces métissages adroits et approfondis entre théâtre et cinéma, New York et Los Angeles, que créeront quelque vingt ans plus tard Betty Comden et Adolph Green. Mamoulian, figure de l'avant-garde intellectuelle de Broadway, plonge dans le film musical avec une terrible assurance.

Le film s'ouvre sur une rue déserte, traversée de vents et de détritus de papiers, images scandées par un crescendo de tambours, presque inaudible d'abord, puis qui s'enfle et se transforme en fanfare de défilé, en même temps que la rue s'est remplie d'enfants et de badauds. Des posters lézardés aux murs nous avaient déjà informés: «Parade monstre» de la vedette de burlesque Kitty Darling. Fondu enchaîné au sein de l'orchestre du music-hall, le Zenith Opera House. Un travelling latéral décrit ces musiciens de très près, comme jamais on ne les voit dans un *musical*, en même temps qu'il balaie les jambes des *chorus girls* sur le bord du proscenium. Jambes parfois quelconques, dont les bas blancs plissés ont un air fané.

Cette séquence d'ouverture condense toute la suite du film par sa stylistique du cru et de l'antiglamour, dans une variété de plans, d'angles et de mouvements d'une grande vivacité (de la rue au théâtre, de l'orchestre et de la scène à la salle, des coulisses miteuses aux petites loges kitsch), dans un montage où musiques, cris, chansons nasillardes et bribes de dialogues sont aussi élaborés que l'écriture visuelle. On découvre bientôt la petitesse de la «grande» star Kitty Darling, qui titube sur scène et en coulisse, puis s'évanouit dans sa loge, où elle va accoucher!

Une petite fille est née, April, que Kitty ne veut pas voir devenir star de Broadway et qu'elle fera élever dans un lointain couvent catholique avant de la rappeler de force à dix-sept ans pour arracher un mariage à son concubin. Ce dernier harcèle sexuellement la jeune fille, qui trouvera réconfort et fiançailles auprès d'un jeune marin, prince charmant qui veut l'épouser. Kitty, se voyant vieillir et déchoir, préfère s'empoisonner pour ne pas nuire au mariage de sa fille. Les deux jeunes sont enfin réunis sous une immense affiche rappelant la minable gloire passée de «la» Darling.

Cette trame mélodramatique serait sans grand intérêt si Mamoulian ne l'avait traitée de manière stylistiquement forte, en décapant, par une approche réaliste et distanciée, tout le sordide et l'éphémère. Ainsi les brèves scènes idylliques du couvent et de ses jardins, au fond desquelles circulent une ligne d'orgue du *Ombra mai fu* de Haendel, puis un chœur de l'*Ave Maria* de Schubert, n'ont-elles de sens que dans leur contraste avec le brutal retour dans ce «New York si vaste, si sale et si bruyant». Plus tard, un cauchemar d'April mettra même en surimpression sonore la phrase de Haendel et l'orchestre du *vaudeville*.

Çà et là, Mamoulian utilise de façon adroite les ombres fantomatiques des personnages sur des murs ou derrière des rideaux, tout comme il a l'habileté de faire passer de longs moments de dialogues et de bruitages en hors champ. Au lieu de travailler avec un seul microphone, comme c'était l'usage à l'époque, Mamoulian en utilisait deux, pour mixer plus tard. Cette méthode donne à certaines scènes un traitement sonore comme en développeront bientôt certains courants d'art radiophonique, par exemple le *Mercury Theatre on the Air* de Welles et Herrmann.

Par exemple, lorsque le marin Tony amène April au pont de Brooklyn (Woody Allen connaît-il cette séquence?), la scène est traversée d'une étrange partition mécanique de sirènes de navires, entrecoupée de dialogues arrondis d'écho métallique. Quand April, désespérée, marche seule dans une rue, on ne voit que ses jambes, enveloppées de bruyantes blagues sexistes, d'avertisseurs, de jappements de chiens... Lorsque Kitty a bu son verre de poison, s'infiltrent par une fenêtre ouverte de fantasmatiques bruits de rue amplifiés et déformés, des fragments de dialogue colérique dans le voisinage...

Enfin, il est difficile de ne pas voir une préfiguration d'*On the Town* dans le personnage du marin Tony, qui sauve April de la tristesse des bas-fonds de Broadway après lui avoir proposé une sorte de balade initiatique dans Manhattan: restaurants et clubs de danse, pont de Brooklyn et sommet de gratte-ciel touristique, d'où l'on contemple une fois encore, en plongée accentuée, la masse des buildings et la géométrie des rues. Mamoulian a tourné plusieurs de ces scènes en décors naturels, en révélant l'énigmatique poésie new-yorkaise qui réapparaîtra, à la fin des années 40, dans le film de Donen et Kelly.

Quant à Lubitsch, dont le *Love Parade* donne un premier rôle à Maurice Chevalier, qui sera une figure de proue du *musical* hollywoodien avec son original *parlar cantando*, mais aussi et surtout à une Jeanette MacDonald qui représentera dans les années 30 la fusion la plus emblématique de l'opéra européen et du *musical* américain, son mérite est de tisser les rythmiques visuelles et sonores par des jeux fluides de plans-séquences fixes, de mouvements imperceptibles et de montage maîtrisé.

La principale qualité de ce premier *musical* de Lubitsch est sa distanciation tonique, son ironie vis-à-vis de l'*opérette* européenne. Ce genre est ainsi déconstruit dès la création du *musical* hollywoodien, il s'en trouve déjà définitivement radié, tué dans l'œuf.

L'élégance de Lubitsch est toujours suspecte, sa légèreté, un leurre. Le pays et le château de Sylvania laissent voir stuc, carton-pâte et tulle de studio; la belle reine s'ennuie et ses ministres gentiment loufoques n'ont que des tâches futiles. Ce joli petit monde sera bientôt gangrené par un trio «insidieux», présenté dès la première séquence à Paris: le *léger* comte Alfred (Maurice Chevalier), son valet et leur chien. Leur chanson *Paris Stay the Same* est un trio époustouflant, en montage parallèle, où se succèdent les voix de Chevalier, de Lupino Lane et du chien (jappements montés en forme de notes de la chanson!), entrecoupés à tour de rôle par des contrechamps irréalistes de filles buvant du champagne, de servantes rieuses et de petites chiennes.

Ainsi l'univers parisien «de la joie» et de l'encanaillement est-il posé dès le départ comme antidote à l'aristocratie. Il est issu d'une sorte de petit peuple, qui alimentera plus tard à Sylvania le duo des serviteurs amoureux, dans la chanson *Let's Be Common*, tout comme le chœur de la valetaille dans les cuisines du château. Ce vaccin triomphera finalement, en toute logique machiste, des prétentions crypto-féministes (totalitaires?) de la reine Louise de Sylvania: le mariage avorté du prince consort, soumis docilement à l'obéissance à la femme, finira en réconciliation par inversion totale des rôles. Fin sur le sourire narquois et déconstructeur de Maurice Chevalier, sur une reine béate de sourires, qui retrouve un bref instant sa figure de l'archaïque opérette.

La stylistique de musicalisation filmique du réalisateur est déjà bien en place dans *The Love Parade*. Aux montages alternés déjà évoqués, Lubitsch oppose, en contrepoint, les longs plans fixes, économes, des chansons d'amour toujours cadrées à distance, évitant les rapprochements ou les mouvements complaisants, ce qui facilite à la fois l'écoute musicale et son appréciation critique. Par ailleurs, Lubitsch sait varier sa palette par l'utilisation ingénieuse qu'il fait du champ off sonore des voix, des bruits, des musiques. Ainsi, toute la première rencontre sentimentale des protagonistes est racontée par des témoins externes (ministres, femmes de chambre, valets); le premier duo d'amour est enveloppé de chœurs en arrière-plan; sans compter les contrepoints issus de la valetaille, ou encore la première nuit d'amour des époux royaux brisée de canonnades off («Notre musique nuptiale», souligne Louise!).

The Love Parade est l'écroulement d'un château de cartes, de ce que les Américains appellent la *champagne operetta* des cultures austro-allemande et française. Il en filme l'effritement en plans moyens et éloignés, en désabusé témoin à distance. En toute logique broadwayienne, il fonde ses plus dynamiques moments sur un axe populiste. Ce long métrage fondateur présente en même temps, grâce à l'art de Maurice Chevalier, «le premier soliloque musical du cinéma sonore», de même que l'arrivée à l'écran d'une Jeanette MacDonald venue de Broadway («Mes jambes sont parfaites», montre-t-elle aux ministres médusés... et aux spectateurs!), et qui s'imposera durant les années 30 comme la principale figure viable dans l'*Opernfilm* hollywoodien.

Des «Hallelujah» pour l'opéra des pauvres

L'année 1929 voyait aussi pousser une branche imprévisible du *musical*, sur un tronc qui remontait directement au *Beggars' Opera* de John Gay[3]. *Hallelujah* de King Vidor (production et réalisation), film miracle à MGM et à Hollywood, créa d'un coup l'opéra des pauvres, des Noirs. Tragédie musicale tissée pour l'essentiel par les formes populaires du gospel et du blues, ce *Hallelujah* ouvrait une voie qui, bien que toujours marginale dans l'histoire de l'opéra américain, n'en a pas moins établi un fleuron avant-gardiste et novateur qui donnera ultérieurement *Porgy and Bess*, *Carmen Jones* et autres *Hallelujah, Baby!*[4]. Cette veine ne s'éteignit pas dans l'immédiat avec le film de Vidor, car dès 1933 un sujet de Ben Hecht devait la relancer sous une forme aigre-douce plus directement inspirée de l'«opéra des gueux», cette fois dans *Hallelujah, I'm a Bum*, joyau mal connu.

Soutenu par les musiques de negro-spirituals et d'Irving Berlin, ses interprètes principaux (Daniel Haynes et Nina McKinney) recrutés dans les *Show Boat* et *Black Birds* de Broadway, *Hallelujah* est aussi inclassable que *The Emperor Jones* et *Porgy and Bess* (ce dernier film indéfinissable comme l'original de Gershwin: opéra ou *musical*, Broadway ou Metropolitan?).

Si une bonne partie du paradoxe de *Hallelujah* vient de son propos sur la «négritude» américaine (de sa rupture radicale avec le maquillage d'Al Jolson dans *The Jazz Singer*), il tient aussi à l'entêtement de Vidor à mettre à sa juste place la source centrale de la musique populaire des Noirs. Le cinéaste fait ainsi d'emblée la défense et l'illustration des propos que tiendra après la guerre un Leonard Bernstein.

Le film s'ouvre et se clôt sur deux beaux segments visuels: champ de coton et plan irisé de la maison familiale (sentier, arbre géant, cabane au loin), en même temps que sur un *lamento* choral off. Bien que pas toujours synchrones, ces liaisons soudent musiques et images dans une dialectique contrapuntique déjà très moderne. Vidor n'introduit d'ailleurs que progressivement la synchronicité dans son film, son mérite étant de ne pas en faire une obligation stricte. Il rejoint par là certains cinéastes postmodernes de la musique lyrique qui tiendront à l'autonomie relative des composantes dans la synthèse audiovisuelle.

Puis s'enchaînent des scènes lyriques toutes plus chaleureuses et plus simples les unes que les autres: les enfants dansant au son du banjo, le mariage improvisé (petit orgue à soufflet, banjo et «ruine-babine»), la berceuse de Mamy, le coton transporté à l'usine (*At the End of the Road*, chant de basse augmenté de chœurs, de banjo et de sifflements de bouteilles et de cruches), puis la séquence de toute beauté plastique du chargement des ballots de coton dans un bateau à vapeur.

Cette chanson, comme ensuite la musique de l'orchestre de jazz au bordel, est d'Irving Berlin. Vidor, dit-on, était hostile à cette insertion de la musique du célèbre compositeur. Si ce point de vue manifeste un parti pris éthique des plus compréhensible, avec le recul, pourtant, les deux pièces de Berlin paraissent bien fondues au tout, à l'instar du syncrétisme de la musique de Gershwin avec le folklore noir, ou encore des mélodies de Bizet avec les arrangements de Richard Rodgers.

La plus belle séquence opératique reste à venir, celle de la mort du jeune frère et de la chambre funéraire. Aux pleurs et aux cris, la voix de Zekiel s'imbrique progressivement, d'abord parlée, puis psalmodiée en incantations de plus en plus longues, accentuées et brûlantes (chœur en arrière-plan, insertions de gros plans) qui, en bout de course, deviennent chant: *Sweet Chariots*. Cette séquence, venue tout droit de la culture des *preachers* et du gospel, donne une clé éclairante de ce qui, depuis les sources populaires de l'opéra américain, fonde cet élément existentiel formé de la chaîne de la parole et de la scansion des mots, qui se développe en *parlar cantando* jusqu'au chant (au cri et aux pleurs dans l'exacerbation).

Une seconde séquence de même type suit quand Zekiel, devenu *preacher* (dans une sorte de longue robe franciscaine), descend d'un train et fait une entrée christique à dos d'âne dans une ville. Elle démarre en musique avec des chants d'enfants a cappella, coupés de rires sarcastiques dans la foule. Puis le long prêche de Zekiel sur une estrade se fait sur l'image symbolique d'un train de la rédemption: «En voiture!» Paroles et incantations jubilatoires sont minimalement accompagnées de quelques accords d'orgue à soufflet et de cloches, mais aussi du bruit des pieds sur le bois imitant le roulement d'un train, des pas de danse en surplace (rappelant au passage que la *moondance* de Michael Jackson a une longue histoire!), le tout se gonflant et se déployant en chant solo, chœurs et danses: *At the End of the Road*.

Les dernières séquences sont par contraste un adroit *decrescendo*, au rebours des finales éclatants traditionnels. Zekiel a quitté la prêtrise, succombant à la démoniaque prostituée. Après le meurtre de celle-ci et de son ex-amant et souteneur, le jeune homme est condamné aux travaux forcés. Il sort toutefois du bagne et revient lentement au foyer, en s'accompagnant du chant et de la guitare du *Coming Home*. Un chœur final murmuré hors champ boucle la boucle amorcée à l'ouverture. Point d'orgue.

Hallelujah eut un accueil beaucoup plus chaleureux en Europe qu'aux États-Unis, en France en particulier. Il ne fut toutefois pas un exemple complètement isolé. En 1929, il y eut aussi *Hearts in Dixie* de Paul Sloane, moins connu mais qui, d'après Clive Hirschhorn, est de bonne facture filmique et musicale; c'est aussi l'époque des deux premiers *Show Boat*, dont le second, en 1936, popularisera la basse Paul Robeson, la même année que Marc Connelly et William Keighley réaliseront *The Green Pastures* (*Les Verts Pâturages*).

Mais avant d'entrer dans cet autre sujet, voyons tout de suite comment un «Hallelujah» se répercute en écho dans le film de 1933 de Lewis Milestone, cet *Hallelujah, I'm a Bum* dont Hirschhorn dit avec à-propos qu'il se tient dans la ligne non seulement du *Beggars' Opera* de Gay mais aussi du René Clair d'*À nous la liberté* et de Chaplin (pensons entre autres à *City Lights* et à *Modern Times*).

Richard Rodgers a qualifié la partition de son *Hallelujah, I'm a Bum* de «dialogue musical». Ce n'est pas la moindre qualité de ce film étonnant (où Harry Langdon côtoie Al Jolson), hors norme et atypique lui aussi, qui est l'un des rares *musical*s à avoir pour sujet la misère des années de Crise, la clochardisation dans Central Park vue en parallèle avec la richesse de «Son Honneur» le maire. Ce propos, on le doit à une histoire de Ben Hecht, opératisée par le tandem Rodgers et Hart.

Dès l'ouverture du film, la musique court partout, ironiquement traversée par une citation de *La Marseillaise*, et cimente les premiers dialogues. Au retour de Bumper (Al Jolson) dans le parc, nous avons une première scène extraordinaire de ce nouvel «opéra des gueux» et de leur roi (vêtu d'un costume blanc défraîchi – rappel de la redingote fripée de Charlot). Cette séquence est un modèle de liaison entre le parlé soutenu de rythmes musicaux, le *parlar cantando* et le chant. Les clochards y forment un chœur, augmenté de corneilles qui chantent, perchées sur les arbres! Visuellement, Milestone construit son montage sur une série très variée de plans fixes, de travellings latéraux ou arrière, de brefs inserts d'oiseaux.

En parallèle, quand le maire préside à la cérémonie de la première pierre d'une nouvelle école, surgit une époustouflante séquence assise sur un arrangement de *God Save the King* martelé de brefs gros plans d'enfants, le tout entrecoupé de sifflets de chantier et de quolibets d'ouvriers. De retour au parc, le numéro *Money Is a Curse* retrouve un temps le rythme syncopé de la séquence antérieure, mais en développement plus complexe encore. Un premier trio vif parlé-chanté (Jolson, Langdon et valet noir) est lié à la cantilène de la lecture d'une lettre, suivie d'une marche énergique dans le parc, où tout à coup surgit une fugace ligne de violon suivie d'un accord de piano off, encore une fois sur un montage rapide de gros plans des gueux, enfin un long plan fixe où Jolson chante un soliloque, *You Own the World*. L'enjeu de cette séquence est de rendre une bourse trouvée à sa propriétaire, une riche dame. Bumper, qui convainc sa troupe de la restituer, va sonner à la porte de cette femme en sifflant de nouveau *La Marseillaise*.

Une troisième scène dans le parc, tout aussi gaillarde, permettra un instant de voir sur un grand mur blanc l'image éphémère, préfellinienne, d'un violoniste et l'ombre agitée des bras d'un chef d'orchestre. Une dernière enfin, celle du tribunal des gueux, *You're Gonna to Work!*, permet encore l'alliage très contrôlé du parlé-chanté, propre au *musical* filmique.

Une autre belle trouvaille est celle du décor de la chambre d'Angel (la jeune fille riche dont le maire est amoureux, mais qui, un temps amnésique, deviendra la fiancée de Bumper avant de retrouver ses esprits et la main de «Son Honneur»; après tout, avaient constaté les gueux, cette fille «est habillée comme une capitaliste»!). Cette petite chambre d'Angel, que lui offre Bumper *en travaillant* pour la première fois de sa vie, donne sur un building où l'on voit constamment de grandes fenêtres derrière lesquelles dansent et festoient des riches, ce décor figurant une sorte de mémoire qu'Angel a momentanément perdue.

Le film se termine dans le parc. La belle est repartie, et le farniente remonte en surface, sur fond doux-amer et mélancolique de la vanité de l'argent et du pouvoir, où le rêveur Harry Langdon peut continuer à «être socialiste», où le seul Noir ami de Bumper continuera d'être ironiquement le valet du blanc roi des gueux, où Bumper perdra jusqu'à son fantasme d'une nouvelle vie avec la douce Angel. Il lui avait déclaré, pendant l'idylle trop belle et trop brève, «*You ain't seen nothing yet!*», citation parodique de sa célèbre réplique du *Jazz Singer*. Il avait alors crié: «*You ain't heard nothing yet*», annonçant le slogan même du cinéma sonore musical. Sur ce plan, il avait raison. On n'avait encore rien entendu, en 1927, puisque le nouveau cinéma sonore devait donner des œuvres aussi riches et créatrices que ces deux *Hallelujah*.

Notes

1. *High Fidelity*, juillet 1972, p. 45.
2. *Ibid.*, p. 46.
3. Opéra parodique créé à Londres le 29 janvier 1728 au Lincoln's Inn Fields. Appelé en français *L'Opéra du gueux* (voir traduction de Jacques Michon, Aubier, Paris, 1983), cet opéra a servi de source à Brecht et Weill pour leur *Opéra de quat' sous*. Suivant Michon, la création du *Beggar's Opera* coïncide avec l'avènement du *ballad opera*, matrice de la comédie en vaudevilles et de l'opéra-comique, donc lointain ancêtre du *musical* américain.
4. Créé sur Broadway en 1967, c'est le «dernier des grands *musicals* noirs écrits par des Blancs» (Allen Woll, *Black Musical Theatre*, Da Capo, New York, p. 246), livret d'Arthur Laurents, paroles de Betty Comden et Adolph Green, musique de Jule Styne.

Mes espérances d'Ernest Ouimet.

CHAPITRE 4

L'onde de choc des années 30

Cette décennie produit des vagues logiquement distordues, du fait des lourdes tensions déjà à l'œuvre en 1929 entre un *Filmoper* original et novateur et une production courante banale, qui se contente de filmer les scènes et d'être une radio avec images. Par exemple, un navrant *Paramount on Parade* (*Paramount en parade*, 1930), dominé par la nouvelle star maison Maurice Chevalier, qui se perd en finale dans une chorégraphie à la Berkeley, suivi en 1932 par un curieux *The Big Broadcast*, qui a l'insouciance d'inclure jusque dans son titre ses emprunts musicaux à la radio et sa pauvreté tâcheronne à y mettre des images. Et puis, tous ces *Gold Diggers* (*Chercheuses d'or*) chers à Busby Berkeley.

Ce sont les années de crise, où se profile un premier essoufflement du nouveau genre, qu'il s'agit de rallumer avec des formes et des trucages plus éblouissants que signifiants par rapport aux sujets lyriques. D'où la suprématie d'un Berkeley. En même temps que ce bricoleur inventif et étincelant, sinon génial, se profile une nouvelle donne dans le *musical* : la chorégraphie et la danse, qui ajoutent une troisième dimension à la matrice du parlé-chanté déjà en place. Dimension fondatrice portée à son zénith par Fred Astaire et qui fusionnera en intrinsèque métissage plus tard durant l'après-guerre. Mais Astaire participe d'abord au sauvetage commercial et à la production de flot, à cet accord de dominante qui fait éclore aussi une Judy Garland, et qui achève la décennie dans le triomphe du *Wizard of Oz*.

Dans cette foulée, où se révèlent en filigrane certains éléments d'enrichissement du *musical* hollywoodien, se poursuit la marginale mais tenace construction du film-opéra américain. *Hallelujah, I'm a Bum* est une sorte d'antidote à *Top Hat* et plus encore aux numéros kaléidoscopiques de Berkeley; Mamoulian récidive avec un extraordinaire et très contrôlé *Love Me Tonight*, qui contraste avec le rapide déclin de Lubitsch dans le genre, dont la fleur *The Love Parade* n'est pas suivie de beaux fruits dans *The Smiling Lieutenant* (*Le Lieutenant souriant*, 1931), *One Hour with You* (*Une heure près de toi*, 1932) et, surtout, dans *The Merry Widow* (1934), qui reprend l'opérette européenne et régresse dans l'*Opernfilm*. Pendant que s'éteint le *musical* de Lubitsch, s'enrichit celui de Mamoulian, réalisateur-clé des années 30. Par ailleurs, se poursuit la courageuse et difficile construction d'un *musical* de la culture afro-américaine, dont *The Green Pastures* et *Show Boat* marqueront une borne en 1936.

Un *musical* injustement oublié

Ces derniers titres laissent néanmoins dans l'ombre un des cas les plus singuliers de l'époque, le long métrage de Dudley Murphy *The Emperor Jones* (1933), avec Paul Robeson dans le rôle-titre. Dudley Murphy, après avoir collaboré en 1925 au *Ballet mécanique* de Fernand Léger (musique de George Antheil), avait réalisé en 1929 deux des premiers très adroits *musicals* en court métrage, *St-Louis Blues* et *Black Tan*. *The Emperor Jones* n'est pas retenu généralement comme *musical*. Néanmoins, il peut certainement être considéré de la sorte tant son scénario, adapté de la pièce de Eugene O'Neill, est cousu serré de musiques: gospels, negro-spirituals, percussions africaines. Robeson y chante brièvement à plusieurs reprises aussi. Coïncidence magique, ce film sortit la même année que fut créé au Metropolitan l'opéra homonyme, toujours d'après O'Neill, composé par Louis Gruenberg. Lawrence Tibbett (grimé en Noir, puisqu'il n'y avait pas alors encore de chanteurs noirs au Met) y tenait le rôle principal. Tullio Serafin dirigea cette première.

Dès son générique, *The Emperor Jones* nous plonge dans la musique, une séquence de danse et de percussions, au cœur même des racines rythmiques africaines. Le cercle des danseurs est lié ensuite en fondu enchaîné à un autre, formé des fidèles d'une église sudiste. Ce qui nous conduit en ligne droite à la présentation de Brutus Jones. Le jour de son départ pour son nouvel emploi de *porter* sur les chemins de fer, Jones va chanter à l'église et saluer sa famille et sa communauté. Quelques minutes auparavant, chez lui, il achève de s'habiller et de consoler sa femme, en montage parallèle avec les chants et danses dans l'église.

Ce type de liaison de plans et scènes par la musique est caractéristique de la première moitié du film: les voyages de Jones, ses visites dans les bordels et les tripots, ses nouvelles amours, le jeu, la bagarre et le meurtre qu'il commet, puis les travaux forcés, enfin jusqu'à sa fuite sur un navire près des Antilles, toutes ces séquences, Dudley Murphy en fait une grande courtepointe musicale, simple mais ingénieusement montée. Paul Robeson, sans y produire au sens strict de longues arias, comme dans les formes convenues du *musical*, y chante régulièrement des extraits de gospels *(Daniel* à l'église), chantonne des spirituals dans le train, scande un blues au bagne, plonge littéralement dans la musique et la danse dans les bars. Un détail. La scène d'adieu dans l'église va plus loin que le seul chant du gospel. Elle comprend des paroles scandées, puis une sorte de *parlar cantando*, enfin le chant proprement dit, dans cette musicalisation progressive, cette stylistique si particulière et si originale des liaisons imperceptibles entre la parole et le chant qui sont un des traits des cérémonies spirituelles des Noirs, comme le montre encore récemment, dans un large souffle rythmique, le cinéaste anglais Robert Mugge dans *A Gospel According to Al Green* (1984).

Le seul moment de rupture dans cette trame se situe dans la partie centrale du film, où Jones est devenu empereur des Noirs au service du Blanc colonialiste Smithers. Le réalisateur fait alors appel à la musique originale du peu connu Frank Tours (un tâcheron hollywoodien) qui, en effaçant pour un temps toute présence de musiques afro-américaines, marque la folie de Jones en caricature dictatoriale de monarchie occidentale. C'est aussi dans cette partie du film qu'il y a un peu moins de musique et davantage de dialogues. Paroles sèches et conversations verbeuses témoignent de l'aliénation par la privation de la musique originelle.

Cette musique revient dans la longue conclusion du film, qui marque la déchéance de l'empereur et la mort de Jones. Le tam-tam nocturne, progressivement «toujours plus près, plus fort et accéléré», murmure Jones, scande l'encerclement et la mise à mort du héros dans la forêt tropicale. Pour essayer de se libérer des monstres et des fantômes surgis de la rythmique hallucinatoire de ces tambours, Jones va retrouver quelques phrases d'un spiritual qu'il chantonne merveilleusement a cappella, puis son solo de *Daniel* avec la chorale d'église qui suinte en surimpression visuelle et sonore. Brutus Jones est abattu. Fin abrupte des tambours. Sur le cadavre de l'empereur nu, quelques accords de musique de Tours concluent au triomphe de Smithers.

Quoique réalisé avec des moyens modestes, et compte tenu des limitations techniques de l'époque pour la synchronisation sonore musicale, *The Emperor Jones* témoigne d'un sens aigu et ingénieusement structurant du *musical* filmique. Bien soutenu aussi par l'excellent Paul Robeson, ce film a su adapter et transposer la pièce d'O'Neill en opéra filmique américain. Ce que le Metropolitan a raté en 1933, par racisme et ostracisme, c'est le cinéma qui le donne et le porte à bout de bras, dans l'avant-garde et l'étonnement.

L'opérette: un mort-né

Durant les premières années de la décennie de la Dépression se joue un antagonisme involontaire et peu visible, mais qui n'en témoigne pas moins d'un effort marqué, sinon d'une lutte, pour un *Filmoper* américain différent du modèle européen de l'opérette filmée. Les pôles de cette tension sont Mamoulian et Lubitsch, Paramount et MGM. Deux films emblématiques en témoignent, *Love Me Tonight* et *The Merry Widow*, et ce d'autant plus fortement que les stars en sont les mêmes, Jeanette MacDonald et Maurice Chevalier.

Encore aujourd'hui, si on célèbre le doigté de Lubitsch pour ses derniers *musicals* à Hollywood, sa grâce et sa fluidité, on note aussi au passage sa position de cinéaste déclinant sans situer le lieu de cette dégénérescence. Or, dans la courbe créatrice de ce cinéaste, de 1929 à 1934, entre *The Love Parade* et le *musical* d'après Franz Lehar, apparaît le recul de Lubitsch en regard de sa première attitude critique vis-à-vis de l'opérette européenne. *The Love Parade* en faisait la déconstruction, en montrait cyniquement les ficelles, dénonçant en quelque sorte la superficialité du carton-pâte et des bons sentiments. Cette position et cette écriture n'auront pas de suite. Avec *The Smiling Lieutenant*, le retour à l'opéra filmé se manifeste et aboutit à *The Merry Widow*. Inspiré d'un très célèbre texte d'opérette de Lehar, créé à Vienne en 1905, ce film est une exception à Hollywood, un rare *Opernfilm* incapable «de dépasser le sentiment de piété face au travail du maître», comme le disait Weill.

The Merry Widow reconduit ainsi, en toute grâce mais en pure perte, sans distanciation et par le seul éblouissement formel, les poncifs sur un royaume imaginaire et la carte postale parisienne «Moulin-Rouge», les toilettes et les décors somptueux, et culmine dans ce long bal tant vanté, dont les noirs et blancs aux reflets démultipliés par les miroirs semblent vouloir être du Busby Berkeley intellectualisé et ennobli.

Quant à *One Hour with You*, il est terni d'une profonde ambiguïté. Produit par Lubitsch, préparé de bout en bout par lui (seul son nom apparaît au générique), ce film fut réalisé par George Cukor mais ne figure pas dans sa filmographie officielle. Paradoxe des débuts anonymes de Cukor dans le *musical*, lui qui allait signer, plus de vingt ans plus tard, les remarquables *A Star Is Born* (*Une étoile est née*), *Les Girls*, *Let's Make Love* (*Le Milliardaire*) et *My Fair Lady*.

Y a-t-il lieu de se demander ce que Cukor apporte à la maquette de Lubitsch, compte tenu que ce dernier régressait alors dans l'opérette filmée, appuyé par les musiques d'Oscar Straus et de Lehar? Cela n'est pas tout à fait évident. Tout comme pour *The Smiling Lieutenant*, c'est le Viennois Oscar Straus qui signe la musique de *One Hour with You*. Le marivaudage du sujet, son côté chassé-croisé de couples, à la Feydeau, donnent toutefois à ce film une touche un peu plus grinçante, offenbachienne, que la stylistique pompeuse de l'opérette autrichienne. Le fait que Maurice Chevalier ponctue l'intrigue de quelques soliloques parlés ou chantés face à la caméra donne au film un petit effet de distanciation.

Deux scènes sont bien enlevées, construites sur la formule plus carrément Broadway du parlé/chanté. Celle d'abord du caquetage des deux femmes amies/ennemies, qui piaillent dans un premier temps en plusieurs séquences en fondus enchaînés, passent ensuite en parlé scandé sous-tendu de musique, puis au chant. La deuxième scène, entre Mitsie et le médecin-époux qu'elle veut enlever à son amie, commence par le parlé, mais au moment où Chevalier lui commande: «Dites Ah», la dame fait un beau «Ah» vocalisé qui amorce le duo chanté.

Mis à part ces deux moments, il est difficile de détacher ce projet de Lubitsch de ses deux autres de la première moitié des années 30, qui marquent la stagnation du cinéaste et la fin de son travail dans le *musical*, tout comme la fin de la première carrière hollywoodienne de Maurice Chevalier.

En revanche, *Love Me Tonight* de Mamoulian élargit les premiers gains d'*Applause* et de *The Love Parade*. Comme dans ce dernier film, le fond d'opérette s'y trouve, comme en sous-texte, dans l'antagonisme entre le tailleur et la princesse, entre le Paris des travailleurs et le château à la campagne, mais pour y être démoli morceau par morceau et se terminer dans une sorte de conte de fées agonisant. Musique et *lyrics* de *Love Me Tonight* viennent des Américains Rodgers et Hart. Foin des détours, les protagonistes s'appellent d'abord et avant tout «Jeanette» et «Maurice», et on ne se gêne pas pour demander à ce dernier ce qu'il peut aller faire au château sans son célèbre canotier!

L'ouverture de ce film est un petit chef-d'œuvre bruitiste. Le réveil de Paris est organisé sur une série de sons musicalisés: d'abord sur la rythmique de base de coups de pics, augmentée des pioches, des frappes de marteaux de cordonniers, des grincements de voitures et des murmures de foule, développée en énergique et lent crescendo, puis s'enchaînant avec fluidité à la musique de Rodgers, après un éclatant «Bonjour Maurice!» (en français dans l'original). S'il vaut la peine de signaler la grande créativité de Mamoulian dans ce genre de scène musicale, au début des années 30, il est néanmoins un peu exagéré d'en attribuer toute la découverte au cinéaste. L'idée avait été d'abord exploitée dans l'opéra français *Louise*, de Gustave Charpentier, créé en 1900 à l'Opéra-Comique de Paris, et dont la première américaine avait eu lieu en 1908 au Manhattan Opera House de New York. À la scène première de l'acte II de cet opéra, les rues de Montmartre s'éveillent en crescendo sur les bruits, les criées et les chants de rues. Abel Gance, dans sa version filmée de 1939, reprendra adroitement cette scène.

Mamoulian a ensuite multiplié les séquences dans des découpages et une écriture sons/images toujours variés et changeant de modulation. La chanson *Isn't It Romantic?* commence dans un jeu goguenard de miroirs chez le tailleur Maurice, sort dans la rue, file en taxi et en train et s'enrichit de chœurs de soldats, de défilé militaire, attrapant au passage une troupe de gitans. Le château lui-même est toujours montré de façon dérisoire, avec une princesse sur son balcon de stuc, trois vieilles tantes en sorcières tantôt troubles, tantôt «bien-aimées», une arrivée de Maurice ponctuée du *Ah! ça ira*. Le petit royaume est enfin mis sens dessus dessous avec la chanson paillarde *Mimi*, qui court follement dans toutes les pièces, toutes les classes sociales de la demeure, et met un terme à l'étiquette blasée du palais.

Maurice, sacré baron sur-le-champ par un neveu endetté du prince, sera bien sûr un beau matin démasqué. «Ce n'est pas un baron, mais un tailleur!» Cris des trois sorcières. Une potiche tombe, faisant un bruit de canon. Le chant qui suit, *A Tailor!*, est une séquence d'anthologie. D'abord «en parlé», soutenu par un chœur chuchoté, le numéro s'enfle en chant de *tutti* des aristocrates, où s'intercalent de multiples solos, jusqu'à un jappement de chien, des chœurs de valets et de serviteurs. Une sorte de long finale de type rossinien dans le style de Broadway.

Mamoulian trouve même le moyen d'envoyer en *voice over* le duo d'amour du thème principal *Love Me Tonight*, qui débute comme il se doit en parlé, dans le jardin du château lors d'un bal, se métamorphose progressivement en chant sur un phonograme illustré des visages endormis de Jeanette et de Maurice. Ce *Love Me Tonight*, chanson-leitmotiv, et par extension tout le film, met donc en lumière le subtil rapport entre une intrigue et la réalité de son interprétation par les protagonistes, sujet bouffon et salutation en clin d'œil aux comédiens-chanteurs. Une stylistique de la réflexivité embryonnaire d'un courant à venir parmi les plus riches du film-opéra américain.

«Politiquement incorrect»?

À l'automne 1993 à Toronto, une controverse a fait rage autour d'une reprise scénique de *Show Boat*, dirigée par Harold Prince, en tournée de rodage avant d'atteindre Broadway. Une «coalition pour stopper *Show Boat*» dénonce «une œuvre raciste et discriminatoire, [qui] multiplie les stéréotypes raciaux et cache les terribles conditions de vie des Noirs américains de cette époque». De son côté, le producteur Garth Drabinsky, qui est juif, se plaint d'«insultes antisémites insidieuses et de manigances visant à limiter la liberté d'expression artistique[1]».

Une fois de plus, est prise à partie l'œuvre de 1927 de Kern et Hammerstein, comme le fut *The Green Pastures* à la même époque, dont on disait que la vision du caractère naïf et simplet des Noirs était davantage une création de New York que du Sud profond: «*The Green Pastures* est farci des clichés d'un ciel de Noirs construit par des yeux de Blancs[2].»

Au cinéma, la fable biblique de Marc Connelly et William Keighley n'offre cependant pas, avec le recul, une image et une musique tendancieuses, mais plutôt un portrait simple et lumineux, à la manière de Chagall, au lyrisme non dénué d'humour, et qui s'appuie sur les gospels (énergie et tendresse dramatiques) pour tracer le conte épique des origines de l'univers et de l'humanité. Que cette humanité soit au demeurant exclusivement noire (contredisant ainsi la tradition biblique judéo-chrétienne occidentale) ne fait qu'ajouter à la force d'impact d'un récit fabuleux, qui n'est pas donné directement comme tel – ce qui pourrait dénoter une approche biaisée – mais montré comme le produit d'un imaginaire d'enfants écoutant le *preacher* d'un *Sunday Bible School*. De sorte que *The Green Pastures* commence à la manière d'un film réaliste, dans lequel s'inscrit le *musical* biblique fantaisiste, revient au réalisme de temps en temps en raccord, et se clôt de la même manière après la fermeture du ciel utopique par un rideau de nuages de carton.

L'humour est toujours ici celui du sourire. Dieu le Père est un homme d'affaires en redingote, qui fume le cigare et travaille à son bureau. Le ciel, derrière son rideau scénique de carton ouaté, est un beau grand jardin clôturé de grande demeure sudiste, et les anges en chœur y organisent de longs pique-niques. L'archange Gabriel est un jeune fonctionnaire attentif qui s'inquiète des humeurs de Dieu. À un moment donné, deux servantes qui font l'époussetage dans le bureau divin ont couvert leur robe et leurs ailes d'un tablier!

Les divers épisodes bibliques, paradis terrestre d'Adam et Ève, Caïn, Noé, Moïse en Égypte, Babylone, sont illustrés très librement de divers types d'imageries qui vont de l'Épinal au champêtre sudiste, empruntant à Hollywood (pharaon d'Égypte), mais se risquent aussi à la fin dans un décor de Première Guerre mondiale. Ce dernier épisode en particulier montre bien l'ancrage de cette «chronique des merveilles[3]» dans la réalité moderne et contemporaine, tragique, tout comme l'épisode de Noé nous laisse voir l'humanité des «méchants» comme très proche des bas-fonds décadents et meurtriers de *Hallelujah*. *The Green Pastures* n'est pas qu'une idyllique fantaisie, et ses renvois à certaines réalités de l'entre-deux-guerres et au parcours tragique du peuple afro-américain laissent suinter, derrière l'image d'Épinal et les rythmes joyeux du gospel, une note grave, soutenue.

Quelque part dans cette fable, Dieu est profondément fatigué.

De *Hallelujah* à *Show Boat*, aucun des *musicals* à contenu afro-américain n'a échappé à la controverse acérée où s'affirme d'un côté le progressisme de cinéastes «blancs», de l'autre une critique souvent sévère de groupes afro-américains dénonçant la vision édulcorée, falsifiée, de la culture «noire». Question délicate, encore aujourd'hui irrésolue. Même *Porgy and Bess* de Gershwin (1935) n'a pas évité cette volée de bois vert. C'est dans cette mouvance qu'est produit le *Show Boat* de 1936 (issu d'une première mouture de 1929 à cheval entre le «muet» et le sonore), qui donne un grand rôle à Paul Robeson, déjà vedette dans *The Emperor Jones*[4].

Cette première version, réalisée par James Whale, n'a certes pas dans l'ensemble la fluidité et le dynamisme du remake de 1951 à MGM, mis en scène par George Sidney. Néanmoins, il s'en dégage une sorte de simplicité généreuse, typique des jeunes âges esthétiques, en particulier dans la séquence où Robeson fait entrer dans l'histoire le chant *Ol' Man River*, large aria lyrique emblématique de la partition de Kern, un des premiers grands métissages entre le gospel et l'opéra américain moderne. Par une sorte d'état de grâce engendré par la musique, cette séquence, tournée en décors naturels, est à l'égal des meilleurs moments de King Vidor dans le *musical*, dans *Hallelujah*, bien sûr, mais aussi dans la séquence inaugurale du *Wizard of Oz*. J'ai peu d'atomes crochus avec ce dernier film, aux allures disneyennes et kitsch, dont on se demande parfois s'il n'est pas célébrissime que par sa seule chanson d'ouverture, *Somewhere Over the Rainbow*, magnifiée et transcendée par Judy Garland. King Vidor rappelle, non sans fierté, que c'est lui qui a réalisé la mise en scène de cette chanson, comme toute la séquence de la campagne du Kansas, en noir et blanc/sépia. Cette séquence de Vidor, plus que l'ensemble du film, est à mettre au panthéon du *musical* américain.

Ainsi *Hallelujah*, *The Green Pastures*, *The Emperor Jones* et le *Show Boat* de 1936, outre leurs mérites intrinsèques, pavent-ils la voie à ce que seront dans les prochaines décennies le premier Minnelli, *Cabin in the Sky* (*Un petit coin aux cieux*, 1943), les deux Preminger de la fin des années 50, *Carmen Jones* et *Porgy and Bess*, de même que la renaissance plus récente autour du *Bird* de Clint Eastwood et des films de Spike Lee.

Une chose est sûre: si, durant les années 30, on veut faire l'expérience d'un *musical* de «Noirs» caricatural, outrancier, carrément raciste, il faut chercher plutôt du côté de Busby Berkeley, dans sa mise en scène du long sketch *Goin' to Heaven on a Mule*, dans *Wonder Bar* (*Le Bar magnifique*, 1934). Ce numéro où s'enlise Al Jolson, grossière contrefaçon du merveilleux *Green Pastures*, est, de l'avis de Clive Hirschhorn, un des plus «mal fagotés» de tous les Berkeley, «réalisé avec un mauvais goût exécrable[5]». Dans ce repoussoir de la culture musicale afro-américaine, il y a plus encore que le fade mauvais goût: un mépris et une dénégation vis-à-vis d'un des éléments fondateurs de la dramaturgie musicale américaine, le jazz, métissé aux autres musiques populaires européennes émigrées aux États-Unis.

Comme l'opéra américain contemporain prend sa source principale dans la musique afro-américaine, il n'est pas étonnant qu'il ait été l'objet d'une large controverse et d'un indéracinable malentendu, comme en témoigne encore aujourd'hui *Porgy and Bess*. Dans le *Filmoper* aussi, la matrice inventée en 1929 par Vidor avec *Hallelujah* fait montre de paradoxale créativité, au même titre que ses émules des années 30 et suivantes, ainsi que d'inconfortable et dérangeante nouveauté.

KEN RUSSELL REND HOMMAGE À BUSBY BERKELEY

Un cadeau empoisonné, *The Boy Friend*.

Le titre complet de ce long métrage du début des années 70, *Ken Russell's Talking Picture: The Boy Friend*, indique d'emblée le projet du cinéaste d'inscrire son intrigue à l'époque 1920-1930, à la naissance même du cinéma sonore et musical.

Ce «post-*musical*» participe ainsi du courant qui, après les années 60, a rendu hommage à Berkeley, voulant en faire une sorte de chorégraphe-cinéaste appartenant au *surréalisme*. Dans la même coulée, Gene Kelly aurait déclaré que Berkeley fut le premier à Hollywood à avoir dépassé le cadre de la captation scénique, ce qui est faire peu de cas des gains cinématographiques à partir de 1929. Plus récemment enfin, *The Busby Berkeley Disc*[6] scelle une anthologie de ses numéros célèbres dans le panthéon muséal électronique.

Il y a aussi de cette forme anthologique dans *The Boy Friend*, ce qui en révèle une première limitation. C'est-à-dire un cadre de long métrage où importe moins la fluidité de l'ensemble dramatique que la succession monocorde de numéros brillants fragmentés, isolés, étoiles filantes formalistes sans projet ni pensée de fond. Ce qui conduit aux portes d'une seconde limitation. Car surréalisme ou postmodernisme, au sens strict, ne sont pas qu'un jeu kaléidoscopique tenant à la fois du hasard et de la précision géométrique, mais une philosophie du discours, une structure idéologique de vision et d'audition. Sur ce terrain, n'est pas Buñuel qui veut, ni René Clair ou Cocteau. Busby Berkeley visiblement ne logeait pas (et n'avait jamais voulu se situer) à cette enseigne.

Non plus que Ken Russell, dont la longue carrière télévisuelle et cinématographique dans le *musical* est une des plus superficielles qui soient à l'ère «postmoderne», où le chatoiement tient lieu de discours, et l'hémorragie visuelle et sonore d'intrigue. En choisissant le kitsch en lieu et place de l'imagerie baroque, en privilégiant le touche-à-tout sonore plutôt que la logique profonde des métissages, Russell a lu Busby Berkeley sur la seule surface épidermique où le chorégraphe de *42nd Street* se tenait généralement, oubliant du même coup l'une ou l'autre de ses lignes de force innovatrices.

D'un côté, l'insertion des figures chorégraphiques au langage matriciel du *musical* filmique n'atteint pas chez Berkeley, loin de là, la nécessaire intégration au parlé-chanté et à l'ensemble filmique, ce qui ne se fera qu'après la guerre dans les créations collectives des Comden/Green/Kelly/Donen et dans quelques autres cas chez Cukor et Mamoulian. D'un autre côté, ne pas oublier que Berkeley fut néanmoins, quoique épisodiquement, l'applicateur de sa formule à un sujet contemporain, crypto-«réaliste», comme dans le cas de *Remember My Forgotten Man*, au beau milieu de *Gold Diggers of 1933*. Dans cet étonnant numéro sur fond de blues, avec Joan Blondell, défilent les maisons pauvres, les soupes populaires et le danger d'une nouvelle guerre.

L'hommage de Russell à Berkeley est un miroir du vide, un reflet de l'artificiel où pêle-mêle s'entrechoquent non seulement les référents trop pieux aux célèbres figures kaléidoscopiques – dans lesquelles une seule fois peut-être perce l'émotion nostalgique, dans le numéro en hommage au vieux phonographe –, mais aussi le kitsch disneyen vidé de son projet de popularisation des musiques classiques et jazziques.

Involontairement, Russell révèle et met en lumière la vanité de la créativité de Berkeley, son désir forcené de contournement de la grande Dépression, le caractère éphémère de sa fulgurance dans sa position anti-*Filmoper*.

« JE NE PEUX PAS PARLER, MAIS JE CHANTE... »

On s'accorde généralement à reconnaître le creux de vague important du *musical* hollywoodien au début des années 30, paradoxalement consécutif au boom prometteur de la fin de la décennie précédente. Cette dépression culturelle musicale ne devait être contrée que par l'arrivée tapageuse de Berkeley, ou encore, à un tout autre niveau esthétique, par la percée de Fred Astaire.

Pourtant, pour un des fondateurs du *musical*, Rouben Mamoulian, les années 30 (avec l'aide du recul) s'avèrent les plus fécondes qui soient. En cinq ans, de 1932 à 1937, Mamoulian réalise la moitié des *musicals* de sa carrière. Après son étincelant *Love Me Tonight*, deux films consécutifs marquent sa place singulière et unique dans la gestation du film-opéra américain: *The Gay Desperado* en 1936 et, l'année suivante, *High, Wide and Handsome*.

Ce dernier a bénéficié d'une très fine et exhaustive analyse de la part de Rick Altman. En revanche, *The Gay Desperado* est encore aujourd'hui largement méconnu. Invisible en Amérique, absent de la Bibliothèque du Congrès de Washington (à la cinémathèque du dépôt légal), ce fantôme mérite à coup sûr un certain entêtement à en dénicher une copie. Un jour, un valeureux Finlandais, historien du cinéma à qui rien ne semble échapper, a été en mesure de m'en envoyer une copie en vidéocassette. Mille fois merci, Peter von Bach.

The Gay Desperado est proche de l'œuvre accomplie. S'il n'a pas tout le flamboyant de *Love Me Tonight*, c'est un ouvrage digne de celui qui, dans les six *musicals* de sa carrière hollywoodienne, aura accouché d'un corpus presque parfait, ce dont ni un Lubitsch, ni un Minnelli ou un Preminger n'auront été entièrement capables. Par ailleurs, *The Gay Desperado* est intéressant par rapport au type de *musical* qu'il représente: la fusion de l'opéra européen traditionnel dans la matrice du film musical américain.

Il accomplit cette hybridation par une aria dominante, le *Celeste Aïda* de Verdi, ainsi que par certaines mélodies lyriques proches de l'opéra. De plus, en faisant jouer le personnage principal par un chanteur d'opéra comme Nino Martini (vedette du Metropolitan), il élargit l'usage de popularisation de la vedette lyrique, qui ressemble beaucoup à ce qu'une Jeanette MacDonald accomplit à la même période dans *San Francisco* (1936) et *Maytime* (1937). Sauf que cette dernière n'est pas une star des grandes salles d'opéra, contrairement à Martini, davantage dans la lignée des Lawrence Tibbett et Grace Moore. Martini, ténor, devient le pré-Mario Lanza du *musical* américain, perfectionnant ce qui était encore rigide et archaïque dans le *Song o' My Heart* avec McCormack.

Ce qui distingue *The Gay Desperado* de ses semblables, en bout de piste, est son humour décapant, à la fois bon enfant et corrosif, propre à tuer la pose trop sérieuse des autres métissages d'opéras européens et de *musicals* de Broadway. Cet humour, bien porté par la mise en scène et la nervosité du montage, est également enlevé de main de maître par les comédiens-vedettes, dont Ida Lupino (Jane), sorte de coquine et souriante féministe avant la lettre, à mille lieues de la bluette.

Immédiatement après le générique accompagné d'une ouverture Broadway (version orchestrale de la chanson *The World Is Mine Tonight*), les deux premières séquences sont des morceaux d'anthologie. La première joue d'abord du trompe-l'œil du film dans le film, un *serial* de gangsters américain vu dans un cinéma bondé de Mexicains, braves gens et bandits confondus. L'écran du film américain, pétaradant de bruit et de fureur, suscite une bagarre dans la salle. Pour y mettre fin, le propriétaire de la salle use du stratagème d'arrêter la projection et d'y substituer un travelogue: *Mexico the Beautiful*, un court métrage «muet» (nous sommes donc à l'époque de transition entre le cinéma non sonorisé et le sonore), ce qui amène le propriétaire à placer le ténor Chivo près de l'écran pour qu'il produise son aria en direct. La bagarre cesse, la salle s'apaise, y inclus le chef du gang des bandits, Braganza (Leo Carillo). Ce dernier expliquera plus tard qu'il peut endurer les souffrances de la faim et de la soif, mais être affamé de musique lyrique, ça non!

Séquence jouée avec un beau doigté par Mamoulian, qui entrelace le phrasé des mouvements de caméra au montage vif des plans fixes, qui module en *legato* maîtrisé la double articulation de l'écran dans l'écran, de l'image filmique et du son, et place la musique (le chanteur et les musiciens) *à côté* de l'écran de cinéma comme une amorce à la sonorisation intégrée *dans* le *musical*. À cette séquence «initiatique», Mamoulian en ajoute une seconde, remarquable.

Elle se déroule dans une station radiophonique. Braganza, séduit par le chant de Chivo, a kidnappé l'artiste lyrique pour l'intégrer à sa troupe. Il décide de le faire connaître largement par un passage à la radio. Pour ce faire, il attaque et occupe le poste où se déroule un programme musical en direct, trois filles chantant une rengaine Broadway. À l'arrivée des bandits, toute l'équipe du studio lève les bras, la musique s'interrompt. Braganza ordonne de continuer, ce que font les filles (mains toujours en l'air) accompagnées par un orchestre nerveux. En montage alterné, les policiers dans leur quartier général croient qu'il y a eu une panne de transmission. Braganza présente le ténor, qui va interpréter *Celeste Aïda*. Prélude musical. Éclatent les trompettes verdiennes. Brusque mouvement de stupeur et de nervosité chez les bandits, qui dégainent leurs revolvers. Chivo rétorque calmement: «Mais c'est *Aïda*!» Puis l'aria se déroule en entier, au bonheur extasié des bandits, des policiers dans leur quartier, ensuite, toujours en montage alterné, dans une voiture où Jane roule avec son fiancé. L'astuce de mise en scène et de montage, ici, permet à Mamoulian d'utiliser le studio et la trame de fond du son radiophonique pour présenter en alternance condensée tous les protagonistes qui se retrouveront dans le film, policiers et bandits, et les deux prétendants de Jane (le fiancé sera largué au profit du chanteur).

Le même studio radiophonique sera plus tard utilisé une seconde fois par le réalisateur pour une séquence tout aussi habile où Chivo, capturé par la police, vient supplier sur les ondes Braganza de se présenter et de négocier avec les autorités. Pour le convaincre, il chante un pathétique *Estralita*, romance mexicaine à faire pleurer les pierres. Un habile panoramique gauche-droite commence sur l'orchestre (Chivo en hors-champ), pour découvrir petit à petit le groupe compact des policiers entourant le chanteur au micro. Chivo, en appuyant son chant d'un *ralentendo* larmoyant sur le mot «*vivir*», lève un bras... menotté au poignet d'un policier; ce dernier suit en cadence le geste vertical tout en souriant, béat de bonheur musical. Gag lyrique peut-être unique dans les annales hollywoodiennes.

Ailleurs dans le film, dans l'hacienda des bandits, Mamoulian multiplie élégamment d'autres ballades mexicaines, *Lamento gitano*, *Cielito lindo*, *Mamacita mia*, métissages de chants populaires et d'écriture lyrique savante, soutenus de guitares et de chœurs d'hommes. Le réalisateur se plaît à les filmer de nuit, utilisant largement la stylistique des ombres sur les murs, déjà à l'œuvre dans *Love Me Tonight*. Mamoulian déploie ces ombres opératiques tout comme, dans d'autres séquences où se déplacent dans le désert les chevaux de la troupe, il filme en contre-jour et en silhouettes à la manière de John Ford.

The Gay Desperado offre une sorte de métalangage sur les pouvoirs de la musique et du *musical* filmique, capables de vaincre tous les banditismes et les faux amours. Braganza domine, bien sûr, par sa boulimie d'arias. Si la première rencontre entre Chivo et Jane s'amorce par une querelle (d'amoureux inconscients de l'être) et par une pléthore de mots injurieux et de cris, la réconciliation qui suit s'exprime évidemment par la musique: «*I can't talk, but I can sing to you*», murmure Chivo sur l'introduction orchestrale *over* déjà amorcée. Suit la romance *The World Is Mine Tonight*. À noter que c'est la seule fois dans le film qu'un chant n'est pas accompagné d'un orchestre présent dans le champ ou le hors-champ, ce qui renforce le pouvoir englobant de la musique. Une autre fois, pour se sauver du peloton d'exécution des bandits qu'il a trahis pour Jane, Chivo va faire craquer Braganza et la troupe en prononçant ses dernières volontés: «Je n'ai rien à déclarer, mais je vais chanter.» Sauvé des balles!

Mamoulian, dans ce *musical* à la fois sérieux et décontracté, a en quelque sorte signé un *Art poétique* du film-opéra américain, réalisant de surcroît une œuvre intelligente où s'accomplit l'intégration harmonieuse de l'opéra italien (et de son corollaire lyrique mexicain) à la romance américaine. Son caractère comique et satirique en fait en outre une sorte d'*A Night at the Opera*, en mode lyrique et mélancolique, où la déconstruction du corpus opératique européen se fait moins par le bris et la cassure que par la métamorphose lente et négociée, souriante et placide. Un seul regret: Ida Lupino n'y chante pas. Mais sa manière si intense d'écouter la musique, de faire corps avec le chant (par exemple son visage de profil dans l'avant-dernier plan, pendant la reprise de la romance américaine), témoigne à merveille de la grande comédienne qu'elle fut. De la musicienne aussi qu'elle était. Elle fut une des rares femmes à Hollywood à combiner sa carrière d'actrice avec la composition musicale, sans compter la scénarisation, la production et la réalisation.

Quant à *High, Wide and Handsome*, étant donné l'analyse détaillée de Rick Altman, je me contente d'ajouter ici à son sujet quelques notes sur les formes musicales traitées par Mamoulian.

On doit le sujet et la partition de ce *musical* au tandem Kern et Hammerstein, qui en ont fait un des premiers ouvrages lyriques majeurs du western, centré sur l'épopée de la prospection pétrolifère en Pennsylvanie. C'est une œuvre aussi singulière que *The Gay Desperado*, dans la mesure où les parties musicales passent presque toutes dans l'intrigue par le fait qu'Irene Dunne y incarne une chanteuse de music-hall.

Après l'ouverture orchestrale en générique, le film démarre sec sur un gros plan de la cantatrice interprétant la chanson-titre et qu'un lent travelling arrière nous fait découvrir sur un tréteau de place publique. Si Mamoulian maintient quelques secondes au départ l'ambiguïté sur le type de *musical* dans lequel on entre, très vite il corrige le tir. Toutes les fois, sauf une, où Sally (Irene Dunne) chantera des soli, elle sera dans une foire, une auberge, un cirque (elle y interprète *Can't Forget You* et reçoit une proposition de tournée du célèbre Barnum). De même, quand il y a des séquences chorales dansées, c'est au moment d'une fête au *barn dance*, ou encore à une noce (*Will You Marry Me Tomorrow, Maria?*). Idem pour le blues de Molly (Dorothy Lamour) dans un hôtel enfumé.

Pourtant, il y a des ruptures avec cette mise en scène de la musique *in*, ne serait-ce que la convention des accompagnements orchestraux toujours en *over*, qui reste de mise. Plus spécifiquement, par exemple, quand Sally, à la ferme, nourrit les bêtes en chantant a cappella, ce qui déclenche un chœur hirsute de cris d'animaux. Une autre fois, pour les scènes amoureuses sur la colline, Sally interprète *The Things I Want*. Cette fois, il s'agit de l'expression de ses sentiments, non d'un numéro de chanteuse. Un segment de cette chanson sera repris plus tard, modulé différemment. Peter (Randolph Scott) est seul dans sa chambre, Sally l'a quitté. Tout à coup, il entend en rappel une phrase chantée par sa femme, brève mélodie qui passe *over* comme une brise fantomatique.

La modernité de *High, Wide and Handsome* réside dans sa structure de drame avec musique, étant donné que la musique ne paraît pas y tenir une place aussi large que dans d'autres *musicals*. Dans cette optique (ce sera le cas aussi quand Mamoulian dirigera *Summer Holiday*), il s'agit d'un ouvrage où les parties dialoguées tiennent autant le gouvernail que les parties musicales. Ces dernières arrivent à point nommé pour soutenir et prolonger le tissu dramatique, l'ouvrir à un lyrisme tenu jusque-là comme en sous-main. Par exemple, quand Sally inonde joyeusement la ferme de ses fragments de chansons, quand les fêtes en musique se présentent comme des contrepoints aux bagarres réalistes, quand Barnum offre à Sally une tournée dans sa prestigieuse compagnie de cirque (ce qui évoque le fait que ce même Barnum fit un malheur culturel et commercial en s'attachant la star lyrique Jenny Lind, sans doute la première forme moderne de popularisation de l'opéra avant l'arrivée de l'audiovisuel).

Ce thème du cirque, qui intervient au moment où Sally quitte Peter pour reprendre sa carrière de chanteuse, est d'ailleurs l'amorce du finale, grandiose et d'allure épique. L'oléoduc de Peter étant menacé de destruction par les bandits financiers des chemins de fer, Sally décide de venir prêter main-forte à la troupe des travailleurs de son mari qui sont à installer un dernier segment de pipeline. Les bandits attaquent l'échafaudage, commencent à le saccager. Dans la plaine poussiéreuse, s'avance alors, galopant à la rescousse de Peter et de son clan, tout le cirque mobilisé par Sally. Chevaux et chariots, éléphants, clowns et trapézistes contre-attaquent. S'ensuit un époustouflant tohu-bohu, partie bataille de gangs, partie prouesses techniques des professionnels du cirque, bataille d'éléphants ou encore combats hirsutes et cocasses de clowns. Dans ce décor western imparable, où le réalisme et le fantastique s'entrechoquent et s'interpénètrent, dans une mise en scène impeccable de Mamoulian soutenue par une formidable charge orchestrale, on ne peut que rester bouche bée. En 1937, à Hollywood, dans ce finale opératique, émergent progressivement, prémonitoirement, la stylistique et la maestria d'un futur Fellini.

Cela aussi s'appelle la musicalité filmique.

SALMAN RUSHDIE
UNE LECTURE DE *THE WIZARD OF OZ*

Un classique ne vaut que par ses capacités, son ouverture à la réinterprétation. Salman Rushdie, qui a revisité *The Wizard of Oz* en 1992 dans la collection «BFI Film Classics», tisse un lien lumineux entre le chef-d'œuvre *inconscient* de MGM en 1939 et une errance très contemporaine dans le cauchemar de l'intégrisme meurtrier et l'affrontement avec un sorcier fanatique moderne.

Le court essai de Rushdie abonde en éclairs d'intelligence. *The Wizard of Oz*, comme il l'analyse, est un film profondément laïque, dans lequel se lit la mort de Dieu. Cette production, qui se voulait, de la part de MGM, une réplique au grand succès de Disney *Snow White and the Seven Dwarfs*, est «une sorte de version en prise de vues réelle d'un dessin animé[7]». Ce chef-d'œuvre d'unité et de cohésion est paradoxalement un film *sans auteur*. Ce qui ne peut surprendre à Hollywood, «qui fait toujours ses chefs-d'œuvre par accident, tout simplement parce qu'on n'a pas la conscience de ce qu'on y fait». Malgré ses apparences, ce *musical* ne fait pas l'apologie du slogan «rien ne vaut la maison familiale», puisque le *home* qui y est représenté par l'irréel coin du Kansas est fait non pas d'un beau noir et blanc, mais d'une palette de gris qui en dessinent toute la laideur et la tristesse. Les gris infinis de la grisaille interminable.

Par-dessus tout, dans ce monde agnostique, «propice à satisfaire l'ego satirique et cynique», se déroule emblématiquement le rituel mythique d'un *passage*, celui de l'enfance à autre chose. Non pas au monde adulte repoussant, mais à la découverte de soi. Dans cette optique, cet ailleurs et cet autre sont avant tout symbolisés par la chanson *Somewhere over the Rainbow*, qui devient l'hymne universel de tous les immigrants, des déracinés du *home*. On peut y ajouter, même si Rushdie ne le dit pas explicitement, de tous les errants et proscrits, de tous ceux qui doivent se terrer pour résister au «pesant couvercle» des *fatwa*.

Dernière fulgurance. Ce *musical*, paru au moment du déclenchement de la Seconde Guerre mondiale, et qui s'y perdit quelque peu, reprit du poil de la bête après coup, grâce en bonne part à la télévision. Quand Rushdie enfant le vit à Bombay, il ne lui fit pas moins d'effet que les films indiens pleins de musique et de magie. De toute façon, pour l'auteur des *Versets sataniques*, cela était de la même coulée que le passage de Judy Garland de la «réalité irréelle du Kansas» à la «surréalité réaliste du monde de la magie». Ce qui compta alors pour l'enfant Salman fut une seule illumination. «Mon premier visionnement de *The Wizard of Oz* fit de moi un écrivain.»

Une telle analyse suffit à indiquer la valeur de film-opéra de *The Wizard of Oz*, et comment ce classique clôt symboliquement la première décennie du genre (1929-1939). Dans ce magma indescriptible, où s'accumulèrent vite échecs, mimétismes, singeries, clichés et redondances, qui aurait pu prédire que certains «fruits passeraient la promesse des fleurs»? Que la conscience de quelques auteurs (si difficiles soient-ils à discerner) aurait pu s'imposer dans la joyeuse ou désespérante inconscience générale?

The Wizard of Oz tombe à point pour donner au nouveau *musical* hollywoodien, à MGM en particulier qui en devient bientôt le temple, un de ses grands opéras filmiques où fusionnent aussi tant d'emprunts sublimés au théâtre de vaudeville et de Broadway, y inclus l'arrivée à Emerald City comme dans un New York de conte de fées. Qui anticipe de surcroît une des matrices visuelles du clip par la cohabitation du noir et blanc et de la couleur, une autre dans les deux écrans superposés de la scène de la tornade et une autre aussi dans le mélange subtil de la prise de vues réelle et du sous-texte de l'animation, des divers niveaux de crypto-réalisme.

Sans compter que cet opéra nouveau repose sur les épaules de sa star, Judy Garland, dont Rushdie souligne encore le mélange indicible d'allure d'enfant et de maturité vocale, d'innocence et de gaucherie, sa beauté *jolie-laide* (en français dans le texte) plutôt que les jolies formes épurées d'une Shirley Temple, enfin son caractère nettement *asexué*. Garland androgyne rejoint ici l'un des grands mythes de l'opéra, jusqu'à sa persistance archétypale dans le courant postmoderne de la nostalgie de l'âge d'or du film-opéra américain, comme le note Jane Feuer[8].

Il est pertinent enfin que Rushdie souligne le caractère compétitif de *The Wizard of Oz* avec le *Snow White* de Disney, puisque ce long métrage est, plus encore que le triomphe de l'animation, celui du *musical* filmique par les moyens de l'animation. Pas étonnant alors que Disney ait été tenté par l'opéra, c'est-à-dire par la volonté forcenée de transgresser le texte de l'opéra européen en le moulant de force dans le *musical* filmique américain. La réponse de Disney à *The Wizard of Oz*, c'est *Fantasia*, en 1940.

Fantasia appartient toutefois plus visiblement à l'opéra, au rapport à la fois intelligent et incestueux avec son géniteur européen, à sa volonté tantôt cynique, tantôt naïve de déconstruire tout en rebâtissant. À sa manière, *Fantasia* exprime un rituel de passage. Il fait plonger dans l'opéra par la violence d'une forte tornade culturelle, il réalise le voyage rituel de la première enfance du *musical* filmique à la découverte de soi, à la révélation pour soi, pour Hollywood, du *Filmoper* américain. Il faudra y revenir.

Notes

1. *La Presse*, 5 février 1994.

2. Allen Woll, *op. cit.*, p. 137.
3. Marc Connally, dans Allen Woll, *op. cit.*, p. 137.
4. Criterion a fait en 1989 de ce *Show Boat* une remarquable édition critique en vidéodisque, très documentée, sous la direction de Miles Kreuger.
5. *Op. cit.*, p. 86.
6. MGM/UA Home Video, 1992, notes de Tony Thomas.
7. P. 11. Les autres citations de ce livre viennent respectivement des pages 16, 26, 17, 16, 27, 18, 50-51, 30 et 26-27.
8. *Op. cit.*, p. 117 et suiv.

«Vivir!» – *The Gay Desperado*, de Rouben Mamoulian.

Chapitre 5

La Traviata aux Ziegfeld Follies

Dans un des plus baroques miroirs où le *musical* hollywoodien se soit contemplé, ce singulier *Ziegfeld Follies* de 1946 coordonné par Minnelli, se profile le modèle de *Fantasia* en regard de l'intégration de l'opéra et de la danse classiques dans le moule du *musical* de Broadway. C'est un kaléidoscope rutilant, synthèse archéologique du *musical* en même temps que métissage de sa résurgence dans l'actualité de la fin de la Seconde Guerre mondiale. Il est même prémonitoire de l'avenir immédiat, puisqu'il annonce, par la bouche de William Powell, en prologue, une sorte de *New Deal* culturel («le grand spectacle de Ziegfeld fait partie du rêve de l'Amérique»), tout comme, dans l'inénarrable sketch de Red Skelton au milieu du film, est prévu le désastre de l'arrivée prochaine de la télévision. «Accrochez-vous à la radio», suggère Skelton!

En introduction, le Ziegfeld Follies de 1907 à New York rappelle ses filiations avec Shakespeare d'abord (rien de moins), avec aussi le Cirque Barnum, plus typique de la culture américaine du XIXe siècle, qui inclut le monstre opératique. On se souvient que Barnum avait connu un de ses triomphes avec la tournée américaine de la diva Jenny Lind. Shakespeare/Barnum/Ziegfeld Follies, triade du plus fou des opéras modernes, du moins suivant la conception du producteur Arthur Freed.

Le premier numéro du film illustre à merveille cette triade: plateau de théâtre, référence au cirque (carrousel et domptage des *girls* en panthères noires), ballet classique. Le tout encadré de la troupe *obbligato* des femmes en rose, étincelantes de satins et de soies, de bijoux et de perles, où le ballet classique blanc trouve sa place sans sourciller.

Quelques numéros plus tard, après un ballet aquatique d'Esther Williams et un sketch parlé de Keenan Wynn, s'inscrit la séquence de *La Traviata*, sorte de ballet chanté du Libiamo (quoi d'autre?). Dans un arrangement orchestral sirupeux, style Mantovani au Hollywood Bowl, les vedettes du Metropolitan James Melton et Marion Bell, accompagnées de chœurs dansants, «exécutent» littéralement Verdi[1]. Le moulinet du *musical* de Broadway écrase joyeusement le texte verdien, filmé en copiant quelques plongées et travellings chers à Berkeley. Et si James Melton présente quelques légères rondeurs qu'afficheront d'autres mâles du *musical*, y compris Mario Lanza pour l'opéra, en revanche Marion Bell, qui apparaissait déjà dans les courts métrages Vitaphone, s'amène ici avec la silhouette, le visage et la perruque des vraies vedettes du *musical*, et repousse à tout jamais quelque forme bianca-castafioresque qui oserait se profiler dans les tulles et les colonnades de la culture lyrique des Follies.

Passé les histoires et les pantomimes dansées de Fred Astaire et de Lucille Bremer, le numéro blues avec Lena Horne et ses beaux éclairages bleutés, passé aussi le sketch vitriolique de Skelton sur l'arrivée de l'épouvantable télévision (vingt ans avant les oiseaux de Hitchcock), puis l'extraordinaire court opéra de Judy Garland *The Great Lady Has an Interview*, qui vaut le film à lui seul, le dernier numéro avec Katherine Grayson est accompagné d'un ballet où les figures du classique se profilent dans les bulles et les tulles d'un immense studio plus encombré que celui à venir de *Singin' in the Rain*.

Le paradoxe de *Ziegfeld Follies*, au bout du compte, au-delà de *La Traviata* et de sa référence patrimoniale au grand opéra du corpus européen, est bien justement d'offrir la contrepartie vivante et actualisée du nouvel opéra américain. La séquence de Judy Garland est, de manière emblématique – et plus qu'aucun autre sketch de ce film –, un tel opéra. Un opéra filmique sur le cinéma, implicitement sur Judy Garland elle-même, jouant génialement la diva droguée rêvant de son prochain film devant une meute de journalistes, non pas agressifs mais complices, et qui ont tous l'air de se préparer, avec elle, à une sorte de chef-d'œuvre à venir qui pourrait bien s'appeler *A Star Is Born*. Si on les met un moment en parallèle, comme en diptyque, *La Traviata* et *The Great Lady Has an Interview* révèlent de façon lumineuse la troublante révolution à l'œuvre dans le film-opéra, l'état d'un *passage* sans retour.

Dans *La Traviata* (l'incontournable chanson à boire), le texte verdien, un des sommets de l'opéra européen du XIXe siècle, est transformé (réduit?) à l'état d'une lecture broadwayienne. Minnelli, dit Hugh Fordin[2], trouvait le plateau qu'il n'avait pas préparé «très laid» (costumes d'Irene Sharaff, décor de Merrill Pye). Quoi qu'il en soit, cette esthétique révèle une volonté forcenée de lier les beautés classiques de la mélodie verdienne à la stylistique de l'*opéra de New York*, ce qui est déjà, en dépit de la laideur de l'entreprise, un premier degré d'alchimie. D'aucuns diront qu'il s'agit de *profanation*, de déguisement kitsch pour maquiller une source répudiée. On peut rêver de ce qu'aurait fait Minnelli de cette *Traviata* s'il l'avait lui-même préparée. Cela aurait été un exemple unique d'un essai par le grand cinéaste de renouvellement et de transformation d'un *grand opera* du répertoire dans la matrice Broadway/Hollywood.

Paradoxalement, c'est dans *The Great Lady Has an Interview*, dont les *lyrics* de Kay Thompson et la musique de Roger Edens pourraient presque appartenir au lyrisme souriant des Gershwin, que se manifeste le véritable *Filmoper* de Minnelli, qui ne doit plus rien à la tradition et au répertoire européens mais ne se détache pas pour autant de l'essence de la *favola in musica*. Ce numéro avec Judy Garland réussit une fine symbiose de la parole prosodique, de la musique et de la danse. Il le fait de surcroît par un sujet et une intrigue bien ancrés dans la modernité. Une star hollywoodienne déchue convoque une conférence de presse. Elle s'apitoie sur ses déboires et rêve de projets utopiques. Une femme, un groupe d'hommes; le satin pâle et le noir des queues-de-pie. La caméra de Minnelli, en longs plans-séquences d'une précision et d'une fluidité maîtrisées, regarde et contemple Judy Garland, Hollywood, le film rêvé aussi éblouissant que le projet réalisé, abouti. Comme dans un miroir.

Cette glace patinée, éblouissante, reflète un moment cristallisé, comme dans la tragédie, où la banale interview démarre en parlé, avant de passer, d'abord imperceptiblement puis de manière de plus en plus marquée, au parlé rythmé qui s'amarre et se hisse jusqu'au chant. Il faut voir/entendre avec quel génie Judy Garland, en causant, accroche tout à coup une note à une syllabe, au point où on se demande si on ne vient pas de rêver qu'elle a musicalisé un mot, une inflexion. La rythmique du *parlando* va aussi, pendant un temps, s'appuyer sur le bruit des claquements de doigts et de mains, et nous amener dans un segment qui préfigure le rap contemporain. Tous ces éléments progressivement réunis: parlé/chanté, parlé bruité, vont ensuite éclater dans la musique, le chant et la danse, en crescendo diabolique, irréaliste, où se perd la notion même d'interview au profit de la grande fusion lyrique-dramatique d'un rêve hollywoodien.

Dans son raccourci, résultat d'une alchimie profonde et aboutie, voici enfin la vraie *Traviata* de l'opéra américain filmique, qui est certes passé par certaines transformations profanatrices du modèle original, mais qui n'atteint sa propre vérité et sa grande force qu'au prix de son indépendance lyrique. Dans le cinéma musical hollywoodien, l'opéra et l'opérette sont des formes mortes dès l'origine, comme on le dit des «langues mortes» même lorsqu'elles sont encore en usage, puisque la matrice vernaculaire dans laquelle elles se profilent est celle du *musical* de Broadway.

Opéra: une histoire d'amour-haine

Prenant en exemple une chanson de Judy Garland dans *Babes in Arms* (*Place au rythme*), Jane Feuer rappelle, dans le chapitre «Opera vs Jazz» de son essai *The Hollywood Musical*, la permanence dans le *musical* américain de la ridiculisation de l'opéra européen, le *grand opera*. On en retrouve des traces à presque tous les âges des *musicals*. Dans *Footlight Parade* (*Prologues*, 1933) de Busby Berkeley, par exemple, James Cagney, producteur de *musicals*, faisant des auditions, envoie promener une diva caricaturale qui «a chanté devant toutes les têtes couronnées». Dans *Dames* (1934), moqueries du ballet *Le Lac des cygnes* en plein milieu d'un numéro de midinettes lavandières, *The Girls at the Ironing Board*. Les voix d'opéra sont présentées ironiquement aussi dans *Paramount on Parade*, comme déjà dans *Hollywood Review of 1929*.

Pourtant, cette caricature prégnante ne peut se réduire aux seuls termes antinomiques du jazz contre l'opéra, qui pourraient se lire comme un projet d'annihilation du *grand opera* au profit d'un nouvel opéra fondé sur les musiques populaires et le jazz. Au contraire, il faut y voir plutôt la volonté d'une cohabitation, d'une transformation, non un rejet radical et anarchique. Il n'y a pas à proprement parler de balayage du vieux corpus opératique européen mais, dans cette opération amourhaine, la dynamique d'une déconstruction/reconstruction du fonds patrimonial, sa métamorphose, qui passe certes par le rire et le cynisme, mais aussi par une sorte d'attendrissement naïf vis-à-vis des régénérations surprenantes et inattendues. Quand, par exemple, dans *Hollywood Review of 1929*, une troupe fait du *tap dance* sur des pointes de ballet blanc, quand Laurel et Hardy se laissent introduire par une valse de Strauss, ou qu'on y fait un numéro sur la *Barcarolle* des *Contes d'Hoffmann* d'Offenbach (chantée ici en trio de voix de femmes plutôt qu'en duo et accompagnée d'un arrangement pour contrebasse et harpe), il faut y voir davantage la persistance du vieil opéra dans le changement que sa destruction.

La symbiose qu'un Gershwin traduit génialement dans *Porgy and Bess* (1935) entre opéra *et* jazz se laisse voir en filigrane dans tout le *musical* américain et contredit le sens réducteur d'*opera vs. jazz*. À la même époque d'ailleurs, le premier film de Judy Garland chez MGM, le court métrage *Every Sunday* (*Le Kiosque à musique*, 1936), montre l'adolescente aux côtés de la chanteuse lyrique Deanna Durbin. Les deux jeunes filles sont en concurrence pour l'obtention d'un premier prix de chant, l'une en opéra, l'autre en jazz. Leur conflit se résout dans un duo où se métissent leurs voix et leurs chants.

Hollywood ayant produit, depuis *Broadway Melody* et le détour des années 30, la forme matricielle du film-opéra américain dans ses aspects originaux et vernaculaires, il lui restait à y inscrire le *grand opera* européen, traditionnel, de répertoire, tel que l'avait institué le Met de New York (secondairement le Manhattan Opera House) depuis la fin du XIXe siècle.

De fait, l'industrie audiovisuelle travaille sur ce problème depuis Edison, qui rêvait de *grand opera* dans les familles depuis qu'il avait concocté son kinétoscope et son phonographe. Il imaginait aussi le filmopéra projeté en plein Met:

> Je crois arriver par mon travail, durant les prochaines années, à ce que le «grand opéra» soit offert au Metropolitan Opera House... sans grande différence matérielle avec l'original, avec les artistes morts depuis longtemps[3].

Il est stupéfiant en tout cas de constater la convergence historique de ces deux faits parallèles. D'une part, l'émergence du Met, qui s'installe dans un désert culturel opératique et qui, à défaut de pouvoir susciter des créations d'ouvrages modernes comme en Europe (à part quelques exceptions comme *La fanciulla del West* et le *Trittico* de Puccini ou encore quelques rares opéras américains), s'inscrit dans le répertoire des ouvrages consacrés et s'appuie sur un bassin de producteurs et d'artistes européens, allemands d'abord, puis italiens et français. D'autre part, Edison qui, en rêvant d'opéra audiovisuel, construit inconsciemment une matrice plus déterminante encore, quoique très problématique à l'époque, vu le caractère primaire et fragile de la technologie. Il est vrai qu'il songe surtout à l'enregistrement et à la diffusion massive du modèle du Metropolitan. Ce faisant, il conçoit déjà le film sonore à la manière dont plus tard les enregistrements en direct radiophoniques, filmiques et télévisuels l'établiront, c'est-à-dire comme les images et les sons offerts par la technologie à ceux qui n'ont pas accès à l'opéra scénique, ou encore comme témoignages et mémoire d'artistes à la retraite ou décédés. Pour Edison, le *grand opera* est une reproduction bon marché et utilitaire, un produit massivement commercialisable. Et alors que le Met s'avérera – comme il l'est encore aujourd'hui – un géant stérile, l'opéra filmique, lui, fleurira en abondance.

Mais ce ne fut pas sans mal, puisque le désert audiovisuel attendra une trentaine d'années avant sa première floraison. Cette nouvelle cinéphonographie (théorique, de laboratoire), qui voulait tant chanter et répandre ses musiques, fut longtemps bâillonnée de silence, si bien qu'on finit par la déclarer «muette». Diagnostic erroné: le cinéma était non sonorisé en synchronie, mais il était tout sauf muet, pour la musique et le chant en tout cas.

Ainsi, même si l'on s'en étonne encore aujourd'hui, il n'apparaissait pas alors incongru à des producteurs de films de faire tourner Caruso ou Geraldine Farrar, ces divas du Temple du Met. Mais ces échecs, ces produits handicapés ont peut-être sauvé le cinéma américain de la tentation de ses premiers promoteurs à l'égard d'une forme d'*Opernfilm* de type européen. On peut imaginer une hypothèse plausible. S'il n'y avait pas eu trente à quarante ans d'essais et de tentatives infructueuses pour synchroniser l'image et le son filmiques, s'il n'y avait pas eu, pendant ce temps, une période pour créer sur scène le nouveau théâtre musical, si le vivier de Broadway n'avait pas eu le temps de grandir pour permettre au film musical de voguer en haute mer dès la fin des années 20, alors peut-être Edison et consorts auraient-ils été capables d'implanter leurs rêves d'un opéra filmé à l'européenne.

On aurait eu alors un premier *Aïda*, et non seulement les quelques minutes fantomatiques qu'Edison produisit en laboratoire, mini-péplum de la scène triomphale de Thèbes, sans doute gauchement (dé)synchronisée à un cylindre reproduisant deux ou trois trompettes de la mélodie verdienne. Ou encore un *Parsifal* plus élaboré que celui produit par Edison en 1904, une année seulement après la première «illégale» de ce testament musical que Wagner destinait exclusivement à Bayreuth, première new-yorkaise qu'on appela «le viol du Graal». On aurait eu très tôt aussi des Caruso, des Geraldine Farrar et *tutti quanti*.

Parce qu'on les a bien produits, les films opératiques de Caruso et de Farrar, et au gros prix. La première star, pour 100 000 dollars, participa, à l'été de 1918 (les 15 juillet et 30 septembre), à deux courts métrages: *My Cousin* et *Splendid Romance*, réalisés par Jesse Lasky[4]. Pour le premier, où Caruso joue un chanteur se produisant sur scène dans le rôle de Canio de *Pagliacci*, il est probable que, durant la diffusion du film, outre la musique live de piano, on ait fait jouer, en synchronisation plus ou moins parfaite, un disque de Caruso de l'aria *Vesti la giubba*. Idem pour Farrar, dont la *Carmen* de 1915, produite par Sam Goldwyn et Lasky, mise en scène par Cecil B. De Mille, permettait, au milieu du patchwork de la partition de Bizet au piano, de faire jouer sur phonographe au moins une aria, visiblement la *Séguedille*. Pour cette *Carmen*, miss Farrar reçut 20 000 dollars pour huit jours de tournage.

David L. Parker indique d'autres exemples des tâtonnements et des expériences de laboratoire. En 1908, un prototype du Synchroscope fit voir et entendre dans un cinéma de l'Indiana une aria avec Caruso (vraisemblablement le même essai qui fut présenté à Montréal, en novembre 1907, au Ouimetoscope). Le Cinephonograph d'Edison, en 1911, produisit le sextuor de *Lucia di Lammermoor* avec, entre autres, Caruso et Pol Plançon. En 1924, Lee De Forest, le «père de la radio», fit également des essais filmiques sonores d'opéra. Mais d'un inventeur à l'autre, d'une firme à son concurrent, tous ces producteurs ne virent dans l'opéra filmique qu'un simple enregistrement en direct de la scène, ce que David Parker appelle «le cinéma du pauvre du Metropolitan Opera, sans égard à l'art filmique développé durant le muet».

Premier détour par la phonographie et la radiophonie

Tous ces avortons opératiques, comme tant d'autres avec toutes sortes de musiques populaires, laissaient provisoirement le champ libre à la phonographie et à la radiophonie. Par ces deux voies, l'industrie du son préparait son cheval de Troie pour son entrée «fatale» dans la forteresse du film.

Ainsi l'aube du XXe siècle vit-elle Edison faire un premier détour par la phonographie pour amorcer le rêve encore infranchissable du film-opéra. Il n'était pas seul, d'autres lui coupèrent l'herbe sous le pied. Ses concurrents plus vifs, Emil Berliner et Alfred Gaisberg, de la Victor Talking Machine Company, furent les premiers à graver la voix de Caruso à Milan en 1902. Mais c'est la Columbia Phonograph Company qui battit même d'un mois le scoop de Victor Red Seal en 1903, en publiant ses premiers disques de *Grand Opera Series*. Columbia fut suivie bientôt de Victor et de Caruso, qui à lui seul consolida la firme et l'industrie phonographique naissante. Edison, entêté dans la promotion du cylindre, ne se fit pas prier pour construire un assez bon catalogue de *grand opera*, qu'il inaugura en 1906, sur cylindre, et poursuivit sur disque en 1912.

Cette histoire américaine de l'*opéra sans images*, son rêve économico-culturel d'apporter l'art élitiste et coûteux jusque dans «le plus petit hameau», créa même son premier embryon de la *double phonographie*, l'enregistrement live parallèle à celui de studio. En témoigne cette inattendue et extraordinaire édition complète des *Mapleson Cylinders*, publiée en 1985 par les Rodgers and Hammerstein Archives of Recorded Sound du Lincoln Center de New York, qui offre le corpus intégral des enregistrements «sur le vif» faits par Lionel Mapleson au Metropolitan entre 1900 et 1904. Histoire curieuse et magique que celle de ces enregistrements phonographiques, qui fournissent des fragments de la seule documentation sonore authentique sur la célèbre maison d'opéra au début du siècle, peut-être la seule de toutes les scènes lyriques du monde à cette époque.

Bien sûr, le public ne connut jamais en ce temps l'existence de ces enregistrements privés, fabriqués en exemplaires uniques (non reproductibles), mais leur existence matérielle les a fait entrer dans le patrimoine sonore à côté des enregistrements commerciaux de studio, et au même titre qu'eux. Ce ne sont pas des «pirates» à proprement parler, comme on appellera plus tard les enregistrements live non autorisés, mais plutôt les essais phonographiques personnels d'un homme vif et curieux, bibliothécaire au Met (responsable des partitions), qui s'intéressait déjà passionnément à la photographie et qui s'enthousiasma pour le nouveau phonographe d'Edison. Il cessa d'ailleurs ces enregistrements, faits avec la complicité des artistes, au moment où, après les lancements en 1903 des collections lyriques de Columbia et de Victor, l'industrie commercialisa les stars d'opéra[5].

Ainsi gravés, ces moments live du Met demeurent une sorte de reportage à chaud des activités de la maison mythique, tout en offrant des témoignages uniques, par exemple des voix de Jean de Reszke et de Milka Ternina (dont aucun enregistrement commercial n'existe), ou encore des traces de créations ou de raretés d'époque: *Ero e Leandro* du chef et compositeur Luigi Mancinelli, *Manru* de Paderewski, la première au Met d'*Ernani* de Verdi, etc. *The Mapleson Cylinders*, une rare machine à remonter le temps, que Yehudi Menuhin cite avec émotion dans la série télévisée *The Music of Man*.

En mars 1903, la Columbia lançait sa série *The First Recordings of Opera in America*, précédant d'un mois le gros coup fomenté depuis quelque temps sur le même terrain par Victor (ultérieurement RCA Victor). La concurrence privant Columbia de Caruso, cette première collection phonographique lyrique n'offre pas de ténor, mais d'autres vedettes comme Suzanne Adams, Giuseppe Campanari, Edouard de Reszke, Ernestine Schumann-Heink, Antonio Scotti et Marcella Sembrich. La publicité de la firme renchérit non seulement sur la première historique, mais précise que le maestro Mancinelli (celui-là même dont un opéra se trouve sur les cylindres de Mapleson) a écouté ces enregistrements et les considère «fidèles à la réalité». Chaque disque commence aussi par une identification vocale. Le marketing ajoute enfin:

> Il y a des milliers d'hommes et de femmes, au goût musical raffiné, qui sont empêchés de fréquenter les grands centres musicaux, soit à cause de l'éloignement géographique, soit à cause de leurs revenus trop minces. Ces mélomanes ont aussi passé leur vie sans avoir entendu une seule note de «grand opéra», ou ignorent la vraie sensation musicale engendrée par l'interprétation d'un maître...

De son côté, RCA Victor, qui devait l'emporter sur ses concurrents en bénéficiant de l'exclusivité de la «star des stars», Caruso, grava sur disque tous ceux et celles dont un problématique cinéma sonore attendait l'enregistrement (Caruso, Geraldine Farrar, Galli-Curci), ainsi que ceux qui réussirent à l'atteindre (Martinelli, Gigli, de Luca...). À la veille de la Seconde Guerre mondiale, un catalogue de la firme (regroupant des enregistrements depuis Caruso jusqu'à Kirsten Flagstad et Leopold Stokowski), intitulé, en une remarquable contraction technico-culturelle, *The Story of Opera. RCA Victor*, précise encore le leitmotiv de la mission de l'industrie sonore:

> Vous n'avez pas besoin d'être un fan d'opéra – de fait, il suffit d'être humain normalement – pour vibrer à ces chants que le monde entier considère comme grandioses. La musique, langage des émotions, fait résonner une corde universelle. RCA Victor a utilisé les merveilles de l'enregistrement moderne pour vous apporter, dans votre foyer, ces mélodies indestructibles, chantées divinement, et ce, de manière aussi réaliste que si vous les écoutiez depuis une loge d'opéra.

Quant à Edison, dont les méthodes en affaires étaient plutôt erratiques, selon Clifford Williams, il n'en produisit pas moins un lot impressionnant de chanteurs lyriques. De 1899 à 1910, sur cylindres, la série *Artists of the Metropolitan and Hammerstein Opera Companies* offre quelques grands noms tels Maria Galvany, Lucien Muratore, Carmen Melis; puis, à partir de 1912, se construit sur disques un catalogue Edisonia intéressant, quoique maigre à côté de ses concurrents, où l'on peut croiser Claudia Muzio, Giuseppe Anselmi et Emmy Destinn (créatrice au Met du rôle de Minnie dans *La fanciulla del West*).

Un élément est constant chez tous ces inventeurs, producteurs et promoteurs: la technologie cinéphonographique est enveloppée d'un discours larmoyant sur l'effet de réalité produit sur une scène ou «comme si on y était», de même que sur la capacité d'un support propre à véhiculer cet effet jusque dans le foyer, de le diffracter tout en le démocratisant, ou du moins de le rendre accessible par effet d'appropriation. La phonographie s'est faite le héraut de ce vecteur d'acculturation, tout comme la radiophonie. Lee De Forest avait réalisé, le 3 avril 1909, un premier enregistrement en direct expérimental, pour la radio, de la *Cavalleria* du Met, chantée par Caruso et Scotti. Ce grand projet arrive à terme en 1931, au moment où démarre commercialement la première radiodiffusion live du Met. Quelques années plus tard, RCA Victor s'y associe, et David Sarnoff, à la fois président de RCA, administrateur de

NBC et membre du comité exécutif de la Metropolitan Opera Association, peut écrire :

> Le monde entier possède une âme habitée par la musique. Peu de personnes sont douées pour en faire, mais tous aujourd'hui ont le privilège d'en jouir. La musique est le langage international suprême, et la radio – qui la transporte tout autour de la planète sur les ailes de l'éther – est le plus grand mécène dont cet art noble ait jamais bénéficié.
> Nul troubadour n'a jamais atteint un aussi large public que la radio de notre époque. Jour et nuit; les dimanches et fêtes comme les journées ouvrables; au foyer, au bureau, à l'usine, à l'école. Dans les cités comme dans les fermes, la radio a fait de la musique l'amie de tous, hommes, femmes, enfants.
> À titre de plus grand producteur radiophonique de tels événements nouveaux, la Radio Corporation of America se considère comme privilégiée de présenter à des milliers d'auditeurs les matinées du samedi au Metropolitan Opera, sur le Blue Network de NBC, un service radiophonique de RCA.

Comme l'exprimait la romancière Marcia Davenport dans le même catalogue, la radio contribuait à abolir les fossés entre les classes culturelles et à faire en sorte que, en bout de piste, « il n'y ait pas de différence entre les diamants et les cacahuètes[6] ». Pourtant le disque et la radio continuaient à maintenir cette division par les genres phonographiques ou les programmes, qui pouvaient fonctionner en parallèle dans les catalogues de vente et les réseaux de distribution. On a pu penser un temps que le cinéma continuerait à entretenir cette sorte de double présence. Il n'en fut rien.

Le cinéma sonore devait, à sa manière, achever de faire la synthèse de cet *Opera House* où « cohabitent les loges de diamants et les galeries de cacahuètes ». Une sorte de « Take Me Out to the Opera and to the Ball Game! »

Un film publicitaire
Tetrazzini écoutant un disque de Caruso

Un essai documentaire de la BBC sur l'histoire de l'enregistrement sonore, *Nipper the Musical Dog*, montre à un moment donné quelques exemples de publicité filmique pour faire mousser la vente des disques EMI/His Master's Voice. Ces brefs films datent du début des années 30, durant le passage au cinéma sonore. Non seulement ils sont des exemples de la collusion entre deux industries, mais ils en sont le sujet même. Le cinéma sonore véhicule ici l'image de la phonographie. De plus, tout comme aux belles heures des débuts du disque, ce sont des vedettes d'opéra qui servent de leaders. Gigli, en chemise blanche, dans un studio, enregistre pour l'électrophone sa célèbre aria *Ombra mai fu* de Haendel.

Autre film. Voici Luisa Tetrazzini, assise de profil dans un large fauteuil d'époque, face à un haut meuble magnifique, combiné de radio-phonographe. La diva écoute attentivement un extrait de Caruso, le finale de l'aria *M'appari* de *Martha*. Elle sourit, bouge la tête au rythme du *legato* lyrique. (Elle a chanté avec Caruso sur scène au début du siècle. Lui est mort en 1921; elle, retirée de l'opéra depuis la Première Guerre mondiale, ne fait que des concerts jusqu'en 1934. Nous sommes en 1932.) Tout à coup, mine de rien, comme mue par une inspiration soudaine ou un coup de cœur spontané, la Tetrazzini chante live en même temps que le disque de Caruso: *Martha, Martha, tu...* Même phrasé, même large souffle, même joie de tenir longuement les notes, jusqu'à l'aigu final! Elle est radieuse, elle éclate de rire. Un homme entre vivement dans le champ de la caméra (producteur, directeur des ventes?), tout nerveux. Il fait un long baisemain reconnaissant à la Tetrazzini, qui continue de rire.

Grâce à la cinéphonographie, la diva vient d'enregistrer un non-être, une impossibilité lyrique: un faux duo de *Martha* avec Caruso. Il est difficile de croire que ce très court métrage d'un seul plan n'ait pu être prémédité. On se plaît néanmoins à rêver que la Tetrazzini, emportée par la présence de la technologie du disque et du film, vient de créer sur le vif ce non-sens émouvant, son chant du cygne audiovisuel, vivante chantant avec un mort.

Luisa Tetrazzini est morte à Milan le 28 avril 1940.

La fulgurante et brève aventure du court métrage d'opéra

L'utopie édisonnienne du *Kineto-phonograph* pour l'opéra, c'est la Warner/Vitaphone qui devait la réaliser dans ses essais de la fin des années 20. Et ce, dans l'ambiguïté générique de la valse-hésitation entre le *grand opera* et l'opéra américain du *musical* scénique.

Edison lui-même avait témoigné de cette dualité dans ses expériences audiovisuelles de laboratoire. À côté de ses projets verdiens et wagnériens, dont aucune trace ne semble avoir survécu, il est intéressant de voir qu'on a pu sauver et reconstituer la synchronisation d'un court métrage opératique, *Nursery Favorites*, oscillant entre l'opéra, l'opérette et le *musical* de Broadway.

Warner et Vitaphone, avant de retourner leur veste en faveur du *musical* américain, ont fait la part belle au *grand opera*, parallèlement à la musique classique (*Overture Tannhäuser*, 1926, Henry Hadley dirigeant le New York Philharmonic; *The Kreutzer Sonata*, 1926, jouée par Efrem Zimbalist et Harold Bauer). Cette grande «nuit à l'Opéra» commença par la célèbre *Vesti la giubba* d'*I Pagliacci* de Leoncavallo, chantée par Giovanni Martinelli, cette même aria que Caruso avait immortalisée sur disque mais ratée dans son premier film, et fut suivie d'un catalogue d'arias archiconnues formant le répertoire de base des incontournables *Gioconda*, *Barbiere di Siviglia*, *Cavalleria rusticana*, *Aïda*, *Il Trovatore*... Ces titres, qui font le pont entre les choix lyriques d'Edison et des Marx Brothers, sont ceux-là mêmes qui se retrouveront invariablement dans les *musicals* hollywoodiens, où se pointera l'opéra européen, de *Metropolitan* à *The Great Caruso* (*Le Grand Caruso*), de *One Night of Love* jusqu'à *A Night at the Opera*. Une exception notable, en 1926, fait interpréter au chœur du Met et à la diva Anna Case un pot-pourri appelé *La Fiesta*, composé de chansons espagnoles proches de l'opérette, du zarzuela.

Durant les années 20 aussi, Movietone concurrença un temps Vitaphone avant de s'incliner, mais non sans avoir touché à l'opéra avec Richard Bonelli et Marie Kurenko. Quant à Vitaphone, dont le triomphe lui avait déjà fait produire, en mai 1929, quelque six cents courts métrages en tous genres, son choix de l'opéra fut vif pendant un temps et lui fit enregistrer les vedettes Ernestine Schumann-Heinck, ou encore Joseph Diskay, John Barclay, Knight MacGregor, voire Chief Capoulican, «le seul Amérindien du grand opéra»!

Ces courts métrages, à l'aube du sonore américain, sont portés par les divas des maisons d'opéra de New York. Sur le plan filmique, ils distillent tous, avec religiosité, un ennui consternant. Ce sont des enregistrements en direct tournés à plat, produits généralement sur les scènes mêmes, par exemple au Manhattan Opera House. Ils n'ont d'autre souci que de faire s'approcher le spectateur, «comme s'il y était», des scènes prestigieuses (décors, costumes, orchestre et chœur) et des vedettes cadrées en pied ou en plan américain. Plans fixes. Warner et Vitaphone poussent l'illusion jusqu'à demander aux chanteurs de saluer à la fin de leur prestation, mais, comme il n'y a pas d'applaudissements enregistrés sur disque, les producteurs ont dû présumer que le public du cinéma y pourvoirait, dans une sorte de naïf «concept» d'interactivité entre le préenregistré et le live!

Ces films où défilent les stars de la décennie, avec en tête Giovanni Martinelli (ténor), Giuseppe di Luca (baryton), Beniamino Gigli (ténor), Frances Alda et Anna Case (sopranos), s'offrent en repoussoir cinglant à l'idée de porter l'opéra scénique traditionnel à l'écran. Ce que soutenait également Kurt Weill. S'ils apportent, involontairement, un riche corpus documentaire sur les styles de chant, de jeu, de scénographie et d'accompagnement musical et choral d'époque, ils contribuent paradoxalement à étouffer l'opéra filmé dans son berceau. Il y a bien plusieurs courts métrages de cette sorte au tournant des années 30, mais pas pour longtemps. Il n'y aura jamais de long métrage du genre à Hollywood.

On hésitera un temps à filmer l'opérette, comme en témoignent le *Viennese Nights* de 1930 et autres *New Moon* (*L'Île des amours*), et quelques Lubitsch. En voisinage, ce curieux *Fra Diavolo* de 1932 (d'après Auber), exemple rarissime qui puise dans l'opéra-comique français, différent de l'opérette, et qui mérite de ce fait un traitement à part, comme on le verra au chapitre 9 sur l'exception de l'opéra filmé. Mais l'opérette ne résistera que dans la mesure où elle est structurellement, sinon musicalement, plus proche du *musical* américain que de l'opéra.

Ce qu'accomplit le large studio des années 30 des *musicals* filmiques, c'est de faire resurgir, au-delà des quatre premiers films emblématiques de 1929, la question du traitement de l'opéra conventionnel dans le cinéma hollywoodien, qui doit prendre sa place lui aussi – lui surtout – dans la matrice du «Broadway Melody». Cette courte aventure de transformation radicale commence dès l'année 1930, et culmine métaphoriquement dans *A Night at the Opera* (1935).

Il est d'autant plus intéressant de mettre en lumière ce moulage, déterminant pour la popularisation de l'opéra par le cinéma, que, sur scène, aux États-Unis, subsiste pendant ce temps un clivage très net entre les productions des *musicals* à Broadway et celles des maisons d'opéra, à commencer par le Met, mais aussi celles de Chicago, San Francisco, etc. Ce fossé explique en bonne partie, par exemple, pourquoi *Porgy and Bess* prendra tant de temps à passer de Broadway au Met. Créé en 1935, ce n'est qu'en 1985 qu'il entre au répertoire du temple du Lincoln Center. Entre-temps, le cinéma avait consacré cet ouvrage par le film d'Otto Preminger en 1959. Dans le cinéma américain, la distinction entre Broadway et *grand opera* n'existe plus.

Choisir entre *Il mio tesoro* et *Song o' My Heart*

Dès 1930 bout la marmite opératique, version Hollywood. Fox produit *Song o' My Heart*, avec le grand ténor irlandais John McCormack, MGM fait signer un contrat à Grace Moore, mais aussi au baryton Lawrence Tibbett pour *New Moon*, on tourne chez Warner *Viennese Night*, première opérette écrite pour l'écran, en bichromie.

McCormack, successeur de Caruso, avait fait la tournée, en Europe et aux États-Unis, des grandes maisons d'opéra – son *Don Giovanni* était célèbre –, mais ses nombreux concerts affichaient beaucoup de lieder et surtout des chansons populaires irlandaises. *Song o' My Heart* est intéressant à double titre: c'est le seul document filmique du célèbre chanteur, qui saute ainsi dans le train du sonore qu'avait raté Caruso; c'est avant tout le premier scénario concocté pour servir de faire-valoir à la carrière d'un ténor illustre. Ce scénario, peu intéressant, a néanmoins ceci de significatif qu'il permet et structure, par son utilitarisme, la présentation d'une star d'opéra comme vedette populaire, à la manière des *musicals*. Par ailleurs, l'équilibre entre les parties chantées et dialoguées est également pondéré par le choix de mélodies populaires à côté d'extraits brefs d'oratorios. Pas d'aria comme *Il mio tesoro*, toutefois. *Song o' My Heart* réussit gauchement cet équilibre (McCormack à l'époque est physiquement assez gros, et son jeu réduit), mais ce long métrage trace une esquisse assez nette de l'interprétation que donne l'écran de l'opéra et de ses dieux.

L'arrivée de Grace Moore à Hollywood précise ce premier tracé. Soprano venue de Broadway mais visant le Met, elle a un physique de star de cinéma. En même temps que *New Moon* (dont elle partage la vedette avec Tibbett), MGM lui fait tourner une biographie romancée de la cantatrice Jenny Lind (*A Lady's Morals*). Si ce double début n'est pas payant pour Hollywood, Grace Moore peut se racheter en 1933, quand elle est réengagée par Columbia pour *One Night of Love*, le premier grand succès de cinéma illustrant vie et carrière opératiques. Filon bientôt repris par Jeanette MacDonald dans *San Francisco* et *Maytime*.

Pour comprendre la crainte et la phobie de Hollywood vis-à-vis de l'opéra, il peut être utile de rappeler les dures négociations de Grace Moore avec Harry Cohn (président de Columbia) pour inclure dans *One Night of Love* une aria de *Butterfly*. Cohn téléphone au département de la musique pour s'enquérir des droits, croyant qu'il s'agit du fox-trot *Poor Butterfly*. «Mais non, cher Harry, intervient Grace Moore, il s'agit de la *Madama Butterfly* de Puccini.» — «Comment, Puccini a plagié cette chanson?» De goût musical, Cohn n'avait, semble-t-il, que celui qu'il résumait dans sa devise: «Qui mange mon pain chante ma chanson!»

Ce dicton «entrepreneurial» pourrait être celui du tout-Hollywood en regard de la place et de l'étendue de l'opéra dans les films. David L. Parker le rappelle bien: dès l'époque des courts métrages Vitaphone, ces vedettes chantent beaucoup plus de la musique populaire que des arias; Hollywood exige aussi le physique de l'emploi et la capacité, outre le chant, d'être comédien et de danser. Les vedettes sont remodelées à l'école de Broadway, si elles n'en viennent pas déjà. De plus, chaque film relatif à l'opéra doit avoir (en plus de son titre de *musical*) une chanson-locomotive marquée du sceau de Broadway. Quant aux arias lyriques retenues, elles seront, comme les 78 tours de l'époque, parmi les plus populaires et les plus emblématiques du genre, et forcément toujours assez brèves.

Dans *San Francisco* (1936), pour arracher au bourru personnage joué par Clark Gable l'aveu: «Je ne savais pas que l'opéra pouvait être si intéressant!», il faut non seulement la beauté de la blonde Jeanette MacDonald, mais une représentation du *Faust* de Gounod réduite à quelques minutes des plus belles phrases de l'opéra, en multiples fondus enchaînés, culminant sur l'enlevant trio *Anges purs, anges radieux* du finale. Mais Jeanette MacDonald venait directement de Broadway, et sa carrière opératique fut exclusivement filmique. Elle tourna quelque vingt-cinq *musicals* entre 1929 et 1949, et à elle seule donna à l'opéra du cinéma américain une esthétique de chanteuse-star assez définitive. Elle sera suivie par un Mario Lanza, dans une trajectoire voisine, quoique plus météorique et plus anachronique.

En 1937, Jeanette MacDonald personnifie encore une cantatrice dans *Maytime*, cette fois avec le baryton Nelson Eddy (avec qui elle jouera souvent en duo), lui aussi émule du *musical*. Ils forment le couple symbolique de l'opéra par excellence, dont la seule carrière dans le genre est cinématographique et ne concerne plus la scène. Ce sont eux qui vont épuiser la veine dans tant de *musicals*, et renvoyer chez eux les vrais chanteurs lyriques dont on avait voulu faire des stars hollywoodiennes: les Tibbett, Jan Kiepura, Lily Pons et Gladys Swarthout. À la fin des années 30, le filon est pratiquement tari et le *musical* triomphe comme le seul opéra filmique ayant droit de cité.

Sans doute, en 1935, un film percutant avait-il sonné le glas du *grand opera* à Hollywood. *A Night at the Opera*, avec les frères Marx, ne contient-il pas, comme le soutient Rick Altman dans *The American Film Musical*, la «destruction de l'opéra», dans un mouvement de désacralisation de la musique, «liée à l'idée chrétienne de la Chute»? Ce qui conduit Altman à conclure:

> Depuis le Nouveau Monde, la sophistication de l'Europe ne scintille que faiblement comme une étoile filante ou un soleil couchant sur le point de disparaître[8].

Il y a pourtant davantage que cette destruction et la mise au rancart de l'opéra ennobli dans la nostalgie. *A Night at the Opera* contient un double finale. Dans un premier temps, bien sûr, se produit la destruction du *grand opera* dans la mise à sac anarchique d'une représentation d'*Il Trovatore*. Mais ce saccage a pour objectif de rétablir dans ses droits le jeune ténor (beau, simple, *populaire*), en détruisant le snobisme et le mépris véhiculés par le monde de l'opéra venu d'Europe. Pas d'anarchie gratuite ici, pas de vandalisme aveugle. Une fois le «vieil opéra» ridiculisé, stoppé, mis cul par-dessus tête, le vrai finale du film peut s'accomplir: les deux jeunes chanteurs reprennent en triomphe une *courte* aria de cet opéra de Verdi, dépouillé maintenant de ses décors pompeux, devant un simple rideau. Comme un numéro populaire de *musical*, au bout du compte. *A Night at the Opera*, entreprise de déconstruction-reconstruction de l'opéra dans le cinéma américain, désigne l'aurore d'un renouveau lyrique.

En témoigne *a contrario* le film *Metropolitan* (1935 aussi) mettant en vedette Lawrence Tibbett du Met, qu'on a voulu imposer au cinéma. Son répertoire comprend le corpus lyrique conventionnel, les mélodies populaires, la création d'opéras américains (*The Emperor Jones, Merry Mount* de Howard Hanson, *Porgy and Bess*) ainsi que l'oratorio. Qui plus est, le chanteur est californien d'origine, ce qui lui confère le statut d'une des premières grandes vedettes classiques «non européennes», préludant en cela aux carrières à venir de Maria Callas et de Leonard Bernstein, entre autres. Que ce chanteur du cru, dans un *musical* sur l'opéra, défende le point de vue américain sur la sorte de popularité nécessaire à l'art lyrique fait de *Metropolitan* une réponse au finale d'*A Night at the Opera*, même si elle est fort maladroite. Un autre film paru en 1935 et montrant un chanteur d'opéra s'intitule de façon plus adéquate *Stars Over Broadway*.

Un demi-siècle pour *Fantasia*

La fin des années 30 se clôt sur le plus bizarroïde des films-opéras américains, que certains exégètes ne reconnaissent pas comme un *musical*, le *Fantasia* de Walt Disney, qui faillit ruiner son producteur. *Fantasia* véhicule une sorte de malaise ou de répugnance qui paradoxalement fascine et retient l'attention, comme le regard hébété sur les monstres. Certes, c'est une entreprise courageuse de faire connaître les grands classiques de la musique européenne à un large public populaire, mais en même temps il s'agit d'un sommet inégalé du kitsch, d'une esthétique démente du chromé. Ce qui m'attache à ce produit baroque – à cette belle laideur – est sa manière de disséminer le classique opératique en le torturant (donc en le métamorphosant), en lui mettant les fers pour l'accoucher dans les formes du *musical* de Broadway, en faire un enfant qui ne ressemble plus ni à mère ni à père. En ce sens, *Fantasia* apparaît comme un indestructible Frankenstein.

J'ai sous les yeux la flamboyante affiche des années 70, celle qui accompagna le premier regain de succès du film, porté par le courant psychédélique. Cette affiche, aujourd'hui introuvable, aux couleurs fluo crues, tranchées comme des lames, est centrée sur l'*hénaurme* Satan de la séquence *Une nuit sur le mont Chauve* de Moussorgsky. En pourtour, comme un encadrement baroque fleuri, se déploient les petits motifs extraits des autres scènes. L'ensemble est scellé des noms de tous les compositeurs auxquels emprunte le film, incrustés dans des rubans courbés: Bach, Tchaïkovski, Dukas, Stravinski, Beethoven, Ponchielli,

Moussorgsky, Schubert. En revanche, pour le cinquantième anniversaire de 1990, seule domine la figure de Mickey Mouse sur la nouvelle affiche, alors qu'elle était délicatement en retrait, presque invisible, dans celle des années 70. Le marketing commémoratif a laissé tomber l'emblème lyrique du plus singulier des *Filmopern* hollywoodiens.

Fantasia, en vérité, ne ressemble en surface ni à un *musical* ni à un opéra filmé, pas plus qu'à une opérette. Il est plutôt en avance de quarante ans sur la vidéo musicale, son objectif étant d'illustrer librement de célèbres musiques classiques savantes, à l'exception d'une séquence significative: pour marquer l'entracte de ce long concert en images, Disney a fait placer un divertissement dans lequel les musiciens improvisent une *jam session*. Les autres musiques sont toutes d'allure opératique même si, au sens strict, une seule, *La Danse des heures*, est issue d'un opéra, *La Gioconda*, et deux autres des ballets *Le Sacre du printemps* et *Casse-noisette*. Ce sont les personnages et les dessins disneyens, y compris cette trouvaille de la visualisation des vibrations musicales dans le premier tableau de Bach (*Toccate et fugue en ré mineur*), qui assurent la popularisation du classique, transforment les musiques en opéra audiovisuel moderne. À sa manière, ce long métrage explore prémonitoirement ce que, durant les années 80-90, tenteront des clips rock-opéra de Malcolm MacLaren, Dollie de Luxe, Kimera, de même que les éblouissants essais vidéo de Zbigniew Rybczynski produits aux États-Unis, en particulier *The Orchestra*, une sorte de suite électronique à *Fantasia*.

Disney et le chef Leopold Stokowski avaient eux-mêmes envisagé une suite au début des années 40. Rêve avorté, sans doute à cause de l'échec commercial de *Fantasia*. Mais il reste quelques traces de ce projet dans un autre long métrage d'animation à épisodes, *Make Mine Music*, paru en 1946. *Pierre et le loup* de Prokofiev s'y trouve, de même que *The Whale Who Wanted to Sing at the Met* (qu'Eisenstein aimait beaucoup[9]), chanté par Nelson Eddy, qui multiplie sa voix dans tous les fragments de rôles lyriques: ténor, baryton, soprano... Ce dernier court métrage (véritable *A Night at the Opera* disneyen) en dit long à la fois sur la figure populaire satirique de la chanteuse d'opéra, immense baleine que la scène du Met peut à peine contenir, et sur ce grand projet de mouler l'opéra européen du répertoire dans les formes du divertissement de masse. Encore ici, l'entreprise de déconstruction-reconstruction est visible.

Mais il y a plus. *Make Mine Music* s'écarte de *Fantasia* en donnant la priorité de la majeure partie de ses dix épisodes aux musiques populaires américaines. Country, blues, swing, ballades de Broadway relèguent ici le «classique» à la portion congrue. Les dessins animés de *Blue Bayou: A Tone Poem* sont les mêmes qui avaient été faits pour *Fantasia* en vue d'illustrer le *Clair de lune* de Debussy, le blues s'étant entre-temps substitué à la pièce du compositeur français. Enfin, l'avant-dernier sketch, juste avant la satire du Met, est un pur *musical* de Broadway. Intitulé *A Love Story*, il raconte l'histoire d'amour de deux chapeaux (l'un féminin, l'autre masculin) dans une ville américaine typique où un tramway annonce un *Opera House Love's Reunion*. Dans une version française de ce film, qui circule encore à la télévision québécoise, je découvre la voix d'Édith Piaf dans ce *Love Story*, chantant «les grands boulevards» de la ville américaine. Piaf aura ainsi indirectement participé, par la phonographie, à la grande histoire du *musical* filmique américain.

À son tour, cet épisode indique que le *musical* américain côtoie encore un temps l'opéra européen, avant de le déclasser et de le remplacer. Dans *Make Mine Music* s'accomplit le même phénomène qui avait marqué le développement des courts métrages Vitaphone à la fin des années 20. Quand Disney produit ultérieurement de nouveaux types de films musicaux de ce genre, *Melody Time* (*Melody Cocktail*, 1948) et *The Adventures of Ichabod and Mr. Toad* (1949), la référence à l'opéra européen a complètement disparu.

C'est ce qui arrivera progressivement à tout le corpus de cet opéra dans l'ensemble du *musical* américain. Après les années 30, ses jours semblent comptés. La seule résurrection, au zénith des années 50, sera celle de MGM, grâce à la présence de Mario Lanza. *The Great Caruso* et son étonnant succès commercial marquent paradoxalement la fin de ce long (faux) rêve édisonien du *grand opera* diffusé dans chaque cinéma de quartier, dans chaque chaumière par le phonographe. *The Great Caruso* a beau être construit comme un *musical* par la présentation d'une suite de fragments d'opéras et comprendre une ballade de Broadway (*The Loveliest Night of the Year*), cette formule ne survit pas à la substitution définitive de l'*Opernfilm* par le *Filmoper* essentiellement américain.

C'est pourquoi Pavarotti fut mal avisé d'essayer de ressusciter ce genre hybride au début des années 80 dans le pitoyable *Yes, Giorgio* (*Oui, Giorgio*) plutôt que de faire, comme plus tard, des *Pavarotti and Friends* où la cohabitation de l'opéra traditionnel et du rock-pop est plus créatrice que la respiration artificielle pratiquée sur un «genre qui n'a plus de présent». D'autres auront mieux compris plus tard, comme *White Nights* (*Soleil de nuit*) de Taylor Hackford avec Mikhail Baryshnikov et Gregory Hines, sur des chorégraphies de Twyla Tharp (symbiose entre le ballet classique russe et la danse américaine de jazz), ou encore *Amadeus* de Forman, suivant l'esprit de Rouben Mamoulian dans *The Gay Desperado*, où il s'agit d'intégrer le chanteur d'opéra et tout l'opéra à de nouvelles réalités culturelles plutôt que de les figer dans ses poses archaïques.

Dès la fin des années 30, le *musical* américain est assez puissant et organisé pour cesser d'illustrer le vieil opéra européen. Il s'agit plutôt de conserver le meilleur de ce patrimoine, de le faire respirer dans la même coulée que le jazz ou les autres musiques populaires, de l'intégrer là où on l'attend le moins. J'en veux pour preuve la manière de *New Orleans*, long métrage de 1947 qui comprend, une fois de plus dans le *musical* américain, un conflit (ténu mais subtil, instructif) entre la musique classique et le jazz. La première représentée par le chef d'orchestre et la cantatrice (Chopin, Verdi, Wagner), l'autre par Louis Armstrong et Billie Holiday, entre autres. Deux scènes sont particulièrement savoureuses. Dans l'une, le chef d'orchestre (comme la cantatrice, il adore le jazz et son langage simple et direct) joue un impromptu de Chopin devant le *band* de Satchmo, sur une succession de gros plans de visages émerveillés du groupe de jazz. Louis lance, à un moment donné: «Ce gars [Chopin] a le *blues*!» Dans l'autre, Satchmo redécouvre la cantatrice à Paris. «Je suis si content: *je vais hurler*!» Il prend alors sa trompette, souffle un long aigu. Au même moment, la soprano l'accompagne, pousse elle aussi une note haute, soutenue[10].

Joli duo jazz/opéra, métissage sur une seule note!

Notes

1. Dans un décor que Minnelli trouvait «horriblement laid», suivant Hugh Fordin, *La Comédie musicale américaine*, Paris, Ramsay, 1987, p. 128.
2. *Ibid.*, p. 128.
3. Edison en 1894, cité par David L. Parker, «Golden Voices. Silver Screen. Opera Singers as Movie Stars», *Wonderful Inventions. Motion Pictures, Broadcasting and*

Recorded Sound at the Library of Congress, Library of Congress, Washington, 1985, p. 187.
4. Michael Scott, *The Great Caruso*, Knopf, New York, 1988, p. 160-161.
5. Comme le souligne David Hall, cette situation rendit «problématique» l'existence de la production personnelle de Lionel Mapleson. Voir «The Mapleson Cylinders: An Historical Introduction», livret de l'édition phonographique intégrale de Mapleson, Rodgers and Hammerstein Archives of Recorded Sound, New York, 1985.
6. Jeu de mots comparant, au Met de New York, les loges en fer à cheval (*horseshoe gallery*), où brillaient les diamants des millionnaires, aux galeries du sommet (le paradis des billets à bon marché), où traînaient surtout les cacahuètes (*peanut gallery*).
7. Cité dans Bob Thomas, *King Cohn*, Bantam, New York, p. 47.
8. *Op. cit.*, p. 384.
9. Voir Jay Leyda, *Eisenstein on Disney*, Methuen, 1990, p. 63 et suiv.
10. Pour approfondir les liens entre Armstrong et l'opéra, voir l'intéressant et très révélateur article de Joshua Berrett, «Louis Armstrong and Opera», *The Musical Quaterly*, vol. 76, n° 2, été 1992.

Luisa Tetrazzini écoutant un disque de Caruso.

Chapitre 6

La phonographie et la mort

À la manière de Gaston Leroux qui, par l'écriture populiste-fantastique, a fait connaître avec succès le milieu du théâtre lyrique, le cinéma, en touchant cette forme d'art, n'en a conservé le plus souvent qu'une image évanescente ou un souvenir archivistique d'opéra filmé. Même aujourd'hui, le film-opéra ne paraît être que le reflet réduit de cet art que Syberberg considère comme «l'un des mythes occidentaux effondrés[1]». L'opéra à l'écran est souvent condamné à n'être que la version populiste du théâtre lyrique, un fantôme de l'opéra.

Pour que le roman de Gaston Leroux *Le Fantôme de l'Opéra*, paru en 1910, produise tant d'épigones au cinéma et au théâtre, il fallait bien qu'il véhicule des valeurs plus denses et plus durables que celles attribuées à la minceur littéraire de l'ouvrage. Ce livre diffuse un double mythe: celui de «la Belle et la Bête», archétype magnifié ultérieurement par Cocteau; celui également de l'Opéra, de son baroquisme à la fois hideux et fascinant. Dans ce sujet suinte le bizarre fétichisme de ce que l'auteur, dans la *Préface* du roman, appelle, avec un tremblement de plume à la Edgar Poe, *l'ensevelissement de la voix vivante*. Leroux fait ici référence au fait qu'au début du siècle on a creusé «le sous-sol de l'Opéra pour y enterrer les voix phonographiées des artistes».

La lignée des Fantômes de l'Opéra

Ce Fantôme inquiétant et séducteur, épris de voix féminines et de tombeaux, a connu de nombreuses régénérations. Depuis 1925, six versions filmées; plusieurs adaptations théâtrales (deux en Angleterre, en 1975 et 1984); durant la seule année 1978, un *musical* «off-Broadway» et le ballet de Marcel Landowski. Ces dernières années, l'astucieux talent d'Andrew Lloyd Webber a inscrit ce sujet dans ce que dorénavant il faut appeler l'industrie culturelle du *Phantom*, opéra de Broadway susceptible de se transformer en film.

À Montréal, en novembre 1990, la Cinémathèque québécoise présente, en projection-concert, la première d'une nouvelle partition symphonique de Gabriel Thibodeau, qui accompagne la version non sonorisée de 1925 de Rupert Julian avec Lon Chaney (Universal[2]). Une avant-première l'avait précédée en avril de la même année: version plus simple, devenue une sorte de maquette de la suivante, elle s'ordonnait autour du piano, du synthétiseur et d'une voix de soprano. Deux traits se dégageaient de cette version: d'abord, le piano, dans l'accompagnement live, permettait un jeu d'improvisations devenu impossible pour la partition orchestrale; ensuite, les arias de *Faust*, accompagnées au synthétiseur, donnaient à l'interprétation de la soprano une atmosphère machiniste grinçante, propre à faire apparaître l'opéra, partie de l'intrigue de ce film, comme une mécanique surannée. De leur côté, les passages au piano se révélaient comme une lecture plus moderne du film, dégagée du référent à l'opéra.

Cette double articulation a disparu dans la partition pour orchestre. Les extraits de *Faust* et les autres parties musicales se trouvent davantage au même niveau stylistique, supprimant les écarts de sonorité, de ton et d'écriture à l'œuvre dans la partition précédente. Il en résulte une composition certes plus brillante, davantage peut-être dans l'esprit néoromantique de certains accompagnements symphoniques d'anciens films (comme ceux de Carl Davis[3]), mais qui a secondarisé quelques trouvailles plus distanciées de la version d'essai.

Il n'en demeure pas moins que ce *Fantôme* de Gabriel Thibodeau s'élève avantageusement au-dessus des autres partitions de la filmographie du sujet. Si l'on exclut provisoirement *Phantom of the Paradise* (*Le Fantôme du Paradis*, Brian De Palma, 1974), dont le récit et la musique sont d'un tout autre ordre, par le jeu de l'adaptation libre en terrain rock-pop, un certain nombre de films et de téléfilms logent à l'enseigne du *Phantom of the Opera*. La version «muette» de Rupert Julian. Celle d'Arthur Lubin, encore chez Universal en 1943, musique de George Waggner (*sic*). Chez Hammer en Grande-Bretagne, suit en 1962 la version «gothique» de Terence Fisher sur une musique d'Edwin Astley. Deux téléfilms, produits encore en Angleterre: celui de Robert Markowitz en 1982, avec une trame musicale de Ralph Burns, et un de Tony Richardson en 1990, d'après la pièce d'Arthur Kopit, musique de John Addison. Il existe aussi une version de Dwight H. Little avec Robert Englund (1989), de même que quelques autres adaptations tournées en Italie, au Mexique et en Argentine.

Pour la version de 1925, il n'y a pas à ce jour d'analyse de la partition originale qui accompagna cette superproduction à sa sortie[4]. On sait peu de chose non plus de la réédition de ce film en 1929-1930, qui fut augmentée de quelques dialogues, dit-on, et sans doute de musique (peut-être même de musique phonographique). De sorte que la récente version restaurée de ce film (avec une séquence en couleurs, celle-là même qui fut présentée par la Cinémathèque), telle que sonorisée pour sa présentation sur la chaîne PBS, s'est contentée d'un accompagnement de concert d'orgue de Korla Pandit. Ce musicien, une sorte de Liberace californien, a produit un long sirop improvisé sans idée directrice et sans épine dorsale, qui ne fait aucune allusion à l'opéra.

La version 1925 faisait explicitement référence au *Faust* de Gounod sur la scène de l'Opéra de Paris, le palais Garnier. Les deux remakes suivants s'écartent pourtant de cette idée, choisissant plutôt la veine de l'opéra fantôme (le *shadow opera*, comme le nomme Jeremy Tambling[5]), extrait de faux opéra créé par le musicien du film, à la manière dont Bernard Herrmann le fera du pseudo-opéra *Salammbô* dans *Citizen Kane*.

Dans la version 1943, George Waggner, à cause surtout des chanteurs Nelson Eddy et Susanna Foster, moule ce *Phantom* dans le modèle si prisé à Hollywood durant les années 30 et 40, celui de l'opéra en forme de *musical*. On y donne certes un extrait de *Martha* de von Flotow, mais la grande part de la musique lyrique tient dans un opéra fantôme en français, *Amour et Gloire*, concocté sur des thèmes de Chopin, ainsi qu'un *Prince masqué de Caucasie*, en russe, cuisiné avec des emprunts à Tchaïkovski. Ce *Phantom* est donc une version dans la veine des *San Francisco* et *Maytime*, où Jeanette MacDonald et Nelson Eddy popularisaient l'opéra européen en le coulant dans les formes du *musical* américain haut de gamme. De son côté, la version Terence Fisher de 1962 offre à Edwin Astley l'occasion de fabriquer le pseudo-opéra *The Tragedy of Joan of Arc*, donné sur la scène du Covent Garden, musique cryptomoderne, sorte de sous-Michael Tippett sans grande résonance. Par ailleurs, le fantôme, sur son orgue souterrain, se paye l'ultrapopulaire *Toccata et Fugue en ré mineur* de Bach, un des plus grands clichés de la musique classique au cinéma et sur disque.

Les deux téléfilms renouent pour leur part avec le *Faust* de Gounod. La production de 1982 place cet ouvrage lyrique à l'Opéra de Budapest (coproduction avec la Hongrie oblige). On y incorpore aussi de la musique tzigane. La mouture en film d'horreur de Dwight Little donne aussi sa bonne place à *Faust*, mais également à un opéra fantôme, *Don Juan triomphant*, forgé d'après le titre évoqué dans le roman de Leroux. La version de Tony Richardson donne quelques pages typiques de *Faust* (*La Valse, Ah! je ris de me voir si belle en ce miroir, Anges purs*[6]), complétées par des mélodies d'atmosphère de caf'conc' et de goguettes françaises, le tout soudé par la musique originale de John Addison.

Ces versions, nonobstant leurs détours par l'opéra fantôme ou la référence clichée au *Faust* de Gounod, s'en tiennent donc toutes à la structure de l'opéra typique lié à une musique originale de motifs fantastiques, agrémentés de ritournelles exotiques.

Exotisme en moins, ce même modèle est utilisé par Gabriel Thibodeau. Il en a toutefois développé plus largement les parties modernes, puisqu'il devait couvrir tout un long métrage «muet», où les séquences faustiennes tiennent une place plus réduite. De ce côté, Thibodeau a innové et développé une partition vivante, dynamique, qui s'autorise parfois une certaine ironie sur le jeu théâtral mélodramatique des pellicules des années 20. À bien y penser, ces jeux de «main-sur-le-cœur» ou de «bras-en-avant-repoussant-l'horreur» ne sont-ils pas ceux qui persistent, encore aujourd'hui, dans tant de régies scéniques d'opéra non encore sorties du corset XIXe siècle?

On aurait pu souhaiter que Thibodeau pousse plus avant cette veine caustique distanciée, s'inspirant par exemple du dessin de la Castafiore d'Hergé. Néanmoins, malgré son acquiescement au cliché de l'opéra, cette partition a une longueur d'avance sur toutes les autres des *Fantôme*, et donne une très bonne trame de resonorisation pour la version restaurée de 1925. Ce faisant, elle fait oublier le travail qu'offre à la télévision ou en vidéocassette le producteur John Hertz Ettlinger pour l'autre version avec orgue.

Le disque à l'écran

La descendance des *Fantôme de l'Opéra*, malgré sa fertilité constante, n'a traité l'idée morbide et fantasmatique de la phonographie et de la mort que de manière allégorique, et dans des formes délavées empruntées à l'expressionnisme. L'installation même du cinéma sonore n'a pas modifié le modèle bâti par la version «muette» de Rupert Julian.

C'est le cinéma moderne qui a renoué avec l'idée fondatrice de Gaston Leroux de *l'ensevelissement de la voix vivante*, qui recoupe certaines terreurs répandues à l'arrivée du phonographe, et faisait même prévoir par Edison qu'un des usages de son invention serait de garder la trace de la voix des mourants. Cette thématique s'inscrit d'abord, de manière percutante, dans *A Clockwork Orange* de Kubrick, en 1971, avant de s'épanouir de manière exhaustive dans *The Phantom of the Paradise*, le seul à être fidèle à l'étincelle créatrice de Leroux.

La présence phonographique s'impose rapidement dans *A Clockwork Orange*, durant la séquence du retour d'Alex à sa chambre. La mini-cassette bien en évidence en gros plan, identifiant le label DGG en même temps que la *Neuvième Symphonie* de Beethoven – phonogramme qu'Alex introduit dans sa chaîne hi-fi –, sert d'amorce à la masturbation du jeune homme et au clip fantasque qui scande visuellement l'extrait de cette musique emblématique. La trame iconique est formée d'images de la réalité de la chambre d'Alex, contrapuntiquement liées à des citations de films préenregistrés; de manière semblable, la bande sonore joue un double rôle, appartenant à l'intrigue tout en servant de musique de film dans la sphère extradiégétique.

On peut voir dans cet usage dualiste une des raisons qui ont amené Kubrick à ne pas retenir intégralement la réalisation par Walter Carlos, sur synthétiseur Moog, des versions des extraits classiques choisis (Kubrick avait procédé de façon voisine dans *2001: A Space Odyssey*, préférant exclusivement des choix de phonogrammes existants à la partition originale d'Alex North). Les versions retenues de Carlos sont des musiques-machine qui prolongent la logique terrorisante de l'enregistrement phonographique.

À plusieurs autres reprises, la présence phonographique est inscrite dans la trame d'*A Clockwork Orange*: Alex chez le disquaire; la séance médicale de lavage de cerveau passant par les bruits et les musiques du film sur les nazis; la tentative d'assassinat d'Alex par le moyen d'une chaîne hi-fi et la musique de Beethoven; enfin, dans le dénouement, quand est scellée la réconciliation opportuniste entre le retour «à la normale» d'Alex et la classe politique, le ministre offre au garçon une nouvelle chaîne haut de gamme et un disque tout neuf de Beethoven. Ce jeu se poursuit jusque dans le générique de la fin, quand la musique *over* offre l'original phonographique de *Singin' in the Rain*, cette chanson que fredonnait sans arrêt Alex et qui a servi de repère à l'écrivain pour son identification comme meurtrier.

A Clockwork Orange se referme ainsi sur un référent phonographique exemplaire, historique. Ce couronnement donne au film le statut d'une sorte de *musical* classique-punk cousu de fragments préenregistrés de Purcell, Rossini, Rimski-Korsakov, Elgar et, les dominant tous, Beethoven le Grand.

Death Records

L'empire rock du monstre Swan (le Cygne), dans *Phantom of the Paradise*, est avant tout phonographique, et montré dès le démarrage du générique par son label d'oiseau mort, giration en couleurs comme celle d'un disque en vinyle. Industrie mortifère, dont le nom est à visage nu: *Death Records*. Initialement, dans le scénario et jusqu'au tournage, la firme du magnat s'appelait plus banalement *Swan Records*. Après un démêlé juridique avec la compagnie Atlantic qui détenait le label *Swan Song*, Brian De Palma se résolut, grâce à des effets spéciaux de maquillage sur le négatif, à adopter définitivement le nom de *Death Records*. Heureux imbroglio, qui a forcé à cette dénomination on ne peut plus symbolique.

Swan est un démon dont l'aube adolescente s'illumina à la réception d'un premier disque d'or. Il en récolta tant d'autres par la suite qu'il songea même à les entreposer à Fort Knox! Son projet délirant actuel, construire le *Paradise*, représente pour lui son Xanadu et son Disneyland, autre coïncidence troublante. *Paradise* sera le lieu et le moyen d'une fusion, celle du folk et du rock, et son ouverture hypermédiatisée n'aura qu'un seul objectif, produire le disque d'un opéra, après quoi Swan et *Paradise* pourront disparaître, s'évanouir, passer dans la zone des morts-vivants grâce à la survie phonographique.

Cet opéra, c'est la cantate de *Faust*. Encore la figure faustienne, qui prolonge dans le rock-pop le sous-texte mythique du roman de Leroux et de plusieurs films qui en sont nés. La création de cet opéra est organisée pour l'ouverture officielle du *Paradise*, un vieux théâtre kitsch-baroque typique de Broadway ou analogue à quelque *opera house* américain, new-yorkais.

Il y a deux Faust dans *Phantom of the Paradise*. Celui de Swan, qui a pactisé avec Satan – son double – pour garder une intemporelle jeunesse dans l'éternité d'une image vidéo. Celui aussi du compositeur de la cantate-opéra, Winslow Leach, qui devra se résoudre à conclure un contrat similaire avec le vampirique Swan. Dédoublements et reflets en miroir intéressants, qui font ici que Satan, Swan, Winslow et le Fantôme ne sont qu'une seule et même chose. Je dis «miroir», mais il serait plus juste de penser aux reflets sonores de la reproduction phonographique, puisque toutes ces figures du même être n'ont de réalité que celles de l'enregistrement et de la gravure, indéfiniment reproductibles.

La trajectoire du pauvre compositeur Winslow est exemplaire à cet égard. Non seulement il a été dépouillé de sa création musicale, mais l'horrible accident qui le force à survivre dans les cachots de l'Opéra de *Paradise* est une belle trouvaille scénaristique: il est *défiguré par une presse à disques* (c'est l'époque du vinyle). Il y perd le visage, mais aussi et surtout *la voix*. Dorénavant, sa parole et son chant ne seront plus possibles que machinisés, passant du capteur de ses poumons au synthétiseur, en suivant le branchement jusqu'à la console de traitement et de filtrage. Le studio phonographique lui recompose les cordes vocales en un tournemain. La tête fantomatique de Winslow s'inscrit dans la même veine. Son masque d'oiseau métallique (qui n'est pas sans rappeler ceux de Franju dans *Judex*) est, à sa manière, une autre figure de *Death Records*. Dernier trait significatif, la vengeance de Swan sur Winslow lui fait concocter un projet d'assassinat logiquement singulier. Le Fantôme sera emmuré vif: toujours l'*ensevelissement des voix vivantes*.

Aujourd'hui, il ne reste au destin de Faust qu'un seul *tracé*: vendre son âme à un satanique businessman pour devenir une rock-star phonographique. *Phantom of the Paradise*, sur ce terrain, clôt les vingt premières années du renouveau musical et technique de l'industrie du disque de l'après-guerre, industrie qui retire à ses vedettes le suicide et la mort, et les fait renoncer au droit de reposer en paix.

Le thème de Faust semble indéracinable dans le cinéma musical américain. On le retrouve dans tellement toutes les sauces que lorsque Betty Comden et Adolph Green chercheront à ironiser sur le snobisme du théâtre à New York, dans *The Band Wagon*, ils ne pourront trouver mieux que de ressortir le cliché incrusté de cette figure.

Notes

1. *Parsifal: Notes sur un film*, Cahiers du cinéma/Gallimard, Paris, 1982, p. 11.
2. L'ensemble *I Musici de Montréal* était dirigé par Yuli Turovski. La soprano Claudine Côté interprétait les extraits du *Faust* de Gounod, ainsi que la chanson originale *Tu m'amenas aux Enfers*.
3. Par exemple pour *Napoléon* de Gance, *Flesh and the Devil*, *Broken Blossoms*, *The Thief of Bagdad* (*Le Voleur de Bagdad*), etc.
4. Voir Gillian B. Anderson, *Music for Silent Films. 1894-1929. A Guide*, Library of Congress, Washington, 1988.
5. *Opera, Ideology and Film*, St. Martin's Press, New York, 1987.
6. La version Fisher, suivant une longue et tenace habitude dans l'industrie du film, n'indique pas au générique les noms des chanteurs lyriques. Celle de Richardson y pourvoit: Jean Dupouy, Jacques Mars, Michèle Lagrange et Gérard Garino interprètent les extraits de *Faust*, accompagnés par l'orchestre du théâtre d'opéra d'État hongrois de Budapest.

Betty Comden et Adolph Green.

CHAPITRE 7

La tétralogie de Comden et Green

L'arrivée des scénaristes Betty Comden et Adolph Green à Hollywood, plus spécifiquement chez MGM et dans l'atelier des *musicals* d'Arthur Freed, est emblématique de l'évolution du genre durant les années 40 et 50, ainsi que du tournant crucial provoqué par la Seconde Guerre mondiale.

Période à la fois fascinante et tragique, marquant du même coup la suprématie technique-esthétique du genre – jusque dans sa routine et ses tics – et une volonté de créativité sans précédent qui, par exemple, chez Kurt Weill et Leonard Bernstein, aboutit à un cruel cul-de-sac.

Comme le souligne Jane Feuer, le *musical* hollywoodien véhicule le statut contradictoire de l'innovation moderne tout en étant le plus conservateur des genres:

> Dans ses textes, le *musical* utilise un nombre de techniques généralement associées à l'art moderne. Dorénavant, le modernisme ne peut plus se définir en fonction d'outils formels dont un Godard fait usage, mais non un Charles Walters. Comme la peinture cubiste, les *musicals* fragmentent l'espace, multiplient ou divisent les corps en morceaux, en doubles ou en alter ego. Comme la danse postmoderne, les *musicals* mettent l'accent sur la spontanéité, la chorégraphie de groupe et les techniques de naturalisme. Comme Godard, les *musicals* s'adressent directement au public, ou font

usage de personnages complexes et contradictoires. Comme Fellini, les *musicals* se promènent dans divers niveaux de réalité et sur la continuité entre des images oniriques et vivantes. Pourtant, le *musical* hollywoodien ne ressemble en rien à ses œuvres modernes. Le *musical* est formellement chauve, culturellement le plus conservateur des genres filmiques[1].

Cet espace filmique, s'il autorise nombre d'auteurs et d'artistes à se placer en tête du peloton commercial et expressif, multipliant les succès populaires et critiques, n'en est pas moins le lieu de la décadence du genre.

Ce déclin de l'empire musical, postmoderne avant la lettre, est un moment d'intense réflexivité. À cet égard, Betty Comden et Adolph Green, authentiques *auteurs* hollywoodiens, ont abouti à la quintessence du «Broadway filmique par lui-même», dont *Singin' in the Rain* est l'expression la plus connue. Ils ont ratissé plus large néanmoins, et ont décrit le *Filmoper* américain dans tous ses aspects audiovisuels. Théâtre, radio, disque, cinéma et télévision sont présents dans la grande trilogie des années 50 (*Singin' in the Rain* [1952], *The Band Wagon* [1953] et *It's Always Fair Weather* [1955]), précédée par *The Barkleys of Broadway* en 1949. Ainsi, dans une dynamique très crypto-wagnérienne, l'œuvre principale de Comden et Green est structurée en forme tétralogique.

Ils n'avaient pas été seuls à regarder le miroir, loin de là. L'autoportrait réflexif du *musical* hollywoodien semble inscrit dans les embryons mêmes du genre, comme le souligne Jane Feuer:

> Dans l'imagination populaire, le *musical* est l'épitomé de l'âge d'or des studios hollywoodiens. Les *musicals* parlent de Hollywood et d'eux-mêmes[2].

«BONJOUR, MAURICE!», «HELLO, LOUIS!», «GO ON, MAX!» BROADWAY PAR LUI-MÊME

Le *musical* américain a répété à maintes reprises le «*You ain't heard nothing yet*» percutant d'Al Jolson dans *The Jazz Singer*. En 1929, *Broadway Melody* et *Applause*, *musicals* à la fois sujets et objets, ont donné un coup mortel à *Viennese Nights*, coïncidant avec l'effondrement à l'époque de l'opérette sur les scènes américaines. *Love Me Tonight*, quelque temps après, donnait à ses protagonistes les prénoms de ses interprètes,

Jeanette et Maurice. «Bonjour, Maurice!» lançait un passant, inaugurant une coutume tenace qui se répercutera d'un *musical* à l'autre au fil des ans.

Le milieu des années 40 a vu apparaître un long collier d'autocontemplation, sous la forme de biographies de musiciens. En 1945, *Rhapsody in Blue* (*Rhapsodie en bleu*, d'Irving Rapper) rend hommage à George Gershwin, suivi l'année d'après par les portraits de Cole Porter et de Jerome Kern, salués respectivement dans *Night and Day* (*Nuit et Jour*, de Michael Curtiz) et dans *Till the Clouds Roll By* (*La pluie qui chante*, de Richard Whorf). En 1948 suivra *Words and Music* (*Ma vie est une chanson*) sur le tandem Rodgers et Hart. Cole Porter apparaît au début de *Kiss Me Kate* (*Embrasse-moi, chérie*, 1953, de George Sidney), dont la musique est de lui, sans que l'intrigue en soit perturbée. Les exemples de ce type se comptent par dizaines.

Dans *Ziegfeld Follies*, un numéro réunit pour la première fois Fred Astaire et Gene Kelly. C'est l'occasion d'un sketch où les comédiens-danseurs se jouent eux-mêmes et d'eux-mêmes, tout en citant leurs films antérieurs, leurs partenaires féminines, voire leur travail de répétition sur le numéro qui se déroule sous la caméra et sous nos yeux. Extrait d'un dialogue savoureux: Gene Kelly à Fred Astaire: «Qui a dansé dans *Cover Girl* (*La Reine de Broadway*)?» Astaire: «Vous n'êtes pas Rita Hayworth?» Kelly: «Non, je le ne suis pas, Ginger!» Puis les deux avouent qu'ils vont maintenant exécuter «le numéro qu'ils répètent depuis deux semaines»!

Autre scène très émouvante: à la fin de *Hello, Dolly!*, quand Dolly (Barbra Streisand) revient à la salle de bal du grand hôtel, sur l'air de *Hello, Dolly!*, justement, la *lady* va chaleureusement saluer les gens du personnel qu'elle a bien connus. Dans la fluidité des mouvements de caméra qui la suivent, elle croise un moment Louis Armstrong, qui joue le «rôle» du chef d'orchestre. Sautant alors allégrement à un niveau de réalité surprenant, Dolly chante: «Hello, *LOUIS*!» Armstrong à son tour, sans broncher et le sourire géant, reste pourtant dans la logique de son rôle: «Hello, Dolly!» En ce court moment, le *musical* filmique témoigne d'un de ses plus étonnants secrets: non seulement citer, saluer, chanter la réalité de ses propres interprètes, mais aussi irradier, le plus simplement du monde – voire naïvement –, sa propre spécificité de théâtre musical. Écran-miroir au sens littéral du terme.

Une autre fois, et de façon plus inattendue encore puisque le sujet n'est pas Broadway lui-même, on trouve dans un *musical* un hommage personnel audacieux. Dans *Carmen Jones*, l'espace d'un éclair, s'incruste le salut à un des grands jazzmen afro-américains. Ce détail n'est pas facile à noter, à moins d'être expert de jazz comme Robert Daudelin, qui me l'a fait remarquer. Dans la séquence de la taverne Billy Pasters, avant que Pearl Bailey n'attaque *Beat Out Dat Rhythm on a Drum*, le prélude est amorcé par un solo de batterie. Première surprise: c'est le seul passage où le librettiste Oscar Hammerstein II autorise une musique qui ne soit pas issue directement de Bizet. Seconde surprise: le chœur se met à chanter/crier: «Vas-y, *Max!*», avant que la caméra ne découvre Max Roach à la batterie. Enchaînement de Pearl Bailey sur l'adaptation des *Tringles des sistres tintaient*, toujours accompagnée par Max, qui soutient en la circonstance cette séquence extraordinaire d'aria, de chœurs et de danse. La séquence se termine par le retour à la batterie solo du musicien.

Passer de *Carmen* à *Carmen Jones* était déjà un miracle d'intelligence dans le métissage culturel. Incorporer à *Carmen Jones* ce salut, au passage, comme un clin d'œil amical et complice, voilà bien la force d'un genre capable de traiter tous les sujets, de se prendre lui-même comme réalité et comme sujet. C'est la loi et la grande force depuis *Broadway Melody*.

> La conscience des petits riens a donné naissance à une époque de contemplation de soi. Tout un répertoire de «pièces basées sur d'autres pièces; de pièces inspirées d'événements historiques venus eux-mêmes de récits alimentés d'art visuel, ou de films». Le théâtre musical moderne s'inspire de tout, au premier chef de lui-même[3].

Ce portrait devant miroir, cette mise en abyme devait atteindre son apogée au tournant des années 50, comme cela a été fait à Hollywood dans tant de chefs-d'œuvre de cette période, où la distanciation critique des genres traditionnels et codifiés marquait à la fois le moment d'une évolution et le signe du déclin. Comme le rappelle souvent Denys Arcand, les déclins d'empires sont à la fois tragiques et très agréables à vivre, du moins pour une certaine *intelligentsia*.

«A Party with Betty Comden and Adolph Green»

Dans le *musical*, un tandem génial a exprimé cette synthèse à Hollywood, dans la gloire du genre et la causticité objectivante du regard. Betty (Elizabeth) Comden est née à Brooklyn le 3 mai 1915, Adolph Green, dans le Bronx le 2 décembre de la même année. De 1939 à 1944, ils font partie d'une petite troupe de cabaret dans Greenwich Village, The Revuers, où, au milieu de la satire musicale, leur destin croise ceux entre autres de Judy Tuvim (Holliday), Leonard Bernstein, Gene Kelly, Stanley Donen...

Leur premier coup de chance leur vient du livret et des paroles d'*On the Town* de Bernstein (1944), *musical* dans lequel ils jouent aussi, succès qui les conduit à obtenir un contrat chez MGM en 1945. Dès lors, dans l'unité de création d'Arthur Freed – et après s'être fait la main à l'adaptation de *Good News* (*Vive l'amour*, 1947) puis aux *lyrics* de *Take Me Out to the Ball Game* (*Match d'amour*, 1949) –, ils deviennent ces rares scénaristes à ne s'exprimer que dans le *musical* et à conduire le genre à son sommet[4]. Cet insolite duo démarre ses prodiges en 1949 avec l'adaptation d'*On the Town* et, surtout, avec le scénario original de *The Barkleys of Broadway*, réalisé par Charles Walters.

Si l'on suit un instant le palmarès d'Alain Masson des dix meilleurs *musicals* hollywoodiens de MGM, ces «ouvrages parfaits[5]», la moitié des titres appartiennent à Comden et Green: *On the Town, The Barkleys of Broadway, Singin' in the Rain, The Band Wagon, It's Always Fair Weather*. C'est plus qu'un exploit, qui fait de ces scénaristes les véritables auteurs des meilleurs films-opéras américains.

Ce trait serait à lui seul glorieux, mais Comden et Green, loin de se complaire et de s'installer à Hollywood, réussissent à faire le pont et l'aller-retour incessant entre Los Angeles et New York (leur authentique et profond port d'attache), dans une sorte de cohabitation intelligente et féconde qui donne un autre paramètre à leur unicité.

À Broadway et off-Broadway, ils participent, aux divers titres de librettistes/paroliers, à une foule de *musicals*: *Billion Dollar Baby* et *Bonanza Bound* (1947), *Two on the Aisle* (1951), *Wonderful Town* (1953), *Peter Pan* (1954), *Bells Are Ringing* (1956), *Say, Darling* (1958), *Do Re Mi* (1960), *Subways Are for Sleeping* (1961), *Fade Out - Fade In* et *Hallelujah, Baby* (1967), *Applause* (1970), *Lorelei* et *On the Twentieth Century* (1978), *Singin' in the Rain* et *A Doll's Life*[6]. En 1967, c'est à la télévision, dont ils avaient annoncé l'appétit d'ogre en 1955 dans *It's Always Fair Weather*, qu'ils travaillent au *musical* de Jule Styne *I'm Getting Married*.

Leur carrière au cinéma se termine assez tôt, au début des années 60, après un crochet en 1958 chez Warner pour l'adaptation d'un film non musical, *Auntie Mame*, et l'échec cuisant à la Fox de *What a Way to Go!* (*Madame Croque-Mari*, 1964, J. Lee Thompson), dont ils écrivent le scénario d'après Gwen Davis et les *lyrics* avec Jule Styne. Ce mystérieux film est aujourd'hui introuvable. Comden et Green ont expliqué aux *Cahiers du cinéma* qu'ils n'y avaient pas reconnu leur scénario et s'étaient plaints à la direction du studio.

Leur dernière prestation d'importance se produit donc chez MGM en 1960, dans leur composition sur mesure pour Judy Holliday de *Bells Are Ringing* (*Un numéro du tonnerre*), leur chant du cygne dans le *musical*, et un sujet qui ne porte plus sur le show-business comme tel. La combinaison de l'échec de *What a Way to Go!* et du déclin du *musical* hollywoodien explique la fin de leur travail à Hollywood et le fait que, en 1966 dans les *Cahiers*, ils parlent déjà de leur carrière cinématographique comme d'une exposition de cinémathèque.

Cette page tournée, Comden et Green non seulement poursuivent leur carrière sur Broadway, mais participent aux expériences les plus diverses du renouveau du théâtre musical américain, comme ils l'avaient déjà fait, par exemple, quand Adolph Green jouait dans *Lady in the Dark* de Kurt Weill. Plus récemment, ils ont largement contribué à la résurrection et à la muséalisation du *musical*.

Dès 1958, le spectacle scénique *A Party with Comden and Green*, anthologie de leurs chansons, consacre sur Broadway leur carrière dans le genre. Ils vont le reprendre au fil des années, durant la décennie 1970 et même au seuil de 1990[7]. On les voit en 1980 dans l'hommage à Bernstein au Kennedy Center Honors, où en finale ils redonnent le célèbre *New York, New York* de leurs origines communes dans le *musical*. Adolph Green tient un des rôles principaux d'*I Want to Go Home* d'Alain Resnais («cette comédie musicale sans chansons»), et les deux ont collaboré en 1992 au vidéogramme *Gershwin* du même réalisateur. De son côté, Betty Comden joue discrètement dans *Garbo Talks* (*À la recherche de Garbo*), ce très beau film de Sidney Lumet (son nom n'est pas au générique, à moins, comme je veux bien en rêver, qu'elle ne serve que de prête-nom pour la vraie Garbo qui fait incognito son retour au cinéma dans son propre rôle). Comden et Green ont aussi travaillé aux *lyrics* de *The Will*

Rogers Follies (1991, musique de Cy Coleman), tandis que la firme Sony, dans sa série «Broadway», leur consacre un volume, *The Comden & Green Songbook* (1992).

Ils sont infatigables, semble-t-il, et, dans les années 90, travaillent dans l'actualité de Broadway (*Will Rogers*) aussi bien que dans sa muséologie. Une prestation émouvante, en 1996, les fait remonter à la matrice de leurs grands débuts dans une version concert d'*On the Town*. Version opératique, amputée de la danse, où Comden et Green jouent les conteurs de cette délicieuse fable et quelques dialogues, une sorte de noces d'or d'un âge révolu que ces émouvants patriarches du *musical* redonnent en toute juvénilité.

Leonard Bernstein les avait en quelque sorte remerciés à l'avance de cette version archivistique, qui rejoint la sienne de *West Side Story* dans le Temple audiovisuel musical:

> Depuis notre première rencontre, s'est installé dans ma vie un objet d'affection appelé Betty et Adolph. Deux êtres chers, qui sont aussi un miracle, qui m'ont apporté, comme à tant d'autres, un rire profond et pur... Ces dernières années, je les ai observés comme créateurs, fonçant tout droit avec une énergie croissante, une fluidité de développement qui peut conduire à toutes sortes de nouvelles formes artistiques... Nulle part ailleurs en Amérique on ne peut trouver une telle combinaison d'instinct musical et de savoir, de sensibilité dramatique et de spontanéité savante[8].

De son côté, David Foil a précisé ce qu'il faut bien appeler, malgré les apparences, l'intellectualisme de Comden et Green:

> Leur vision du monde – fine, intelligente, sensible – est teintée du meilleur et plus brillant flair qui ait émergé au sein du magma de la culture américaine moderne. Ils ont illuminé Broadway depuis cinquante ans, mais ils s'amusent toujours comme des enfants. Ils demeurent pour toujours les *guy and doll* chéris de Broadway[9].

Adolph Green est décédé à New York, le 25 octobre 2002, à l'âge de 87 ans.

«LES MIROIRS SONT FAITS POUR RÉFLÉCHIR»

À la fin de *The Barkleys of Broadway*, dans un de ces extraordinaires numéros où se combinent les métissages adroits du parlé, du *parlando*, du chant et de la danse, Comden et Green font jouer à Fred Astaire et Ginger Rogers une saynète qui est en même temps (et mine de rien, comme toujours dans ces cas) un authentique manifeste du *musical* de Broadway. En mode parlé, Ginger Rogers affirme qu'elle ne veut plus faire de pièce dramatique: «Alors plus de message¿» demande Astaire. Non, plus de souci pour l'intrigue. Surgit la musique, sur laquelle les protagonistes dissertent en *parlar cantando* sur le plaisir du *musical* et sur le tempo, le bon vieux tempo. Imperceptiblement, ce *parlando* se métamorphose en chanté et en dansé. Donnez-moi seulement, clament-ils, le rythme de Manhattan; gardez ceux de Paris et de Londres, rien ne vaut celui de Manhattan (*There Is No Beat as Manhattan Downbeat Beat*). En fondu enchaîné, on passe alors de l'appartement (niveau de réalité de l'intrigue) à un décor de scène de Central Park (niveau sublimé dans l'imaginaire), le tout dans la même coulée musicale et rythmique.

Ce manifeste a été précédé et préparé par les querelles et les antagonismes engendrés par un metteur en scène «sérieux» qui établit, du haut de son autorité douteuse, une distinction capitale entre deux classes dans Broadway: «Ce n'est pas un *musical*, c'est du théâtre sérieux!» À quoi Fred Astaire répond, goguenard: «Ce n'est pas différent!»

Le metteur en scène en question, M. Boudou, est aussi auteur de théâtre dramatique, de *textes sérieux*, à la recherche d'une comédienne qui doit cesser de gaspiller son talent dans la comédie musicale. En hommage à la grande Sarah Bernhardt, il a pondu la pièce *The Young Sarah*, dans laquelle il entraîne Mrs. Barkley. Orage de divorce chez les Barkley, qui obtenaient jusque-là un franc succès dans le *musical*.

M. Boudou est un snob français. Une certaine bourgeoisie new-yorkaise est assez suiviste pour égrener dans son sillage quelques mots parisiens. Boudou a des amis, comme ce directeur de galerie d'art tout heureux de procéder au vernissage d'un portrait moderne de Mrs. Barkley, représentée en *pancake* américaine dans une poêle à frire!

Mais ce point de vue «de classe» des snobs sur l'art, le théâtre et la musique n'est pas le fait de M. Barkley. Celui-ci, joué par Fred Astaire, représente métaphoriquement le mythe Astaire lui-même. L'ambiguïté sciemment entretenue entre personnage et star est déjà une des grandes qualités de ce scénario, capable d'opérer la fusion entre *message* et *jeu*, sans sacrifier l'un à l'autre.

C'est en ce sens que *The Barkleys of Broadway* doit être considéré comme le prologue du grand triptyque des années 50 de Comden et

Green. Dans sa dynamique, ce scénario véhicule à la fois la défense et l'illustration des métissages artistiques. Par exemple, la musique classique a sa place dans le *musical*, et le personnage qu'interprète Oscar Levant (est-ce lui-même ou un rôle?) ne se prive pas de vénérer Chopin, Khatchatourian et Tchaïkovski, avec au passage un coup de chapeau à Gershwin. Dans le célèbre numéro *Shoes with Wings On*, Astaire exécute avec des souliers un solo qui combine le spectacle sur scène (dans l'intrigue) avec les effets spéciaux, et montre des chaussons roses de ballet à côté du *tap dance*. Théâtre et cinéma s'amalgament aussi à la phonographie. Quand Ginger Rogers veut reconquérir son mari, elle prépare romantiquement la venue d'Astaire en mettant un disque 78 tours, mais l'aiguille s'accroche soudain dans le sillon et grince. Sans compter la référence au vaudeville dans l'hilarant numéro «écossais» de *My One and Only Highland Fling*, ainsi que la citation par Rogers-Astaire de leur propre succès de *Shall We Dance* (*L'Entreprenant Monsieur Petrov*, 1937), cette célèbre pièce des Gershwin, *They Can't Take That Away from Me*.

Ainsi fignolé, époustouflant et dramatique, intellectuel et bouffon, *The Barkleys of Broadway* porte à son sommet le vieux cliché de la réflexivité sur et par le *musical* filmique, alimenté de ses propres succès et de ses mythes, et parvenu au stade où le *Filmoper* américain est devenu sujet et objet exemplaires de fascination, en même temps que discours sur son originalité propre.

Forts de ce coup de maître, Comden et Green sont capables de passer à toute la gamme de l'expression audiovisuelle de cette culture. Ils s'y emploient magistralement dans *Singin' in the Rain* qui illustre le pont entre Hollywood et New York par la réactivation du *musical* Broadway dans le nouveau cinéma sonore.

La comédie des deux erreurs

Plus achevé encore dans l'autoréflexivité, *The Band Wagon*, magistralement réalisé par Minnelli, est un des chefs-d'œuvre du nouveau film-opéra américain et de la scénarisation musicale de Comden et Green. Il prolonge et approfondit *The Barkleys of Broadway*. Astaire, plus mythique encore que précédemment, continue à combattre la dichotomie entre deux types de théâtre, le sérieux et le futile. Mais l'approfondissement scénaristique permet de conduire la problématique au cœur même de la danse. Astaire est confronté non seulement à la danse classique représentée par Cyd Charisse, mais encore à une certaine modernité que celle-ci véhicule. Beauté juvénile et début de vieillesse s'affrontent ici, et le cliché doit être dépassé, comme celui d'un danseur de ballet qui fait remarquer à Astaire que les temps ont changé et qu'il doit s'en accommoder, ou encore celui de ces remarques grinçantes: «Cette jeune fille est adorable, mais je ne peux danser avec elle»; «Danser avec lui, c'est comme danser avec une statue du général Grant».

Le credo de Comden et Green contient davantage de subtilités et de nuances. Le producteur de *The Band Wagon*, sortant d'un *Œdipus Rex* boursouflé, veut entraîner la troupe des *musicals* dans une «vision moderne de *Faust*», rien de moins, en transformant de force le *musical* simple, farci de numéros drôles, en un plus sérieux *modern musical morality*. Mais Fred Astaire, encore lui, veille au grain: «Je ne suis qu'un amuseur», souligne-t-il, avant de s'étonner: «Quelle est la différence sur scène?» Heureusement, le *Faust* est un bide. Les machines de scène s'emballent, comme au bon temps des Marx Brothers d'*A Night at the Opera*; les feux étouffent les danseurs qui toussent comme des bronchitiques, pendant qu'en coulisse s'égosille un chœur d'opéra.

Quand plus tard Astaire éclate, après l'échec de *Faust*, s'emparant de fait de la direction de la troupe, il prend bien soin de souligner avec colère sa rupture avec la prétendue «pièce sérieuse»: «Ce ne sera pas une version moderne de *Faust*, ni du *Pilgrim's Progress* ou du Livre de Job.» Pourtant, cette saute d'humeur n'exprime pas le fond de la pensée de Comden et Green sur un fossé prétendument infranchissable entre l'intelligentsia culturelle et les artisans du *musical*. Il reviendra encore à Fred Astaire, à la fois vedette, mythe et porte-parole des scénaristes, d'offrir la synthèse de ces deux entités. Quand Astaire explique à Cyd Charisse leurs difficultés à concilier ballet classique et danse du *musical*, il lui fait remarquer que non seulement ils viennent de deux mondes différents et contradictoires, mais qu'ils sont issus de «deux erreurs»...

Toute la dialectique de *The Band Wagon* tient donc dans la transformation qui suit la reconnaissance de ces deux erreurs historiques et esthétiques – séparations cloisonnées et sectaires entre théâtre intellectuel et théâtre musical –, l'enjeu étant justement la synthèse des éléments de popularisation, d'intelligence et de sensibilité présents dans ces deux courants.

The Band Wagon accomplit cette symbiose au moyen de quelques numéros, par exemple celui de *That's Entertainment* dont la dominante est de l'ordre du manifeste: on y chante que tout ce qui peut arriver dans la vie peut se produire dans un spectacle, comme dans *Œdipe* ou *Faust*. Le monde est un théâtre, le théâtre est un monde de divertissement (*world of entertainment*). La vie à l'écran est une grande scène à la Shakespeare. Ce credo néo-élisabéthain est coulé dans la manière américaine, ponctué de références aux clowns du cirque, à *The Gay Divorcee* (*La Joyeuse Divorcée*) et à *King Kong*; hybride autant que le dernier grand numéro, *The Girl Hunt*, à la fois hommage et transcendance du film noir américain, du jazz, du ballet classique et de la danse moderne américaine bouillonnante. À lui seul, *The Girl Hunt* est un *Filmoper* américain, une synthèse pétillante digne des concepts de Weill.

Et puis, la très belle scène Astaire/Charisse: «Tony, est-ce que toi et moi on peut danser ensemble?» — «Je ne sais pas. Essayons.» Ce qui suit est un exemple merveilleux de marché/dansé qui amène les deux amoureux à Central Park, où ils commencent à déambuler lentement, leurs pas devenant un marcher synchronisé et bientôt rythmé, pour ensuite se transformer nettement en danse. Charisse n'est pas ici en chaussons, ni Astaire dans ses souliers de danseur. Chacun danse d'abord pour soi, c'est leur vie qui est mise en spectacle dansé, pour eux seuls en principe, et mine de rien aussi pour la caméra qui les enregistre et les spectateurs du film qui les contemplent.

À la fin de la séquence chorégraphique, retour progressif des deux amoureux en silence, marchant jusqu'à la calèche qui les a conduits à Central Park. Ils ont découvert leur capacité à la fois de danser ensemble et de s'aimer.

Les jeux de miroir sont par ailleurs légion dans *The Band Wagon*. Betty ne perd pas le nord: «Gardons la tête froide. Il ne s'agit que d'un spectacle.» Astaire en colère brise un de ses disques... incassables. Le nouveau spectacle que la troupe monte après l'échec de *Faust* s'appelle aussi comme par hasard *The Band Wagon*. Scène hilarante du couple de librettistes et paroliers qui ont écrit *Faust*: «Tu ne t'en souviens pas? Nous avons écrit cette *chose*!» — «Je peux tout endurer sauf un four.» Enfin, il pleut à New York le soir de la grande première de *The Band Wagon*, mais quelqu'un note que la *pluie* est signe de succès!

Dans le finale, retour du manifeste *That's Entertainment*, dans lequel on chante, d'abord a cappella, *He's a Jolly Good Fellow!*, ce qui s'adresse directement à Fred Astaire et non au personnage qu'il incarne. Puis on fait de nouveau la gradation entre parlé et chanté, avant que toute la troupe ne se tourne carrément face à la caméra, comme au théâtre on s'adresse parfois directement au public. Ici, dans ce dernier plan-séquence, symbiose du théâtre et du film musical qui prend le public à témoin, comme dans Shakespeare ou dans *L'Impromptu de Versailles* de Molière.

Un *musical* «sublime»

It's Always Fair Weather, sorti en 1955, présente un sujet au cœur de l'actualité (comme dans une revue satirique): cette désillusion qui s'est installée dix ans après la guerre et le retour des G.I. Les anciennes amitiés de jeunesse et la camaraderie militaire se sont évanouies dans la monotonie de la vie normalisée (amours, famille, profession), la télévision est installée partout, déjà dévorante tel un fluide fantomatique, et le monde du *musical* tourne à la grisaille, mélancoliquement, prêt à perdre sa brillance dans un long et lent fondu au noir.

Le lieu est encore New York (qui prolonge celui d'*On the Town*), flamboyant Manhattan que l'excentrique animatrice de télévision appelle «un Grand Canyon glacé qui a encore un cœur»! Il règne toutefois dans ce New York un parfum de mélancolie et de dureté qui a frappé les exégètes. Hirschhorn, par exemple, note que les scénaristes n'y ont jamais été aussi «cyniques et cognant dur», ce qui ne fait que prolonger l'image issue d'un milieu où cohabitent la boxe, la pègre et la télévision. Le New York d'*On the Town* est maintenant passé de l'autre côté du mur contemporain, où règnent la mafia et la superpuissance électronique des médias.

It's Always Fair Weather parle de façon exemplaire de la fin du *musical* Broadway et hollywoodien. Il en est une allégorie fine et subtile, qui ne dit jamais la chose de face mais implicitement ou en filigrane, comme ce merveilleux soliloque en trio des ex-amis de guerre, *Why Are We Here*. Les trois copains ont tenu leur pacte de se retrouver dix ans après la fin du conflit, en 1955, à New York. Mais, affalé dans le restaurant snob The Turquoise, le trio n'a rien à se dire et s'ennuie ferme. Se produit alors un de ces petits miracles, dont Comden et Green ont le secret. *Le Beau Danube bleu* de Johann Strauss, qu'un petit orchestre de chambre joue routinièrement en arrière-plan, devient le thème d'une réflexion qui est chantée *over*, pendant que les protagonistes croquent d'énormes céleris bruyants. Ici, l'emprunt de la mélodie archi-usée tout comme la voix *over* contredisent le *musical*, où l'on chante *in* sur des musiques américaines originales. Le même procédé est repris ici et là, donnant à ce film des caractéristiques de ce qui sera développé dans le post-*musical* des années 70. Il en va de même du numéro de Gene Kelly en patins à roulettes, ironiquement et en toute complicité nommé *I Like Myself*, hommage au célèbre numéro solo de *Singin' in the Rain* et à tous les autres qui ont fait de Kelly une star, prélude à toute une série d'autoportraits.

Par ailleurs, le fait que deux numéros de *musicals* fassent partie de l'émission de télévision en direct (et ce, de façon grossie, presque caricaturale) indique que le *musical* a subi un passage irréversible, qu'il a changé de lieu. Cela est indiqué de manière subtile. Ces deux numéros, exécutés avec brio par Dolores Gray (de façon à la fois sérieuse et caricaturale), ne sont pas montrés dans une image noir et blanc de télévision, mais plein écran en couleurs, comme dans l'intrigue habituelle des *musicals*. Comme pour dire qu'on tient encore au *musical* filmique, tout en n'y croyant plus: l'opéra américain a été mangé et est maintenant digéré par le Moloch TV.

Pour filer la même idée du *musical* passé derrière le miroir, apparaît ce magnifique numéro des trois amis, qui chantent et dansent ensemble et séparément, en trois lieux différents sur trois écrans regroupés (comme les trois morceaux du billet vert, aide-mémoire de leur pacte, qu'ils s'étaient partagés). Leur chanson commence *over*, puis devient *in*, leur ballet mélancolique s'étire suivant les volutes de leurs cigarettes, le rêve et la fumée formant une interaction métaphorique. Ce numéro, un des rares à se construire sur la figure de la cigarette, préfigure l'essai de Richard Klein *Cigarettes Are Sublime* où le tabac, découvert en Amérique, est analysé à la lumière du concept kantien du sublime:

> Kant nomme «sublime» ce contentement esthétique qui comprend ses moments d'expérience négative, de choc, de blocage, de sensation de mort[10].

It's Always Fair Weather est le film du *musical* sublime, du plaisir grandiose et de la mort.

Ce plaisir du *musical* (même dans son actualité passéiste), le film ne nous en prive pas. Par exemple, l'extraordinaire bouffonnerie sur le management moderne des médias, dans *Situation-wise* (Dan Dailey), où un chapelet inénarrable de vocables se construit sur le mot *wise* («au niveau de»). Ou encore, dans ce dialogue époustouflant entre la femme de tête jouée par Cyd Charisse et Gene Kelly, dans lequel la virago joint à sa beauté physique irradiante un discours d'intellectuelle branchée pérorant sur la relativité et la physique des quanta et Shakespeare. Le tout dans un parler rythmé digne des plus beaux *Sprechgesänge* opératiques modernes, avant que cette «belle de New York» ne se lance dans le numéro de danse éclatant, au titre anti-intellectuel, *Baby, You Knock Me Out*! C'est le seul numéro de Cyd Charisse, mais lui aussi relève du sublime. Il se déroule dans un gymnase de boxe, au sein d'un incroyable chœur et d'une troupe de danse de boxeurs hideux et hirsutes. Ces derniers, malgré leurs allures grossières et déconfites, deviennent, par la magie de l'opéra, aussi radieux que n'importe quel noble sujet. Ce numéro sert à illuminer les bas-fonds mafieux du sport new-yorkais, tout comme les ruelles infectes pour le trio des amis, exécutant un ballet avec couvercle de poubelle au pied gauche, dans une sorte de bruitisme digne des nouvelles symphonies industrielles.

Cet art du bruit parcourt d'ailleurs tout le film: pas militaires du début, sons grincheux des archives télévisées pour montrer les dix années qui passent, patins à roulettes, coups de poing dans le gymnase de boxe, couvercles de poubelles et carnage de coups dans la bagarre finale au studio de télévision, où s'accomplit (à un niveau plus onirique que réellement probable) une démolition de la mafia et du petit écran, avant que le vrai finale du film ne nous replace un instant dans le décor bleuté carton-pâte de New York, comme dans les *musicals* d'autrefois.

Le travelling arrière qui clôt *It's Always Fair Weather* est, à sa manière, un adieu au *musical* filmique.

Ainsi s'achève cette tétralogie dont le dénominateur commun est New York, lieu du théâtre musical et marmite bouillante du socioculturel américain[11]. Ce New York que les deux scénaristes avaient concocté dans leur *On the Town* et qui devait rester, au faîte de leur travail, à la fois comme la matrice et la reproduction du puissant mythe du lieu originel de l'opéra américain.

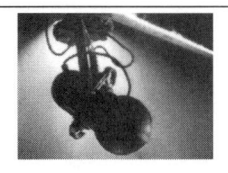

MY NAME IS
ALAIN RESNAIS

En filant cette idée d'amertume dans le musical, *j'en viens à Comden et Green. N'y a-t-il pas chez eux une subtile dialectique, une cohabitation de la tragédie et de la forme «rigolote» comme dans* Singin' in the Rain, *dans* The Band Wagon *aussi, où Fred Astaire apparaît comme «fini»...*
C'est un film extraordinaire, je ne me lasse pas de le revoir. Chaque fois, j'y trouve autre chose.

... ou dans It's Always Fair Weather, *film sur la mélancolie...*
Totalement sinistre, alors.

L'amitié, la mort...
Ces trois soldats qui n'ont plus rien à se dire...

Et l'Amérique, qui a triomphé avec toutes ses armées, mais qui, dix ans après, ne sait plus qui elle est, où elle va. On arrive à l'ère de la télévision, farce gigantesque. C'est très habile d'avoir lié la télévision et la mafia...
Ce qui fait la force de Betty Comden et Adolph Green, c'est que tous les deux ont joué la comédie, chanté et dansé. Peut-être que cette familiarité avec le spectacle, vécu dans leur chair, leur a permis d'avoir une très grande efficacité dramatique et une grande élégance dans les *lyrics*. Il est très difficile d'écrire de bons *lyrics*. Cela dit, le choix d'Adolph Green pour le protagoniste d'*I Want to Go Home* n'est pas venu du fait que c'était un auteur de comédies musicales. J'avais vu Betty Comden et Adolph Green dans *A Party with Comden and Green*, j'avais passé une si bonne soirée que je m'étais dit: «Si, par hasard, il accepte...» C'est ce spectacle qui m'a poussé à ce choix d'acteur.

Comden et Green ont réussi à fonder une sorte de cohérence sur plusieurs films, ils ont véritablement monté une œuvre. Leurs scénarios originaux à Hollywood tournent presque exclusivement sur eux-mêmes et sur ce qu'est le musical *au théâtre, au cinéma, à la télévision...*
The Band Wagon, qui n'a de commun que son titre avec la comédie musicale des années 1925, est pratiquement autobio-

graphique, oui. Dans le personnage d'Oscar Levant, il y a des tas de détails qu'ils ont tous vécus ensemble de la même manière.

Certains soutiennent qu'il est erroné de parler des réalisateurs hollywoodiens comme des auteurs, parce qu'on secondarise les scénaristes. Peut-on reconnaître Comden et Green comme les auteurs de leurs musicals?

C'est une vraie querelle, qui s'applique non seulement à la comédie musicale, mais à tout le cinéma américain. Il semble qu'il y ait une grande difficulté dans notre cerveau, parce qu'on cherche à aller plus vite, à être efficace, difficulté qui conduit à refuser de partager nos sympathies, en somme. Personnellement, je pense que le scénariste américain ou français est quasi toujours sous-estimé. C'est de la folie que d'attribuer tout au réalisateur, s'il n'est pas lui-même le signataire du scénario. Il faut accepter de partager avec le scénariste, avec les acteurs, ensuite avec le décorateur et le compositeur (les deux sur le même plan), et le chef-opérateur. Bien sûr, le chef d'orchestre n'est pas l'auteur de la partition. En musique, on admet bien que Simon Rattle soit important, mais quand il joue du Stravinski ou du John Adams, leur nom apparaît quand même, la coexistence est acceptée. Je veux bien que le metteur en scène soit aussi important qu'un chef d'orchestre, c'est déjà pas mal, mais il faudrait qu'on s'habitue en effet à considérer qu'il y a interaction.

C'est une question qu'on peut se poser. Par exemple, quand un des auteurs américains que j'aime le plus, David Mamet (sa dernière pièce, *Cryptogramme*, est bouleversante; théâtre de chambre, d'accord, mais quelle belle musique de chambre!), écrit un scénario et des dialogues de film, ce n'est pas aussi marqué à mon avis que quand il écrit une pièce de théâtre tout seul. Je n'ai pas de conclusion là-dessus. A-t-il été manipulé par les gens de cinéma? Je ne sais pas...

Je pense aussi souvent à *The Outlaw* (*Banni*), ce film de 1940-1941 avec Jane Russell, commencé par Howard Hawks et, après huit jours, fini par le producteur. La critique a dit: «Voyez à quel point Hawks est un metteur en scène extraordinaire, il n'a passé que huit à dix jours sur le plateau, et on retrouve toutes les caractéristiques de ses films.» Mais on avait négligé le fait que le scénario était de Jules Furthman. Lui et Hawks travaillaient ensemble, mais on retrouve Furthman dans des films de Sternberg. Il y a davantage de rapports entre ces films qu'entre les metteurs en scène eux-mêmes. On ne peut pas conclure.

Encore une fois, je suis pour la reconnaissance des six composantes, principalement la reconnaissance de la collaboration entre metteur en scène et scénariste. Robert Riskin a fait plusieurs films avec Capra, on a tout donné à Capra et rien à Riskin. Ce dernier a fait un film tout seul, avec James Stewart. On retrouve bien les thèmes de Capra, mais pas la patte de Capra, et du coup ça ne va pas.

En évoquant la question de la mélancolie et de la tristesse dans les musicals, je pense à La vie est un roman *et* I Want to Go Home. *Ce dernier film est une comédie grinçante, pleine de mélancolie et d'amertume, dans son choc entre la culture américaine et la culture française. Cette atmosphère est bien rendue par le personnage joué par Adolph Green, à travers lequel suinte une sorte de tristesse dans cette comédie assez hilarante.*

Il est certain que nous sommes là aussi dans une histoire tout à fait sinistre fondée sur les malentendus qu'il peut y avoir entre deux types de civilisations, qui ont l'air proches, mais qui en fin de compte sont très éloignées. D'un bout à l'autre, aucun personnage n'arrive à communiquer (si, il y a tout de même la réconciliation finale entre la fille et le père, un petit moment sentimental qui arrange peut-être un peu les choses). Moi, j'ai toujours senti ce sujet comme tragique. D'ailleurs, Jules Feiffer, auteur dramatique et dessinateur, a écrit des pièces qui sont absolument sauvages, comme *Carnal Knowledge*. À l'origine, le film devait s'appeler *Faux Amis*, en jouant aussi sur le sens grammatical des mots anglais qui ont l'air français mais veulent dire autre chose (comme *eventually*, qu'on traduit souvent par «éventuellement» mais qui veut dire l'opposé). La musique de Kander est souvent mélancolique.

Pour ce qui est de La vie est un roman *(qu'on hésite parfois à appeler un «opéra», car il est difficile de nommer les nouveaux opéras modernes; vous avez vous-même hésité dans vos entretiens avec François Thomas, tout comme hésitaient Bernstein ou John Mauceri), ce film illustre une quête du bonheur, mais c'est au fond une tragédie, un leurre, une trahison perpétuelle...*

Oui, un échec. Pas total toutefois, ce n'est pas si simple. On essaie de ne pas être complaisant, même si ça finit forcément mal. Bien sûr, la vie finit mal, elle se termine par la mort, donc par la séparation. Je crois que c'est Roland Barthes qui disait, je cite de mémoire: «Quel démon a créé le même jour l'amour et la mort?» Faire se développer ces possibilités de liens entre les êtres et savoir que l'un va mourir avant l'autre, c'est quand même une invention absolument diabolique!

Notes

1. *Op. cit.*, p. x.
2. *Op. cit.*, p. ix.
3. Kyle Rennick, citée par Carol Anthony, «How Now, Brünhilda?», *Ear*, mars 1985.
4. Pat McGilligan, *Backstory 2. Interviews with Screenwriters of the 1940s and 1950s*, University of California Press, Berkeley, 1991, p. 73.
5. *Comédie musicale*, Ramsay, coll. «Ramsay poche cinéma», Paris, 1981, p. 310.
6. Voir McGilligan, *op. cit.*, p. 75 et notes du disque *The Comden & Green Songbook*, Sony Broadway SK 48202, p. 11.
7. Dernière réédition discographique: Broadway Angel ZDM 64773 (1993).
8. Notes du disque *The Comden & Green Songbook, op. cit.*, p. 10.
9. Présentation du disque *A Party with Betty Comden and Adolph Green, op. cit.*, p. 12.
10. Duke University Press, Durham/Londres, 1993, p. xi.
11. *Singin' in the Rain* se déroule à Hollywood, mais New York y est très nettement évoqué comme antidote aux faiblesses et à la stupidité du cinéma. Un bon *musical* filmique ne peut donc naître que s'il est fortement inspiré et imprégné par l'«opéra de New York».

Chapitre 8

Weill et Bernstein
au seuil du film-opéra hollywoodien

En décembre 1980, l'événement télévisuel *Kennedy Center Honours* célébrait Leonard Bernstein. Betty Comden et Adolph Green avaient l'honneur de la clôture de cette fête, durant laquelle Bernstein fut comparé à Mozart et à Beethoven. Comden et Green, pour leur part, ont évoqué la «longue histoire d'amour avec New York» de l'auteur de *West Side Story*. C'était aussi la leur. Ils remontèrent alors à la source, interprétant la chanson *New York, New York* extraite d'*On the Town*, un *musical* qui fut pour eux trois à la fois Broadway et Hollywood, un début commun évoquant la symbiose théâtre/film décrite dans *The Band Wagon*.

On the Town, créé en 1944, fut l'unique collaboration de Comden et Green avec Bernstein à Hollywood, et encore fut-elle assez limitée. Elle apparut à un moment crucial de l'évolution du *musical* américain, tant sur scène qu'au cinéma. C'est dans les années 40 que Vincente Minnelli a fait ses débuts à MGM dans le *musical* avec ce singulier *Cabin in the Sky* (1943) qui puise encore une fois dans le corpus musical populaire des Afro-Américains, prolongeant les racines marginales mais déjà bien implantées de *Hallelujah*, *The Green Pastures* et *The Emperor Jones*. En Minnelli, Hollywood trouvait le réalisateur emblématique du *musical* atteignant les sommets et en même temps les premières fissures de l'autodestruction, ce trait si typique de la socioculture américaine, comme la décrit Arthur Miller.

La décennie 1940 est également témoin de cette extraordinaire «période américaine» de Kurt Weill, si longtemps méprisée mais aujourd'hui reconstruite, grâce surtout à l'édition phonographique. De façon plus nette encore que Bernstein, Weill savait la ligne droite et logique tracée de Broadway à la cinématographie hollywoodienne. En quelques brèves années qui précédèrent sa mort prématurée en 1950, Weill travailla à Hollywood pour *Lady in the Dark* (*Les Nuits ensorcelées*) et *Knickerbocker Holiday* (1944), *Where Do We Go from Here?* (1945) et *One Touch of Venus* (*Un caprice de Vénus*, 1948). Son *Lost in the Stars* scénique de 1949 ne devait être porté à l'écran qu'en 1974 par Daniel Mann.

Ni Weill, ni Bernstein

Par-dessus tout, ces années 40 sont celles du grand rêve brisé de l'aboutissement du *musical* new-yorkais comme *Singspiel* moderne issu d'un nouveau Mozart américain. Ce rêve, s'il se réalisa partiellement sur Broadway, ne fleurit jamais tout à fait à Hollywood. Le succès de *West Side Story* en marquera à la fois la fin, la singularité d'exception et l'émouvante solitude. La tragique solitude d'un *Hollywood musical* original ou d'un *American lyric cinema*.

On dit généralement que les années 40 furent les plus pauvres du *musical* hollywoodien, à cause de la guerre mais aussi de l'usure des modèles utopistes de Busby Berkeley et, jusqu'à un certain point, du pâlissement de l'astre Fred Astaire. C'est oublier un peu vite que cette période apocalyptique du grand conflit mondial, qui explique pour l'essentiel la fracture du grand Hollywood Art déco, qui enterre Berkeley et transforme la première image d'Astaire en rutilante étoile morte, est justement celle qui, en même temps et à cause de la guerre, fait naître une nouvelle modernité.

Dans l'audiovisuel, cette transformation, qui germe principalement à New York, est celle de la phonographie dans son premier véritable envol (grâce entre autres à Goddard Lieberson ainsi qu'à Dorle et Dario Soria), elle est marquée par l'arrivée de la télévision, de même qu'en musique par la première consolidation, volontaire et systématique, du nouvel opéra américain. Du moins l'a-t-on cru avec ferveur. Kurt Weill y a travaillé avec énergie. Bernstein le suivra sur sa lancée, entouré des jeunes loups de Greenwich Village qui feront les belles heures des années 50 à Hollywood, à MGM plus spécifiquement.

Dans ce contexte, comment alors apparut la modernité de Hollywood ? Comme on sait, les grands studios contribuèrent assez largement à l'effort de propagande de guerre contre le fascisme, et produisirent de l'*entertainment* en quantité industrielle moins soutenue. C'est sur ce terreau miné qu'essaient de semer Weill, le duo Comden et Green (d'abord paroliers d'un Berkeley, *Take Me Out to the Ball Game*, il ne faut pas l'oublier), puis Bernstein, et que démarre Minnelli avec *Cabin in the Sky*. C'est aussi sur ce drôle de champ de mines culturel que saute Mamoulian en 1947 avec *Summer Holiday*.

Période des meilleurs talents, mais de cruelles dérives, durant laquelle Hollywood se montre certes très occupée ailleurs, mais singulièrement encore résistante à l'innovation, encore plus à la révolution du *musical*, comme du cinéma tout court. Sur le fondement de ce paradoxe naîtra l'éblouissant mais éphémère succès de la reconstruction des années 50, apogée qui paraît certes alors immortel, mais qui ne joue que le prélude du crépuscule des dieux-studios.

Un film-opéra à la mémoire de Weill

On doit à l'atelier Rhombus Media, de Toronto, la production d'un long métrage qui se situe dans la mouvance de la redécouverte, ces dernières années, du théâtre musical de Kurt Weill. *The Music of Kurt Weill. September Songs*, réalisé par Larry Weinstein, tient à la fois de l'essai et du concert filmé, une sorte de *Filmoper* s'inscrivant dans l'hommage archivistique qui, jusqu'ici, a surtout bénéficié du *leadership* de l'art phonographique.

Dans cette coulée, le film de Weinstein s'inspire de la matrice fabriquée en 1985 par Hal Willner (enregistrements musicaux et même graphisme de la jaquette) pour le disque *Lost in the Stars. The Music of Kurt Weill*, produit avec l'aide de la Kurt Weill Foundation for Music[1]. On y trouve entre autres Charlie Hayden et Lou Reed, mais aussi Sting et Marianne Faithfull, John Zorn et Tom Waits. Ce coup d'envoi était suivi, l'année suivante, par le bel enregistrement *Stratas Sings Weill* (réalisé par Robert Hurwitz, Eric Salzman et John McClure), puis, à la fin de la décennie 80, du *Kurt Weill Revisited* conçu et produit par Ben Bagley. Il était donc logique et nécessaire qu'une synthèse cinéphonographique de ce mémorial de Kurt Weill finisse par apparaître. L'équipe de Rhombus Media (Larry Weinstein, Barbara Sweete, Niv Fichman) y a pourvu. Rhombus Media se consacre exclusivement au film musical pour la télévision, inlassable et inclassable labeur qu'il est tentant d'appeler un singulier *Toronto Opus*.

Ce volet sur Kurt Weill, Larry Weinstein l'ouvre superbement par un générique sur fond de paysages industriels en noir et blanc (teinté de sépia), sur lesquels se profile un lourd haut-parleur de métal comme ceux de la Seconde Guerre mondiale, qui crachote la chanson *Mack the Knife*. Un raccord à la couleur nous introduit après coup dans le décor principal du film, l'intérieur d'une vaste usine désaffectée où viendront se produire les divers chanteurs et musiciens, égrenant leur anthologie du théâtre musical de Weill. Nick Cave, face à la caméra, termine la célèbre chanson de *L'Opéra de quat'sous*.

Diverses voix entrelacées et métissées commencent à tracer une courte biographie de Weill, suivie de ses premières collaborations avec Brecht en Allemagne, avec des commentaires croisés et contradictoires, par exemple sur l'événement du *Dreigroschenoper* dans l'opéra contemporain, considéré comme le plus important depuis *Wozzeck*, ou au contraire sur le fait qu'il n'y a rien de politique chez Brecht/Weill, mais seulement de l'*entertainment*! Cette même séquence nous vaut un bref et très émouvant extrait du film de Pabst (version allemande de 1930), incrusté dans un lourd encadrement de bois, fragment déchirant où Lotte Lenya déploie son phrasé typique et inoubliable dans le refrain de *Pirate Jenny*.

Au milieu de ces séquences d'information s'insèrent les divers numéros de musique, présentés soit comme en concert, soit sous forme de tableaux scéniques. Stan Ridgway chante *Caravan Song* (*L'Opéra de quat'sous*) sur un petit tréteau à l'ancienne où dansent des soldats et défilent des tanks miniatures. Teresa Stratas se lance ensuite dans le *Surabaya Johnny* de *Happy End* (avec l'orchestration originale de Weill) avant que P J Harvey ne produise la chanson *Ballad of the Soldiers*. Suit le très connu *Alabama Song* de *Mahagony*, chanté-joué sur un vieux camion (qu'on croirait sorti de *The Grapes of Wrath* [*Les Raisins de la colère*] de John Ford) par le quatuor composé de David Johansen, Ellen Stripley,

Ralph Schuckett et Bob Dorough. Un zoom arrière prolongé montre en bout de séquence le décor de ce camion au milieu de toute l'équipe de tournage.

Le singulier numéro suivant présente le poète William S. Burroughs. Il ne chante pas, mais plutôt récite, en scansions rythmées, un extrait de *L'Opéra de quat'sous*, *What Keeps Mankind Alive?*. C'est comme si Burroughs avait lui-même écrit ce fragment lyrique, ce qui montre au passage l'incroyable capacité d'adaptation des musiques de Weill qui, tout comme dans le jazz, peuvent se prêter sans déformation à tous les styles, avec une tenace capacité de métamorphose. Musiques qui s'offrent tantôt aux phrasés opératiques de Stratas, tantôt, à l'autre extrémité, au *parlar cantando* de Lou Reed ou encore aux rythmes des rappeurs du Ghettoriginal Dance Company, modulant sur *The Song of Mandaley*.

Le plus extraordinaire demeure toutefois la complicité stupéfiante de la musique de Weill avec le jazz afro-américain. En témoignent ici, d'abord, l'interprétation émouvante du quatuor vocal The Persuasions, donnant a cappella le *Oh Heavenly Salvation* de *Mahagony*, mais ensuite, et au premier chef, l'indescriptible version de la blueswoman Betty Carter, qui offre un extrait de *Street Scene*, *Lonely House*. Accompagnée du piano, de la contrebasse et de la batterie, elle transforme ce *song* weillien en une déchirante mélopée de blues, à laquelle se greffent naturellement des volutes improvisées. C'est le sommet du film, qui remet en mémoire cette réflexion de Langston Hughes, un des collaborateurs de *Street Scene* :

> Weill était un véritable artiste universel, qui pouvait en toute justice passer pour un Allemand en Allemagne, un Français en France, un Américain aux États-Unis, et que je peux considérer comme Noir tout comme moi.

Tous ces pays où travailla Weill sont d'ailleurs représentés dans l'anthologie filmique de Weinstein, y compris la France, par le *Youkali Tango* joliment interprété par Teresa Stratas. L'anecdote de cette aria mérite d'être racontée. Weill la composa en 1934 durant son bref séjour à Paris, après sa fuite de l'Allemagne hitlérienne. Ben Bagley, dans ses notes pour le disque *Kurt Weill Revisited*, rappelle que cette composition fut insérée dans une revue du Casino de Paris, où sautaient une vingtaine de singes vivants dans les arbres, où marchait un éléphant, le finale montrant un volcan en éruption! Ce qui conduit Bagley à cette réflexion cynique: «Ce n'est pas uniquement Adolf Hitler qui a convaincu le couple des Weill de mettre le cap sur New York!»

C'est donc aux États-Unis que Weill peut enfin réaliser son rêve du théâtre musical nouveau[2]. Deux séquences-essais de Weinstein rappellent ce parcours de Berlin à New York, à la fois tragique et miraculeux. Le réalisateur le fait en tissant adroitement son image-décor à des photos et des films d'époque, avec une trame sonore où se mixtent les voix, les vieux enregistrements, les bruits de guerre en Allemagne et les cris de liesse à l'arrivée des Weill à New York. Rappel cauchemardesque des vociférations nazies lors des représentations de *Mahagony*, la mise au ban de cet ouvrage lyrique dans l'infâme camp culturel de l'*entartete Musik*, un commentaire fasciste hurlant que le patrimoine aryen germanique des Bach, Beethoven et Wagner a été souillé par le sang nègre! Et puis, comme le claironne l'actualité cinématographique: «Kurt Weill arrive en Amérique», ouvrant la porte à tous ces nouveaux opéras de Broadway: *Johnny Johnson, Lost in the Stars, Street Scene, Knickerbocker Holiday, One Touch of Venus*. Si l'on y avait ajouté des *songs* de *Lady in the Dark* et de l'inachevé *Huckleberry Finn*, le tour américain aurait été presque exhaustif.

Toute cette création américaine, Weill l'a produite dans une sorte d'exaltation et de joie de vivre, de liberté et d'enthousiasme, ce qui ne l'a nullement empêché de toucher des sujets graves, toujours contemporains. Aujourd'hui, c'est à l'art phonographique qu'on doit l'essentiel de la célébration posthume de ce grand corpus opératique américain, encore jugé par des pôles critiques antagoniques. Mais Weill n'a-t-il pas toujours connu ces déchirements? Après l'Allemagne, poursuit Weinstein, les commentaires s'entrecroisent: négatifs pour Schönberg, Klemperer, Busoni («Weill, que voulez-vous être, un Verdi des pauvres? — Ce ne serait déjà pas si mal...»); enthousiastes de la part de Virgil Thomson, Aaron Copland, Maxwell Anderson... Toujours le vieil écartèlement entre l'Europe et l'Amérique, que Weill non seulement n'a jamais vécu en lui-même, mais dont il a su tirer une incroyable synergie de renouveau et de métissages, qui savait ne pas oublier l'humour sarcastique et bon enfant. Il aimait répéter à la blague: «Aux États-Unis, je ne rêve plus en allemand, mais en anglais!»

Pour les opéras américains, Cathy Dalton rend hommage à *Johnny Johnson* (*Aggie's Sewing Machine*), Elvis Costello et le Brodsky String Quartet à *Lost in the Stars* (émouvante prestation de rockeur), Betty Carter à *Street Scene*; Lou Reed, dans le célèbre *September Song* de *Knickerbocker Holiday*, réussit le tour de force de dire ce chant en *parlar cantando*, effleurant à peine la mélodie. Charlie Hayden, enfin, accompagne à la contrebasse le *Speak Low* de *One Touch of Venus*, dans un numéro adroit (sauf la danse, trop redondante). Weinstein fait entendre l'enregistrement privé par Weill lui-même de ce *song*, auquel Hayden réagit en direct. Cet enregistrement de Weill, on le doit à un extraordinaire disque, *Tryout* (édité en 1953, puis repris en 1979). Il s'agit d'enregistrements privés d'essais de Weill dans son studio, sur acétates 78 tours. D'une valeur inestimable, ils nous conduisent au cœur de la salle de travail du compositeur. Quand on réentend ici ce *Speak Low*, de la bouche même du créateur, en contrepoint avec les cordes pincées de Hayden, il est émouvant de voir émerger la transculturalité du passé et de l'actualité de cette musique, tout comme celle du free jazz improvisé avec l'écriture savante de l'auteur de *One Touch of Venus*. Après ce duo insolite mais cohérent, le réalisateur termine sa séquence en enchaînant sur un enregistrement sonore plus récent de la même aria par Lotte Lenya.

Larry Weinstein a donc conçu et réalisé une sorte de Filmoper à la mémoire de l'inventeur de cette notion. Il a élaboré une écriture bien sentie, qui reproduit correctement la dynamique d'hybridation du nouveau théâtre musical de Weill. On peut néanmoins lui faire la critique d'avoir un peu vite cédé à la mode branchée d'un art décoratif rétro, plutôt que de tenter de montrer l'adéquation de la musique lyrique de Weill à l'actualité des années 90. Par ailleurs, dans la première séquence de Weill à Broadway (*Johnny Johnson*), en modulant sa mise en scène en référence au *musical* de Busby Berkeley, Weinstein est non seulement tombé dans le piège déjà construit par Ken Russell, mais a interprété à contresens la révolution de Weill dans l'opéra américain, plus proche de Rouben Mamoulian, à mille lieues de Berkeley.

Au-delà de ce que présente cet essai filmique, une question demeure ouverte: Weill voulait faire aboutir son opéra américain à Hollywood, et lui donner sa véritable dimension dans le *Filmoper*, art ultime de l'opéra contemporain. Le silence de Larry Weinstein est révélateur: révolutionnaire et prégnante à Broadway, l'aventure de Weill à Hollywood fut en revanche un désastre. La première tragédie de Weill, dans l'Allemagne nazie, le força à renaître en Amérique. La seconde, à Hollywood, le vit se faire dévorer dans la gueule du grand Moloch.

My name is Alain Resnais

En écoutant vos réflexions sur le film-opéra, je me dis que vous vous seriez bien entendu avec Kurt Weill...
Évidemment!
Il aurait accepté de travailler avec vous, j'en suis certain. Ses textes récemment publiés en français montrent bien que, dès les années 30, il disait des choses lumineuses sur l'opéra au cinéma.

Quand ses écrits ont été traduits pour la première fois en 1993, un passage sur la question de la fonction de la musique au cinéma lui faisait répondre: «La musique sert à faire sentir la structure du film.» C'est exactement ce que j'ai pu dire plusieurs fois: elle éclaire l'intrigue et ce que la parole ne peut pas exprimer.

Je me sens en effet beaucoup d'affinités avec Kurt Weill. Il cherchait toujours, lui aussi, des gens avec qui travailler. Au cours de soirées, il s'approchait de tel ou tel: «Vous ne voulez pas qu'on fasse une œuvre ensemble?» Des fois ça marchait, d'autres fois non. C'est bien un peu les mêmes démarches que j'ai souvent. Quand il s'est installé en Amérique, il avait deux amis qui étaient aussi ses voisins. L'un, le dramaturge Maxwell Anderson, m'a beaucoup influencé puisque, dans un certain nombre de ses pièces, il mélange les vers blancs et un langage plus quotidien, voire argotique. Dans certains moments d'émotion, tout à coup, le style du langage change, et en même temps le jeu des acteurs. Maxwell Anderson assure la coexistence dans la même pièce de ces deux tons. Dans les années 40, j'avais fait une adaptation de *Key Largo*, et je m'étais tout à fait imprégné de son style. L'autre voisin, c'était le dessinateur et auteur de bandes dessinées Milton Caniff. Donc, Kurt Weill se trouvait au milieu de deux personnes auxquelles j'attache beaucoup d'importance. Caniff m'a influencé, moins par son graphisme, que j'aime énormément, que par des solutions de scénario, de dialogue. C'est toujours drôle. On pense toujours qu'un auteur de bande dessinée commence par dessiner. Non, Caniff écrivait ses dialogues, et ensuite mettait du dessin autour. C'était d'abord le dialogue et l'histoire qui l'intéressaient, la construction. Kurt Weill aussi... J'ai rencontré Lotte Lenya à un dîner (pas assez longtemps, mais néanmoins), car justement elle était restée la meilleure amie des Caniff. C'est ainsi que j'ai pu m'approcher un tout petit peu de Kurt Weill.

Ce qui me plaît en Kurt Weill, c'est qu'il n'a pas du tout fait le difficile sur la comédie musicale américaine. Il s'est installé là-dedans comme chez lui, contrairement à l'idée reçue en France que l'on retrouve dans *Le Monde*: «À partir de son voyage en Amérique, il devint l'esclave de Broadway.» Je peux me tromper, mais je trouve son œuvre américaine aussi importante que son œuvre allemande. Le rêve du théâtre musical populaire qu'il avait en tête dans des textes contemporains de son travail avec Brecht, c'est exactement ce qu'il a réalisé à Broadway. Ce n'est pas du tout un recul, c'était ce dont il avait rêvé toute sa vie. Il l'a fait là. Avec timidité, j'ai dit un jour à Sondheim: «Je suis peut-être bizarre, mais je trouve l'œuvre américaine de Kurt Weill peut-être même plus intéressante que son œuvre allemande.» Il m'a répondu: «C'est exactement mon avis.» Alors j'étais content et soulagé. Sondheim sait ce qu'est la musique, et il est ouvert. Ce n'est pas un compositeur naïf, instinctif (comme on le disait d'Irving Berlin, ce qui est peut-être une légende). Il fait partie des compositeurs savants, donc on peut attacher de l'importance à son jugement musical. Mais les choses s'arrangent. Kurt Weill a été victime de Brecht en fin de compte, avec qui il ne s'entendait pas tellement d'ailleurs. Ils se sont fâchés complètement...

L'enjeu de cette réévaluation, c'est de comprendre (après Weill, Bernstein a fait des efforts pour faire comprendre cela massivement par la télévision) la nécessité de la création d'un authentique opéra contemporain américain, qui a ses racines dans le musical *de Broadway. Kurt Weill n'est pas le seul à avoir souffert de malentendus. Gershwin...*

Gershwin n'était considéré en France que pour la *Rhapsody in Blue*, j'allais dire la satanée *Rhapsody*, et un peu pour *Un Amé-*

ricain à Paris et le *Concerto en fa*. On n'attachait aucune importance au reste. Or, c'est le reste qui est le plus riche.

Mais pour Gershwin aussi, les choses bougent.
Toutes ces questions de réputation se rééquilibrent petit à petit. Soyons optimiste: tout va bien!

Le rêve d'un *American lyric cinema*

Un biographe de Kurt Weill, Ronald Sanders, note à plusieurs reprises le désenchantement du compositeur vis-à-vis des adaptations hollywoodiennes de ses *musicals*. À l'exception de *Where Do We Go from Here?*, que Weill réussit à mieux contrôler, et où il retrouva l'essentiel de sa musique et de ses espoirs de collaboration à un nouveau *Filmoper*, les autres projets se figèrent dans la désillusion.

Ces *musicals* auxquels travailla Weill sont en effet très déprimants. Non seulement ils sont devenus aujourd'hui presque introuvables, mais encore leur fantomatique existence en vidéocassettes se résume souvent à une troisième ou quatrième génération VHS qu'avec ferveur la piraterie échange à fort prix. Weill, dit-on, fut fort bien payé par les majors, et cela lui permit de jouir de certains aspects de l'*American way of life*. On peut facilement déduire aussi que cet argent lui donna la liberté d'écrire de nouveaux opéras et d'approfondir son exploration d'un théâtre musical populaire américain.

Mais Hollywood ne paya pas Weill en retour. L'achat de ses *musicals* ou de ses *plays with music* (l'achat, en fait, des succès de Broadway) ne signifiait en rien une reconnaissance du talent innovateur du compositeur et de ses librettistes. Au contraire, les producteurs ne gardèrent généralement qu'une petite portion de sa musique originale, les scénarios furent réécrits et délavés, la réalisation confiée à des tâcherons. Des stars comme Ginger Rogers, Nelson Eddy ou Ava Gardner y furent assignés à des rôles alimentaires. À côté de cela, *L'Opéra de quat'sous* de Pabst en Allemagne, que Brecht et Weill attaquèrent en procès pour déformation et contrefaçon, apparaît comme une œuvre marquante.

Lady in the Dark, de Mitchell Leisen, est peut-être le plus mauvais. Comme il s'agit d'un drame avec musique (cette dernière intervenant au niveau des rêves et des fantasmes de Liza Elliott, qui suit une analyse chez un psy), il aurait fallu un Mamoulian ou un Minnelli pour assurer les transitions fluides entre les séquences dialoguées et chantées. Ici, le jeu dramatique des comédiens principaux et la mise en scène sont d'une pauvreté navrante, le dialogue apparaissant comme une sorte de mélodramatique traité populiste de psychanalyse (prophétisant la télévision des *soap operas*). Quand surgissent les musiques, elles sont plaquées comme des numéros de music-hall autonomes (plutôt en chute libre), platement tournés, chorégraphiés et chantés à vau-l'eau. Ce film, qui est une insulte aux talents d'Ira Gershwin, de Moss Hart et de Weill, témoigne de l'énergique résistance de Hollywood à l'égard d'une transformation en profondeur du *musical* commercial et grand public.

Il reste heureusement un document témoignant avec chaleur du travail de Weill pour *Lady in the Dark*. L'excellent disque produit par Columbia en 1963, réalisé par Jim Fogleson et Thomas Z. Shepard, fait réparation au saccage filmique de 1944 et s'inscrit dans la première nouvelle vague de l'hommage phonographique posthume au compositeur, qui perdure jusqu'à maintenant. La distribution en est admirable, convaincante: Risë Stevens en Lady (cette artiste vient de l'opéra et fut longtemps une vedette du Metropolitan en Carmen), Adolph Green et John Reardon, sous la direction du vétéran Lehman Engel. De plus, nous bénéficions ici des orchestrations originales de Weill, qui tenait toujours à les faire «comme dessert», contrairement aux habitudes de Broadway et de Hollywood. Il est agréable d'entendre en particulier l'époustouflante prestation de Green dans la chanson *Tchaikovsky*, fondée uniquement sur un catalogue d'une cinquantaine de noms de compositeurs russes, une sorte de pochade surréaliste d'Ira Gershwin et de Weill, quasi bunuelienne dans sa gratuité et son caractère fantasque, mais tout à fait logique dans cette caricature du divan freudien.

Knickerbocker Holiday, de Harry Joe Brown, produit également en 1944 chez Universal, est, dans la conception d'origine de Maxwell Anderson, une fable caricaturale costumée sur la naissance de la démocratie américaine aux temps premiers de New Amsterdam. La composition de Weill, antérieure à celle de *Lady in the Dark*, s'inscrit dans la veine satirico-politique des ouvrages d'Allemagne. Non seulement le scénario du film a édulcoré cette charge (où il est rappelé que «penser mérite la corde» et où la tyrannie de Peter Stuyvesant se dissimule sous les sourires jésuites du *pax vobiscum*), mais encore la musique de Weill a presque complètement disparu. Sauf, bien entendu, le fameux *Sep-*

tember Song, chanté ici sans feu par Charles Coburn dans le rôle de Stuyvesant (ce même Coburn à qui on fait platement reproduire l'image de «gros lion au cœur tendre» qu'il avait éclairée dans *The Wizard of Oz*). *Knickerbocker Holiday* a bel et bien l'air d'un film de série B, que ne déterrerera jamais le tube *September Song*, continuant ailleurs sans fléchir sa course solitaire.

De toute façon, il aurait fallu un sens aigu de la modernisation d'une mise en scène en costumes pour que le film ait l'air d'autre chose que d'un conte folklorique infantilisé. *Lady in the Dark*, chez Paramount, avait au moins la particularité, malgré son ineptie, de porter sur le sujet contemporain de l'incroyable culture américaine de la psychanalyse, sise en plein cœur du Manhattan des revues de mode. On pourrait rêver qu'un jour Woody Allen soit tenté d'en faire un remake.

Le beau sujet de *One Touch of Venus*, de William A. Seiter, situé lui aussi à New York, au confluent du magasin de grande surface et des prétentions culturelles dans la sculpture antique remoulée par le plâtre kitsch américain, aurait pu faire l'objet d'une réalisation fine et grinçante bien enlevée par un casting somme toute solide, dominé par la beauté lumineuse d'Ava Gardner. Hélas, la routine s'est encore installée ici dans les studios de Universal, la musique de Weill est à nouveau réduite à la portion congrue du tube *Speak Low* (on se demande même après une demi-heure si on est bien dans un *musical*). Si le mythe de l'homme amoureux d'une statue n'est pas nouveau, il aurait été intéressant de voir tout le sarcasme qui aurait pu être tiré de cette américanisation de l'Élysée de la Grèce antique. Vénus-Gardner y représente bien, si on lit entre les lignes ou les photogrammes, ce rêve paradoxal d'être la brûlante divinité de l'Amour, mais dont le plus vif désir, sur le plancher des vaches new-yorkais, est de porter des robes de soirée, de boire du champagne, de dormir dans des draps de satin, et dont le projet culturel le plus ardent est une promenade dans Central Park avec son amoureux, ainsi qu'en finale un gros, gros sac de pop-corn! Après tout, le ciel des dieux est d'un ennui navrant, puisqu'il ne contient ni Manhattan, ni théâtres, ni cinémas, ni Central Park. Rêve d'un deuxième sujet de remake pour Woody Allen, ou Martin Scorsese.

Pour ce qui est de la dernière collaboration de Weill à Hollywood, le film étant presque introuvable, on le connaît d'abord par le disque. *Tryout*, en plus de fournir quelques *songs* de *One Touch of Venus*, présente surtout les trois principales séquences de *Where Do We Go from Here?*, chantées en duo par Ira Gershwin et Kurt Weill. Ces acétates 78 tours de studio furent préparés pour le producteur hollywoodien, afin qu'il comprenne les rythmes et les emplacements musicaux dans le scénario. Ce disque singulier nous introduit au cœur du processus de production d'un film-opéra, dans la salle de travail de ses compositeurs, nous laissant au surplus l'émouvant témoignage des voix naturelles de deux des plus grands noms du *musical* américain. Ce phonogramme n'est pas moins précieux que la bande sonore intégrale du court métrage de Dudley Murphy, *St. Louis Blues,* lui aussi devenu quasi invisible, ou celle de *Black and Tan.*

La seule partition originale de Weill pour le film-opéra

Si Weill devait se montrer assez satisfait de l'usage que fit Fox de sa musique dans *Where Do We Go from Here?*, il faut pourtant admettre que le film, réalisé par Gregory Ratoff, est une cruelle déception[3]. Le compositeur vit dans ce travail l'embryon de futurs essais lyriques filmiques. C'en est assez pour donner le goût irrésistible de voir ce dernier *musical* de Weill à Hollywood, concocté en joyeuse exubérance avec la complicité d'Ira Gershwin. Mais le film est devenu invisible en Amérique, et la Bibliothèque du Congrès n'en a même pas de copie dans sa cinémathèque du dépôt légal.

C'était à désespérer de prendre la mesure de ce film, jusqu'au jour où le valeureux Peter von Bagh eut l'occasion, pour une seconde fois, de m'en procurer une copie en vidéocassette. Mais le visionnement éteint vite l'enthousiasme de la trouvaille. Si la partition de Gershwin/Weill est irrésistible de bout en bout, de même que les raccords d'*incidental music* confiés à nul autre que David Raksin, la mise en scène est d'une affligeante platitude et se limite à une régie sans imagination et, plus grave encore, elle se révèle dépourvue de sensibilité musicale.

La composition de Weill est un heureux métissage du style jazz de Broadway pour les séquences contemporaines et des pastiches d'opérette et d'opéra dans les parties historiques des XVe et XVIIIe siècles. *Where Do We Go from Here?* raconte en effet l'histoire pathético-hirsute d'un jeune homme, Bill Morgan (Fred MacMurray), que l'armée américaine déclare inapte au service. Alors que la Seconde Guerre mondiale bat son plein et qu'il veut combattre en patriote, le voilà confiné à surveiller un dépôt de ferraille, ou encore à faire la vaisselle dans la cuisine d'une cantine militaire. Un soir d'ennui et de découragement, il trouve par hasard une lampe de conte de fées dont sort un génie erratique, clown capable de réaliser trois vœux. Morgan n'en a qu'un seul: devenir soldat. En un éclair de fondu enchaîné sur des fumées, il se retrouve en service dans l'armée... de Washington en 1776, à Valley Forge! Le génie de la lampe manque de perspective diachronique. Peu importe, Morgan est un courageux militaire. L'avantage qu'il possède d'une vue historique des événements le transforme en habile espion, quoiqu'il doive affronter un peloton d'exécution des ennemis de la Révolution américaine. Le génie le change alors de place, d'époque et de rôle. Voici Morgan en marin durant l'expédition de Christophe Colomb vers l'Amérique, voyage qu'il quitte bientôt pour Manhattan et la découverte de la ville de New Amsterdam. De fil en aiguille, il remontera le temps jusqu'au présent et intégrera l'armée après avoir trouvé une amie de cœur. L'histoire retombe sur ses pieds et métamorphose Morgan en lui-même, en soldat héroïque qu'il a toujours été.

Ce qui a de toute évidence séduit Kurt Weill dans ce sujet est certes son ancrage dans l'histoire et la politique américaines, de Colomb aux années 40, de même que la possibilité de le traiter musicalement à la manière d'Offenbach, légère et critique, sentimentale et caustique. De surcroît, là il a un avantage sur le compositeur de *La Grande Duchesse de Gerolstein*: il a pu profiter de sa capacité à faire le pont entre l'Europe et l'Amérique, entre le théâtre lyrique du XIXe siècle et Broadway. Il a concocté son travail comme une partition composite, où les ballades, les danses et les marches du Broadway contemporain sont mises en contrepoint avec les musiques du passé européen, revisitées par l'ironie et le pastiche. Cet ouvrage lyrique filmique mériterait à coup sûr aujourd'hui une réédition phonographique.

Après une *Ouverture* en générique typique de Broadway, mais déjà grinçante et mélancolique dans ses deux moments *agitato* et *lento*, Weill enchaîne avec une première ballade, *All at Once*, chantée par MacMurray dans la cuisine militaire. Le charme blues se mélange à la quotidienneté des montagnes de vaisselle, des lavettes et des torchons. Le chœur dansé de la cantine, *Where Do We Go from Here?*, avec ses *girls* en robes flamboyantes, ses marins et ses soldats, reprend le dispositif des *musicals* des années 40 et du temps de la guerre qui triompheront peu après dans *On the Town* et ses épigones, mais dans une écriture moderne, distanciée, qui en fait autre chose qu'une apologie politico-militaire.

Dans la séquence de la guerre d'Indépendance américaine, une auberge est le théâtre d'un énorme pastiche Mozart-Offenbach, entrecoupé d'un *song* sur le futur par MacMurray (*Excuse Me If I Am Lyrical*), qui se transforme en duo avec la jeune fille Sally, puis en chœur dansé où les accords de menuet sont habilement cassés par enchaînés avec des accents de *swing* et de *tap dance*. Plus tard chez l'ennemi, l'espion Morgan est témoin d'une lourde chanson à boire des Hessiens, *Song of the Rhineland*, dans laquelle Ira Gershwin et Weill s'amusent à parodier la pesanteur larmoyante du national-socialisme.

La partie suivante de l'épisode de Christophe Colomb, intitulée *The Nina, the Pinta, the Santa Maria*, est développée en forme d'opéra, avec soli et chœurs, au moment d'une mutinerie contre le capitaine de l'expédition. «La Terre est plate», clament les insurgés. Colomb répond du contraire, soutenu par la prescience de Morgan, qui dénonce chez les mutins leur volonté de détourner l'histoire de son cours et de priver le nouveau monde de la fondation de l'Amérique et de l'existence de New York! Le *Filmoper* américain fonctionne ici par la dynamique de la dérision, moqueries de l'opéra italien et de la chanson napolitaine, de l'opérette, avec en prime quelques brises latino-américaines.

Plus loin durant l'épisode de Manhattan, les auteurs y vont d'une fine et ironique chanson crypto-amérindienne, *Manhattan (Indian Song)*, détournement lucide des mélopées folkloriques et racistes de tant d'épigones dans le *musical*. Enfin, le retour à l'ère contemporaine nous replonge à New York pour une reprise d'*All at Once* en duo amoureux, puis du chœur du début du film répété en finale, pendant le défilé militaire où est enfin intégré Morgan, où se répercute la jolie mais cruelle question: «*Where do we go from here?*» Vers le passé, ou le futur? D'une guerre à l'autre, d'une hécatombe archaïque à une plus moderne?

Ici, pour Ira Gershwin et Weill, le *Filmoper* américain est assis sur un volcan. Mais le réalisateur n'a rien compris, ou n'a rien voulu comprendre, de cette dimension aigre-douce d'une des plus étonnantes compositions américaines de Weill. Hollywood et la Fox en ont certes respecté la lettre et la note, mais en ont détruit le charme et la profondeur par le vide de la mise en scène, par l'antimusicalité flagrante.

LB: L'ÉCRAN DIONYSIAQUE N'EST PAS CELUI DE HOLLYWOOD

Le grand paradoxe de Leonard Bernstein (que la firme phonographique DGG nomme LB) fut d'avoir peu travaillé à Hollywood, où la dynamique de son travail de compositeur dramatique aurait dû le conduire tout droit, alors qu'il ne rata pas la télévision émergente. Maccarthysme aidant, les portes de Hollywood lui furent fermées. Il fut *a contrario* retenu à New York, à deux pas des studios des grandes chaînes de télévision, dans lesquels il se jeta tête baissée. L'écran dionysiaque de Bernstein, son grand œuvre d'opéra, sera plutôt électronique.

La roue se mit à grincer dès 1949, quand MGM et l'atelier Freed mirent en chantier l'adaptation d'*On the Town*. Arthur Freed refusa de prendre toute la musique de Bernstein, certains disent parce qu'il ne l'aimait pas beaucoup, d'autres parce qu'il la trouvait par trop «communiste»! Il ne reste que quatre séquences de la partition de Bernstein. C'est au compositeur Roger Edens (associé à la série de *musicals Babes* et producteur délégué du film) que fut confié l'essentiel de la musique et des chansons. L'œil du censeur interdisait même aux paroliers de garder l'expression «*it's a* helluva *town*» (changé en «*it's a wonderful town*»), si bien que, malgré ses qualités innovatrices (comme les séquences en décors naturels), ce *musical* apparaît déjà comme la matrice des futures campagnes publicitaires en faveur de la «Big Apple» et d'«I Love New York». Un Bernstein mutilé, nonobstant la présence de Comden et Green comme scénaristes, mit un frein à la présence de Bernstein dans le *musical* hollywoodien, où n'entrèrent ni *The Trouble in Tahiti*, ni *Wonderful Town*, ni *Candide*.

Le reste du travail filmique de Bernstein est mince. Une rapide présence dans *Satchmo the Great* sur Louis Armstrong, dirigeant la version symphonique de *St. Louis Blues*[4]). Puis un retour comme auteur de la trame musicale d'*On the Waterfront* (*Sur les quais*), d'Elia Kazan, qui met Bernstein sur une voie parallèle au *musical*, même s'il ne l'éloigne pas de son projet opératique globalisant:

> On dit que toute la musique que je compose est théâtrale. Oui. Cela fait partie de mon grand projet de participer à l'émergence d'un opéra profondément américain, dont la matrice est Broadway[5].

Bernstein tenait précieusement à sa suite d'*On the Waterfront*, et il l'a enregistrée à plusieurs reprises. Une fois de plus, cette musique se construit comme une série de «poèmes pour New York[6]», poèmes dramatiques au même titre qu'*On the Town* et *West Side Story*. Bernstein tenait, selon Peter Gradenwitz, à l'enregistrer comme suite symphonique pour «sauver des passages de cette musique qui autrement aurait fini sur le plancher de la salle de montage[7]». C'est dire toute la méfiance de Bernstein envers ce médium mal-aimé, mal-aimant.

À propos d'*On the Town*, le critique David Vaughan parle de la naissance à Hollywood de l'*American lyric cinema*.

> Dans ce film, se trouvent formellement rassemblés ces éléments qui étaient auparavant en développement dans *Cover Girl, Anchors Aweigh, Meet Me in St. Louis, The Pirate, Good News*. C'est-à-dire une forme du *musical* qui est une pure forme filmique, l'équivalent cinématographique de formes scéniques développées depuis *Show Boat* jusqu'à *On Your Toes* et *Oklahoma!*, de même que dans la version originale d'*On the Town*.
>
> Brièvement, ces caractéristiques de l'*American lyric cinema* sont les suivantes: un usage plus libre, plus aisé du chant et de la danse, qui font que les numéros musicaux émergent naturellement de l'action en exprimant des émotions de joie et de tristesse, de triomphe et de crise, intimement liés à l'histoire plutôt qu'à la tradition où tout s'interrompt quand arrivent le chant et la danse. Cette approche neuve demande plus d'imagination pour les décors et la direction artistique: les numéros n'ont plus à se limiter au cadre des scènes ou des salles de danse – souvent exagérément agrandies – mais peuvent se dérouler, avec plus d'aisance qu'auparavant, par exemple sur les toits d'une ville ou (comme c'est devenu un cliché) dans l'imaginaire d'un des personnages[8].

Toutefois, pour ce critique, le film lyrique hollywoodien n'a produit que peu d'œuvres dignes de ce nom parce que, explique-t-il, le *musical* va vite tomber dans le gigantisme du CinemaScope et l'*elephantiasis*, un terme emprunté à Gavin Lambert. Plus spécifiquement, à propos d'*On the Town*, Vaughan voit une première faille du *lyric cinema* dans l'insertion critiquable du ballet final de Gene Kelly.

Ce numéro catapulté dans l'action, qui en interrompt la fluidité et la logique diégétique musicale, est en effet assez surprenant, malgré sa beauté et sa dynamique *in se*. Il arrive dans le dernier quart du film, quand le personnage de Kelly, solitaire dans une rue, passe devant une affiche annonçant *A Day in New York*, une «comédie en trois actes avec musique». Le ballet s'incruste dans cette affiche en fondu enchaîné, et se met pour ainsi dire entre parenthèses. Non seulement ce numéro se déroule sur une scène de Broadway, mais il récapitule de manière redondante le sujet même d'*On the Town*. Faut-il y voir une astuce scénaristique de Comden et Green pour une citation métaphorique de leur propre *musical* de Broadway (où ce ballet ne se trouvait pas!), ou plus prosaïquement une intervention de Gene Kelly pour forcer le sujet à accepter son numéro de star? Vaughan penche pour cette hypothèse, qu'il voit se reproduire négativement dans *Singin' in the Rain* et dans *An American in Paris*, tout comme dans la totalité d'*Invitation to Dance* (*Invitation à la danse*) réalisé par Kelly.

Une chose est sûre: dans la matrice de l'*American lyric cinema*, du *Filmoper* hollywoodien, de telles insertions de ballets ne sont pas sans rappeler la situation de la danse au sein du vieil opéra européen, complètement coupée du reste de l'action musicale, souvent étrangère à l'action tout court.

Il n'y avait pas de telles ruptures ni de semblable hiatus dans le livret et la partition de Comden/Green/Bernstein dans le *musical* de Broadway. Mais à Hollywood, c'est tout *On the Town* qui subit une grande lessive. Avant de s'épanouir dans leur tétralogie, Comden et Green entrèrent à Hollywood par la biblique porte étroite de MGM. Quant à Bernstein, on ne l'aura même pas invité à la franchir en se courbant.

On the Town reste donc un *Filmoper* tronqué, qui venge certes Kurt Weill et ouvre une autre porte à la créativité filmique musicale, mais n'en paraît pas moins comme un bel handicapé. L'hommage qui lui a été rendu en 1992 sous la direction de Michael Tilson Thomas, même s'il appartient au monde de la vidéographie, n'arrive pas à faire complètement réparation pour l'accident de 1949. Il est certes réconfortant d'y entendre la partition intégrale de Bernstein, et de voir s'y produire Betty Comden et Adolph Green en comédiens résumant les scènes et les dialogues. Le fait que ce soit une version concert donnée en public ajoute encore à la dynamique étoffée de cette interprétation. Elle est confiée de surcroît, et de manière équilibrée dans la fusion lyrique, à des voix d'opéra et à d'autres du théâtre musical.

Passé ces nombreuses qualités, se profile la pauvreté de la mise en scène de cet enregistrement en direct. Le réalisateur, au montage, bourre d'inserts chaque passage musical non chanté, avec des extraits d'archives en noir et blanc sur New York qui, nonobstant leur intérêt documentaire, ne font que détourner l'attention de la musique et n'ajoutent rien à la compréhension du livret. Pur et plat remplissage, un des travers les plus tenaces de la vidéo musicale. Bernstein, dont l'opus télévisuel est la grande gloire de sa carrière, aurait sèchement rejeté un tel découpage. *On the Town*, à la fin des années 40, témoigne des enjeux contradictoires de l'écriture lyrique hollywoodienne, à la fois menacés et défendus au moment où fleurissait un nouveau modernisme du genre. Enjeux auxquels se consacrèrent Minnelli et Mamoulian.

« UNE MATRICE RYTHMIQUE STYLISÉE »

Rouben Mamoulian, qu'on pourrait considérer comme une sorte de père intellectuel et artistique de Minnelli, avait défendu et illustré le *Filmoper* depuis 1929, avec constance et esprit de suite. D'après le critique Tom Milne, le système Mamoulian tenait à une règle très simple et riche, mais peu recevable dans le système hollywoodien:

> Je considère comme texte fondateur une citation de Mamoulian décrivant sa célèbre «symphonie des bruits», au moment du réveil de Catfish Row, dans sa mise en scène de 1927 de *Porgy*, qu'il a d'ailleurs réutilisée dans *Love Me Tonight*: «Pour mon travail de mise en scène, au théâtre comme au cinéma, j'utilise mon principe favori d'intégration de tous les éléments dramatiques en une seule matrice rythmique stylisée.[9]»

Minnelli suivait la même ligne de pensée, ce qui conduit Jacques-André Bizet à conclure que «toute l'évolution du film musical peut se résumer en une libération progressive des formes esthétiques dans le cadre de la structure spécifique du film[10]». Quand, en 1969, Minnelli déclare: «J'estimais que les numéros musicaux avaient autant d'importance que les scènes dramatiques, et qu'ils devaient s'intégrer parfaitement à l'histoire, chose qui n'avait pas été réalisée jusqu'alors», il établit certes une continuité esthétique et stylistique avec le principe intégrateur pratiqué par Mamoulian, mais il a la mémoire un peu courte en ignorant que Kurt Weill l'avait déjà dit, et croyant être le premier à le faire. Non seulement oublie-t-il Mamoulian, mais encore Lubitsch, King Vidor et Dudley Murphy.

Minnelli s'est imposé dès 1943 avec *Cabin in the Sky* comme un des plus cohérents stylistes du *musical*. Qu'on l'ait sacré auteur relève de l'incompréhension du système de production hollywoodien à l'ère des grands studios.

> Je n'ai pas toujours choisi mes sujets; après tout, je travaillais pour un grand studio commercial, et je devais accepter tout ce que l'on me donnait à faire; mais il y a toujours moyen d'atteindre une certaine qualité dans un film, même si le sujet semble peu prometteur, et j'espère avoir réussi à relever ainsi le niveau d'un certain nombre d'œuvres[11].

Mais les mythes sont plus tenaces que la mémoire de la réalité.

Minnelli ayant été abondamment étudié, je ne veux parcourir son corpus filmique musical que dans quelques moments-clés, irradiant dans les zones extrêmes: *The Band Wagon* a déjà été vu tout comme *Ziegfeld Follies*, je parlerai plus tard du cas singulier de *Kismet*, mais il faut certes revenir sur *Cabin in the Sky*, début miraculeux, puis sur *On a Clear Day You Can See Forever (Mélinda)*, lumineux d'une solide modernité. J'y ajoute *The Pirate (Le Pirate)*, tout simplement parce que, étant enfant, j'ai adoré les films de pirates en même temps que les *musicals* de Bobby Breen, tout comme la lecture de *L'Île au trésor*. Les films de piraterie, qui apparaissaient comme une sorte de genre, ont malheureusement très tôt disparu du système de production hollywoodien, ont littéralement coulé au fond des mers-piscines de studio comme autant d'Atlantides de carton, plus abruptement et définitivement en tout cas que le western et le *musical*. Le talent d'un Polanski n'a pas réussi à en ressusciter ne serait-ce qu'un souvenir ému ou une image fugace claire. Le film de pirates apparaît au bout du compte, à la fin du premier siècle du cinéma, comme le seul genre dûment inhumé. Pour toutes ces raisons, il faut saluer MGM pour avoir produit le seul *musical* de pirates qui semble exister, et Minnelli d'en avoir fait une mise en scène assez bien synchronisée à la musicalité de Cole Porter.

Musique sur fond de miroirs et de tableaux

Cabin in the Sky fut mis en chantier par Arthur Freed pour réparer en quelque sorte les torts faits à la communauté afro-américaine par *The Green Pastures*. Ce film fut dénoncé et rejeté. Pour *Cabin in the Sky*, malgré les intentions politico-idéologiques de MGM, un solide pragmatisme régnait. Le *musical* de Broadway avait été un grand succès, le studio avait sous contrat des vedettes comme Lena Horne et Ethel Waters, de quoi justifier amplement la mise en chantier de ce sujet, qui fut confié à Minnelli dont c'était la première réalisation, le début stupéfiant d'une longue et magnifique lignée dans le film-opéra.

Minnelli a su assimiler les meilleures trouvailles de Lubitsch et de Mamoulian pour se construire un style utilisant les avancées technologiques des années 40. Par exemple, il joue avec doigté des lumières et des ombres (transition entre la réalité et le monde de la mort et de l'au-delà, entre le quotidien et le fantastique), ainsi que des raccords fluides d'un lieu à un autre dans la même coulée musicale. Dans la séquence *Happiness Is Just a Thing Called Joe*, Petunia, après avoir vu son mari Joe revenir des morts, déclare: «Je suis si heureuse que je ne peux plus parler», et bien sûr passe alors au chant. Première partie dans la chambre (éclairage sombre), second volet à l'extérieur, près d'une corde à linge sur laquelle tape un soleil à pleins feux.

Minnelli reprend à son compte aussi le cadrage en pied des chanteurs/danseurs, et ne se permet que de lents mouvements de caméra qui ne rompent pas le charme de la caméra fixe et ne distraient jamais de la musique. Témoin la scène où apparaît Louis Armstrong chez les diables du département des idées de l'enfer! La mise en scène de la chanson *Cabin in the Sky* est elle aussi exemplaire à cet égard. Deux plans seulement: un premier assez serré en plongée sur le couple, plus intimiste, mais qui s'élargit en plan moyen dans la seconde moitié du chant, avec un jeu de travellings arrière et avant presque invisible pour laisser place au chœur final.

Le plus étonnant est encore à venir, dans la longue scène du bar *Paradise*, qui fait près du dernier tiers du film. Un solide chef-d'œuvre. D'abord, par la manière d'introduire l'orchestre de Duke Ellington depuis l'extérieur du bar, avec un premier ballet qui se poursuit à l'intérieur. Ce qui aurait pu être une banale séquence dramatique et musicale avec un numéro d'Ellington est ainsi complètement fondu dans l'intrigue, la musique elle-même étant à la fois *in* et en *over* préenregistré. Cet ensemble est suspendu un temps par l'aria de Lena Horne *Honey Is the Honeycomb*, prise très sobrement en plans fixes, mais avec un superbe miroir derrière, sur lequel s'inscrit la foule de l'opéra. Toute cette longue partie chantée/jouée/dansée du *Paradise* s'enfle crescendo, puis éclate en se résolvant dans le désastre dramatique de la tornade, où passent le souffle de *Porgy and Bess* ainsi que le début du *Wizard of Oz* mis en scène par King Vidor.

Avant le finale en blanc éclaté du ciel et sa découverte à travers un haut miroir (séquence qui redit l'adroit contrôle de Minnelli sur le noir et blanc et l'excellent travail du directeur de la photographie), une dernière trouvaille sonore fait entendre la voix de Dieu en brèves séries de notes graves sur percussion jazzique. Enfin, comment ne pas admirer la chaleur et la sobriété du cinéaste qui, près du grand escalier conduisant à la «maison du ciel», a placé quelques anges qui sont tout simplement des enfants, sans plumes ni costumes d'Épinal, des enfants comme la réalité peut en offrir au hasard de tout espace urbain?

La mise en scène avec miroirs et ombres chinoises revient aussi dans *The Pirate*, où Minnelli joue avec des tableaux et des peintures. Pour la deuxième chanson de Judy Garland, un seul plan, très beau et presque irréaliste, devant un grand tableau italien baroque. Pour le finale, deux numéros se profilent sur fond de toiles peintes du tréteau de la troupe de Serafin (Gene Kelly). Mais, à part ces quelques séquences où le réalisateur réussit à «introduire un peu de magie», il faut dire que l'ensemble de ce *Pirate* laisse plutôt perplexe. Plusieurs parties du film se déroulent dans un décor d'opérette assez laid, et la plupart des numéros de danse de Kelly font hors-d'œuvre.

Le scénario est exsangue, en effet. Où sont les pirateries d'antan? Les mers interminables et les abordages, les trésors et les morts? Il n'y en a plus. Le terrible Macoco de légende est à la retraite, recyclé dans le «politiquement correct» de la mairie et du bon mariage à boucler, et il montre des signes de problèmes cardiaques. Piraterie du troisième âge! Alors, pourquoi ne pas rêver celle d'autrefois, craquante de bruits et de romances? On le fait bien une fois, mais une seule, dans le grand ballet de Gene Kelly, imaginé par Judy Garland, où brûlent les soleils, les cordages et les navires, les épées et les batailles, la nuit des terreurs enfantines. Ce numéro unique, qui apparaît ici comme une parenthèse, aurait dû devenir le fil conducteur d'une longue suite onirique de livres ou de films de pirates. En lieu et place, la musique est arrimée au prétexte d'une troupe ambulante de théâtre, cliché qui essaie de nous distraire dans un décor de club Copacabana plutôt que de nous faire voyager dans les tourbillons d'un *Crimson Pirate* (*Le Corsaire rouge*) musicalisé[12].

Le vrai film-opéra du théâtre, c'est plutôt avec *The Band Wagon* que Minnelli le réalise.

Lumière musicale

L'apport principal de Minnelli est d'avoir trouvé un équivalent, un redoublement musical créateur dans sa manière de traiter la lumière filmique, tout comme Mamoulian l'avait réussi dans ses films-opéras des années 30. De sorte que les années 40, qui s'achèvent pour le premier avec *The Pirate*, coïncident avec le seul *musical* de Mamoulian de cette décennie, *Summer Holiday* (1948), nouveau chef-d'œuvre.

Ce dernier, par sa plastique et sa musicalité impeccables, perfectionne une matrice de rigueur et de modernité que Minnelli atteindra à son tour dans quelques œuvres, même tardivement, à une époque où on croyait le *musical* mort depuis belle lurette, par exemple dans *On a Clear Day You Can See Forever* (1970). Ces deux films, distants de vingt ans, semblent vivre de la même étrange plénitude de liberté et de maturité. Ils ont en commun de ne pas ressembler à des *musicals* formels. Ils sont plutôt des scénarios dramatiques *avec musique* (surtout le chant, peu de danse), de sorte qu'ils se situent en zone hors genre, dans le film-opéra libéré des paramètres contraignants du *musical* commercial. Ce choix les situe d'emblée dans une modernité plus grande que celle des meilleurs *musicals* coulés dans les moules plus standards, ce qui explique en même temps leur échec commercial.

Le film contient moins de séquences musicales qu'à l'habitude, mais elles se situent toujours à des moments où l'exaltation patriotique ou sentimentale a justement besoin d'un au-delà de la parole pour s'exprimer. Dans cette optique, le réalisateur privilégie la musicalisation progressive de la ligne dramatique et du dialogue, non l'inverse. Par exemple, dans cette première séquence, fabuleuse, au *high school*, où étudiants, professeurs et parents se trouvent cimentés, au moment d'une sorte de longue séquence aux frontières de l'opéra traditionnel, dans le rêve patriotique de l'Amérique profonde, que Mamoulian ponctue de tableaux vivants reproduisant presque à la lettre des peintures célèbres du courant réaliste et régionaliste chauvin du début du siècle: Thomas H. Benton, John S. Curry et surtout Grant Wood. Mamoulian cite l'*American Gothic* de ce dernier, le couple célèbre devant une petite église de campagne, l'homme tenant une fourche bucolique et inquiétante. Clin d'œil à la fois empathique et sarcastique à l'émotion romantique américaine, sa candeur naïve en même temps que son troublant et pesant chauvinisme, qui peut être parfois meurtrier. Par ces inserts citationnels, Mamoulian manifeste un goût postmoderniste avant la lettre.

Ailleurs, brille la séquence du bar où le jeune Richard Miller est séduit par les tentations lucifériennes de *Weary Blues* (chanté/dansé par Marilyn Maxwell). Ce qui pourrait être un simple numéro de cabaret est transfiguré en irréaliste et onirique fantasme sexuel, ponctué d'éclairages fantasques et de mouvements de caméra étourdissants.

Une dynamique de musicalisation dramatique prévaut semblablement dans *On a Clear Day You Can See Forever*. Le sujet, plus d'actualité encore que celui de *Summer Holiday*, se déroule dans un New York contemporain, sur un campus universitaire, où la recherche scientifique de pointe en psychanalyse conduit, par les moyens de l'hypnose, dans l'irrationnel de la réincarnation. La jeune Daisy Gamble (Barbra Streisand) est en effet une Melinda Wainwhistel du XVIIIe siècle britannique. Sorte de belle sorcière moderne, elle a connu de multiples autres vies et est capable de prévoir son mariage de 2038, en Virginie, avec le docteur Chabot (Yves Montand), autant par clairvoyance que, tout simplement, parce que par temps clair on peut voir loin à distance...

Ce Minnelli est remarquable de sobriété moderne, entièrement libéré des conventions du *musical*. Il se permet d'abord de faire chanter Streisand en *over* seulement, sans *lipsync*, la comédienne jouant de ses seuls regards. Par ailleurs, le passage de l'actualité au passé s'amorce par une série de champs-contrechamps en mitraille. Le dialogue, passant habilement du parlé plus quotidien au *parlar cantando*, n'est pas dénué de trouvailles sarcastiques, quand par exemple le jeune frère de Daisy lui affirme que les pouvoirs psychiques ne sont pas «antiaméricains», ou quand Daisy lutte contre l'hypnose télépathique du docteur en chantonnant le vieil enregistrement historique d'Edison *Mary Has a Little Lamb*.

Minnelli joue d'adroits passages, quasi imperceptibles, entre le réel et le fantastique, où la musique est d'abord secondarisée dans la première partie du film, puis progressivement mise en place jusqu'à l'éclatement final de la rencontre entre le médecin et sa patiente, de leur amour si singulier. Ils ne s'embrassent pas une seule fois (tout au plus une poignée de main érotique à la fin), puisque cet amour ne se vivra qu'en

2038! C'est par la musique que cet amour se vit maintenant, par anticipation peut-on dire, une musique qui n'exprime pas seulement le passé et le présent, mais devient *futurible*.

À cet égard, le finale est un sommet. Il s'amorce par le chant trépidant de Montand, *Hear My Voice*, qui fait éclater l'intrigue pour exprimer la quête éperdue de sa première déclaration d'amour à Daisy. Cette séquence est un beau clip de vues aériennes de New York et de longues focales, de *lipsync* surréalistes où de nombreux figurants, avec la voix *over* de Montand, interpellent Daisy: hommes et femmes, policier et personnes âgées, enfant, jusqu'à un petit chien (tiens! Lubitsch de *Love Parade* en 1929), dans plusieurs lieux, en champ-contrechamp entre les protagonistes. La critique s'est lamentée: c'est un beau numéro de *musical*, pourquoi n'y en a-t-il pas d'autres? On n'a pas compris que cette séquence est l'apothéose de toute la musicalité précédente, retenue en sourdine jusqu'au *forte* qui maintenant fleurit. En avoir mis d'autres aurait gâché tout l'effet de surprise et d'exaltation.

Plus remarquable encore, parce que plus sobre, la seconde partie du finale, tissée sur la chanson-titre, un très maîtrisé entrelacement de dialogues et de musiques. «*Daisy, vous êtes un miracle vivant...*» souffle Montand avant de chanter devant une Daisy gentiment interrogative et séduite qui ponctue les dernières notes orchestrales d'un soupir: «*Gee, Gee!*» Les protagonistes enchaînent sur cet ultime fragment d'un dialogue murmuré: «*Au revoir, docteur.*» «*Au revoir, Daisy... Avez-vous déjà été en Virginie?*» «*Non. Et vous?*» «*Non... N'oubliez pas ce que je vous ai dit.*» «*Par temps clair...*» (parlé, suivi de deux phrases de la même chanson *On a Clear Day...*). Après la musique: «*À bientôt, docteur. Jusqu'au revoir...*», Daisy sort. Reprise de la chanson dans les jardins de l'université. Fondu dans les nuages et le soleil, vers l'infini de l'avenir, marqué par le raccord aux rectangles animés de couleur qui foncent à toute vitesse vers un centre où la lumière de tout le film se condense, se miniaturise en infime point, comme une étoile morte encore brillante.

Notes

1. Producteur: Hal Willner, A & M Records.
2. Ce que rappelle le critique Robert McGarr dans le film: «Weill allait devenir célèbre comme compositeur ayant créé l'opéra américain.» C'est beaucoup dire, et surtout

oublier George Gershwin. Néanmoins, ce jugement pléthorique exprime la portée de la trace fulgurante de Weill dans la transformation en profondeur du *musical* de Broadway.
3. Ronald Sanders, *The Days Grow Short. The Life and Music of Kurt Weill*, Silman-James Press, Los Angeles, 1991, p. 334.
4. Alain Lacombe et Claude Rocle, *La Musique de film*, Van de Velde, 1979, p. 417.
5. Dans le film de Peter Rosen, *Reflections: Leonard Bernstein*, États-Unis, Peter Rosen Productions, 1977.
6. William K. Zinsser, notes pour le disque Columbia MS 6251.
7. Notes pour le disque DGG, *LB Edition*, p. 5.
8. «After the Ball», *Sight & Sound*, n° 26, automne 1956.
9. *Mamoulian*, Indiana University Press, 1969, p. 12.
10. Cité par Jacques-André Bizet, *Cinéma 74*, février 1974, p. 41.
11. Dans Marion Vidal, *Vincente Minnelli*, Seghers, coll. «Cinéma d'aujourd'hui», Paris, p. 16.
12. Film de Robert Siodmak, 1952, qui apparaît rétrospectivement comme le *Götterdammerung* du film de pirates.

CHAPITRE 9

L'exception de l'opéra filmé

L'opéra filmé n'existe pas en Amérique du Nord. Pourtant, quelques *musicals* hollywoodiens s'en rapprochent en s'inspirant de textes lyriques du répertoire, flirtent un temps avec leur beauté nostalgique troublante, ou tout simplement s'en laissent imprégner pour mieux affirmer une rupture radicale.

Aux premiers âges du *musical*, c'est par le biais de l'opérette européenne ou d'ersatz américains que se manifeste cette liaison éphémère, que seul Lubitsch pratique un temps avec cohérence et maestria. Si le réalisateur de *The Merry Widow* s'inscrit de la sorte dans le grand corpus de l'*Opernfilm* occidental, y apporte sa part de création innovatrice, ce travail en revanche ne s'avère pas un modèle matriciel pour le *musical* américain. Aux États-Unis, à Hollywood, l'opérette est un arbre sec. Il est symptomatique que même les ouvrages des Britanniques Gilbert et Sullivan, triomphateurs sur les scènes anglo-saxonnes, ne trouvent pratiquement aucun écho dans le *musical* filmique[1].

Il pourrait sembler qu'il y a néanmoins un segment de l'opérette à Hollywood, par conséquent quelques exemples d'opéras filmés. Ceux de Lubitsch, ou encore *The Student Prince* et *Maytime* de Romberg, mais surtout les nombreux ouvrages de Robert Wright et George Forrest, musiciens et paroliers qui participèrent à plusieurs des films avec Jeanette MacDonald et Nelson Eddy, fondés par exemple sur des partitions de

Victor Herbert. Wright et Forrest devinrent en outre les spécialistes attitrés d'adaptations de musiques classiques en *musicals* de Broadway: *Song of Norway* (1944, Edward Grieg), *Magdalena* (1945, Heitor Villa-Lobos), *Kismet* (1953, Alexandre Borodine), *The Great Waltz* (Johann Strauss), *Anya* (Sergei Rachmaninov)[2].

Toutefois, ces titres n'ont pas suffi à établir aux États-Unis un solide corpus de l'opérette filmée, comme cela s'est beaucoup pratiqué en Europe. Tout comme pour l'opéra, l'opérette ou l'opéra-comique ne sont pas conservés dans le texte intégral, mais plutôt en extraits, voire en fragments. Ensuite, quand les studios adaptent ces ouvrages lyriques, ils travaillent à leur transformation en *musicals* Broadway. Par exemple, MGM ne garde, de toute l'opérette *Maytime* de Romberg, que le tube *Sweethearts*, et demande à Wright et Forrest de s'occuper du reste de la musique. Ce qu'ils font, concoctant au passage des phrases musicales dont les noyaux sont arrachés à des passages de la cinquième symphonie de Tchaïkovski[3].

Dans ce contexte, il est aussi utopique de parler d'un sous-genre du *musical* américain dans l'opérette que d'essayer d'en construire un par fantasme dans l'opéra. Ces genres européens ne servent tout au plus qu'à assaisonner quelques marmites où mijotent les nouvelles formes de l'art lyrique américain.

«A Night at the Opera» avec Stanlio et Ollio?

En 1932, surgit le singulier *Fra Diavolo*, qui emprunte son texte initial à l'opéra-comique français de Daniel François Esprit Auber, le transformant en véhicule pour Laurel et Hardy. Tentative singulière, unique en son genre, qui a l'air de s'inscrire dans les expériences tous azimuts du *musical* en ces années 30 des commencements. Ce bizarre mélange, s'il préfigure furtivement le brassage hirsute de la plongée des Marx Brothers dans l'opéra verdien, est toutefois différent d'*A Night at the Opera* en ce sens qu'il n'est pas un regard critique sur le texte lyrique d'origine. Il le traite plutôt sans ménagement, l'adaptant en profondeur.

Le titre lyrique de *Fra Diavolo* a dû mal convenir au marketing hollywoodien, puisqu'on a rebaptisé le film *The Devil's Brothers* ou encore *Bogus Bandits*. Cette concoction par Hal Roach (producteur-réalisateur des Laurel et Hardy) a surtout servi de prétexte et de décor à des numéros du célèbre duo comique. Le film semble avoir eu des fortunes contradictoires de part et d'autre des cultures anglo-saxonne et française. D'un côté, Clive Hirschhorn déclare qu'il s'agit d'une tentative ratée de transposer une opérette dans le *slapstick* américain. De l'autre, André Tubeuf écrit:

> Le fait est que, par le disque 78 tours au moins, *Fra Diavolo* maintenait une espèce de popularité. Il faut que le nom, et même quelques refrains, aient dit quelque chose à un assez grand public. Autrement, l'aurait-on démarqué? Parodié? Un succès phénoménal est allé au film de 1933 qui montrait Laurel et Hardy en aspirants bandits, ou bandits malgré eux, dans l'hôtellerie hollywoodienne (avec refrains refaits en flonflons), où officie Fra Diavolo. Toute parodie est, pour commencer, un hommage. On ne démarque que ce qui est supposé connu, et bien connu.

Et Tubeuf de conclure que ce film donne à «Laurel et Hardy, démarquant l'opéra, ou plutôt *délirant l'opéra*, le prétexte de compositions tout à fait extravagantes[4]».

Cette lecture du film semble plus rêvée qu'analytique. De fait, Stanlio et Ollio, comme leurs personnages sont nommés dans ce *musical* dont les personnages ont tous des noms à consonances rossiniennes, ne participent en aucune manière à la coulée lyrique des reliquats musicaux de l'œuvre d'Auber. Leurs séquences drolatiques sont complètement étrangères à la musicalité handicapée des autres scènes, et pourraient avoir été faites à partir d'un scénario non musical. Sauf une fois, quand le gros Ollio, voulant se faire passer pour Fra Diavolo et ne soupçonnant pas qu'il est devant lui, raconte qu'il va lui prouver son identité de bandit en chantant la célèbre mélodie qui identifie le héros. Il chante alors une phrase en fausset, avant que le vrai hors-la-loi n'entonne l'aria, servie par le jeu et la belle voix de Dennis King. Partout ailleurs, Laurel et Hardy sont absents de la musicalité.

D'ailleurs, cette histoire du Fra Diavolo qui s'identifie, tout au long du récit, par sa chanson fétiche montre bien l'usage que fait Hal Roach de la musique d'Auber. Il garde cette célèbre cantilène non pas pour sa beauté et son intégration à la musicalisation de l'intrigue, mais simplement comme signe ou fragment d'opéra, tout comme le faisait le disque 78 tours pour les arias célèbres du répertoire lyrique. L'opéra *Fra Diavolo*, son texte intégral, est ailleurs. Il n'en subsiste que des miettes:

quelques mesures de l'ouverture, de brefs chœurs, une autre cantilène chantée à l'auberge par Dennis King. Quant à la fameuse aria *Fra Diavolo*, qui revient au moins trois fois dans l'original, elle ne sert ici au personnage éponyme que de badge ou de carte d'identité marquant ses origines lyriques.

À sa manière négative, ce *Fra Diavolo* américain répudie l'opéra en le travestissant, en l'égrenant morceau par morceau, mais sans le refondre dans le moule du *musical*. Laurel et Hardy n'y «délirent pas l'opéra», ne s'en moquent pas. Ils glissent en son sein sans y prendre garde. Ils l'ignorent et le tuent, sans contrepartie de renouvellement, contrairement à ce que font les Marx Brothers. Contrairement aussi au finale de *Helzapoppin,* où est bousillé un ballet blanc classique sur des thèmes de Johann Strauss, destruction s'accompagnant d'une inscription de ce ballet dans l'ensemble comico-délirant du *show musical*, devenant à son tour un triomphe. Essai et expérience sans lendemain, film mal fignolé, *Fra Diavolo* coule à pic.

Les eaux calmes se réinstallent sur l'opéra filmé hollywoodien et, pendant près de vingt ans, ne sont en rien troublées. Il faut attendre les années 50 pour voir Preminger et Minnelli se colleter à *Carmen Jones* et *Kismet, musical* fondé sur *Le Prince Igor* d'Alexandre Borodine. Mais le rideau se referme déjà, l'*Opernfilm* est encore abandonné, et n'a pas réapparu à ce jour. Ces dernières années, quelques grands succès européens n'ont même pas fait bouger les distributeurs américains, qui ne trouvent pas de larges publics preneurs, de sorte que *La Flûte enchantée* de Bergman, le *Don Giovanni* de Losey ou la *Carmen* de Rosi circulent difficilement dans le réseau des salles d'art et essai aux États-Unis, tandis que le *Parsifal* de Syberberg n'y survit qu'en vidéo.

Non seulement les essais dans l'*Opernfilm* sont limités, mais encore ils n'ont d'existence que dans la mesure où ils ont transformé les textes d'origine et les ont reformés dans le moule Broadway. Dans cette optique, l'*Opernfilm* américain traduit, par ses métamorphoses, la suprématie de cette matrice et le passage de l'opéra filmé en *Filmoper*. Sur ce terrain, Minnelli et Preminger n'ont pas dévié de leurs routes.

«Je ne suis pas satisfait de *Kismet*» (Minnelli)

Mervyn Rothstein fait remarquer, dans les notes pour l'enregistrement opératique de *Kismet*, que le genre de l'opérette, «qui était si populaire à Broadway dans les premières décennies du XXᵉ siècle, se mourait rapidement. *Kismet* fut un de ses derniers glorieux soupirs». Il ajoute: plusieurs témoignages avancent que le film de Minnelli «n'a pas réussi à saisir l'esprit de l'original. L'esprit de joie, de plaisir cordial – l'esprit de l'opérette[5]».

Dans ce point de vue, constat d'un double échec: film anémique d'un genre à l'agonie, ouvrage dont Minnelli admet qu'il a été «tourné dans la précipitation» avant *Lust for Life* (*La Vie passionnée de Van Gogh*[6]). Le problème est cependant mal posé. *Kismet* a ceci de fascinant que non seulement l'opérette y est dissoute, mais aussi et surtout l'opéra, puisque les concepteurs musicaux ont emprunté leur fond de tapisserie aux plus célèbres mélodies du *Prince Igor* (opéra laissé inachevé par Borodine, terminé par Rimski-Korsakov et Glazounov, créé en 1890 à Saint-Pétersbourg). Qu'en reste-t-il pour l'essentiel? Les motifs qui forment la mélodie du tube *Stranger in Paradise*, ainsi que ceux des célèbres danses polovtsiennes. Le sujet même du *Prince Igor* a été écarté, les musiques adaptées étant plutôt plaquées sur un mélodrame d'Edward Knoblock, *Kismet*. Ainsi, la collusion qui, chez Borodine, fait s'affronter une Russie médiévale et les hordes orientales d'invasion des Polovtziens devient pour *Kismet* le décor de l'orientalisme naïf des sujets d'opéras européens du XIXᵉ siècle, marqués du colonialisme en Afrique ou en Asie. En choisissant le folklore arabisant d'une vaporeuse Bagdad des *Mille et Une Nuits*, le livret et la musique se pétrifient d'emblée dans la posture du colonialisme et de son seul corollaire culturel, la superficialité et la couleur locale, le kitsch fluo de l'épidermique. Cette culture de la mort, maquillée de brillances de surface, est celle-là même qui avait déjà enseveli des ouvrages lyriques comme *L'Africaine* de Meyerbeer, *Lakmé* de Delibes et autres *Pays du sourire* de Lehar.

Tous les efforts de Minnelli n'y pouvaient rien. Il travaillait de toute façon sur le vide. C'est sur ce plan que son *Kismet* est désolant. L'ennui qu'il distille est celui du maquillage factice voilant la mort. Car, tout compte fait, ce film n'est pas plus mal réalisé qu'un autre. Minnelli y applique toujours sa légendaire sobriété de prises de vues et de découpage, son épure est nette et franche.

À deux reprises, une magie purement filmique réussit même à transcender l'ineptie du contenu et des formes d'ensemble. Le plan d'ouverture, sur fond de nuit stylisée de studio, fait entendre des voix de muezzins avec quelques accords graves d'orchestre. Quelques secondes de fantastique dépouillé, atemporel. Une seconde fois, le rêve passe, littéralement, lors de la séquence *Night of the Nights*. Sur un fond de décor simplifié, une longue procession latérale traverse l'écran CinemaScope et se termine, en lent travelling arrière, en reflet dans une eau-miroir. Par sa distanciation en plan général, par son extrême sobriété, avec soudainement une touche d'abstraction qui éloigne du kitsch, ce lent et long défilé onirique semble tel, aujourd'hui, qu'il aurait pu être signé par le Fellini d'*Intervista* ou par le Giorgio Strehler de *L'Illusion*.

Peut-être ces séquences sont-elles celles qui se rapprochent le plus des désirs de Minnelli? «Le décor ressemblerait à une miniature persane avec un ciel irréel et des nuages dorés. Ce serait un conte de fées, très pince-sans-rire[7].» Deux fragments lyriques ne font toutefois pas un opéra filmé. Ce que rate *Kismet*, *Carmen Jones* l'a déjà réalisé, triomphalement.

«Profanation par sauce américaine»

Carmen Jones marque sans aucun doute, à l'ère contemporaine, la plus béante fracture qui soit entre les cultures française et américaine.

Quand on se rappelle que le turbulent XIXe siècle européen, ou du moins sa première moitié, vit parfois l'opéra servir de déclencheur à des flambées révolutionnaires (*La Muette de Portici* d'Auber à Bruxelles en 1828, ou encore le *Nabucco* de Verdi à Milan en 1842), il est plutôt inhabituel de croire qu'un ouvrage lyrique du même siècle – fût-il le plus novateur de son temps – ait pu provoquer à notre époque d'après-guerre un pareil charivari.

Le film de Preminger y est arrivé, bien involontairement du reste, jusqu'à devenir en France l'«affaire *Carmen Jones*». Triomphant en Amérique, salué à la clôture du Festival de Cannes 1955 comme une éclatante réussite, *Carmen Jones* fut néanmoins la victime, dans l'Hexagone, d'un des pires outrages qu'une œuvre d'art y ait subi. Il y fut interdit pendant vingt-cinq ans, jusqu'en 1981, malgré la défense qu'en firent à l'époque, dans la revue *Arts*, des cinéastes comme Alexandre Astruc, Jacques Becker, Henri-Georges Clouzot, Abel Gance et Carlo Rim[8].

Petit florilège du bon droit ou de la censure douce:

> Il importe de dire que la beauté et le talent des interprètes ne sont nullement en cause; il ne nous appartient pas d'apprécier la qualité du

film; là n'est pas la question. Mais nous sommes les plus proches parents de Georges Bizet: Madeleine Real del Sarte, notre mère, artiste peintre connue, était sa cousine germaine et l'héritière de son fils Jacques. Nous ne pouvons que nous insurger contre la scandaleuse propagande entretenue autour de la caricature d'un chef-d'œuvre que nous entendons préserver de la profanation et du ridicule comme nous en avons moralement le droit et le devoir. (Famille de Georges Bizet)

Où irions-nous si, sous prétexte de moderniser, on voulait entreprendre de retoucher les chefs-d'œuvre? (Éditeur de *Carmen*)

Mais au-dessus de l'«affaire *Carmen Jones*» se pose un problème infiniment plus important. Celui du rajeunissement des ouvrages. Est-il possible, est-il opportun, est-il souhaitable d'utiliser les chefs-d'œuvre du passé pour les mettre au goût du jour? Certes, le cas de *Carmen Jones* n'est pas nouveau. De nombreuses profanations ont été commises depuis longtemps et les exemples ne manquent pas. [...] On est même allé jusqu'à dire qu'il fallait se féliciter de cet hommage rendu à la partition de Bizet qui, quatre-vingts ans plus tard, pouvait parfaitement supporter cet arrangement à la sauce américaine. (Société des auteurs et des compositeurs dramatiques)[9]

Le critique Georges Sadoul avait aussi déclaré, comme l'indique le dossier de Roger-Ferdinand, que «la façon dont on a coupé Bizet en morceaux est scandaleusement inadmissible». Ces textes, d'une apparente rectitude juridico-morale, témoignent mieux que tout de l'enjeu déchirant qui prélude à l'émergence d'un nouvel opéra américain, creuset où, suivant l'expression de Hannah Arendt, se pratique «la violence de l'interprétation». Passer de *Carmen* à *Carmen Jones* expose dans toute sa crudité la notion duelle *alchimie/profanation*, suivant qu'on y voit la naissance d'une matrice lyrique neuve ou une «affaire».

Si *Carmen Jones* est un *Filmoper* emblématique, c'est qu'à sa manière il témoigne du caractère novateur d'un opéra filmique profondément américain, mais dont le caractère démonstratif est d'autant plus percutant que, pour s'exprimer, il ne craint pas de puiser sa sève dans l'ouvrage lyrique occidental «par excellence» (René Leibowitz), lui rendant hommage tout en le métamorphosant au contact du nouveau langage musical du jazz, du *musical* Broadway.

Situé symboliquement au centre du XXe siècle, dans la mouvance de reconstruction d'après-guerre, et au moment où la technologie hollywoodienne atteint sa maturité en même temps que la maîtrise de l'esthétique du *musical*, *Carmen Jones* fait figure d'œuvre *miracle*, qui expose et résout la problématique et l'idéal du *Filmoper* tel que conçu par Kurt Weill.

Il est par ailleurs miraculeux que ce chef-d'œuvre appartienne à Otto Preminger. Le célèbre réalisateur de *Laura* (1944) ne s'était pas particulièrement illustré dans quelques réalisations de *musicals* durant les années 30 et 40. Mais il s'était passionné pour la pièce musicale d'Oscar Hammerstein sur Broadway, et envisageait «de réaliser un film dramatique avec musique, plutôt que de tourner un film musical conventionnel». Mais, en raison de la distribution exclusivement afro-américaine, «aucun studio ne voulait se lancer dans une telle entreprise», vu les insuccès commerciaux de *The Green Pastures* et de *Cabin in the Sky*. Daryl L. Zanuck finit par accepter de financer le projet, que Preminger dut produire avec un budget très serré en même temps qu'il le réalisait. Pour finalement aboutir au succès inespéré: «*Carmen Jones* est un des rares films que j'ai réalisés à avoir fait l'unanimité de la critique et du public[10].»

Ces aléas de production nous indiquent à l'évidence que, pour Hollywood, *Carmen Jones* est un cas d'espèce, un petit génie inattendu. Paradoxalement, il n'y avait que Hollywood pour le faire, réussissant le *success story* combiné de Hammerstein, de Zanuck et de Preminger. Un miracle, certes, mais produit, jusque dans ses contradictions, dans la logique incontournable des forces du système hollywoodien, où là seulement ont pu fleurir les *musicals* de Mamoulian, l'espérance de Kurt Weill et le joyau de *Carmen Jones*.

«Une perle noire» (Abel Gance)

Sur fond noir danse une flamme écarlate. Au cœur de ce feu est incrustée une rose noire stylisée, cousue comme une dentelle. Sur l'envolée de la première partie de l'*Ouverture* de Bizet, éternellement populaire et reconnue, le générique de Saul Bass introduit *Carmen Jones* de manière sobre et distanciée, à la croisée du réalisme et de l'épique comme la suite du film.

Cette *Carmen* afro-américaine, Oscar Hammerstein lui a donné pour cadre Jacksonville, en Floride, durant la Seconde Guerre mondiale, dans une usine de fabrication de parachutes où travaille Carmen Jones. Zone militaire où sont aussi formés des officiers de police, dont Joe. Là se situe ce premier volet du triptyque des amours de Joe et de Cindy Lou, de même que la rencontre fatale entre Joe et Carmen, matérialisée par une rose de feu. Le deuxième volet se déroule à la campagne, dans une pauvre chaumière où la Maw signale à Carmen le mauvais présage de plumes de rapaces, puis dans la taverne isolée où Carmen croise ses sœurs de fortune et d'infortune, Myrt et Frankie (Pearl Bailey). Le dernier volet est situé à Chicago, dans le bruit des trains, des rues bondées et des tramways, au stade de boxe où se produit la vedette Huskey Miller, nouvel amour de Carmen. D'un volet à l'autre, des trains assurent les passages successifs de la descente aux enfers. Dans le finale, comme chez Marguerite Yourcenar, Carmen Jones entre dans la mort les yeux ouverts.

Le livret de Hammerstein est d'une grande cohérence, plus encore que celui de Meilhac et Halévy d'après Prosper Mérimée, sans compter qu'il réduit adroitement l'action et la musique, d'une manière condensée typique de l'éclairage cru de la tragédie. Ainsi fignolé, il offrait au scénariste Harry Kleiner un matériau déjà très ajusté pour le découpage incisif et resserré de Preminger.

Mais ce qui frappe surtout dans le film, c'est la sobriété stylistique qui laisse toute la place à la musique et la sert de manière irradiante. Cette retenue, Preminger la manifeste d'abord par son traitement du réalisme, juste assez appuyé pour ne pas rappeler la stylisation scénique, mais non développée au point de noyer le caractère fantastique et mythique de l'opéra, de ses personnages et de ses lieux. Ce réalisme stylisé est encore magnifié par l'ensemble de la bande sonore du film, où musiques préenregistrées, dialogues postsynchronisés et bruitages d'auditorium se laissent habilement écouter comme pur produit de l'art phonographique de studio. La qualité de cette phonographie, par l'usage systématique de l'avant-plan microphonique, confère de surcroît à la musique, au chant surtout, un caractère d'intimité, de retenue, un lyrisme rentré, parfois presque murmuré, qui nous met aux antipodes de la projection opératique du théâtre. Ainsi enveloppée par la technologie du son, cette *Carmen Jones* est déjà illuminée d'une dimension postmoderne de tragédie intimiste, que seule plus tard *La Tragédie de Carmen* de Peter Brook saura retrouver par les moyens de sa propre transposition.

À l'image, la stylistique de Preminger est irréprochable, sensiblement proche de la prise de vues distanciée de Mamoulian ou de Minnelli. Le cinéaste utilise de façon systématique le plan-séquence pour les arias comme pour le découpage des parties dialoguées, et les rares mouvements de caméra sont toujours sobres et lents. Il adopte aussi adroitement, à quelques reprises, l'usage du son *over* comme pour le premier chœur des militaires ou pour la seconde aria de Cindy Lou, *My Joe* (procédé dont la *Carmen* de Rosi se souviendra), sans compter les bruits de train décroissant pendant la fuite de Carmen Jones, auparavant attachée à «son» policier militaire, puis ceux qui inondent la piaule claustrophobique de Joe à Chicago.

Plusieurs séquences sont à couper le souffle. Celle de la nouvelle *Habanera*, *Dat's Love*, à la cantine militaire; *My Joe* de Cindy Lou (les deux volets, l'un dans une rue de Chicago filmé en lent travelling arrière, l'autre dans un corridor de la salle d'entraînement des boxeurs); celle encore du *Card Song*, dont se détache le visage pétrifié de Pearl Bailey. Deux autres, plus encore, deviennent des morceaux d'anthologie. Dans la première, le *Flower Song*, faite d'un seul plan-séquence, nous voyons Joe accomplissant ses travaux forcés pour avoir laissé s'enfuir Carmen Jones. Au bord d'une petite rivière en contrebas, bordée de quelques arbres et de hautes herbes fleuries, Joe, torse nu et suant sous le soleil, tire de sa poche la petite rose rouge froissée et murmure son aria. Le contraste habile entre la nature luxuriante et l'homme captif (solitaire et déjà blessé par la fatalité), entre le réalisme du décor et le lyrisme du chant et toute la mise en scène, d'un dépouillement exemplaire, donnent à la mélodie de Bizet et aux paroles de Hammerstein une dimension inimaginable au théâtre. Et puis, au sommet de cette réalisation, la longue séquence *Beat Out Dat Rhythm on a Drum*, dans la taverne retirée sous les arbres, amorcée par les cris de «*Go on, Max*». Ici, l'interprétation de Pearl Bailey, en gros plan microphonique et plan rapproché, est enveloppée d'un des plus beaux ballets de *musical* qui soient. En arrière-plan, les danseurs sont à la fois figurants et exécutants d'une chorégraphie transcendante sur le passage musical endiablé, très jazzé. Plus tard au même endroit, plusieurs valses successives, dansées avec lenteur en arrière-plan, continuent de ponctuer l'action jusqu'à se retrouver en silhouettes vaporeuses derrière les fenêtres pendant la scène à l'extérieur du club où Joe frappe l'officier à mort. Les talents combinés de Hammerstein, des jazzistes Max Roach et Pearl Bailey, des danseurs, cimentés dans la mise en scène de Preminger, accomplissent cette symbiose déjà relevée au théâtre:

Carmen Jones est plus qu'un événement théâtral majeur. Il ouvre des horizons illimités et stimulants pour la fusion des formes artistiques de l'opéra et du *musical*[11].

Face à un tel chef-d'œuvre, qui reste à ce jour le plus dense *Filmoper* que son intarissable source ait suscité (ils sont légion), il est intéressant de revenir un instant sur certains dénis suscités à la sortie du film.

Georges Sadoul en particulier, que Roger-Ferdinand présente comme un juge impartial, donnait pour argument central l'irrecevabilité de la transposition de Hammerstein:

> Discontinuité dans le mouvement lyrique et transformation de l'opéra en pot-pourri. La discontinuité est due à l'intervention de longues scènes jouées ou parlées. Ces interminables et inutiles dialogues rejettent dans l'oubli la partition proprement dite[12].

C'était oublier un peu vite que la partition de Bizet est un «opéra-comique», forme où s'enchaînent dialogues parlés et chant. Les récitatifs chantés furent ajoutés après coup pour satisfaire aux exigences de l'Opéra Garnier, dénaturant à coup sûr l'original du compositeur.

Roger-Ferdinand complète le raisonnement de Sadoul:

> En vérité ce ne sont pas exactement les quelques modifications assurément baroques apportées à l'histoire de *Carmen* et les inventions saugrenues qui ont assuré le succès américain qui sont aujourd'hui en cause. C'est plutôt le respect que l'on doit à Bizet. La partition de ce grand musicien français a su créer une telle atmosphère, une telle évocation du soleil de l'Espagne, de ses chants d'amour et de ses danses, qu'il paraît vraiment indécent de la reproduire à l'occasion d'un livret dénaturé[13].

Ils n'étaient pas les seuls critiques négatifs. La *Pravda* aussi, à l'époque, avait massacré cette *Carmen Jones*:

> Comment cette camelote vulgaire peut-elle se combiner avec la profondeur et le réalisme de la musique de Bizet? Voilà un bel exemple de l'esthétique de l'impérialisme américain.

Ce que Sadoul et consorts ne disaient pas avec netteté, la *Pravda* ne se faisait pas scrupule de le claironner. La «sauce américaine» et ses «inventions saugrenues», la «camelote vulgaire», la musique de Bizet sur un «livret dénaturé», toutes ces expressions désignent implicitement dans *Carmen Jones* la socioculture afro-américaine. Derrière un discours contre les profanations qui ne «protègent pas les mémoires» et empêchent que «demeurent intacts les héritages spirituels», le non-dit pourrait bien avoir des allures sulfureuses de désignation d'*entartete Musik*, pour un opéra «de ce grand musicien français» devenu celui de «cette étonnante Carmen noire»[14].

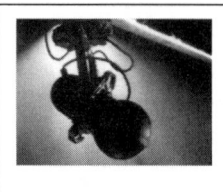

My name is Alain Resnais

Dans le contexte des barrières entre les cultures américaine et française, on répète que les musicals *hollywoodiens ont mal marché en France. Comment interprétez-vous alors que, après ce que l'on a appelé la mort du* musical *américain (la fin des années 50), il y ait eu un mouvement en France, chez Demy et chez vous, un regain d'intérêt pour le* musical? *Pourrait-on parler de sublimation, d'intellectualisation peut-être? Comment expliquez-vous à la fois ce hiatus et cette rencontre assez merveilleuse?*

Je ne vais pas l'expliquer. Mais, oui, je suis bien obligé de constater qu'il y a eu depuis trente ans une évolution du goût des spectateurs français vis-à-vis de la comédie musicale. Des distributeurs considéraient même qu'on ne pouvait pas distribuer de comédies musicales filmées parce que c'était pour les enfants et qu'un spectateur français était trop évolué pour voir ça. Donc, les comédies musicales américaines sont arrivées presque par erreur, de même d'ailleurs pour les films de science-fiction, la bande dessinée, tout ça était considéré comme des productions pour spectateurs débiles. Il fallait aller en Belgique pour les voir. Ce n'est pas du tout mon opinion sur les Belges, au contraire. Eux avaient droit à ça, mais pas nous. Les films dont vous me parlez, j'ai d'abord pu les voir en faisant des expéditions à Bruxelles. Je n'étais pas le seul, des confrères faisaient la même chose.

Et peut-être que le vrai succès en France de *West Side Story* a un peu ouvert les yeux et les oreilles du spectateur français. Un autre succès: *Cabaret*, qui a vraiment bien marché. *West Side*

Story était resté en anglais. Pour *Cabaret*, le metteur en scène Jérôme Savary a fait un panachage, ce que personne n'avait osé : certaines chansons restaient en anglais et le reste du texte était en français. Les gens acceptaient cette convention. En effet, c'était très bien.

En France, le goût des spectateurs est en train de changer. Cette révolution, presque aussi extraordinaire que l'imprimerie de Gutenberg, c'est la vidéo. Tout à coup, ces films réservés jusque-là aux gens qui allaient à la Cinémathèque et voyaient trois comédies musicales dans l'année, avec la vidéo, en gros, tout le monde peut en acheter. Et, chose curieuse, ça marche. Il y a trois ans, je ne sais pas si vous en trouviez une. Maintenant, à la Fnac, quinze rayons sont consacrés à la comédie musicale, en version originale. Ces films ont trouvé une clientèle, sinon ça ne sortirait pas à cette cadence-là. Et c'est tout nouveau, le goût change. J'aime découvrir certains films de Fred Astaire que je n'avais jamais pu voir, et maintenant, avec *Blue Skies* qui vient de sortir, je vais connaître l'œuvre intégrale.

Tenez, je prends Fred Astaire. Qui est l'auteur des films ? Est-ce Fred Astaire ? le metteur en scène ? le dialoguiste ? le compositeur ? Il est certain que plus le compositeur est important, meilleur est le film. Mais quand c'est George Stevens, souvent c'est mieux mis en scène que quand c'est un autre... La question n'est pas facile.

Si la comédie musicale s'est bien développée en Amérique et en Angleterre, c'est parce que les caractéristiques de la langue anglaise s'adaptent beaucoup mieux à l'espèce de chant parlé de la comédie musicale. Le problème du *e* muet ne se pose pas. Prenons l'exemple le plus primitif possible. Si vous avez à chanter «Je vous ai-meu», ça peut se faire. Mais c'est beaucoup plus facile de faire des variations et d'avoir des notes sur lesquelles on peut donner de la voix et faire des nuances si c'est «*I love you*». Le *you* permet des choses, alors que mettre des notes sur le *e* fait artificiel. Si Mozart choisissait l'italien, c'était bien pour des raisons du même ordre. C'est sans doute une des raisons pour lesquelles la comédie musicale française est peu développée. Un exemple comme *Starmania*, on peut en trouver, mais ce n'est pas comparable. La comédie musicale n'est pas un genre en France.

Si on ne fait plus de *musicals* filmiques aujourd'hui en Amérique, c'est une question de budget. Les répétitions coûtent très cher. C'était possible quand les acteurs étaient engagés à l'année, on pouvait les convoquer pendant trois mois pour répéter des pas de danse ou chanter. Le metteur en scène faisait un autre film pendant ce temps. Mais ça ne coûtait rien, ou presque rien, de plus au studio. Tandis que maintenant, s'il y a trois mois de répétitions, c'est l'équivalent de trois mois de tournage. Il n'y a guère de films qui puissent se permettre un budget équivalent. Mais ça peut revenir.

Vu votre connaissance de compositeurs plus récents de musicals *comme Sondheim et Kander, croyez-vous à ce qu'on a pensé un temps, peut-être à cause du grand krach de Hollywood autour des années 60, c'est-à-dire que le* musical *américain (forme de l'opéra américain) était mort? On dirait qu'il ne meurt pas si facilement...*

Oh! vous savez, la «crise du cinéma» a commencé en France en 1915. En 1917 – j'ai l'article chez moi, j'en parle tout le temps («L'emprise du cinéma américain s'est manifestée») –, on a commencé à dire qu'il était déloyal que les Américains nous envoient des films, alors que nous, nous nous battions dans les tranchées. On protestait contre le succès des films de Charlie Chaplin. La crise du cinéma n'a jamais cessé. La crise du roman, j'en entends parler tous les trois ans, la crise de la musique contemporaine... On vit tout le temps dans des «états de crise». Il faut attendre. Il y a John Adams avec *Nixon in China* ou *The Death of Klinghoffer*, œuvres tout à fait vivantes...

... avec des sujets politiques d'actualité. N'y a-t-il pas une déperdition quand un musical *scénique est adapté au cinéma?*

Dans l'adaptation d'un *musical* au cinéma, il y a toujours un moins. Le plus, c'est que ça reste. *West Side Story*, par exemple, à Broadway m'a fait plus d'impression qu'au cinéma. Il m'a semblé qu'on avait ajouté à la musique du sucre et du miel... et des éclairages violets. Non, je n'ai pas trouvé l'équivalent de la scène. Je crois que ça peut se dire de beaucoup de comédies musicales, non de toutes. *The Pajama Game* (*Pique-nique en pyjama*), par exemple, c'est de qualité équivalente. En général, au cinéma, on supprime beaucoup de musique, on se demande bien pourquoi.

Notes

1. Voir Alan Jay Lerner, *The Musical Theatre. A Celebration*, Collins, Londres, 1986, p. 32 et suiv.
2. Voir Mervyn Rothstein, notes pour le disque *Kismet*, Sony Broadway SK 46438, p. 18-19.
3. *Ibid.*, p. 19-20.
4. Notes pour l'enregistrement réalisé en 1984 sous la direction musicale de Marc Soustrot, EMI Classics, CDS 7 54810 2.
5. *Op. cit.*, p. 55.
6. Dans Marion Vidal, *op. cit.*, p. 98.
7. Dans Hugh Fordin, *op. cit.*, p. 408.
8. Pierre Tchernia, *80 grands films musicaux*, Paris, Casterman, 1990, p. 17.
9. Roger-Ferdinand, «L'Affaire *Carmen Jones*», *Revue internationale du droit d'auteur*, n° 8, juillet 1955.
10. Otto Preminger, *Autobiographie*, Ramsay, coll. «Ramsay poche cinéma», Paris, 1981, p. 147-49.
11. Howard Barnes, *New York Herald Tribune*, cité dans *Black Musical Theatre*, *op. cit.*, p. 188-189.
12. Cité dans Roger-Ferdinand, *op. cit.*, p. 15.
13. *Ibid.*
14. *Ibid.*

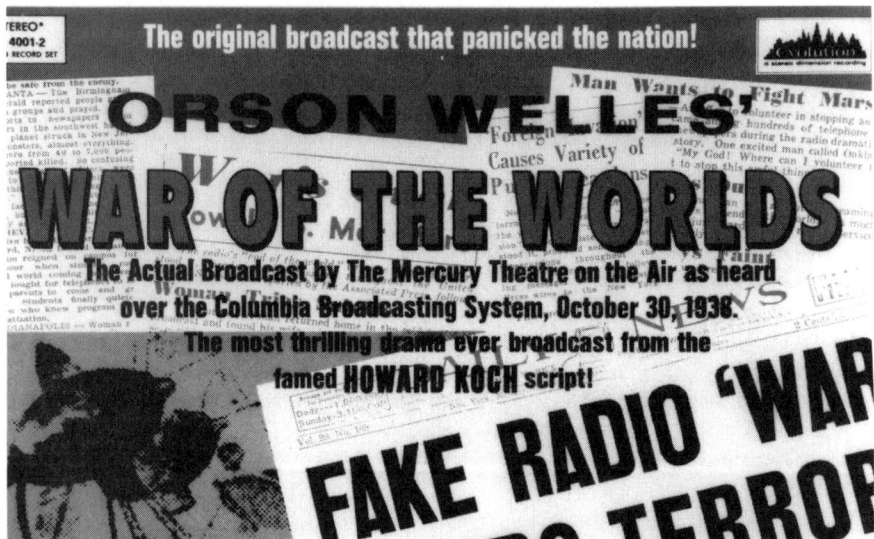

CHAPITRE 10

Nouveau détour du côté de la phonographie

Que sait-on de Cecil B. De Mille, outre qu'il fut le réalisateur gigantesque de tant de péplums hollywoodiens? Il a été certes un des premiers, avec sa *Carmen* de 1915, à expérimenter l'opéra filmique, mais dans une sorte de *no man's land* de la sonorisation. Ce qu'on sait moins, c'est que «Mr. De Mille», comme le nomme Gloria Swanson à la fin de *Sunset Blvd.* (*Boulevard du crépuscule*), fut un immense producteur à la radio. De façon plus spécifique, un producteur de *films radiophoniques*, c'est-à-dire d'adaptations pour la radio avec les mêmes dialogues essentiels, la même musique et souvent les mêmes stars.

Aujourd'hui, c'est sur disque qu'on retrouve la gravure de ces curieux films, les images sonores de *Casablanca*, *Stagecoach* (*La Chevauchée fantastique*), *The Maltese Falcon* (*Le Faucon maltais*), *Sunset Blvd.*, de même que des *musicals* comme *The Jazz Singer* et *The Wizard of Oz*. Le célèbre *Lux Radio Theatre*, spécialisé dans les adaptations de pièces de théâtre et diffusé depuis New York dans toute l'Amérique du Nord à partir du 14 octobre 1934, déménagea ses pénates de production à Los Angeles en 1936. C'est là que De Mille en prit la commande comme producteur-animateur, et ce jusqu'en décembre 1945, quand William Keighley prit la relève. La plupart de ces émissions étaient diffusées en direct depuis le Lux Radio Theatre (ex-Vine Street Playhouse), devant public. Ce cinéma pour l'oreille dura près de vingt ans à Hollywood, jusqu'en 1955[1].

Il y a quelque chose de fascinant et d'ironique à la fois dans ce phénomène voulant que le cinéma n'était que de la radio en images (ou du disque en images, comme l'époque des années 30 le montre avec l'apparition des *soundies*[2]), ou encore que la révolution sonore dans l'industrie du film a été plus profonde qu'on ne l'a cru. L'industrie du son montrait ainsi sa capacité, en dehors de sa place sur la bande sonore filmique, de gérer ce travail dans le champ spécifique de la production-diffusion de la radiophonie.

Ce phénomène techno-culturel, étudié maintenant dans les travaux de Rick Altman ou dans le *Hollywood and Broadcasting* de Michele Hilmes, montre bien la force des *passages* et des transversalités entre les deux médias, ainsi que l'impact d'unification de la création sonore dans l'aire audiovisuelle. De sorte que, s'il semblait naturel d'*adapter* un film pour la radio, il était tout aussi logique que des créateurs radiophoniques y trouvent leur source et leur voie jusqu'à Hollywood.

Passage de la radio au cinéma

> *Le fait que Welles ait été un acteur de radio et donc qu'il ait eu une connaissance des effets radio a énormément influencé son montage, et l'on peut imaginer que Kane est d'abord une émission de radio sur laquelle on a mis des images. J'ai la bande, ça s'écoute très bien. La musique de Bernard Herrmann s'intègre comme dans une émission de radio.*
>
> Alain Resnais[3]

Catapultés à Hollywood à la fin des années 30 par le scandaleux succès de *The War of the Worlds* (*La Guerre des mondes*), Orson Welles et Bernard Herrmann avaient une expérience cinématographique voisine du point zéro. Ils travaillaient à New York, Welles au théâtre et tous les deux dans l'art dramatique radiophonique, en particulier au renommé *Mercury Theatre on the Air* sur CBS. Selon leur premier carton, *Citizen Kane* et *The Magnificent Ambersons* (*La Splendeur des Amberson*) sont du reste A Mercury Production, d'après le nom de la société indépendante de Welles qui produisait ces films pour le compte de RKO.

Ce passage explosif de la radio au cinéma, unique dans les annales américaines et mondiales, devait bouleverser l'esthétique du cinéma sonore, du langage filmique tout court. La collaboration en étoile filante de ces deux géants de l'image/son, à la fois si brève et si dense, leur fit produire des films qu'il faut tout aussi pleinement *écouter* que voir. Aujourd'hui, de superbes éditions critiques et documentées permettent de mieux percevoir la force percutante de l'entrée de l'art sonore dans le filmique.

Les efforts conjugués de la collection de vidéodisques Criterion et du chercheur américain Robert L. Carringer fournissent en effet deux éditions remarquables de *Citizen Kane* (1941) et de *The Magnificent Ambersons* (1942), auxquelles il faut ajouter cet autre disque laser qui est le préambule à ces films, *Theatre of the Imagination*, contenant un échantillon significatif de l'art radiophonique de l'équipe du Mercury.

Le générique final de *The Magnificent Ambersons*, film tronqué refait en partie par d'autres mains que celles de Welles, ne comporte pas le nom de Herrmann, qui a refusé d'être associé à un titre contenant de la musique «additionnelle» de Roy Webb et où la sienne a disparu à moitié. En revanche, on dispose maintenant de la musique originale intégrale de Herrmann pour les *Ambersons*, qui fait l'objet d'une édition phonographique de grand intérêt; on connaît aussi la reconstitution fidèle du tournage et du montage initial (quoique encore provisoire) de Welles. Si on ne peut refaire une copie de ce travail original – les négatifs ont été détruits à l'époque –, du moins en a-t-on une très bonne idée en couplant en parallèle la partition de Herrmann et le découpage publié, le *storyboard*, ainsi que quelques photos de tournage.

Quant à *Citizen Kane*, demeuré intact, au contraire, il est assez connu pour qu'il soit besoin d'y revenir longuement. Mais quel est le plan identique de Welles qu'on retrouve à la fois dans *Kane* et dans *The Magnificent Ambersons*? Question piège, presque une colle. En fait, il ne se trouve pas à proprement parler dans *Citizen Kane*, mais dans la bande-annonce du film conçue et réalisée par Welles.

Premier plan de cette bande-annonce: le logo de RKO; deuxième plan: travelling avant sur la porte d'un studio insonorisé; troisième: une contreplongée profonde sur un spot de lumière crue en faisceau. La voix *over* de Welles demande: «Donnez-moi un microphone.» Descend alors l'objet au bout d'une longue perche, le micro apparaissant finalement en gros plan: «Je m'appelle Orson Welles.» Welles, toujours en *voice over*, présente fièrement les principaux acteurs du Mercury, inconnus à Hollywood. Ils ne se succèdent pas dans des extraits du film, mais dans des images de travail en studio. Puis Welles pose la question: «Qui est Kane?» Plusieurs personnages en gros plan, au téléphone, répondent en sens contradictoires: «Je l'adore» / «Je le hais», «C'est un sale chien!» / «C'est un saint», «Il est fou» / «C'est un génie»... Retour au microphone, et à la perche qui remonte à sa position initiale.

C'est ce dernier plan, quasi identique, qui conclut le générique de fin des *Ambersons*, un générique vocal illustré des portraits des comédiens. Sur le microphone à l'image, la voix conclut: «*J'ai mis en scène ce film et en ai écrit le scénario. Je m'appelle Orson Welles. C'est une production Mercury.*» On se croirait ici à la radio du *Mercury Theatre on the Air*. De la radio en images? Plutôt de l'authentique cinéma sonore qui, en voilant son géniteur à l'image, en assure la présence tout en désignant son art d'origine et en rendant hommage à la radio. Dans la bande-annonce de son premier film, Welles pousse même la magie ironique, le *trompe-l'œil*, jusqu'à ne pas montrer une seule image du personnage qu'il interprète. Mais sa seule voix – déjà célèbre dans toute l'Amérique – exécute remarquablement le passage de la radio au cinéma.

C'est de cette manière que Welles va travailler ensuite dans les *Ambersons*, se réservant comme seul rôle celui de voix narratrice *over*, à l'instar de son adaptation radiophonique du roman de Booth Tarkington, le 29 octobre 1939, au *Campbell Playhouse* de CBS qui avait pris le relais du *Mercury Theatre on the Air*. L'édition Criterion comprend l'intégrale de cette adaptation radio. C'est par là qu'il importe de commencer pour bien cheminer vers le film, et comprendre ce que les premiers Welles doivent à son expérience dans ce médium. La souplesse du jeu vocal de Welles y est étonnante. Car il joue *deux* rôles. Celui du narrateur, comme plus tard dans le film (voix grave), mais aussi celui du jeune George (voix aiguë et claironnante), ce qu'il ne fera pas au cinéma.

Surtout, c'est du côté de la structure dramatique qu'il faut chercher la fusion radio/cinéma. En adoptant le filon de la narration *over*, et en se l'attribuant comme rôle absent-présent, Welles incorpore un principe catalyseur d'organisation sonore au montage filmique. Il utilise en outre d'autres caractéristiques radiophoniques: le fameux *talk of the town* des premières minutes du film, quand des voix diverses commentent l'intrigue, comme dans un chœur antique, vient tout droit du scénario radiophonique. De même que cette manière très typiquement radio de distribuer les éléments sonores (bruits, voix, musiques) dans les divers espaces des champs/hors-champs; ou encore cette façon particulière de traiter la multiplicité des voix et dialogues et leur chevauchement, ce dont un Robert Altman se souviendra plus tard avec profit.

Tout cela est dans *Kane* autant que dans *The Magnificent Ambersons*. Dans les suppléments de l'édition Criterion de *Citizen Kane*, des interviews en particulier avec Martin Scorsese, Robert Wise et Allen Daviau soulignent ces formes venues directement des techniques radio très riches à l'époque, la grande expérience de Welles dans ce domaine, et la nécessité de bien comprendre la maîtrise de l'art radiophonique pour saisir à fond le cinéma de Welles.

Pour ce qui est de Bernard Herrmann, il importe de noter que son travail de compositeur et de directeur musical dépassait de beaucoup la seule musique. Aujourd'hui, on l'appellerait peut-être musicien/concepteur sonore de films, dans la mesure où, comme il le fit plus tard pour Hitchcock dans *The Birds* (*Les Oiseaux*), son travail consistait à participer à la structure entière de la bande sonore et, en partenariat avec Welles, à distribuer la musique comme une des composantes liée aux bruitages et aux multiples voix, aux emplacements de ces voix, à leurs timbres, leurs volumes, etc. Welles et Herrmann s'étant connus à la radio, et y ayant collaboré moult fois, ils ont transposé cette expérience à leurs films sans préjugés et dans un bel élan créatif. Leur inexpérience en cinéma, paradoxalement, les a sans doute aidés à ne pas s'autocensurer en la matière. Martin Ritt souligne, dans son interview de l'album *Citizen Kane*, que les administrateurs de RKO ont vu tout le matériel de ce film leur passer sous les yeux (et dans les oreilles), mais qu'ils étaient sans doute trop ignorants pour mesurer l'ampleur des nouveautés visuelles et sonores apportées au studio par la troupe du Mercury.

RKO, emblématiquement sous-titrée «*Radio Picture*», laissa passer *Citizen Kane*. Elle se rattrapa en revanche sur *The Magnificent Ambersons*, qu'elle confisqua à Welles parti au Brésil lors du montage, et rendit ce film exsangue. Bernard Herrmann composa une partition magnifique, pleine à la fois de réminiscences émotives d'un passé révolu et de lourdes phrases nocturnes, tragiques, pour bien souligner la décadence des Amberson et l'industrialisation meurtrière des États-Unis, en particulier par l'invention et l'expansion de l'automobile. Cette remarquable composition n'existe *in extenso* que sur disque.

Il est à espérer qu'un jour le chercheur Carringer ou quelqu'un d'autre puisse regrouper les profondes analyses visuelles des passages sauvegardés de Welles et remonter le tout avec la musique de Herrmann en se servant des photos de tournage et des dessins pour meubler les séquences détruites. Nous aurions de la sorte une maquette proche de l'original, une reconstruction muséale en hommage au talent de ce tandem de créateurs hors pair, universels autant que profondément américains, et qui n'ont travaillé ensemble au cinéma que sur des sujets américains.

Issus d'une des grandes matrices de cette culture apparue à l'arrivée de la radio et du cinéma sonore, ces deux géants n'auront réussi que l'illumination brève d'un profond passage transformateur. Ce moment où, raconte Welles à Peter Bogdanovich, la radiophonie, qui avait succédé au théâtre, devenait à son tour une «mine abandonnée», un «divin anachronisme comme le cinéma muet», puisque le cinéma était devenu «numéro un». Comme le deviendrait bientôt la télévision, «un grand territoire encore à découvrir[4]»...

Souvenirs des musiques d'*Othello*

François Girard est le cinéaste québécois reconnu internationalement en 1993 avec son long métrage *Thirty-Two Short Films About Glenn Gould* (*Trente-deux films brefs sur Glenn Gould*). Cet essai-poème, musicalement construit en s'inspirant de la structure des *Variations Goldberg* de Bach, a eu l'effet d'un choc culturel décapant dans l'abondante production en tout genre sur le mythe Gould.

L'année suivante, François Girard réalisa le film du concert de Peter Gabriel *Secret World*, magnifique symphonie rock. Au printemps de 1995, était diffusé *Souvenirs d'«Othello»*, un dialogue *sotto voce* avec Suzanne Cloutier sur ses souvenirs du tournage de ce célèbre Welles, film dans lequel s'incrustèrent d'inquiétantes musiques funèbres.

François Girard, jeune ciné-téléaste des années 80, formé dans le clip et la vidéo d'art, a la particularité d'avoir «développé une passion pour la musique bien avant celle pour le cinéma», puis de l'avoir tenue par la main de film en film.

Ses dialogues se déroulent dans un surprenant mélange de vivacité et de brefs silences réflexifs, de courts points d'orgue. Il a un débit incisif martelé, presque en mitraille, avec tout juste un peu de *ralentendo* venu d'une voix de basse bien résonante.

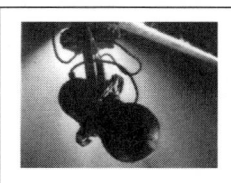

MY NAME IS
FRANÇOIS GIRARD

Dans Souvenirs d'«Othello», *outre la présence de Suzanne Cloutier, chaleureuse et intimiste, se manifeste la stylistique d'entrelacement de sa voix, de ses souvenirs sur le film avec les musiques et les voix d'Othello, en particulier la voix très musicale d'Orson Welles. Cette mise en scène dépouillée, distanciée, qui laisse place à une évocation principalement sonore, recoupe-t-elle le fait que, chez Welles, l'aspect sonore de ses films était primordial?*

C'est vrai que Welles et son film sont surtout présents sur le plan sonore, mais c'était un choix stylistique lié à la nature du film d'entretien. *Souvenirs d'«Othello»* est d'abord et avant tout un film d'entretien et, pour moi, tourner un entretien, c'est le mettre à l'écran sans faire de montage, sans le manipuler. C'est faire confiance au sujet, à ce qu'il dit. C'est tourner des milliers de pieds pour aller chercher les trois minutes qui résument le tout. Dans *Souvenirs d'«Othello»*, j'ai donc voulu montrer les choses telles qu'elles se sont présentées à la caméra.

J'ai été fasciné par l'histoire de cette femme et de son amitié avec Orson Welles, et surtout par *Othello*, un film qui m'a bouleversé. J'ai donc amené Suzanne Cloutier sur les lieux où elle avait tourné ce film pour qu'elle nous raconte. Suzanne Cloutier à Venise et à Essaouira, c'est Venise et Essaouira qu'on voit en la regardant, elle. Les villes apparaissent derrière elle comme une tapisserie vague et floue. Ne pas faire de cinéma ni de carte postale, rien d'autre que d'écouter Suzanne raconter son histoire.

Tout en voulant monter ou manipuler le moins possible, il était inévitable de montrer le film *Othello*. Je me suis servi de quelques extraits en introduction et en conclusion. Mais je me refusais de faire du montage parallèle, sauf au niveau sonore: l'émergence de la musique d'*Othello*, d'une voix, d'un dialogue entre Desdémone et Othello, qui interviennent dans des silences ou à des moments où Suzanne est pensive. Le souvenir de Suzanne existe donc dans le sonore. Elle ne se rappelle pas l'image du film, mais plutôt sa bande sonore. Elle réécoute le film. Je crois que cette idée a bien fonctionné.

Comment s'est faite cette construction?
Au montage surtout. Au tournage aussi. J'ai filmé des plans de Suzanne qui écoute, pour donner des possibilités de montage.

Elle écoutait la bande sonore du film?
Elle écoutait... ses souvenirs. On travaillait en très petite équipe et avec très peu d'équipement.

Dans ces Souvenirs, *il y a une dialectique passé-présent. Un tournage depuis longtemps terminé, mais un film qui existe encore. Le passé du film est en même temps un présent.*
Othello existe toujours, bien sûr. C'est un des chefs-d'œuvre de Welles. Ce n'est pas étonnant qu'on l'ait restauré et ressorti récemment. Mais en écoutant Suzanne raconter l'histoire du tournage et de son amitié avec Welles, c'est vers le passé qu'on se tourne. J'ai vu *Othello* pour la première fois à la Cinémathèque québécoise. Ce film m'a alors beaucoup impressionné, et plus encore le jour où j'ai lu l'histoire de son tournage. Welles qui prépare l'*Othello* de Shakespeare, le producteur italien qui croit qu'il s'agit de l'*Otello* de Verdi, la faillite de ce producteur, Welles qui refinance le projet, tournant un plan au Maroc et son contrechamp deux ans plus tard en Italie, tous les gros plans de Welles tournés à la fin, etc. Cette histoire est la plus extraordinaire de toutes les histoires de tournage. Je n'ai pas arrêté de la raconter à mes amis. Quand j'ai su qu'à trois rues d'ici habitait Desdémone, le lendemain je lui ai téléphoné: «Ça fait dix ans que je raconte cette histoire. C'est extraordinaire que vous soyez là. Voulez-vous raconter l'histoire une fois pour toutes?» *Souvenirs d'«Othello»* est un film sur un film, un film sur la chute de Welles, à travers les yeux d'une femme.

Un film sur la mémoire ?
Oui, un film sur le passé. La dimension du présent est évacuée.

Mais Suzanne Cloutier est toujours là. Othello *aussi, un vieux film restauré, encore visible...*
L'*Othello* et la Desdémone de Suzanne ont survécu. Tant mieux. Le propre du cinéma est de vaincre l'oubli. Mais dans mon film, on parle très peu de ce qu'est devenu *Othello* aujourd'hui. Le point central du film, c'est ce qu'ont vécu Suzanne Cloutier et Orson Welles entre 1948 et 1952, puis le destin de Welles par la suite. Une chose que j'ai voulu souligner, qui n'est pas nécessairement claire dans les biographies de Welles, c'est qu'*Othello* est un point tournant dans sa carrière. Après *Othello*, il a eu du mal à financer ses films, il a engraissé, ses problèmes de santé ont surgi, il s'est mis à boire, à errer en Europe pour trouver de l'argent... C'est une fracture dans sa vie, un mariage brisé avec Hollywood. Ces quatre années de tournage, Suzanne les a vécues et c'est par elle qu'on passe d'abord pour atteindre Welles.

*Je reviens un instant sur l'anecdote du premier producteur qui pensait que Welles faisait l'*Otello *de Verdi, un opéra filmé. Ce qui est formidable, c'est qu'au bout du compte, dans la manière dont Welles fait ce Shakespeare au cinéma, avec des images, des sons, des musiques remarquables et sa voix, son film devient une sorte d'opéra moderne...*
C'est sa version opératique d'*Othello*, bien après celle de Verdi.

Tout en faisant partie de la génération des jeunes cinéastes québécois, comment se fait-il que vous manifestiez un goût prononcé d'aller chercher dans le passé des sujets comme Gould, ou Othello, *et de les réactualiser ?*
Je pense qu'un des privilèges du cinéma est d'échapper à l'instantanéité, au moment, ce qui est le travail des actualités en général. Le cinéma est plus intemporel et peut s'échapper dans le temps, dans le passé comme dans le futur. Parfois, en regardant en arrière, on comprend mieux ce qui nous arrive main-

tenant. Je pense que les deux plus grandes tares de notre société sont le gaspillage et l'oubli. Le cinéma peut servir à contourner cette obsession du présent. Nous vivons dans une société obsédée par le présent. Au Québec plus qu'ailleurs, l'oubli frappe. Les enfants italiens lisent des BD sur la bataille de libération menée chez eux par nos soldats, tandis qu'ici ni ma génération ni la suivante ne s'en souviennent. On oublie notre participation à l'histoire. Le très beau film de Jean-Claude Labrecque sur André Mathieu montre de façon tragique combien l'oubli cimente notre culture, c'est effrayant. Avec l'architecte Ernest Cormier, c'est pareil.

Autre exemple de créateur que vous avez sorti de l'oubli...
Phyllis Lambert et le Centre canadien d'architecture ont fait bien plus, mais disons que la question de l'oubli m'intéresse. Le regard sur le passé aide à vaincre l'oubli, d'abord mon oubli à moi, mon ignorance... Mon long métrage de fiction, *The Red Violin* (*Le Violon rouge*), se déroule sur trois cents ans, à cinq époques et dans cinq pays différents. Je revisite donc ces périodes de l'histoire, et j'apprends sur nous-mêmes, sur le présent, ce qui se passe à Montréal maintenant. Par exemple, il n'y a rien comme d'aller à Jérusalem et marcher dans les rues de la vieille ville en essayant de comprendre (même si on ne peut en saisir qu'une infime partie) une cité habitée par des problèmes ethniques depuis plus de deux mille ans, puis revenir au Québec et mieux saisir ce qui se passe ici. Au Québec, on n'a pas enseigné l'histoire, ou mal, aux gens de mon âge à tout le moins. Au Canada anglais, c'est déjà plus présent, en Europe évidemment encore plus. Je crois que, modestement, le cinéma peut aider à rétablir des liens.

Sans doute, mais celui qui travaille dans la pub, dans le clip, est toujours dans une sorte de présent perpétuel. Vous ne vous contentez pas de ce terreau?
Je fais de la pub, j'ai fait du clip. Mais j'aime aussi déterrer les morts... Le futur m'intéresse aussi. Ça fait longtemps que ça me trotte dans la tête de faire un film situé dans le futur...

Gould s'en va vers le futur au départ de la fusée Voyager...
Oui, mais ce futur-là, c'est dans la tête du spectateur qu'il existe, pas dans mon film.

Opéras radio-filmiques

L'intérêt pour la composition musicale et lyrique radio-filmique semble être né tôt en Allemagne, à la fin des années 20, grâce à Weill, à Brecht et à Rudolf Arnheim. Pour les raisons que l'on sait, ce mouvement émigra tôt aussi aux États-Unis. L'ouvrage d'Arnheim, *Radio. An Art of Sound*, fut vite traduit en anglais à Londres en 1936 puis circula en Amérique.

Sans que l'on connaisse très exactement le degré d'influence aux États-Unis de ces créateurs allemands sur les Américains, il est certain que leurs chemins se croisèrent. Ainsi Bernard Herrmann et Marc Blitzstein se retrouvent dans l'aura du *Hörspiel*, à l'occasion d'un ouvrage de Blitzstein. En 1937, dans le «*radio song-play*» I've Got the Tune (CBS, 24 octobre), auquel participaient Lotte Lenya et plusieurs futurs acteurs du Mercury Theatre, Blitzstein tenait lui-même le rôle de Mr. Musiker, qui devait être joué par son dédicataire Orson Welles, empêché de le faire. Bernard Herrmann dirigeait cet opéra radiophonique.

Si on suit le raisonnement du film de Joshua Waletzky *Music For the Movies: Bernard Herrmann*, ce compositeur détestait la radio et le cinéma. Son rêve, souligne Lucille Fletcher (sa première femme), était d'être chef d'orchestre, de défendre les compositeurs qu'il aimait, par exemple Debussy, Bartok et Charles Ives, de jouer ses propres compositions symphoniques et ses opéras. Cette utopie ne prit jamais forme, et c'est à contrecœur, mais en toute intelligence, que Herrmann devint le premier compositeur américain d'envergure à s'exprimer quasi exclusivement dans les modes radio-cinématographiques. Inconsciemment peut-être, mais lucidement, il réalisait cet autre rêve, décrit par Kurt Weill, qu'à l'époque moderne le compositeur ne s'exprime plus en concert ou au théâtre, mais dans la radiophonie et dans le film sonore.

C'est là que, tout compte fait, Herrmann a réalisé ses opéras[5]. Des ouvrages lyriques modernes, audiovisuels qui révélaient chez le compositeur un art novateur de figures musicales (généralement assez courtes) étroitement liées aux bruitages et aux dialogues. Revenons un instant au film de Waletzky: «Herrmann méprisait la musique de film, y déclare en riant James G. Stewart, le mixeur de *Citizen Kane*, sauf celle qu'il écrivait.» Herrmann, laisse-t-on entendre, détestait cette longue vague de musiques filmiques romantiques, post-Tchaïkovski, apportées par des musiciens d'Europe centrale comme Steiner et Tiomkin, et porteuses de belles mélodies et d'*atmosphères*. Comme Herrmann l'explique, il recherchait plutôt, en dehors du romantisme et des thèmes associatifs externes (personnages, situations), une sorte d'image sonore purement émotive, «l'expression d'un état psychique intime», congénitalement nécessaire au film comme élément structurant, plutôt que comme facteur d'enveloppement décoratif. Comme le fait remarquer Alain Resnais,

> Récemment, des textes de Kurt Weill ont été publiés, et un critique français s'est indigné devant certains propos qu'il y tenait. À la question: «Qu'est-ce que la musique de film, à quoi sert-elle?», Weill a répondu: «Le rôle principal de la musique au cinéma, c'est de mettre en valeur la structure du film»... D'ailleurs, si j'avais pu travailler avec Kurt Weill, je n'aurais pas hésité, parce que c'est un compositeur qui me passionne à tous points de vue. C'était en effet une définition parfaite de ce que je demande à un compositeur[6].

Dans cette optique, il n'est pas étonnant qu'un monteur comme Paul Hirsch soit à l'origine de l'idée d'associer Bernard Herrmann au film de Brian De Palma *Sisters* (*Sœurs de sang*), qui sera suivi d'*Obsession*. Pas surprenant non plus qu'un cinéaste comme Martin Scorsese, particulièrement sensible à la musicalité filmique et au statut postmoderne du *musical* au cinéma, ait tenu à associer Herrmann à son *Taxi Driver*. Par ailleurs, le plus émouvant hommage que Scorsese ait rendu à Herrmann est d'avoir repris sa musique pour *Cape Fear* (*Les Nerfs à vif*), qui est tout sauf un *remake*. Plutôt un *musical* sans chansons.

Cape Fear est un hommage non voilé au tandem Herrmann-Hitchcock dans une collaboration qui n'a jamais eu lieu sur ce titre, mais qui est ici rêvée par Scorsese. La musique est un élément-clé de ce film, le réalisateur ayant eu la belle idée de réutiliser, dans une adaptation d'Elmer Bernstein, celle que Herrmann composa pour le film homonyme de J. Lee Thompson en 1961. Sans compter que, sur le plan du décor sonore, Scorsese fait ici appel à Skip Lievsay, un fidèle collaborateur, pour concevoir un orage tropical fantasmatique, ainsi que des bruits secs et violents qui ponctuent chaque changement de séquence.

Ce *Cape Fear* est remarquable, je crois, par le fait qu'il ne renvoie à d'autre réalité qu'à celle du cinéma américain, en particulier celui des années 50-60. Il emprunte au film de 1961 la trame de fond du scénario de James R. Webb et la musique de Herrmann, il redemande la participation des comédiens Robert Mitchum et Gregory Peck. Cependant, Scorsese ne fait pas que de la reproduction, ou même du *remake*. Il imagine plutôt, avec son scénariste Wesley Strick, un *Cape Fear* qui appartiendrait au tandem Hitchcock-Herrmann, ce qui est de l'ordre de l'interprétation créatrice à partir du film de J. Lee Thompson, ouvrage malgré tout assez conventionnel.

L'atmosphère hitchcockienne suinte de toute part chez Scorsese, par la culpabilité et la faute qui habitent chaque personnage de la famille et en font des victimes expiatoires, par les tatouages biblico-sataniques dont est peint le corps entier de Max Cady (De Niro) – sorte de Dieu hébraïque vengeur. Et surtout, par ces décors presque irréalistes à force d'effets spéciaux très visibles, et qui rappellent certains studios de *The Birds* ou de *Marnie*. Ainsi *Cape Fear* se révèle-t-il un brillant exercice de style, une copie studieuse et personnelle dans l'esprit renaissance «maître/artisan». Scorsese, ici et là, se permet une couleur subjective, comme ce chœur d'opéra de Verdi qui s'enchaîne «naturellement» aux cordes graves de Herrmann.

* * *

Au terme de la période que nous venons de balayer en panoramique, des débuts de la cinéphonographie jusqu'aux années 50, le déclin du film-opéra est amorcé, du moins dans les formes empruntées au genre du *musical*. Le système des grands studios se lézarde, alors que s'amorce leur métamorphose. On commence à remarquer la décadence des grands genres triomphants, dominateurs, à la lumière d'une autoréflexivité croissante et des gains des cinémas de la nouvelle modernité d'après-guerre. Ce qui était tenu pour mineur jusque-là tend à s'élargir.

Embryonnaires et fragiles, les exemples novateurs n'ont pourtant pas manqué depuis les débuts du siècle, comme on l'a constaté. Il y en a d'autres, que les précédents chapitres n'ont fait qu'effleurer ou n'ont pas touchés. Par exemple, dans le court métrage d'animation des majors, on s'étonne encore aujourd'hui des partitions délirantes de certains films, concoctées comme d'audacieux collages de voix, de bruits et de musiques. Dans le domaine du cinéma d'avant-garde, il est significatif que déjà en 1926 deux Américains travaillent au *Ballet mécanique* de Fernand Léger, le cinéaste Dudley Murphy et le compositeur George Antheil. Plus tard, certains pans du cinéma indépendant et underground s'intéressent aux liens entre le cinéma et la musique lyrique, comme en témoigne *Lost in Sodom* (1935) de J. S. Watson et M. Webber, avec une musique de Louis Siegel.

On verra bientôt comment le cinéma indépendant d'après-guerre s'est enthousiasmé pour de nouvelles formes du film-opéra. En filigrane, le cinéma expérimental s'intéressait à des constructions inédites en audiovisuel. Très tôt à la fin des années 30, c'est à New York que crèche Norman McLaren quand il réalise ses premiers essais d'images et de sons gravés à même la pellicule. Le cas McLaren est emblématique. Amorcée à New York, sa carrière devait se développer au Québec, au sein de l'ONF (créé en 1939 à Ottawa, relocalisé à Montréal en 1954), et participer à l'émergence des nouveaux cinémas canadien et québécois, où se développerait, hors des États-Unis, mais dans un axe culturel Nord-Sud somme toute naturel, un riche corpus de films-opéras. Dans cette optique, il ne sera pas étonnant non plus que l'artiste et musicien Michael Snow démarre aussi à New York son opus filmique (en 1964, par le bien nommé *New York Eye and Ear Control*), avant de poursuivre ses travaux à Toronto.

Une dernière image, symboliquement chargée. Le moment que choisit McLaren pour s'installer à New York est le même où débarque à Hollywood le tandem Welles-Herrmann. Le temps du seul *Citizen Kane*, fabuleux et maudit, ces deux jeunes loups, en plein cœur des majors, accomplissent une sorte d'attentat en faveur du film-opéra moderne. Orson Welles le paiera très cher; Herrmann deviendra un compositeur enchaîné à la musique de film.

Avant de reprendre les promenades dans ces mouvances contradictoires de dégénérescence et de renouveau, il peut s'avérer utile de faire une pause, à la manière dont l'opéra prévoit l'entracte ou l'intermède. En lieu et place d'*intermezzo*, voici un scénario de film-opéra que j'ai rêvé en ne perdant pas de vue le métissage de l'art lyrique et du cinéma, en particulier la manière dont il s'est noué en Amérique. Comme c'est Puccini qui a eu l'intuition de cet hybride, et qu'il a reçu commande d'en composer un opéra pour le Met de New York, j'ai cru que sa partition était toute désignée pour nourrir ce fantasme d'opérascope.

Notes

1. Frank Bresee, notes pour le disque *Sunset Boulevard. Original Radio Broadcasting*, Mark56 Records, 1976.
2. Dans le domaine plus populaire et commercial, les années 30 furent en effet témoins de la mise au monde d'un singulier métissage cinéphonographique, celui des *soundies*, enfants «légitimes» du *Kineto-phonograph* d'Edison et matrice des Scopitones français des années 50. Les *soundies* sont des juke-box cinéphonographiques, courts métrages 16 mm en boucle défilant, à travers une cascade de miroirs, jusqu'à un petit écran placé au-dessus des disques, le tout en synchronisme. On les connaît mieux aujourd'hui par des collectionneurs qui les exhibent, ou par certains documents de recherche et des anthologies. Voir l'ouvrage *The Soundies Distributing Corporation of America. A History and Filmography* (1991), ainsi que l'anthologie en trois vidéocassettes présentée par Leonard Maltin, *Movie Memoirs. The Soundies* (BMG, 1990).
   Le plus bel hommage à ce jour à ces très courts métrages cinéphonographiques est le *Radio Days* de Woody Allen (à sa manière, une suite de *soundies*), dans le mode nostalgique d'un album de famille et d'une collection de vieux disques. Le cinéaste, du reste, a choisi la musique du film avant la rédaction du scénario.
3. Dans François Thomas, *L'Atelier d'Alain Resnais*, Flammarion, 1989, p. 278.
4. *This Is Orson Welles*, HarperCollins, New York, 1993, p. 9-10.
5. Nonobstant qu'il se soit essayé à la scène, sans beaucoup de succès, avec son drame lyrique *Wuthering Heights* et sa cantate *Moby Dick*.
6. «Entretien avec Alain Resnais», *24 Images*, n° 72, printemps 1994.

Scénario d'un film-opéra

LA FANCIULLA DEL WEST DE PUCCINI

En décembre 1910 avait lieu à New York, au Metropolitan Opera, la création mondiale du plus singulier des opéras de Puccini, *La fanciulla del West*. Ouvrage très moderne pour l'époque – qui l'est encore aujourd'hui pour ses audaces musicales et certains traits de son sujet –, et qui reste relativement méconnu après plus de quatre-vingt-dix ans.

Contrairement aux autres grands succès de ce compositeur, *La Bohème*, *Tosca*, *Madama Butterfly*, voire *Turandot* (son dernier opéra), *La fanciulla* est resté curieusement en retrait, opéra obscur et mal aimé, malgré le grand triomphe de la création américaine.

À la fin de sa composition, Puccini le considérait toutefois comme son meilleur ouvrage. Qu'est-ce qui a pu reléguer ce drame lyrique dans l'ombre? Peut-être sa modernité, la volonté du compositeur d'opérer une rupture radicale avec les «larmes romantiques» de *Bohème* et de *Butterfly*, ainsi qu'un décentrement des codes opératiques habituellement reconnus par le grand public. Sur le plan musical et dramaturgique, Puccini a suivi dans *La fanciulla* la leçon révolutionnaire de *Pelléas et Mélisande* de Debussy en 1902, ce qui place cet ouvrage dans l'aura des grands opéras novateurs du XXe siècle, qui comprend *Wozzeck* et *Lulu* de Berg, *L'Enfant et les Sortilèges* de Ravel, *Moses und Aron* de Schönberg, *Porgy and Bess* de Gershwin...

Mais il y a plus. C'est, dit-on souvent, le plus «cinématographique» des opéras de Puccini, qui renvoie à la découverte éblouie de l'Amérique par le compositeur italien en 1907. Dans cette optique, *La fanciulla* révèle à sa manière l'irruption flamboyante de l'industrie américaine du film, dans son cœur même, c'est-à-dire dans le cinéma le plus authentiquement américain, celui du western, de la grande épopée de la conquête de l'Ouest. *La fanciulla* représente, avec ses moyens lyriques, le rêve même de l'américanité, la cohabitation forcenée d'une industrie et d'une mythologie, indépendamment du fait que son livret soit construit sur un mélo théâtral de David Belasco, *The Girl of the Golden West*, que Puccini vit à New York en 1907. Il n'y a pas à s'étonner d'ailleurs du rapprochement entre la ruée vers l'or et le cinéma hollywoodien, si l'on suit cette réflexion de Joseph Kessel dans son livre *Hollywood ville mirage*:

> En un tiers de siècle, la Californie a vu se réaliser son troisième rush, sa troisième ruée vers la fortune, son troisième Eldorado. Il y eut l'or. Il y eut le pétrole. Le tour est maintenant aux films[1].

Pour toutes ces raisons, il est donc tentant d'imaginer *La fanciulla* en film-opéra, en prévoyant de faire cohabiter le texte de cet opéra, sur bande sonore, avec une trame iconique qui ait pour leitmotiv le western américain dans ses contradictions, au sein même de ses signifiants mythologiques, c'est-à-dire dans ses déchirements entre imaginaire et réalité de l'Ouest.

Cinéma et américanité

Un film où bande sonore et bande image seraient à la fois complètement autonomes et toujours en interrelation, mais de façon très libre, voire assez éclatée.

La bande sonore elle-même formerait la trame intégrale du film, inamovible et intouchée, sans adjonction de voix *over* ni de bruitages. J'imagine un produit phonographique historique (pour rendre hommage à cet art), qui a déjà ses beautés musicales et techniques, plutôt qu'un nouvel enregistrement pour les besoins du film comme on le fait généralement dans les films-opéras.

Dans les peu nombreux enregistrements intégraux qui existent de *La fanciulla* depuis les années 50, le plus beau à tous points de vue est celui de Decca-London de 1958 (reporté en CD en 1988[2]), en stéréophonie, avec Renata Tebaldi, Mario Del Monaco, Cornell Macneil et Giorgio Tozzi; orchestre et chœur de l'Accademia di Santa Cecilia de Rome dirigés par Franco Capuana. Version exemplaire pour la direction musicale de Capuana, chef spécialisé dans le répertoire lyrique moderne et qui donne de cette *Fanciulla* une lecture significativement debussyste. Ce qui, au niveau du tissu orchestral et choral, a l'avantage de mettre en lumière la facture moderne de l'ouvrage et les subtilités harmoniques de son écriture.

Quant à l'enregistrement lui-même, il témoigne de la grande maîtrise des ingénieurs du son de Decca à l'époque; le transfert audionumérique restitue une prise de son singulièrement claire et riche, une spatialisation typique d'une firme qui fut à l'avant-garde de la mise en scène phonographique d'opéra en stéréophonie. Ce phonogramme devrait ainsi fournir au film une dimension auditive enveloppante, à la fois mélodique et surprenante, toujours chatoyante et évocatrice.

La bande image, pour sa part, apporterait l'essentiel de la création iconique en donnant du texte opératique une lecture à la fois empathique et distanciée, critique et dérangeante. Ces images pourraient s'inspirer en partie de la manière *scratch* (emprunt d'extraits de films et de photos) et s'appuyer, par exemple, sur l'art et la technique d'animation de Pierre Hébert à l'ONF: gravure sur pellicule en direct à partir de séquences musicales (gravures brutes ou traitées par la caméra optique); images fixes venant de ce type de gravure; traitement d'images existantes par déchirures, combinaisons avec gravures, déformations et colorations optiques.

Cette techno-esthétique possède un triple avantage pour le film-opéra. Elle offre d'abord une écriture brute et très rythmée, à chaud, donnant un contrepoint visuel interprétatif et symbolique à la musique moderne; elle permet en outre un jeu très diversifié sur des images préenregistrées, ici des images principalement cinématographiques, secondairement photographiques; elle a développé enfin une panoplie de moyens dont le rythme de production est très rapide, ce qui n'empêche pas le haut niveau professionnel du produit fini en 35 mm (peut-être même en 70 mm avec pistes magnétiques). Sur le plan conceptuel, le travail de Pierre Hébert depuis les années 80 montre un souci constant du rapport à l'image filmique industrielle, thématique qui s'intégrerait au questionnement sur le western hollywoodien.

Sous cet angle, l'image de ce film-opéra ne comprendrait aucun tournage en prises de vues réelles, ni aucun sous-titre du livret de l'opéra. On n'y verrait jamais de comédiens chanter, ni figurants, ni décors. La suppression des sous-titres viserait à aider le spectateur à se dégager des paroles du livret, à s'en distancier, à aider la concentration sur la musique et le chant.

Synopsis

Il n'est aucunement question ici de suivre à la lettre le mélodrame du livret, son évolution psychologisante, mais bien plutôt l'esprit et le sens général de ses significations les plus essentielles, qui se traduisent plus spécifiquement par la musique. Néanmoins, pour situer certains points d'ancrage, quelques partis pris de certaines images proposées, il est utile de rappeler brièvement les grandes lignes du livret de Guelfo Civinini et Carlo Zangarini pour *La fanciulla del West* de Puccini.

ACTE PREMIER. Lors de la première ruée vers l'or (1849-1850), un soir au pied des Cloudy Mountains de Californie, au bar La Polka dirigé par Minnie. Un grand poster au mur annonce une récompense pour la capture du bandit Ramirrez. Les mineurs jouent aux cartes, boivent et fument, chantent des complaintes et se disputent. Minnie survient, calme les esprits, récite un psaume de David, puis, restée seule avec le shérif Rance, repousse ses avances amoureuses. Arrive Johnson, un étranger (Ramirrez), que Minnie protège des questions insinuantes du shérif. Johnson invite Minnie à danser dans la pièce voisine. Les mineurs, à qui on rapporte des nouvelles de la présence de Ramirrez dans les parages, organisent une chasse à l'homme, malgré la tempête de neige qui s'élève. Johnson demande à Minnie d'aller continuer chez elle, dans sa cabane, la conversation entreprise. Elle lui donne rendez-vous, et, seule un moment, exprime sa joie.

ACTE II. Dans la cabane de Minnie. L'Indienne Wowlkie chante une berçeuse à son enfant. Billy, son compagnon, promet de l'épouser sur les conseils de Minnie. Cette dernière arrive, demande à ses serviteurs de préparer un souper pour deux. Elle est rejointe par Johnson, qui lui clame son amour, auquel Minnie cède. Mais Johnson doit partir, malgré la tempête. On frappe, Minnie le cache. Le shérif et ses hommes sont certains d'avoir suivi la trace de Ramirrez jusque dans la cabane de Minnie, qui nie l'avoir caché. Les hommes repartent, après avoir mis la fille en garde contre le bandit, qui de plus a déjà une femme, Nina. Furieuse, Minnie fait sortir Johnson de sa cachette et lui fait avouer qu'il est bien Ramirrez, mais qu'il a décidé de s'amender depuis qu'il est devenu amoureux d'elle. Minnie le chasse. On entend un coup de feu. Johnson revient blessé. Réapparaît le shérif Rance, qui découvre le pot aux roses. Minnie décide de jouer la vie de Johnson au poker avec Rance. Elle gagne.

ACTE III. Quelque temps après, dans une forêt. Rance et ses hommes attendent la nouvelle de la capture de Johnson-Ramirrez, qui a été soigné par Minnie et a tenté de fuir. On amène le bandit, on va le pendre. Mais surgit Minnie qui explique aux mineurs que Johnson s'est repenti, qu'ils s'aiment. Les hommes sont convaincus. Ils délivrent l'amant de Minnie. Les deux partent en leur disant adieu, ainsi qu'à la Californie.

En quoi, hors de sa trame mélo, *La fanciulla del West* est-il intéressant?
C'est d'abord le seul opéra contemporain à avoir traité le thème de la conquête de l'Ouest américain. Mais cet aspect n'est captivant que dans la mesure où, pour en faire l'évocation, Puccini a su, dans de longues pages descriptives, s'appuyer sur une profonde recherche de motifs folkloriques américains et amérindiens authentiques et les incorporer au travail de son imaginaire. Il donne, par cette manière de faire, une première piste de métissage du western réel et du western mythique, créant ainsi une géoculture lyrique plus riche que la seule légende. Mais cet opéra est surtout attachant par la figure de son héroïne éponyme, cette Minnie qui, au-delà des naïvetés contradictoires du premier acte – elle dirige le bar des mineurs et leur fait la lecture obligatoire de la Bible! –, se révèle rapidement une femme libre, coura-

geuse, dynamique, qui n'hésite pas à utiliser tous les moyens pour sauver son amant, après l'avoir choisi, lui un bandit, parmi les rejetés de l'ordre social sauvage. Ainsi, Minnie est aux antipodes des autres héroïnes pucciniennes, ces Mimi et Butterfly rejetées de l'amour, mourant brutalement sur l'autel de la «défaite des femmes», pour reprendre l'expression de Catherine Clément. Au contraire, Minnie connaît l'amour par choix, le conserve, le sauve du danger et l'arrache à la menace de mort, puis quitte triomphalement ce monde de larmes, de jeux et de lynchage.

Ces deux centres d'intérêt appellent un équivalent dans le cinéma américain de l'Ouest, auquel ils renvoient et qu'ils illuminent à leur manière, offrant par la même voie le matériau iconique du film-opéra.

D'abord, des images authentiques (documentaires) de l'Ouest – films et photos – qui contredisent les fantaisies légendaires de la majorité des westerns depuis les débuts du cinéma, et recoupent les points de vue du nouveau courant historique sur l'Amérique de l'Ouest:

> L'histoire de l'Ouest américain se présente, presque par définition, comme un récit triomphaliste, qui dessine une chaîne virtuellement ininterrompue des succès de l'expansion nationale. Ce mythe, clament les historiens dissidents et rebelles, nourrit l'image d'un territoire conquis par le fermier mâle-blanc, créateur de démocratie, de prospérité et de succès glorieux pour la vie américaine. Ce mythe, disent-ils vigoureusement, est un faux[3].

Ensuite, les images de certains films qui tracent de leurs héroïnes un portrait équivalent à celui de Minnie. Deux sont particulièrement significatifs à cet égard: *They Came to Cordura* (*Ceux de Cordura*) avec Rita Hayworth et, par-dessus tout, le *Johnny Guitar* (*Johnny Guitare*), de Nicholas Ray, avec Joan Crawford.

Voici une structure possible de scénario.

GÉNÉRIQUE

PRÉLUDE ORCHESTRAL / Photo de Marc Degryse d'un ciné-parc désert du Middle West.

ACTE PREMIER
a. Jusqu'à l'arrivée de Minnie. Pages descriptives de la partition: images documentaires de l'Ouest, pionniers et mineurs, cabanes, faim et

misère, etc. (contrastant avec de courts extraits de vieux westerns chromos).

b. Depuis l'arrivée de Minnie jusqu'à l'irruption de l'étranger. Quelques images du *musical The Girl of the Golden West* (*La Belle Cartouchière*) avec Jeanette MacDonald.

ACTE II
a. Quelques images contradictoires d'Indiens.
b. Surtout des extraits de *They Came to Cordura*.

ACTE III
Presque exclusivement des extraits dramatiques de *Johnny Guitar*, jusqu'à la lutte de Minnie contre les mineurs déchaînés et le sauvetage de Johnson du lynchage.

Bien que ce découpage indique déjà des choix assez arrêtés de l'emplacement d'images existantes, une remarque préliminaire s'impose. Ce n'est pas tant la quantité d'images filmiques et photographiques qui compte que leurs valeurs symboliques et réflexives. Pour le *Prélude* orchestral (durée 3'28), par exemple, une seule image comme celle de la photo de Marc Degryse pourrait suffire. Il s'agit d'une évocation surprenante, fantomatique, de l'Ouest et du cinéma américains. Ciné-parc désert (fermé), avec dans le tiers droit ce grand écran blanc qui se découpe sur le ciel bleu acier, avec la ligne d'horizon coupée seulement de quelques montagnes au loin.

Cette seule image, soutenue pendant l'éclatant prélude – mélange de thème folklorique et d'accords dissonants –, suffirait, je crois, à capter l'attention par un raccourci visuel saisissant, étrange et symbolique à la fois. Cette hypothèse illustre que, pendant plusieurs séquences de l'opéra, l'image citée pourrait être minimale. Mais il faut faire intervenir ici un second facteur, celui du traitement qu'un Pierre Hébert pourrait faire subir à ces images, au développement qu'il pourrait en tirer. Ainsi, dans le prélude, apparition progressive, évanescente, d'une animation gravée sur le thème du cinéma western, en surimpression sur la photo.

Pour l'acte premier, les longues pages descriptives de la vie mélancolique, tragique des mineurs se prêteraient très bien à l'emprunt de vieilles images documentaires de l'Ouest, images filmiques et photographiques de la fin du XIXe et du début du XXe siècle, qui montrent avec tant d'à-propos l'envers de l'imagerie légendaire: femmes, enfants, Indiens, cabanes pauvres, etc. Puis quelques contrastes avec les premiers films westerns naïfs, joués devant des toiles peintes, conduiraient par l'humour à l'arrivée de Minnie.

Comme les premières scènes de Minnie sont drolatiques (elles se veulent telles mais le sont objectivement à un deuxième degré), ce serait le moment de rappeler le *musical* des années 30 tiré du même sujet, *The Girl of the Golden West*, dans un traitement opératique typique de Hollywood.

Toutefois, lors du premier duo Minnie-Jack Rance, on devrait commencer à sentir le côté femme libre, humain et dramatique de ce personnage. Prolonger cet effet à l'arrivée de l'étranger. Ces deux scènes marquent déjà un double refus de Minnie au shérif, refus amoureux et refus «politique» (policier), de sorte qu'on pourrait trouver quelques images d'un classique en noir et blanc des années 30 ou 40, par exemple *My Darling Clementine* (*La Poursuite infernale*) de John Ford, comme prélude aux personnages féminins (en couleurs cette fois) de Rita Hayworth et de Joan Crawford qui seraient gardés pour les actes II et III.

L'acte II est celui de la première lutte importante de Minnie contre le shérif et ses hommes pour sauvegarder son amant blessé. Pourquoi surtout des extraits de *They Came to Cordura* (1959)? Ce film de Robert Rossen, qui n'appartient pas aux classiques du cinéma américain, est néanmoins remarquable par le scénario très progressiste du réalisateur/producteur. Les protagonistes sont des antihéros. Gary Cooper joue un officier militaire lâche et peureux. Rita Hayworth, une riche Américaine traître à sa patrie et amoureuse libre. Son personnage est le pivot du film. Seule femme parmi un groupe de mâles, elle seule comprend l'envers de la réalité: que les héros décorés sont des peureux, que le capitaine couard, qui n'a pas peur d'avouer sa lâcheté, est au fond un courageux.

Histoire profondément intériorisante, loin des modèles d'action militaro-western (Mexique et Nouveau-Mexique), ce film non seulement présente un très beau personnage de femme, mais donne aussi à Rita Hayworth son meilleur rôle au cinéma, celui où derrière la vamp se révèle la femme, d'une manière plus sobre, plus tranchante et plus convaincante que ce qu'Orson Welles avait fait jouer à cette actrice dans *The Lady from Shanghai* (*La Dame de Shanghai*), où l'intellectualisation de la comédienne est par trop évidente et artificielle. Dans *They Came to Cordura*, une profonde histoire d'amour mais sans l'échange d'un seul baiser, se révèle l'un des plus beaux portraits de femme du cinéma américain, dans un contexte antimilitariste et antinationaliste qui rappelle le beau projet mutilé de John Huston, *The Red Badge of Courage* (*La Charge victorieuse*), et annonce *Heaven's Gate* (*La Porte du paradis*) de Michael Cimino.

Quant au *Johnny Guitar* (1954) de Nicholas Ray pour l'acte III, que dire de ce chef-d'œuvre antiwestern qui n'ait pas été déjà longuement dit[4]? Western féministe dominé par les antagonismes entre la patronne d'un saloon et sa rivale, antagonismes se traduisant par les contrastes chromatiques de blancs, de rouges, de noirs qui forment un des éléments stylistiques les plus puissants de ce film. Mais aussi, ses longs moments de solitude humaine dans les déserts de l'Ouest, ses dialogues feutrés conduisant petit à petit à de violents et brefs moments d'éclat fantastiques: l'incendie du saloon, la chevauchée noire des lyncheurs, l'arrivée en *deus ex machina* de Crawford sauvant Johnny de la pendaison.

Par son esprit, ses coloris contrastés, son écriture lyrique, sa mise en avant-plan de la femme dans la sauvagerie western machiste, ce film de Ray est très près de *La fanciulla del West*, et s'associe d'une certaine manière à son esprit contemporain.

* * *

Au bout du compte, les citations d'images de ces divers films serviraient à mettre en lumière leur posture dérangeante dans le western américain, tout comme *La fanciulla del West* s'inscrit en marge de l'œuvre puccinienne, de la tradition de l'opéra.

Qu'un seul opéra fissure par sa force tout le système opératique ainsi que celui du cinéma dont il s'inspire, qu'il admire passionnément et détruit en même temps, voilà assez d'arguments pour faire de cette *Fanciulla* lyrique une occasion de rêverie filmique rugueuse et distanciée.

Notes

1. Ramsay, Paris, 1989, p. 6. L'ouvrage remonte à 1937.
2. London 421 595-2.
3. «Unsettling the Old West», *New York Times Magazine*, 18 mars 1990.
4. Film de 1954, scénario de Phil Jordan et Roy Chanslor. «Chef-d'œuvre du lyrisme baroque», disent les *Trente ans de cinéma américain*, p. 287; ou encore, qui «contribua à orienter le western vers des thèmes intellectuels», comme l'écrit Georges Sadoul dans son *Dictionnaire des films*, Seuil, 1965, p. 126.

Seconde partie

ARCHIVES ET MÉTAMORPHOSES

Enregistrement de la musique pour *Porgy and Bess*.

Chapitre 11

Dans la caverne de la Bibliothèque du Congrès

Voir aujourd'hui *Porgy and Bess* relève de l'aventure. Les droits de ce film-opéra sont éteints depuis 1972. Pour une raison mystérieuse, le producteur Samuel Goldwyn, à la fin des années 50, ne les avait pas achetés pour une plus longue période, contrairement à la coutume, ni ne les avait renouvelés. Plus tard, quand les ayants droit de Preminger, après la mort du cinéaste, essayèrent de les réacquérir, ils abandonnèrent devant la difficulté à obtenir un copyright à partir des exigences complexes et contradictoires des héritiers de DuBose Heyward, des Gershwin et *tutti quanti*.

Porgy and Bess est invisible depuis près de trente ans. La seule copie existante, apparemment, est celle du dépôt légal de la Bibliothèque du Congrès de Washington. Elle est interdite de visionnement public par les ayants droit, qui ont tout au plus autorisé de rares examens de la copie pour fins de recherche. Voir *Porgy and Bess* relève donc de la diplomatie ainsi que de la fouille esthétique et culturelle. Qui a dit que le cinéma était le plus démocratique des arts industriels contemporains?

J'ai donc regardé ce Goldwyn/Preminger de 1959 au département audiovisuel, le mardi 21 mars 1995, à partir de 13 heures, pendant que dehors souriaient les cerisiers en fleur et les jonquilles épanouies par une fraîche journée de printemps partiellement ensoleillée. Vu la rareté de l'événement et la chance presque solennelle qui m'est offerte de ce visionnement privé, je décide de prendre le plus de notes possible, pour ne rien oublier et pour faire partager le film, ne serait-ce qu'à travers le brouillard de l'écrit.

Au début de l'*Ouverture* symphonique sur fond de rideau bleu bien plissé, je suis encore un peu ébahi comme si je venais de découvrir, au milieu du dédale sombre des postes de visionnage, par le carré de lumière d'un moniteur télé, le tombeau même de Toutankhamon! Les couleurs sont délavées. La Bibliothèque a jugé prudent de faire tirer cette copie vidéo de *Porgy and Bess*, l'unique copie 35 mm risquant de subir d'autres dégradations par les manipulations sur les Moviola, malgré les gants blancs (c'est la méthode usuelle de visionnage au Congrès). Quoi qu'il en soit, je peux maintenant apaiser mes émotions, puisque j'y suis, et me consacrer au prélude de l'opéra de Gershwin (la partition est ici sous la direction musicale d'André Previn), que soutient sans broncher le rideau bleu à l'image. Sur les dernières mesures, s'ouvre latéralement le rideau, dégageant le nom gigantesque de

SAM GOLDWYN

ce qui ébranle un instant la conviction qu'il s'agit du *Filmoper* de Preminger.

Dans le générique qui suit, je me permets une pause sur les noms toujours oubliés de l'équipe de la bande sonore, que je transcris pour la mémoire archéologique:

Supervision de l'enregistrement sonore	GORDON SAWYER
	FRED HYNES
Enregistrement de la musique	MURRAY SPIVAK
	VINTON VERNON
Monteur musique	RICHARD GARROTH
Monteur son	DON HALL, JR.

L'ancrage de ce film-opéra est particulièrement bien réussi. Quelques mesures instrumentales, au départ, sur le plan fixe d'un beau paysage du Sud, un quai ouvrant sur une large rivière grasse (Catfish Row, banlieue afro-américaine des Gullah, près de Charleston en Caroline du Sud).

Puis les premières notes de soprano de *Summertime*, sur lesquelles Preminger amorce presque imperceptiblement son premier mouvement de caméra, dont le rythme est en phase avec celui de la chanson. La voix de Clara paraît d'abord *off*, mais c'est qu'on ne distingue pas encore le personnage dans la foule du plan général. Le léger travelling avant nous la fait découvrir, tenant son bébé dans ses bras. Insert des bateaux de pêche. Débarque Jake, le mari de Clara, dont le dialogue «*Give me my baby*», en voix de basse, est en fondu enchaîné sonore sur les dernières mesures de la première aria, puis en raccord sur des cloches d'église, pendant qu'ils se dirigent tous vers l'arcade, sorte de porte cochère qui nous fait déboucher dans le décor principal de la grande cour.

Un mot sur ce décor, rendu célèbre quelques années auparavant par la mise en scène historique de Rouben Mamoulian à Broadway. Celui dont Mamoulian avait supervisé la construction pour Goldwyn fut détruit par le feu à l'aube du 2 juillet 1958, le jour prévu pour le début du tournage. Le producteur fit reconstruire le tout, mais entre-temps avait remercié Mamoulian pour le remplacer par Preminger. Le comédien Brook Peters (qui joue Crown) apporte là-dessus un témoigne captivant:

> Goldwyn a refusé la conception de Mamoulian pour *Porgy*. J'ai vu le décor original avant l'incendie. C'était une construction très romantique, qui semblait sortie d'un rêve. C'était très impressionnant. Mais à bien y réfléchir, je ne sais pas comment on aurait pu l'utiliser. Sous la direction de Preminger, le film a pris une allure beaucoup plus réaliste[1].

De fait, ce décor central, s'appuyant sur une tradition conservatrice de pseudo-réalisme sur les scènes d'opéra, paraît ici très carton-pâte, en hiatus avec la beauté vibrante, impressionniste, des décors naturels. L'idée de Mamoulian de faire contraste entre la nature et un Catfish Row plus stylisé et plus naïf, romantique, aurait vraisemblablement donné au film cette théâtralisation que les meilleurs films-opéras savent maîtriser (*La Flûte enchantée* de Bergman ou *Parsifal* de Syberberg, par exemple, ou encore *Silk Stockings*). En voulant trop faire naturaliste, Preminger est tombé dans le piège indécrottable de la tradition opératique, alors qu'il maîtrisait superbement les scènes en décors naturels dans *Carmen Jones*.

Les premières images dans Catfish Row présentent le personnage de Sportin' Life (Sammy Davis, Jr.), sortant d'une lucarne de lupanar et s'enfuyant par les toits, tel un inquiétant matou. On peut avoir ici un deuxième regret, celui que ce *Porgy and Bess* n'ait pu obtenir l'engagement de Cab Calloway (indisponible pour ce rôle). Calloway aurait à coup sûr donné à ce personnage, tout au long du film, sa grâce chorégraphique si fluide. On l'aurait suivi alors en marche musicalisée de chat de gouttière, ou en volutes de serpent, ou encore en vol plané d'oiseau de proie, toutes figures attachées à son caractère d'animal maléfique. Ce que Sammy Davis, Jr., malgré son sympathique talent, n'arrive pas à traduire en profondeur.

Pendant que Sportin' Life rôde dans le décor comme une bête rutilante et perfide, les hommes s'assemblent pour jouer aux dés, sur l'aria de Jake *A Woman Is a Sometime Thing*, au chœur de laquelle se joignent Sportin' Life et Maria (Pearl Bailey). Preminger filme tout ce passage dans un plan-séquence qui lui est bien typique, laissant judicieusement toute la place à la musique, ce qu'une critique étroite taxe souvent de pauvreté de mise en scène. Cette première séquence se poursuit dans la description de Catfish Row (*Here Comes the Honey Man*) puis du personnage de Porgy (*Prayer: They Pass By Singing*). Encore là, plan-séquence général, avec seulement un léger travelling avant sur Porgy.

Le premier enclenchement dramatique intervient alors. On se moque que Porgy, un infirme, soit amoureux de Bess, la femme évaporée de Crown (autre oiseau de proie, semeur de mort). Crown et Bess arrivent. Jeu violent et bagarre. Crown tue Robbins, le mari de Serena. Dans la panique qui suit, Sportin' Life tente de persuader Bess d'aller se cacher avec lui à New York. Elle refuse et se réfugie chez Porgy.

Deuxième séquence: veillée funèbre chez Serena. Le chœur des lamentations pour Robbins démarre dans le décor extérieur, puis se transporte à l'intérieur de la maison de Serena, vaste demeure qui ressemble à une sorte de temple, avec grands escaliers et balcons. La dépouille mortelle de Robbins, toute voilée, est étendue sur une table.

L'émouvante aria de Serena, *My Man's Gone Now*, bientôt augmentée de chœurs, est encore filmée en long plan-séquence, avec tout juste un bref travelling à droite vers Serena. Suit une courte intervention de Bess, *Livin' Today*, elle aussi accompagnée de chœurs, avant que ne revienne la conclusion de l'ensemble funèbre, que Preminger filme en plan-séquence toujours, mais avec une variante. La caméra est placée, depuis le haut du grand escalier, en contreplongée sur la foule autour de la dépouille de Robbins. Peu à peu, les choristes montent l'escalier, et toute la cohorte défile devant la caméra en plan rapproché. Preminger garde néanmoins son plan fixe. Fin de cette seconde scène du premier acte, marquée comme toutes les autres d'un long fondu au noir. L'acte II, qui donne lieu aux passages les plus réussis du film, comprend quatre séquences, correspondant aux scènes de l'opéra avec une seule modification, puisque le meurtre de Crown par Porgy survient après la scène de l'ouragan, plutôt qu'à l'acte III comme dans l'original.

La troisième séquence, celle du bonheur de Porgy et Bess, démarre avec l'aria du garçon, *I Got Plenty o' Nuttin'*, filmée alternativement en extérieur et en intérieur, et coupée d'un insert du chœur des femmes occupées à la lessive. Le décor de la cabane de Porgy est double: la petite pièce principale, et puis une cour minuscule où vit la chèvre qui sert d'attelage à la brouette de Porgy. Handicapé, Porgy se sert de ce véhicule déglingué pour se déplacer, quand il ne se traîne pas tout simplement sur ses genoux. Juste avant la cérémonie du divorce de Bess avec Crown, resurgit Sportin' Life, toujours dans son blanc costume brillant de *dealer*. Cette réapparition animale précède de peu le vol hallucinant d'un oiseau de proie. Premier frisson glacé voilant le bonheur des nouveaux amants.

S'enchaînent à partir de ce moment-là les plus éblouissants passages du film. Un grand pique-nique se prépare. Les dames circulent dans la cour en somptueux costumes du dimanche. Dans la cabane du jeune homme, commence le célèbre duo *Bess, You Is My Woman Now*, sobrement filmé avec contrechamp sur Bess (l'aria *in* de Porgy devient un moment *off*) avant de s'installer dans un beau et long plan-séquence des amoureux. Preminger, par le moyen de la petite fenêtre ouverte de la cabane, compose une sorte d'écran incrusté où, en arrière-plan, défilent de temps en temps des robes de fête. La scène se termine en extérieur sur la marche lente du chœur s'ébranlant pour le pique-nique.

La quatrième séquence, celle de la fête de Kitiwah Island, marque le sommet de la mise en scène de Preminger. Elle débute sur le quai par l'aria de Maria (Pearl Bailey) *I Can't Sit Down*, qui enchaîne sur le défilé d'un petit orchestre aux habits rouge cerise. Replongée dans les décors naturels. Tout le chœur grimpe sur le bateau, qui s'éloigne sur la rivière. Un insert dramatique montre Porgy seul à Catfish Row (son infirmité lui interdit d'accompagner Bess), avec une reprise mélancolique d'*I Got Plenty o' Nuttin'*, brusquement coupé d'un cri. Un oiseau de proie vient de se percher sur la fenêtre du restaurant Crok Shop de Maria. Une plongée accentuée, un bref instant, découvre un Porgy terrifié.

Retour au pique-nique en forêt, sur les bords de l'eau. Scène construite sur le pivot de la célèbre aria *It Ain't Necessarily So*, avec chœur et danses, où tournoient les rouges et les blancs des costumes dans le bleu-vert végétal. Cette longue partie a l'air d'un nouveau plan-séquence, encore que Preminger y effectue quatre ou cinq coupes, presque imperceptibles, si bien que l'esthétique générale est celle d'une large continuité. Le cinéaste garde le tout en plan éloigné et ne cède jamais à la tentation de faire des plans rapprochés. Classicisme rigoureux, moderniste, qui fait de cette fête un pur morceau d'anthologie.

Par contraste, le bonheur plonge soudain dans la catastrophe parce que, comme le dit Serena désignant Sportin' Life: «Le pique-nique du Seigneur a été détourné et conduit par le Diable.» Les sifflets du bateau sonnent le retour à Catfish Row et le dernier chœur s'évanouit derrière les grands arbres. Crown surgit, à la vitesse de l'oiseau de proie, saisit Bess, chante en voix de basse profonde l'aria *What You Want with Bess?*. Duo dramatique en plan-séquence, dans l'épaisse forêt suintante sur laquelle tombe la nuit. Crown s'empare de Bess, comme dans un viol, et la porte sur son dos à la manière d'un trophée de chasse.

Cinquième séquence. De nouveau dans le décor principal. Au petit matin, le chœur des pêcheurs s'éloigne dans la brume bleue par l'arcade s'ouvrant sur le quai. Très beau plan fixe d'un décor devenu tout d'un coup presque surréel. Bess est malade. Délires, cris et cauchemars consécutifs à deux jours d'errance dans la forêt. Serena chante une déchirante prière au *Doctor Jesus*, suivie d'une ligne orchestrale de rappel de *Bess, You Is My Woman Now*, en mode triste.

La guérison de Bess sera précédée des célèbres bruits, cris, chants de la rue, ponctués d'une série de «*Good Morning*»: *Street Cries; Strawberry Woman; Crab Man*. Ce passage avait marqué l'un des sommets de la mise en scène de Mamoulian au théâtre, qu'il comptait bien reconduire à l'écran, dans la lignée de l'éveil bruitiste et musical de Paris dans l'ouverture de son *Love Me Tonight*. Chez Preminger, la scène est bonne, mais on peut rêver que Mamoulian l'aurait affinée de façon plus explicite et plus soutenue dans son décor impressionniste.

Bess est guérie, heureuse à nouveau, les cloches l'ont souligné. Duo final d'*I Love You, Porgy*. D'autres cloches vont suivre, plus dramatiques, celles de l'alarme à la venue d'un ouragan. Cela commence par une reprise de *Summertime* par Clara, aria déjà enveloppée et assombrie par les vents de tempête. Le chœur s'est refugié dans le temple de Serena. L'ouragan tropical fait rage. Crown apparaît à son tour, cherche refuge avec les autres. Coups tragiques à la porte: «*Somebody Knockin' at the Do'. I Hear Death.*» Ce moment, si poignant dans l'opéra (puisqu'on ne sait pas que c'est Crown qui frappe), tombe ici à plat, puisque Preminger montre un plan extérieur où Crown s'en vient chez Serena. Quand les coups sont entendus à l'intérieur, l'effet de surprise a déjà été éliminé. Aria blasphématoire de Crown, *A Red-headed Woman*, avant un fondu au noir.

Après la tempête, dans les décombres de Catfish Row, se place le beau chœur *Clara, Clara*, chant funèbre pour celle qui est allée à la recherche de son mari pêcheur et n'est pas revenue. Bess adopte le bébé de Clara et lui serine à son tour *Summertime*. Ce bonheur doux est de courte durée, puisque resurgit l'animal fatidique Sportin' Life, suivi de Crown qui veut reprendre Bess. Résistant, Porgy livre à Crown un combat mortel. Meurtre de Crown hors champ, qui marque la fin de l'ouragan et de la tempête humaine.

L'avant-dernière séquence est plus brève. Les policiers viennent chercher Porgy pour un interrogatoire, tandis que Sportin' Life, après avoir donné de la drogue à Bess, lui chante *There's a Boat Dats Leavin' Soon for New York*. Elle se laisse convaincre, croyant Porgy en prison pour longtemps.

Quand Porgy, bientôt de retour dans la séquence finale, s'aperçoit de l'absence de Bess (*Oh! Where's My Bess*), il décide, dans un mélange de réalisme et de surnaturel, de partir pour New York sur son cabriolet tiré par la chèvre: *I'm on My Way*, aria en forme de gospel, augmentée du chœur. Un travelling arrière laisse voir l'attelage de Porgy s'éloignant de Catfish Row par la porte cochère, et le chœur, de dos, le regarde se fondre dans le lointain.

Générique de fin. Fermeture du rideau bleu plissé.

On a souvent noté, à juste titre, ce finale de l'opéra de Gershwin en forme de gospel, qui traduit l'illumination joyeuse de Porgy et sa quête d'un *cabin in the sky*, d'un ciel naïf où il pourra vivre heureux avec Bess, éternellement. Cette métaphore me paraît d'autant plus percutante qu'elle est matérialisée par New York. Ville infernale quand l'évoque Sportin' Life, elle se métamorphose en paradis rêvé pour Porgy. «Où se trouve New York?» demande Porgy. «À des milliers de milles au nord», répond Maria.

New York devient ainsi, tout au long du film, une promesse de liberté et de bonheur, une possibilité de vie et de renaissance. C'est l'envers de la symbolique de la séquence du pique-nique, où la fête du Seigneur, selon Serena, était usurpée et dévoyée par le Diable. New York, entre les mains et l'amour de Porgy et de Bess, deviendra une éternité bienheureuse ayant terrassé le dragon de la drogue et de la mort. Quand on songe un instant à ce que furent New York et le Nord pour la libération progressive des Afro-Américains, à ce que fut aussi New York comme lieu et détonateur de la modernité culturelle américaine, justement à cause du métissage des fonds africains et européens régénérés dans le Nouveau Monde, on est autorisé à voir dans l'opéra de Gershwin une défense et une illustration de ce New York nouveau, revivifié par la fusion de la musique afro-américaine et de la musique savante européenne.

Le *Porgy and Bess* de Gershwin, c'est la levée progressive du New York du XXe siècle sur les ruines de tous les Catfish Row sudistes. Dans cette optique, cet opéra est moins la contemplation nostalgique de l'ancien petit peuple rural noir (un *folk opera* comme on le répète *ad nauseam*) que la marche et l'entrée de cette culture dans la modernité urbaine. Il fallait un grand opéra moderne pour le montrer et le dire.

Une peinture murale filmique de Gershwin

En 1951, quand il entreprit de produire la première intégrale phonographique de *Porgy and Bess* pour CBS, Goddard Lieberson notait que, pour des millions de gens, cet opéra n'était connu que par ses arias les plus populaires.

> Pour eux, cet opéra apparaissait comme une vaste peinture murale dont on ne voyait que quelques figures centrales, tentant maladroitement d'évoquer toutes les richesses de l'ensemble. Ces chants isolés, aussi beaux fussent-ils, aussi entraînants et touchants, ne sont que les reflets incomplets d'un vaste tableau à couper le souffle, les fragments d'une œuvre dramatique musicale d'une ampleur encore injustement saisie et incorrectement appréciée[2].

Comment le film de Preminger rend-il compte du plus grand opéra américain du XXe siècle ? Ce n'est certes pas l'intégrale, puisque les récitatifs et plusieurs raccords musicaux ont été supprimés. Mais ce n'est pas non plus une réduction à quelques arias. La partition filmique de *Porgy and Bess* est une transposition de la partition de Gershwin en *musical* de Broadway, un hybride de dialogues parlés, de musique, de chants et de danses (ces dernières concentrées durant la séquence du pique-nique de Kitiwah Island). De sorte que cette adaptation, en reprenant ce qu'avait fait par exemple Abel Gance de *Louise* de Charpentier, se rapproche du même coup du modèle concocté par Oscar Hammerstein pour *Carmen Jones* (encore que l'original de Bizet comprenait de la danse) aussi bien que de ceux de nombreux *musicals* de Broadway et de Hollywood.

Il y a ici un paradoxe qui renvoie une fois de plus à la difficulté sémantique de désignation de l'opéra moderne américain. Des gloses encore récentes s'interrogent sur le bien-fondé d'appeler *Porgy and Bess* un *opéra*, puisqu'il a été créé à Broadway. Que cette partition ait pris, à partir des années 50, le chemin des grandes maisons lyriques, par exemple la Scala de Milan ou, après coup, le Met ou le Glyndebourne, n'arrive pas à effacer complètement cette variante contemporaine des débats médiévaux sur le sexe des anges.

La production hollywoodienne indépendante de Goldwyn ne visait donc pas à être l'intégrale de *Porgy*. La bande sonore témoigne d'une transposition que Kurt Weill désigne comme le passage de l'*Opernfilm* au *Filmoper*. Un détail important laisse penser qu'on doit la structure de cette trame sonore à Mamoulian. Ce dernier, après avoir été remercié, a entrepris une guérilla juridique contre Goldwyn. Il revendiquait de voir son nom au générique, avant celui de Preminger, parce que, alléguait-il, il avait dirigé le gros du travail de préproduction. En particulier, il avait supervisé l'enregistrement de la musique.

Mamoulian a perdu sa requête sur toute la ligne. Pourtant, on retrouve bien, dans la sixième séquence de la guérison de Bess, juste avant les chants *Strawberry Woman* et *Crab Man*, le prélude dont Mamoulian était si fier, qu'il avait créé initialement pour la mise en scène de la pièce *Porgy*, et qu'il appelle *Symphony of Noises*. Voici comment il décrit cette composition :

> Le rideau s'ouvrait sur Catfish Row, au petit matin. Silence total. Puis on entend le boum ! d'un groupe de travailleurs réparant la chaussée. C'est

le premier coup rythmé, le deuxième est un silence, le troisième est le ronflement d'un Noir endormi, le quatrième un silence à nouveau. Puis une femme commence à balayer ses marches – whish! –, intercalant ses bruits en 2 et 4, ce qui donne:
   Boum! – Whish! – zzzz! – Whish!
et ainsi de suite. Puis entrent en action un aiguiseur de couteaux, un cordonnier, une femme nettoyant ses tapis. La rythmique change: de 4/4 à 2/4; puis à 6/8, incorporant des syncopes et des accents de charleston. Tous ces bruits devaient être dirigés comme un orchestre[3].

Or, ce passage n'est pas dans la partition de Gershwin[4], emprunté par Mamoulian à sa mise en scène de théâtre. Il est donc aisé d'imaginer que Preminger utilise une bande sonore supervisée par Mamoulian dans son organisation générale et ses emplacements de musiques, chants, dialogues, bruits d'ambiance et bruits musicalisés.

Mais il ne faut pas juger du travail de Preminger à travers le fantôme de Mamoulian. On peut mieux le jauger à l'aune des qualités de *Carmen Jones*, puisque Preminger s'y montre là au faîte de la maîtrise. Si, malgré ses grandes qualités, *Porgy and Bess* n'est pas à la hauteur du précédent *musical* du cinéaste, il n'en a pas moins été sous-estimé.

Par exemple, un exégète comme Michael Druxman considère que le traitement de Preminger, trop lent, décourage le spectateur, ce qui serait dû au choix par Preminger d'«une caméra statique n'utilisant que les plans moyens ou d'ensemble tout le long du film[5]», manière de faire qui ressemble à du *musical* filmé des premiers âges. C'est là confondre rigueur et distanciation avec tournoiement formaliste, et mettre en contradiction le hiératisme opératique et la nervosité du *musical*. Cette critique oublie les apports de René Clair, de Mamoulian et de Lubitsch, qui inventèrent pour le film-opéra un découpage fondé sur la caméra fixe à l'écoute de la musique, du dialogue et du chant, respectueuse aussi du mouvement chorégraphique. Une écriture filmique qui, de surcroît, n'a jamais caché la théâtralité de l'origine du *musical*. Cette stylistique n'est pas antifilmique, tant s'en faut, mais sa rigueur et son classicisme sont aux antipodes de la surenchère des mouvements de caméra, de la variété à tout prix des plans, du montage haché.

Preminger, en prenant le parti de cette rigueur, était tout à fait justifié de continuer de s'arrimer à la ligne indéfectible du *musical* américain le plus exigeant. Si l'épure de *Porgy and Bess* n'est pas aussi lumineuse que celle de *Carmen Jones*, cela peut venir en partie de l'arrivée tardive du cinéaste dans cette production, d'un contrôle plus lâche sur le caractère réaliste/théâtral du grand décor de studio, du manque de temps aussi pour faire chorégraphier en entier les déplacements et les mouvements des chœurs. Le film n'en est pas moins d'une grande cohérence.

Il faut, pour ce *Porgy and Bess*, un sauvetage, une restauration, une diffusion.

Musique d'outre-tombe

Un autre film qui risque d'hiberner encore longtemps dans les frigos de la Bibliothèque du Congrès est *Lost in the Stars*, réalisé par Daniel Mann en 1974 pour la firme indépendante American Film Theatre, que j'ai pu voir à la suite de *Porgy and Bess*.

Dernière partition de Kurt Weill, *Lost in the Stars* (1948-1949), écrit en collaboration avec Maxwell Anderson, remporta un excellent succès à Broadway à sa création, mais dut attendre vingt-cinq ans avant de recevoir un traitement filmique. Plus récemment, cet ouvrage a bénéficié d'une reprise remarquée au New York City Opera, de même que d'un excellent disque sous la direction de Julius Rudel.

On peut rêver qu'un Mamoulian aurait aimé filmer ce *Lost in the Stars*, dont la structure musicalo-dramatique ressemble à celle de *Summer Holiday*, quoique plus dense et plus approfondie. Cette forme d'opéra est appelée tantôt «pièce chorale» (*choral play*), tantôt «parabole musicalo-dramatique» (*musico-dramatic parable*), ou tout simplement «pièce musicale» (*musical play*). De là à penser que ce caractère trop spécifiquement scénique ne convient pas au «genre du film musical», il n'y a qu'un pas. Quand, de surcroît, on sait que le réalisateur hollywoodien Daniel Mann, surtout spécialisé dans les adaptations de pièces de théâtre, était généralement snobé pour sa mollesse esthétique, on comprend que son *Lost in the Stars* était voué à toutes les gémonies[6].

Et pourtant, *Lost in the Stars*, paru dans le désert du film-opéra américain des années 70, au moment du chant du cygne de Minnelli, est digne d'*On a Clear Day You Can See Forever*, tout en étant une réponse inattendue aux défauts de virage créés par *Cabaret*, sorti deux ans auparavant.

Daniel Mann a utilisé un adroit mélange de décors naturels et quelques plantations de studio. Le sujet se déroule en Afrique du Sud, à l'époque contemporaine de l'apartheid. Dès le générique, défilent lentement de beaux paysages de la Jamaïque, lieu du tournage, décrits par le chant *The Hills of Ixopo*, en référence à la région de Ndotshéni, où habite le pasteur Stephen. Une première séquence, dans une petite gare, se déroule au son du chœur *Train to Johannesburg*, suivie du bruit infernal d'une grande usine de textile et de plans divers de ville, soutenus par l'aria *Thousands of Miles* et le chœur, alors que Stephen a entrepris, accompagné de son neveu Alex, la recherche de son fils Absalom, qu'il veut retirer des dangers des *townships* et ramener dans les paisibles collines d'Ixopo.

Absalom est sorti de prison et a rejoint son amie de cœur Irina dans un champ désert, moment de heurt violent entre la beauté troublante du lieu et le cri du jeune homme qui maudit le monde. Par contraste, la scène suivante, entre Stephen et son neveu, est l'occasion de l'aria *The Little Gray House*, chant d'espoir en l'avenir de la génération des petits-enfants, dont on sait aujourd'hui qu'elle a pu atteindre la révolution démocratique d'Afrique du Sud. Cette séquence est mise en scène avec des plans moyens très soutenus, quoique légèrement découpés, et dont la lente fixité distanciée s'accorde bien avec le phrasé musical.

En contrepartie, la très belle séquence d'une sorte de «café de l'enfer», où Absalom rejoint ses amis damnés, se fait sur des rythmes africains et jazz (*Who'll Buy?*) et une chorégraphie enfiévrée de Paula Kelly. Encore ici, mise en scène sobre, nette et rigoureuse, très retenue vis-à-vis de la musique. Avant qu'Absalom ne se laisse entraîner dans une stupide et crapuleuse histoire d'assassinat, il aura revu Irina, qui lui chante son amour dans l'aria *Trouble Man*, filmée en plan-séquence.

Absalom est remis en prison pour meurtre. Il y reçoit la visite de son père, qui se rend ensuite à l'église. Grande aria *Lost in the Stars*. Après un lent fondu au noir, qui correspond à l'entracte de l'opéra original, la seconde partie du film reprend sur l'aria d'Irina esseulée et mélancolique, *Stay Well*, avant la longue séquence du tribunal et du jugement. Scène qui commence en prison, avec un beau chœur des prisonniers (*Cry, the Beloved Country*), où s'incruste le *parlar cantando* d'Absalom et son cri d'angoisse au dieu Tixo, celui des âmes perdues au seuil de la mort. Les complices du meurtre ont menti, ils sont libérés faute de preuves. Absalom a dit la vérité, il est condamné à la pendaison. Long plan fixe silencieux sur les prisonniers qui, derrière les barreaux, reprennent *Cry, the Beloved Country*, titre qui était celui-là même du roman d'Alan Paton d'où est tiré le livret de Maxwell Anderson.

Absalom et Irina ont été mariés en prison par Stephen, qui ramène la femme à Ndotshéni. À nouveau le train, pendant que résonnent *over* un chœur et l'aria de l'enfant Alex, *Big Mole*, avec son entraînant refrain *Down, down...* Le pasteur Stephen réunit ses paroissiens et leur annonce sa démission.

À l'aube première du jour de la pendaison, Stephen se lève et s'en va sur une colline d'Ixopo pleurer la perte de son fils: «*Sleep sound. Soon Absalom will sleep.*» Arrêt sur image, qui fige la douleur de Stephen en tons sépia. Finale choral sur la dernière partie du générique final.

Lost in the Stars, par son écriture classique et réservée, réussit un équilibre maîtrisé entre l'usage de divers décors (naturels et de studio), entre le parti pris systématique du plan fixe, du plan-séquence, des imperceptibles mouvements de caméra et la volonté de laisser s'épanouir la musique, les dialogues et la danse à travers le champ d'une image distanciée. Le seul reproche qu'on pourrait faire ici à Mann est de ne pas travailler assez systématiquement et en profondeur la bande sonore dans les passages entre les parties dialoguées et musicales, soit par des bruits d'ambiance ou des traitements de voix. Ses raccords sont plutôt secs, quasi puritains. Son traitement du scénario d'Alfred Hayes se situe avec raison et fidélité dans cette courageuse lutte anti-establishment, anti-«genre musical» pour construire le *Filmoper* à contre-courant, celle de Mamoulian, Dudley, Lubitsch, Minnelli, Cukor, Preminger et Mankiewicz. Défense et illustration de Weill dans le cinéma américain, *Lost in the Stars*, en dépit de son caractère modeste, fait figure de revanche et de réhabilitation.

Les *Filmoper* de deux des plus grands compositeurs américains, Gershwin et Weill, sont donc enfouis dans le dépôt légal de la Bibliothèque du Congrès, interdits aux regards comme des arches d'alliance archéologiques. La culture filmique américaine ne semble plus s'intéresser à ces trésors, et les hommages à ces deux grandes figures viennent aujourd'hui du disque et de la vidéo, et le plus souvent d'Europe (avec un crochet par Toronto dans le cas du document de Rhombus Media sur Weill). Programme phonographique généreux de Capriccio pour Weill, disque *The Glory of Gershwin* produit par George Martin, vidéogrammes français sur Gershwin d'Alain Resnais ou de Jean-

François Jung dans sa mise en scène de *Der Lindberghflug*, sans compter les versions phonographique et télévisuelle de *Porgy and Bess* sous la direction musicale de Simon Rattle.

Film maudit / maudit film

En plus de *Porgy and Bess* et de *Lost in the Stars*, je tenais aussi à profiter du séjour à Washington pour capter quelques échos de Betty Comden et Adolph Green. J'ai enfin pu voir *What a Way to Go!* (1964, de J. Lee Thompson), leur dernier scénario original à Hollywood qui, suivant leur jugement, a été massacré par une réalisation gauche et aplatie. C'est pourtant, écrit pour Gene Kelly, un scénario extraordinaire, qui joue de la mort et de l'histoire du cinéma américain, *musical* inclus, et se lit comme une sorte de testament réflexif des scénaristes sur leur travail à l'époque des majors.

J'ai aussi pu examiner la vidéo de 1991 de l'hommage rendu à Comden et Green lors du Kennedy Center Honours, chapeauté par le président Bush. Et puis les fonds audiovisuels du Congrès sont maintenant enrichis d'une rare bande sonore du temps des Revuers à Greenwich Village, grâce aux archives personnelles de Leonard Bernstein[7]. Courte bande d'environ sept minutes, cet enregistrement privé fait entendre Bernstein au piano, accompagnant avec vivacité un sketch écrit et joué par Comden et Green. C'est manifestement le seul document qui soit resté de l'époque des Revuers, donc assez émouvant à entendre, sans compter qu'il porte sur... Hollywood! Tics et travers du star-système, moqueries sur les genres mélos, jazz endiablé sur l'usine à rêves. Voilà déjà, durant les années 40 à Greenwich Village, Comden et Green se moquant généreusement, en paroles et en musique, de ce cinéma dont ils paraissent alors encore loin, mais qui est déjà curieusement dans leur poche, en forme d'*opéra de quat'sous*.

À Washington, j'ai donc été le témoin d'une sorte de «commencement et fin» du filmique musical de Comden et Green, sautant des Revuers à *What a Way to Go!*.

> *Cahiers du cinéma:* Vous ne devez pas être très satisfaits du film?
> *Betty Comden:* Nos sentiments sont très mélangés. Je crois que le script était bon, mais le metteur en scène a fait souvent preuve de mauvais goût dans son travail. Tout a été terriblement exagéré. Ainsi, la fille qui devait

demeurer quelqu'un de très simple dont le caractère faisait contraste avec ceux des hommes qui l'entouraient. Or, dans le film, elle évolue au gré des circonstances. Ainsi, dans la séquence du «Gros Budget», l'idée était de la voir dans de courtes scènes, habillée chaque fois d'une robe différente. Le rire devait naître du fait que, contrairement aux scènes précédentes, elle portait des robes invraisemblables dans cette séquence. L'effet que nous avions voulu obtenir a été raté, car le metteur en scène lui a fait porter des toilettes excentriques dans les séquences qui précédaient, au lieu de ménager la surprise. En outre, chaque changement de robe était lourdement souligné et l'appellation «Gros Budget» était répétée sans discernement.

Adolph Green: Nous avons écrit une lettre à Hollywood pour protester contre les modifications apportées à notre scénario et aussi pour nous élever contre le mauvais goût et la vulgarité dont témoignait ce film[8].

Le défaut le plus impardonnable de *What a Way to Go!* est son manque de musicalisation intégrée, voire le caractère antimusical de sa réalisation. Dans cette optique, le scénario ingénieux de Comden et Green a été flétri par une insipide mise en scène. Il faut attendre tout le premier tiers du long métrage, lors de l'épisode avec l'artiste en arts visuels à Paris (Paul Newman), pour voir poindre et s'installer une banale musicalisation où se succèdent la *Cinquième* de Beethoven, le be-bop et le bruitisme moderne des machines à peindre.

Avec un réalisateur qui n'a pas d'oreille et aucun sens musical, la bande sonore de *What a Way to Go!*, plutôt que de tisser et de structurer l'ensemble des séquences, est traitée comme une ordinaire sonorisation mélodramatique. Le film en devient exsangue, d'autant plus que son scénario est bâti sur une structure à sketchs, difficile à contrôler et à rendre intéressante si une véritable composition sonore de voix, de bruits et de musiques n'en tisse la dynamique.

L'histoire est assez hilarante, typique de Comden et Green dans leur style de comédie fondée sur un substrat tragique. Une jeune femme rieuse et innocente (Shirley MacLaine) ne rêve que de trouver un gentil mari et une vie sans histoire dans un petit patelin de l'Amérique profonde du Middle West. Elle finit toutefois par croire qu'elle a le mauvais œil, qu'elle est l'antithèse de la «sorcière bien-aimée». «Suis-je une vraie sorcière, ou non?» demande-t-elle, perplexe, à un beau psychiatre. Car, pour elle, l'amour d'un homme se transforme inévitablement en richesse et mort. Ainsi, elle en verra mourir quatre, non sans avoir accumulé des millions. Elle est embarrassée de tout cet argent, au point de vouloir le donner au Trésor. On la croit donc folle, en plus d'être possédée de mauvais esprits! *In extremis*, elle réussit sa fin heureuse hollywoodienne, vit dorénavant dans sa petite ferme avec un nouveau mari pauvre et de jolis enfants. Elle a enfin atteint un statut de «magnifique échec» (*wonderful failure*).

Cette histoire, où s'entrelacent les thèmes antinomiques de la richesse et de la gloire ainsi que le rêve d'une vie simple et dépouillée, devient, entre les mains des scénaristes, une riche allégorie du cinéma hollywoodien, d'un art filmique écartelé entre le désir de montrer la vie réelle et la nécessité maléfique des énormes capitaux requis pour produire cette utopie. Prisme déformant où l'*American way of life* pur et simple, à la Thoreau, est métamorphosé en rutilantes images hollywoodiennes. De sorte que le scénario de *What a Way to Go!* devient une métaphore de la scénarisation chez les majors et de son pouvoir de transformer le réel banal en conte de fées/de sorcières. Pour marquer cette incidence, Comden et Green ont imaginé de faire précéder les épisodes des divers maris riches d'extraits de faux films hollywoodiens.

Il y en a quatre. Le film initial, relié au premier mari fauché (juste avant qu'il ne devienne mystérieusement millionnaire), est en forme de vieux film muet en noir et blanc avec accompagnement de piano. Cet extrait sautillant fait réapparaître avec humour les ficelles du mélo tragicomique, celui de Griffith, de De Mille, voire de Chaplin. Le deuxième, correspondant au sketch de l'artiste américain à Paris, est encore en noir et blanc mais sonorisé, à la manière d'un *romantic French movie* tourné dans l'Hexagone par une major, avec bribes de dialogues en français et scènes érotiques censurées par un distributeur américain. Le troisième, en Scope couleur, est celui raconté par les scénaristes aux *Cahiers du cinéma*, le sketch *Lush Budget*. Le dernier est un *musical* avec Gene Kelly.

Voilà donc dessinée, dans ces inserts crypto-filmiques, l'idée de Comden et Green d'une brève histoire du cinéma hollywoodien, constamment tiraillé entre la simplicité rêvée du mélodrame et la mise en forme cinématographique diffractée et rutilante. Cette coupe diachronique aboutit au film musical, apogée et synthèse du film américain.

Cette longue séquence musicale, dont l'idée vient de Gene Kelly, est typique de son auteur en ce sens qu'elle est conçue comme une partie détachée d'un film, le moment d'un épisode autonome. De là sans doute la difficulté d'imprimer à l'ensemble du scénario le caractère d'un *musical*. Quoi qu'il en soit, la séquence s'inscrit en droite ligne dans le corpus scénaristique de Comden et Green.

En fait, cette scène est formée de deux *musicals* imbriqués l'un dans l'autre. Le premier présente un Gene Kelly en *performer* sur le déclin, travaillant dans un bar minable. Coup de foudre avec la veuve tragique, dont le mariage est rêvé sous forme de spectaculaire *musical* hollywoodien (manière Busby Berkeley) en Scope couleur: grand navire de carton, cyclorama violemment coloré, chœur et danseurs, etc. En revenant sur le plancher des vaches, se noue le drame. Jusque-là, Gene Kelly fait un numéro de clown à l'ancienne (parodie non déguisée des numéros analogues du *Pirate* et de *Singin' in the Rain*) que plus personne n'écoute. Un soir qu'il n'a pas le temps de mettre son costume archaïque de Pagliacci, MacLaine lui suggère, «tout bonnement», de chanter sans costume, au naturel, en toute simplicité. Alors le public se met à écouter, et c'est le succès. Puis le triomphe, ensuite l'invitation à Hollywood, le vrai. Kelly s'appelle maintenant Pinky Benson, il est millionnaire, il laisse sa dulcinée s'étioler dans un palace tout rose, arbres et lapins compris. Pinky un jour est écrasé à mort par une horde de fans, alors que retentissent de forts barrissements d'éléphants.

Cette séquence porte l'allégorie de deux morts. D'abord celle du vieux film musical des années 40-50, d'un Kelly dépassé, qui aurait tout à gagner en s'alignant sur la simplicité du manifeste de Fred Astaire dans *The Band Wagon*. Ensuite celle du vieux Hollywood des grands studios et des stars extravagantes, qui n'est pas tué par le ridicule, mais par l'obésité culturelle du kitsch. De sorte que, dans *What a Way to Go!*, Comden et Green n'ont pas dévié d'un iota de leur esthétique tout en lui ajoutant, au-delà de la mélancolie déjà à l'œuvre dans *It's Always Fair Weather*, cette dimension tragique qui, sous le rire et l'*entertainment*, marque le fond mortifère de leur œuvre scénaristique.

Un livre venu de la douleur

Le livre de mémoires de Betty Comden, *Off Stage*, drôle et tragique, traversé de grands rires et de deuils, est une clé indispensable à la compréhension de l'œuvre scénaristique de Comden et Green. Le plus bizarre est qu'il ne parle presque pas de cette carrière hollywoodienne, sauf dans ce mode apparemment mondain qui est celui-là même que véhicule Shirley MacLaine dans What a Way to Go!. Ce que l'ouvrage éclaire, en revanche, crûment, c'est le substrat tragique de la biographie de Betty Comden, dans lequel on peut lire la source de ce qui sous-tend tous ses scénarios de *musicals* depuis The Barkleys of Broadway. Que Betty Comden le fasse en outre ici en solo n'en est que plus révélateur, et dévoile sans doute son rôle d'«âme dirigeante» du tandem, ainsi que sa tâche de principal écrivain, ce qui n'enlève rien à la dynamique de leur collaboration. David Zippel l'avait déjà dit:

> Leur méthode de travail est demeurée inchangée durant toutes ces années. Mme Comden, écrivain d'office, a abandonné depuis longtemps la rédaction manuscrite pour la machine à écrire, un saut technologique. Ils se réunissent généralement dans l'appartement de Mme Comden, puisqu'elle est aussi l'archiviste du tandem[9].

Le chapitre «Her Second Chance», le plus beau du livre, et le plus bouleversant, va au cœur de ce qui fait de Betty Comden une des grandes scénaristes américaines. Il raconte à la fois la vie tourmentée de son fils Alan Kyle, mort tragiquement d'une surdose, et celle de sa mère, une scénariste en train d'écrire et de réécrire ce qu'aurait été la vie de ces deux personnes, n'eût été la grande tragédie qui les affligea et se termina en 1990.

Que Betty Comden ait choisi la forme scénaristique pour ponctuer par le rire, le sourire et le rêve cette sombre histoire pathétique montre bien où logent le cœur et l'esprit de cette femme. De fait, elle écrit ici un *double scénario*, dont les fils sont étroitement noués. D'une part, une histoire très personnelle, qu'elle a le courage de raconter sans fard et sans complaisance; d'autre part, une histoire refaite et remodelée en forme de scénario fictif, où s'incruste la griffe de la scénariste. Un scénario du cœur et de la vie, celui de la mère. Et celui de l'écrivaine, une manière de reconstruire «ce vieux sentiment de ne pas me concentrer autant sur mes tâches maternelles que sur mon travail scénaristique». Un passage résume en un éclair cette imbrication. Betty Comden raconte que son fils lui a dit un jour que, après avoir pris du LSD, il voyait six fois sa mère d'un seul coup. Et Comden d'enchaîner promptement: «Serait-ce une bonne idée pour une séquence musicale?»

L'histoire de son fils est racontée avec une précision chirurgicale, une force peu commune, et une lucidité telle qu'elle en devient comme le scénario achevé d'une grande tragédie. La tragédie, dit Betty Comden, citant au début de son livre Edith Wharton («La vie est la chose la plus triste qui soit, attenante à la mort»), est une réalité en laquelle elle croit, comme elle croit aussi à la faculté d'en rire. Voilà de quelle étoffe est fait «Her Second Chance».

Cette manière d'écrire, si typique de Betty Comden, éclaire ce qui est sous-jacent à tout son travail de scénarisation. Mélange subtil de rire et de fatalité, de tragique et de contemplation souriante, il y a toujours eu dans ses scénarios cette dynamique shakespearienne de la vie comme mélange, comme tragicomédie, comme ce pourquoi Mozart appelle son *Don Giovanni* un *dramma giocoso*, comme aussi chez Molière et Chaplin.

Il y a une autre raison d'apprécier *Off Stage*. Ici, Betty Comden est *seule*, sans doute pour la première fois de sa carrière et de sa vie. Solitaire privée de son fils (et auparavant de son mari Steve Kyle, mort en 1979), solitaire sans le collaborateur professionnel de toujours. Betty Comden, *telle qu'en elle-même*, a raison d'être seule ici, pour la première fois publiquement. Son travail de scénariste et de parolière n'en est que plus clair, plus net, plus épuré.

Un autre point intéressant est le rapport de Betty Comden à la vie intellectuelle dans les arts de représentation. Ce qui a été dévoilé, en particulier de manière ironique et cynique dans *The Band Wagon*, par exemple, trouve dans *Off Stage* un éclairage significatif. Comden y montre son goût (très tôt) pour le cinéma d'art, par exemple, tout comme elle se permet en fin de parcours de donner son point de vue sur le postmodernisme. Les scénarios de Comden et Green me paraissent postmodernes avant la lettre, fait assez rare à Hollywood, et sont tissés de cet authentique courant que Betty Comden a ici l'humour grinçant d'appeler joliment un *«fin de siècle pudding»*! Mais attention, chez elle, l'humour le plus cinglant révèle toujours, parfois en le camouflant à demi comme au théâtre, un sens profond du sérieux, du tragique. Betty Comden répand un rire qui a les deux pieds solidement attachés au pathétique de la vie et de la mort. Le pudding fin de siècle fait aussi partie de sa nourriture...

Notes

1. Cité par Michael B. Druxman, *The Musical. From Broadway to Hollywood*, Barnes, New York, 1980, p. 76.
2. Notes pour le disque Odyssey 32 36 0018.
3. David Robinson, «Painting the Leaves Black. Interview with Rouben Mamoulian», *Sight and Sound*, été 1961, p. 124.
4. La symphonie bruitiste avait d'abord été exploitée dans *Louise* de Charpentier, créé en 1900 à l'Opéra-Comique de Paris et dont la première américaine avait eu lieu en 1908 au Manhattan Opera House de New York. À la scène première de l'acte II de cet opéra, les rues de Montmartre s'éveillent *crescendo* sur les bruits, les criées et les chants de rues. Abel Gance, dans son film de 1939, reprend adroitement cette scène.
5. *Op. cit.*, p. 77.
6. De toute façon, *Trente ans du cinéma américain*, en 1970, avait déjà tranché: «Daniel Mann, homme de théâtre, sait diriger théâtralement des films théâtraux; qu'on ne lui en demande pas plus.» (p. 248) Ce jugement cassant n'a pas été repris dans l'édition des *Cinquante ans...* de 1991. L'addendum précise que l'équipe n'a pas vu *Lost in the Stars*, mais se permet de signaler que ce film, «étant produit pour l'American Film Theatre d'Edy Landau, devait être un enregistrement fidèle d'une production scénique». (p. 677)
7. Comme l'avait signalé Robert Saudek, au moment où il dirigeait au «Congrès» le département Motion Picture, Broadcasting and Recorded Sound, dans «A Personal Note», *Leonard Bernstein. The Television Work*, The Museum of Broadcasting, New York, 1985.
8. *Cahiers du cinéma*, n° 174, 1966, p. 49.
9. *The New York Times*, 20 juin 1993.

Norman McLaren gravant des sons sur pellicule.

Chapitre 12

Un nouvel opéra

On l'oublie parfois, mais deux des plus grands cinéastes canadiens auteurs de films-opéras, Norman McLaren et Michael Snow, ont commencé leur carrière à New York. Le premier a développé la sienne à Montréal, le second à Toronto, mais leurs naissances new-yorkaises mettent en lumière le cordon ombilical qui lie les États-Unis et le Canada dans le «film-opéra du futur», une même mouvance nord-américaine pour l'émergence d'un opéra audiovisuel contemporain. Autre manière de faire entrer dans la modernité cet axe Nord-Sud à l'œuvre depuis le début du siècle dans le cinéma et la radio-phonographie[1]. Cette modernité du film-opéra, dans ses différentes formes – et bien qu'elle n'en porte pas toujours le nom, loin de là –, voilà bien la contribution majeure des cinémas canadien et québécois, la mise en pratique des cogitations de Kurt Weill sur ce nouvel objet lyrique.

* * *

Un des paradoxes de la musique filmique canado-québécoise, mal connue à l'échelle internationale (tout comme, il est vrai, l'ensemble de cette industrie cinématographique), est d'être née dans la mouvance du large courant universel des musiques actuelles d'après-guerre. En témoigne cette lettre inédite de Pierre Boulez au cinéaste québécois Claude Jutra, en octobre 1952 :

> Cher monsieur,
> Je prends la liberté de vous écrire, car je viens de recevoir une lettre de John Cage, me recommandant de vous voir pendant mon séjour à Montréal.
> Je m'appelle Pierre Boulez, et suis venu ici en tant que directeur de la musique dans la Compagnie Madeleine-Renaud/Jean-Louis-Barrault. Mais, à côté de ces occupations heureusement rémunératrices, je m'occupe aussi de composition.
> John Cage me recommande particulièrement d'aller vous voir car vous avez fait des expériences sur bande magnétique ; je suis très intéressé à les écouter, étant donné que je fais partie de l'atelier de recherches au Studio d'essai de la Radio française (peut-être en avez-vous entendu parler).
> D'après ce qu'il m'écrit, John Cage ne vous connaissait pas personnellement, mais indirectement par McLaren, dont je suis très curieux de connaître aussi les expériences...
> Pierre Boulez[2]

Cette naissance était donc entourée des meilleures fées, sous forme de sorciers extralucides. En cherchant dans les neiges canadiennes le berceau des McLaren et Jutra, les mages Boulez et Cage visaient deux des meilleurs cinéastes, le premier au surplus considéré comme musicien, et le second excellent concepteur sonore.

Pourtant, la bande sonore dans les cinémas canadien et québécois devait subir sa traversée du désert au même titre que celle d'autres cinématographies, et ce n'est qu'à partir des années 80 qu'ont débuté les travaux préliminaires à l'éclaircissement de ses jalons historiques[3].

L'ONF et Radio-Canada
Les mamelles audiovisuelles de l'État canadien

À défaut d'une industrie privée du film, impraticable à cause du voisinage du géant américain, le Canada s'est doté en 1939 d'une structure étatique de production-diffusion cinématographique, l'Office national du film (ONF), spécialisé en documentaires, films d'animation et expérimentaux. Implanté définitivement à Montréal en 1954, couplé à la télévision naissante du quasi-monopole d'État de Radio-Canada/

Canadian Broadcasting Company (CBC), l'ONF va faire naître la première génération de compositeurs spécialisés en musiques de films et en conception sonore: Maurice Blackburn, Norman McLaren, Eldon Rathburn...

Cette éclosion avant-gardiste est à la proue de la mouvance culturelle de l'époque qui donne le cinéma d'animation de McLaren, le *candid eye* canadien-anglais, le *cinéma direct* et la création du cinéma national québécois. Ainsi se construit ce profond inconfort des cinémas canadien et québécois, exemple sans doute unique, dans les pays occidentaux, d'industrie d'État constamment tiraillée entre les commandes politiques de tout acabit et l'expérimentation libre, dérangeante et... subventionnée. La musique de film, les films sur la musique, les films-opéras et les rares *musicals* canadiens et québécois sont le produit de cette industrie paradoxale, à la fois grouillante et emmitouflée, délinquante et paternalistement surveillée.

Les deux pôles de production de musiques filmiques au Canada demeurent toujours Montréal et Toronto. Le premier, dans la métropole du Québec, à cause de la présence de l'ONF (avec en son sein une forte branche de «production française»), de la Société Radio-Canada et de Télé-Québec; le second, pivot économique du Canada anglais, siège social de CBC et plus tard de TV/Ontario.

Binaire ou biculturelle dans tous ses aspects, la musique filmique canado-québécoise s'inscrit enfin dans la cohabitation paradoxale des deux grands modes de conception sonore de la cinématographie internationale, celle d'un certain *suivisme* vis-à-vis de l'image, l'autre plus autonome et plus interactive, comme la décrivent Michel Fano ou Maurice Blackburn.

Il revient à *L'Encyclopédie de la musique au Canada*[4] d'avoir donné pour la première fois un portrait-synthèse de la musique des cinémas québécois et canadien. Cet ouvrage n'hésite pas à consacrer un article à McLaren comme *compositeur*. Le cinéaste, qui n'était pas musicien et n'écrivait pas de partitions, a néanmoins produit, en la gravant ou en la peignant directement sur pellicule, la musique synthétique d'une douzaine de ses films.

Cet apparent paradoxe d'un McLaren musicien permet d'éclairer la période embryonnaire de la plus authentique création musicale filmique au Canada et au Québec. Ce filon puise son inspiration à la fois dans les divers métissages de la musique actuelle et dans la conception sonore filmique comme «partition musicale». Si McLaren s'y intéressa par le dessin optique sur certains de ses films, il n'hésita pas à poursuivre les recherches sur ce terrain avec des compositeurs tels qu'Oscar Peterson et surtout Maurice Blackburn, un complice de toutes les heures.

À l'instar de Michel Fano, qui a conçu lui aussi la partition sonore filmique comme une donnée du concept de *nouvel opéra*, Maurice Blackburn et quelques autres compositeurs québécois-canadiens ont rêvé d'«œuvres audiovisuelles totales» et trimé dur pour en matérialiser la réalisation, ne fût-ce que par bribes, maquettes ou esquisses. Blackburn affirmait:

> J'ai toujours eu un penchant pour l'opéra: on y retrouve plusieurs formes d'expression en étroite conjonction les unes avec les autres – le chant, la musique, le théâtre. C'est peut-être parce que je conçois le cinéma comme un opéra qu'il m'est difficile de penser aux images, aux bruits, au commentaire, à la musique, comme si ces éléments pouvaient être compartimentés, isolés les uns des autres. Je ne crois pas que la musique de film peut avoir une existence en dehors du cadre audiovisuel pour lequel elle a été créée[5].

Que les résultats soient encore fragmentaires n'étonne plus. Ces musiciens se tiennent la plupart du temps dans les marges du cinéma. Cependant, leurs efforts méritent d'être mieux connus, malgré l'ombre dont ils sont généralement couverts et les monts de détritus dont leurs laboratoires sont jonchés.

Partition sonore pour un «nouvel opéra»

Les travaux de certains expérimentateurs comme Michel Fano et Michel Chion, de même que de quelques analystes: Rick Altman, François Jost, Dominique Chateau, Laurent Jullier, entre autres, ont mis en lumière le rôle et la fonction de la bande sonore au cinéma comme structure contrapuntique d'un montage iconique[6].

Au Québec, on s'intéresse à la question depuis le colloque de l'Association québécoise des études cinématographiques en 1984, *Sons et narrations au cinéma*, puis la mise sur pied du Groupe d'étude sur la bande sonore dans le cinéma québécois[7]. Mais la passion pour le sujet ne manque pas, et une nouvelle génération de praticiens, d'étudiants et d'analystes a surgi pour réfléchir à la question et réaliser des œuvres. En témoignent les courts métrages *Sortie 234* et *Lettre à mon père* (Michel Langlois), *Abijévis* (André Dudemaine), *La Queue tigrée d'un chat comme pendentif de pare-brise* (Jean-Claude Bustros), *La Pêche au son* (Jean-Sébastien Durocher)...

À vue de nez, on pourrait croire que la jeune industrie du film québécois est un désert depuis la Seconde Guerre mondiale par rapport aux possibilités de composer une bande sonore qui soit autre chose qu'une redondance verbale, sonore et musicale de l'effet de réalité des images. C'est vite oublier que l'ONF a écrit une page d'histoire intéressante et riche sur ce terrain qui mérite d'être mise en lumière.

Cette histoire pousse ses racines jusque dans les années 50, avec Norman McLaren et Maurice Blackburn; elle a ensuite installé ses pénates, durant les années 70, dans l'Atelier de conception sonore avec principalement Blackburn, Alain Clavier et Yves Daoust. Plus tard, dans les années 80 et 90, cette expérience ressurgit sous d'autres formes avec les travaux, par exemple, des monteurs et/ou concepteurs sonores Pierre Bernier, Claude Langlois, Catherine van der Donckt et Claude Beaugrand, des musiciens René Lussier, André Duchesne, Robert Marcel Lepage et Jean Derome, de même que dans les films de Pierre Hébert.

L'ONF a donc gagné quelques galons en la matière au fil des ans. Mais c'est l'idée et le projet de l'Atelier de conception et de réalisations sonores qui a matérialisé le mieux l'apport de cette institution à l'évolution théorique et pratique de la bande sonore au cinéma. Si cet atelier a eu et a encore l'air d'un fantôme, cela est dû sans doute à la secondarisation historique de la bande-son dans le processus de création filmique, certainement pas à la justesse de ses orientations ni à l'intérêt de quelques-unes de ses réalisations.

Quelques repères

C'est au compositeur onéfien Maurice Blackburn (1914-1988), devenu chef de musique à la Production française, qu'on doit l'idée et la mise sur pied de l'Atelier de conception et de réalisations sonores. «Depuis 1948, après un séjour de deux ans à Paris pendant lequel j'ai pris connaissance des travaux de Pierre Schaeffer, Pierre Henry, etc., j'ai essayé à maintes reprises de convaincre l'ONF de la nécessité d'une recherche au niveau sonore[8].» Dès les années 50, c'est avec McLaren que Blackburn s'initie aux riches possibilités de la bande sonore en animation (*A Phantasy*, 1952; *Blinkity Blank*, 1955), McLaren lui-même ayant poussé l'expérimentation jusqu'à dessiner et graver des éléments de partitions sonores directement sur pellicule. Blackburn explorait aussi du côté du documentaire et signait en 1962 l'étonnante trame sonore du court métrage *Jour après jour* de Clément Perron. Ce qui conduit Michel Fano à faire remarquer:

> On peut incontestablement trouver, dans les films sur lesquels a travaillé le musicien Maurice Blackburn, un véritable projet sonore... Notons qu'il est très étonnant d'avoir pensé le son de cette manière dans les années 50 et 60. En Europe, il n'y avait encore rien du tout[9].

Maurice Blackburn ne signe pourtant aucune œuvre issue de l'atelier. Son opus le plus marquant, dans l'ordre du film-opéra, est à chercher en amont et en aval de ce studio sonore avorté, comme en témoigne l'édition phonographique *Maurice Blackburn. Filmusique. Filmopéra*. Dans ses deux premiers films expérimentaux de 1952, *Twirligig* (Gretta Ekman) et *A Phantasy* (McLaren), Blackburn organise ses partitions à partir de sons synthétiques obtenus par photographie de cartes illustrant des ondes sonores; pour le McLaren, il combine à ce décor-machine des volutes de saxophones. Encore avec McLaren en 1955, pour *Blinkity Blank*, il propose une partition pour cinq instruments, enregistrée à chaud sans répétition; au mixage, le réalisateur entrelace ces prises avec ses propres sons gravés sur pellicule.

Dans les années 60, Blackburn pousse à fond la conception et la direction d'une bande sonore intégrée, où le compositeur règle à la fois les bruits, les musiques et les voix. Démarrée en 1961 pour *Je* (Louis Portugais), cette manière s'épanouit brillamment dans *Jour après jour*, puis dans *Caprice de Noël* (Grant Munro, McLaren, Jeff Hale, Gerald Potterton, 1963), pour aboutir en 1968 à *Ciné-crime* (animation par écran d'épingles), pour lequel Blackburn est aussi réalisateur. Cette manière se retrouvera une dernière fois en 1981 dans le film d'animation «*E*» (Bretislav Pojar), une joyeuse et caustique satire des totalitarismes.

Le coffret phonographique cité plus haut comprend aussi une partition de bruits musicalisés, *L'Eau +*, film présenté au pavillon du

Québec de l'Exposition universelle de 1967 à Montréal; sa partition pour *Notes sur un triangle* (René Jodoin) est une jolie valse goguenarde et mélancolique, jouée par le compositeur sur piano préparé; on y trouve encore des extraits de décors sonores pour deux longs métrages d'Anne Claire Poirier (*Les Filles du Roy*, 1974, et *Mourir à tue-tête*, 1979); une composition électroacoustique inédite, *Verbération* (1969-1970, sur cinq poèmes d'Anne Hébert), complète cet éventail de «cinéma pour l'oreille». Le coffret est couronné d'un essai radiophonique d'Yves Daoust, *Maurice Blackburn ou portrait d'un méconnu*. C'est en concoctant ces réalisations que Blackburn traçait la voie à ce qui allait s'épanouir, après les années 80, dans le nouvel opéra filmique du Québec et du Canada.

Malgré les efforts de ce compositeur durant les années 50 et 60, ce n'est qu'au début des années 70, toutefois, que le projet d'un atelier semble mûr aux yeux de l'ONF. En janvier 1971, le directeur de la Production française, Gilles Dignard, donne son accord à un essai de trois mois pour la réalisation d'une bande sonore de musique concrète et électroacoustique dans le cadre du projet *Régions 80*. C'est Alain Clavier (stagiaire chez Schaeffer au début des années 60) qui est engagé pour réaliser *Cathédrale*, une piste sonore de 8 minutes. L'essai paraît concluant. En avril, l'atelier prend forme, quoique avec peu de matériel et au milieu d'un certain scepticisme chez les cinéastes.

Clavier y réalise plus d'une dizaine de trames sonores. Il est rejoint en 1976 par Yves Daoust, compositeur électroacoustique, qui démissionne trois ans plus tard après avoir réalisé les partitions de *Plan sentimental* (1978), de *L'Âge de chaise* (1979) et des *Naufragés du quartier* (sorti en 1980). Bien qu'appuyé avec enthousiasme par Pierre Moretti, Anne Claire Poirier et Jacques Leduc, l'atelier est visiblement peu fréquenté par les cinéastes, voire objet de leur hostilité, surtout après le texte d'Yves Daoust: *Atelier sonore: idéologie - orientation - politique* (1977), qui tombe comme une douche glacée.

L'atelier arrive néanmoins à produire, outre les trames sonores de quelques films, un album de deux disques sur les musiques d'avant-garde à l'ONF, puis un autre disque d'Alain Clavier pour accompagner une livraison de la revue *Medium-Media* sur *La Qualité de la vie*[10]. Mais c'est bientôt le cul-de-sac. Au début des années 80, l'ONF coupe les budgets. «À l'été, conclut Alain Clavier, j'ai tout simplement fermé l'atelier.» En dehors de brèves mentions dans l'histoire du Studio français d'animation, on ne parle pratiquement plus, dorénavant, de l'Atelier sonore à l'ONF.

Servir les films en structurant la bande sonore

Une chose est certaine. Pour les instigateurs de ce «laboratoire d'un matériau sonore de base, sons électroniques ou sons concrets», l'Atelier sonore visait un objectif très particulier dans ce genre d'entreprise: être au service du discours filmique. Ainsi, écrivait Yves Daoust en 1977, cet atelier «est sans doute le seul studio de musique électroacoustique au Canada dont la vocation est de faire de la musique appliquée[11]». En d'autres termes, comme l'avait déjà souligné Blackburn, il s'agissait de composer cette sorte de musique qui, «privée de son support visuel, n'a plus de forme, de logique interne[12]». Cette sorte d'humilité (d'attitude de service public) dans l'acte de la composition musicale avait toutefois un corollaire valorisant, qui pouvait même paraître menaçant: «L'atelier, ajoutait Daoust[13], ne doit pas faire office de dépanneur, mais être un lieu d'expérimentation, de recherche, d'une nouvelle conception sonore.»

Cette affirmation programmatique recoupait ce que Blackburn avait affirmé, et qu'il faut citer à nouveau:

> Il faut sensibiliser les cinéastes aux problèmes de la conception sonore, c'est-à-dire d'une trame élaborée, tant au niveau des idées qu'au niveau de la ou des techniques utilisées dès la mise sur pied, dès la préparation du film, alors que trop souvent celle-ci est livrée à l'improvisation constante au fur et à mesure que se déroulent les différentes opérations du film (tournage, montage, enregistrement, etc.). D'où, trop souvent: qualité souvent discutable du son de location. Effets sonores «collés» à la dernière minute. Musique dont la fonction est uniquement de boucher les trous. Banalité des rapports dialogues/effets/images[14].

Ce que l'Atelier sonore visait, au fond, était l'émergence d'un nouveau métier créatif du cinéma, une sorte d'égal du directeur de la photographie, qui pourrait prendre la direction de la bande sonore. On tend aujourd'hui à l'appeler le concepteur sonore. Métier qui veut s'imposer en développant chez les cinéastes «le fait de "personnaliser" leur son», de devenir plus exigeants et de faire bénéficier «tout le processus de réalisation sonore, de la conception au mixage final[15]». Comme l'explique Yves Daoust[16]:

> Dans une approche électroacoustique de la bande sonore, tous les sons – aussi bien les paroles que les sons réalistes – sont considérés comme exploitables musicalement. Le compositeur doit donc prendre en charge la bande sonore globalement, dès le début d'un film, en collaboration avec le cinéaste, le monteur visuel, le monteur sonore. Le musicien n'a pas à faire nécessairement tout le travail de sonorisation, mais doit le diriger, le planifier, afin de *structurer toute la bande sonore comme une œuvre musicale électroacoustique*. C'est l'ensemble de la bande qui devient la musique du film. Ce qui n'exclut pas du tout l'emploi de «musiques» au sens traditionnel. Mais celles-ci sont considérées dans cette optique comme des «objets sonores» parmi d'autres, comme des éléments de la structure musicale globale que devient alors la bande sonore. Celle-ci n'a plus uniquement une fonction de sonorisation, elle n'est plus appliquée, comme un vernis, sur un visuel terminé, qui a déjà tout son sens, mais acquiert un rôle actif. Elle enrichit le film par ses propres moyens expressifs. Un contrepoint à deux voix s'établit, entre le visuel et le sonore.

On sent aisément les conséquences perturbantes d'un tel poste créatif dans le processus de production d'un film:
• changer la responsabilité du réalisateur qui doit incorporer à sa direction d'ensemble celle d'une bande sonore conçue à la fois de façon autonome et interactive durant les phases de la production, autant celles du découpage que du tournage, du montage et du mixage;
• repenser les métiers de preneur de son, de bruiteur, de monteur sonore, de monteur de la musique et de mixeur comme dépendant d'une double direction, celle du concepteur sonore (du «compositeur») et, en dernière instance, du réalisateur;
• réarticuler le rôle habituel du musicien, qui doit penser ses compositions en fonction de l'axe central d'une bande sonore structurée et est appelé à intervenir plus tôt que d'habitude dans le processus de production;
• admettre qu'un tel travail pourrait commencer dès l'élaboration du scénario. Pourquoi pas? Le scénariste Jean-Claude Carrière a évoqué cette possibilité, qui pourrait aller jusqu'à faire germer un scénario sur une recherche avant tout acoustique: ambiances sonores, musiques, éventails des voix, etc.[17]

Une expérience mort-née?

Pas étonnant que, devant la perspective de pareils bouleversements structurels et créatifs, l'Atelier sonore ait essuyé de telles résistances qui, consciemment ou non, renvoyaient dans d'autres laboratoires ces compositeurs électroacoustiques accoucheurs de «petits bidules électroniques bizarres[18]».

Pas plus hier qu'aujourd'hui, la bataille de la *structuration de la bande sonore* n'est gagnée, et là où sa fabrication existe, elle est plus souvent qu'à son tour reléguée dans les films expérimentaux ou d'animation, dans certains documentaires underground ou d'art et essai. Sinon, le travail des concepteurs sonores n'est encore vu que comme celui de fabricants d'effets spéciaux sonores pour tel ou tel fragment de film, ou tels genres particuliers de films commerciaux.

En rappelant la curieuse dérive de l'atelier, Alain Clavier et Yves Daoust s'entendent pour dire que, outre les tracasseries bureaucratiques et certains atermoiements de la direction, ce n'est pas du côté des techniciens du son (plutôt valorisés) que vinrent principalement les résistances et les refus, mais bien des cinéastes. À une époque, explique Daoust, où dominait à l'ONF la conception du cinéma direct (bande sonore apparemment faite pour reproduire fidèlement l'effet de réalité de l'image), certains cinéastes trouvaient les données de la nouvelle conception trop intellectuelles et théoriques, ou bien tout simplement ne voyaient pas la nécessité d'un travail d'ensemble sur la bande sonore. La révolution de l'image et de la prise de son en direct, voire la révolution du montage/image dans le direct, était curieusement couplée à des conceptions ultraroutinières de la bande sonore.

Autre handicap: de qui l'émergence progressive d'un responsable de la conception sonore relève-t-elle? Au premier chef, du réalisateur lui-même, qui doit avoir des idées assez précises sur la bande sonore de son film, aux diverses étapes de son processus de production, au point d'y associer une direction créative. Cette direction, toujours d'après Clavier et Daoust – et Blackburn n'en pensait pas moins, de toute évidence –, appartiendrait à un musicien, plus apte à devenir concepteur sonore parce que sa formation lui donne les outils de base en traitement de sons, en rythmique, dans la dialectique silence/bruits. Ce qui veut dire que même si un technicien du son acquiert petit à petit un statut de concepteur sonore, il ne pourra arriver à un produit significatif qu'en se rapprochant de la science, de l'art musical. Les efforts les plus riches au niveau des conceptions sonores, dans l'histoire du cinéma, ne viennent-ils pas de musiciens comme Arthur Hoérée, Bernard Herrmann, Maurice Blackburn, Michel Fano?

C'est d'ailleurs en se rattachant à cette expérience historique que l'Atelier sonore a établi les paramètres de son existence et de son développement. Si la tentative a échoué, ce n'est pas que les fondements en étaient mal posés, bien au contraire. Quoique cet atelier n'ait ressurgi de la mémoire enfouie que dans la seconde moitié des années 80, il fut, à sa manière, une sorte de «trou noir» révélateur d'un avant et d'un après étonnamment riches et stables. La suite, en effet, permit l'émergence de «partitions audiovisuelles opératiques», parmi lesquelles l'opus fascinant du Torontois Peter Mettler, tout comme un long métrage singulier de Gilles Groulx, *Au pays de Zom*, sans doute le seul film-opéra – au sens strict et formel du terme – du cinéma québécois. Dans cette foulée, nous retrouverons deux autres cinéastes: Michael Snow, au parcours foisonnant, à la fois cinéaste, artiste visuel et musicien qui, à l'instar de McLaren, commença à New York son travail filmique musical; et Pierre Hébert, dont on dit qu'il est un deuxième McLaren, et dont le long métrage *La Plante humaine*, en 1996, marque le sommet d'une carrière longue de trente ans.

Aux États-Unis, le nouvel opéra a pu naître au sein et en dépit de la production de flot du *musical*. Dans les cinémas nordiques, le *musical* n'a pas d'existence, sauf pour quelques cas isolés. Dans le cinéma commercial d'après-guerre au Québec – qu'on appelait alors «canadien-français» –, il y eut bien, au milieu de la production d'une vingtaine de longs métrages, une ou deux tentatives boiteuses de paraphraser le *musical*. *Le Rossignol et les Cloches*, en 1952, fut une sorte de singerie dans laquelle un garçon soprano prodige, Gérard Barbeau, fut maladroitement utilisé comme une sorte de Bobby Breen aux prouesses hollywoodiennes et, qui plus est, dans un décor de village folklorique où abondent les bondieuseries. D'allure plus contemporaine et plus sympathique malgré ses défauts et ses gros traits rigides, *Les Lumières de ma ville* (1950) se situe dans le Montréal de la vie de bohème des musiciens, sans prétendre être un *musical*, au mieux un mélodrame avec quelques séquences en chansons.

Plus tard, d'autres rares essais tournent court. Lewis Furey a composé pour Gilles Carle la partition de *Fantastica*, un *musical* onirique grinçant, qui révèle au passage la difficile intégration au Québec de ce genre si typiquement américain. En faisant ultérieurement, sur des paroles de Leonard Cohen, son *Night Magic* (*La Nuit magique*), Furey a livré une solide partition mais une réalisation filmique qui n'est pas à la hauteur de son inspiration musicale. Un seul *musical* québécois tire son épingle du jeu, peut-être parce qu'il traite par la dérision les *musicals* américains et français et fait la preuve par l'absurde de l'ineptie de ce genre au Canada. *IXE-13* (Jacques Godbout, ONF, 1972) est devenu un film-culte. Le compositeur François Dompierre y fournit un pastiche brillant, le réalisateur a concocté paroles et dialogues qui brodent sur le thème du nationalisme ethnocentriste québécois et met en scène son scénario comme une BD aux couleurs criardes pop art.

* * *

François Girard a développé, à la fin des années 80 et durant les années 90, une œuvre filmique musicale dynamique et d'une grande cohérence. *Secret World* (concert de Peter Gabriel) et *Souvenirs d'«Othello»*, déjà évoqués, ont suivi le film *Thirty-two Short Films About Glenn Gould*, sur lequel il faudra se pencher assez longuement dans le chapitre sur le «cinéma gouldien». Ces quelques titres, joints à ceux des cinéastes des générations précédentes, suffisent à éclairer et à faire résonner l'extraordinaire richesse de la cinéphonographie de ces «lumières du Nord».

En 1997, François Girard réalise trois nouvelles œuvres. D'abord, un film produit par Rhombus Media, *The Sound of the Carceri*, partie de la série des enregistrements par Yo-Yo Ma des six suites de Bach pour violoncelle solo. Ensuite son long métrage *The Red Violin*, en même temps qu'il est invité par le Canadian Opera Company de Toronto à monter sa première mise en scène d'opéra au théâtre. *Œdipus Rex*, de Stravinski (précédé du *Chant des Psaumes*), est un grand succès, immense pour un cinéaste qui en est à ses premières armes de régie scénique, et qui ne voile pas son «ignorance» du corpus opératique européen. Paradoxe qui illustre une fois de plus, si besoin est, que la sensibilité à la musique lyrique ne réside pas exclusivement dans la connaissance du musée occidental de l'opéra. François Girard a construit son œuvre vidéographique et cinématographique presque exclusivement sur la musique. Rompu aux formes variées de films-opéras, il n'arrive pas les mains vides sur une scène lyrique, qui trouve de la sorte la chance d'un enrichissement. Pour lui, d'ailleurs, le cinéma est un enfant de l'opéra plus que de la littérature. Il a acquis la conviction que la scène et l'écran sont presque identiques, captant l'attention des spectateurs dans les mêmes grandes boîtes noires. Il fait remarquer qu'il a organisé sa mise en scène d'*Œdipus Rex*, centrée sur les masses de corps humains, comme avec une caméra fixe pour un seul long plan-séquence de plus d'une heure.

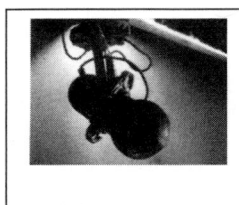

My name is
François Girard

Quelle fut votre enfance, votre adolescence dans la musique, dans le domaine sonore?
Le piano est un personnage important de mon enfance. Ma sœur Sylvie a suivi des cours pendant très longtemps. Elle répétait tous les jours ses airs de Mozart, Bach, Liszt, Schumann, Schubert... Pendant des années, j'ai été enveloppé par ce qu'elle jouait. Je m'y suis mis à mon tour. J'ai commencé des cours, mais j'ai vite tout balancé. Je me suis mis à jouer pour le plaisir, à improviser, à me raconter des histoires avec le piano. Ce plaisir m'est resté. Je n'ai jamais cessé de jouer du piano et j'en ai toujours un. J'en joue par plaisir, pour moi-même. Adolescent, j'ai joué avec des groupes, j'ai aussi donné quelques concerts solo, mais très peu. À l'époque, j'écoutais beaucoup de jazz: Charles Mingus, Thelonious Monk, Bill Evans, Corea, Jarrett... beaucoup de rock aussi.

Des collections de disques, peut-être?
Oui, tout l'argent que j'arrivais à gagner ici et là, je le dépensais à m'acheter des disques. J'ai développé une collection assez importante. Ironiquement, j'ai tout vendu pour produire ma première vidéo, *Das Brunch*. Quelques années plus tard, au premier coup d'argent, la première chose que j'ai faite, ç'a été de m'acheter une nouvelle chaîne. Depuis, j'accumule les disques et je manque de temps pour écouter tout ce que j'achète. En y repensant, j'ai développé une passion pour la musique bien avant celle pour le cinéma.

Toutes sortes de musiques?
Oui. Je m'intéresse à tout. Beaucoup de musique classique et contemporaine, des musiques ethniques, du rock, du jazz.

Vos études supérieures ont touché le cinéma?
Non. Les communications. Au collège de Limoilou à Québec d'abord. La plupart de mes cours de philo et de communication m'ont été crédités par la remise d'enregistrements de musique. Je montais des projets de musique comme on monte des films: chercher l'argent, rassembler des gens, réunir l'équipement, et puis se lancer à l'aventure. Les gens qui ont soutenu cette démarche à l'époque ont été très importants pour moi. En fait, c'est ce que le système d'éducation m'a donné de mieux. À Québec, j'ai aussi fait de la radio. Plus tard, j'ai commencé des études en communication à l'Université du Québec à Montréal. Mais là, mon impatience m'a rattrapé.

Dans vos cours de communication, aviez-vous déjà une préoccupation particulière pour le son?
Oui. En fait, je m'intéressais beaucoup plus au son qu'à l'image.

Dans quel cadre avez-vous fait vos premières vidéos?
En arrivant à Montréal, j'ai eu la chance de me trouver un job chez Prim Vidéo, un regroupement d'artistes en vidéo. J'ai d'abord travaillé comme coordonnateur. Puis je me suis mis à faire du montage pour toutes sortes de gens, comme Édouard Lock, Michel Lemieux... Pour moi, le montage était la continuité naturelle du piano. C'était surtout une sacrée bonne façon d'apprendre le médium et d'y réfléchir. Encore aujourd'hui, je considère la salle de montage comme le meilleur poste d'observation du cinéma.

On dit que le rapport musique/cinéma, la musicalité filmique, commence avec le montage. Est-ce un aspect qui vous intéressait dans le montage?
Tout à fait. Le cinéma est un art de synthèse, qui intègre toutes les autres disciplines, et en particulier la musique. Il y a une grande parenté entre le montage au cinéma et la musique.

Dans l'un comme dans l'autre, il y a ce temps qu'on manipule, arrête, ralentit, accélère, inverse, découpe... Les rapprochements qu'on peut faire entre musique et cinéma sont très évidents. Mais ce rapprochement, si on le pousse trop loin, peut aussi devenir réducteur.

Si on me demandait quelle serait l'école de cinéma idéale, je dirais que ce serait celle où l'on enseigne tout sauf le cinéma: la musique, la peinture, la littérature, le théâtre, l'architecture, l'histoire de l'art, etc. Orson Welles disait que le cinéma s'apprenait en quatre heures. Je le crois très sincèrement. Les paramètres spécifiques du cinéma sont très simples. Il faut dix minutes pour comprendre le problème des axes, dix pour comprendre la différence entre deux lentilles, dix pour saisir comment la pellicule se déplace dans une caméra. La base pour la réalisation d'un film est extrêmement simple. Ce qui est plus compliqué, c'est de savoir quoi en faire, quoi dire. Welles, Cocteau, Greenaway... il y a beaucoup d'exemples d'artistes qui ont apporté le bagage d'une autre discipline au cinéma. Dans cette notion de fusion et d'intégration des disciplines, la musique est pour moi primordiale. Je crois qu'en imaginant leur film, la plupart des cinéastes pensent de la même façon qu'un compositeur, avec un schéma temporel, divisé en mouvements comme dans une sonate, avec des silences, des contrastes, des surprises... Eisenstein s'est servi des proportions du nombre d'or (1,6163) pour construire les rapports de durée dans son *Potemkine*. Il a théorisé cette démarche en établissant des rapports organiques à l'intérieur du temps filmique, de la même manière que l'avait fait Bach deux siècles auparavant dans ses *Variations Goldberg*, entre autres. Le cinéma, dès sa naissance, intègre le savoir musical, qui a une histoire beaucoup plus vieille.

N'y a-t-il pas une autre hypothèse pour expliquer la musicalité filmique? On dit souvent que l'avantage de la musique sur les autres arts est qu'elle n'exprime jamais rien de figuratif, mais une donnée toujours ouverte. Plus ouverte que l'image et son aspect concret, même lorsqu'il s'agit d'une image abstraite. N'y a-t-il pas là une clé?

La musique et les sons sont effectivement beaucoup moins tangibles que l'image, parce que notre culture occidentale est d'abord et avant tout construite sur des codes visuels, ce qui n'est pas le cas de toutes les cultures. C'est ce qui fait la difficulté de quantifier et de définir verbalement des notions sonores. Écoutez deux personnes parler de son ou de musique et remarquez à quel point le vocabulaire qu'elles utilisent appartient au monde des images: clarté, netteté, volume, couleur, dimension, hauteur, contraste... Je trouve beaucoup plus difficile d'exprimer une idée de bande sonore qu'une idée visuelle. On fait de l'approximation, on se sert souvent de métaphores. Mais ce flou qu'on n'arrive pas à cerner est en fait plus intéressant que tout ce qu'on parvient à maîtriser, dans l'image comme dans le son.

Je crois qu'une bonne bande sonore est beaucoup plus difficile à réaliser qu'une mise en image. Je me fais toujours le reproche de ne pas avoir assez travaillé ma bande sonore. Et je ne suis pas le seul. Le son est l'enfant pauvre de notre cinéma. Sur le plateau, quand tout presse, la dernière chose qui compte, c'est de donner une répétition aux gens du son: «On réglera ça en postproduction.» En postproduction, le son passe après l'image et doit souvent éponger les déficits accumulés jusque-là dans la production. Le son est un grand blessé qu'on n'est pas arrivé à sortir des soins intensifs depuis l'arrivée du parlant. Cela dit, je ne crois pas non plus qu'il faille donner au son, ni à l'image d'ailleurs, plus d'importance qu'il ne faut. Un film existe d'abord par ses personnages, par ce qu'il a à dire. Par ce qu'il évoque plus que par ce qu'il fait voir ou entendre.

Comment avez-vous travaillé le son et la musique dans vos vidéos, avant Cargo *et* Le Dortoir*?*

J'ai fait de tout avant *Cargo*: des vidéos d'art, des installations vidéo, des films d'architecture, des pubs, des clips, des fictions expérimentales... Mon travail avec le son était aussi éclaté. Chaque fois, la question se posait dans un contexte différent. C'est difficile de dégager des grandes lignes. Mais j'ai beaucoup travaillé avec la musique. On a produit des heures de musiques originales. Souvent il n'y avait pas de musique, mais même dans ces cas-là, on pensait musique. Par exemple, dans *Mourir*, avec Lothaire Bluteau, je ne voulais pas de musique, mais la bande sonore a été confiée aux musiciens Gaétan Gravel et Bill Vorn, qui ont construit des effets et des ambiances sonores comme de la musique.

Et Cargo?

Dans l'organisation de notre cinéma, de tous les cinémas, musique et montage sonore sont dissociés. Pour *Cargo*, mon premier long métrage de fiction, on a choisi de travailler avec les mêmes artistes pour le montage sonore et la musique. Je pensais et je pense toujours que tous les sons d'un film peuvent être entendus comme de la musique, et que la musique peut être conçue comme l'élément sur lequel la réalité du film se construit. En fait, ce qui est encore plus important, c'est que l'un et l'autre ne devraient jamais être travaillés isolément.

Quand on discute comme maintenant, on arrive à des idées plus claires, mais la réalité est différente. Entre la théorie et la pratique, il y a une mer. Et le problème, c'est qu'on doit la traverser à la rame.

Le Dortoir, *un ballet-théâtre, est porté par la musique...*

Ce qui s'est passé avec *Le Dortoir* est un peu spécial. La musique de la pièce a été complètement refaite pour le film, j'en avais fait une condition pour réaliser le film parce que je ne pouvais pas supporter la musique originale. Gilles Maheu aussi pensait la refaire. La nouvelle partition a été confiée à Gaétan Gravel, qui a composé et enregistré trente-cinq minutes de musiques originales, ce qui est énorme. Son travail a eu lieu après que le tournage et le montage ont été terminés.

Est-ce que ce processus inversé permettait une musicalité filmique plus accomplie?

Dans ce cas-là, peut-être. Chaque fois, le problème est différent. Pour chaque film, il faut se donner la peine de trouver un nouveau chemin.

Comment avez-vous abordé Secret World *et le concert de Peter Gabriel?*

Secret World est différent de tout ce que j'avais fait auparavant. J'ai beaucoup aimé faire ce film. Je n'avais jamais touché au tournage *live*. J'ai toujours pensé que je serais mauvais en *live*, parce que je travaille lentement. En général, j'ai besoin de m'isoler, de réfléchir, de recommencer mille fois avant d'attaquer. Alors j'ai misé sur ce que je savais faire et j'ai passé plusieurs semaines à développer un plan de tournage complexe qui impliquait des déplacements de caméra pendant le déroulement du spectacle, avec des équipes qui se déplacent dans la foule, des lentilles qui se promènent d'une caméra à l'autre, des *runners* qui doivent savoir où sont rendues les caméras pour les approvisionner en pellicule... On a répété sur maquette chaque moment du tournage. On a circulé sur l'amphithéâtre avec chaque cameraman. Et le premier soir du tournage, quand les lumières se sont éteintes, Dieu merci, la machine s'est mise à rouler toute seule. *Secret World* est moins un film d'écriture qu'un film de découpage et surtout de montage.

Un premier résultat étonnant, c'est que ce film ne ressemble pas à un concert live, *de la manière usuelle. Il y avait donc un découpage technique élaboré avant le tournage?*
Oui, pour chacune des douze caméras, et pour chaque chanson, il y avait des positions différentes et un travail différent à effectuer. Sur papier, c'était un vrai fouillis. On n'était que deux à comprendre le plan, mon assistante Jennifer Jonas et moi.

Et le parti pris de laisser le public en arrière-plan, sans faire de champ-contrechamp?
Les Américains auraient bien aimé que je coupe plus souvent au public! Mais dans la mise en scène de Robert Lepage, la scène s'avance au milieu de la foule de telle sorte que le public est présent en toile de fond dans tous les plans. J'avais donc une chance de m'en sortir sans plans de coupe du public comme cela se fait dans les films de concert.

Il y a aussi beaucoup de travellings très lents, très souples et fluides. Cela me rappelle la manière dont les meilleurs réalisateurs de musicals *ont filmé, surtout dans les moments d'ensemble avec chœurs et danseurs. Plutôt que d'utiliser la manière clip, avec beaucoup de plans rythmés sur la mesure musicale, ces réalisateurs avaient adopté une stylistique à la fois distanciée et souple qui suivait la ligne d'ensemble de la musique. L'avantage de cette méthode est de laisser écouter la musique, que la musique arrive au spectateur sans l'intermédiaire du montage.*

Il faut distinguer mouvement de caméra et montage. Au montage, j'ai appliqué la même règle que dans *Souvenirs d'«Othello»*, ou dans un film de fiction: couper le moins souvent possible. On coupe quand on a épuisé la tension d'un plan. Je crois que dans le rock aussi il faut faire confiance à ce qui se passe devant la caméra. S'il ne se passe rien dans le plan, ça n'arrange rien de le charcuter. Le montage ne donne pas d'énergie, il structure la matière dans le temps.

Pour ce qui est du tournage et des mouvements, dix caméras sur douze étaient en mouvement: sept Dolly, une Louma et deux Steadycam. Ça bouge tout le temps. Pour assurer une certaine cohésion entre les caméras, j'ai attribué à chaque chanson une intensité de mouvement de un à cinq. Tout le monde savait que *Blood of Eden* était marqué 1 et que *Sledgehammer* était marqué 5. De cette façon je me suis assuré une cohésion en passant d'une caméra à l'autre.

Contrairement à la dominante actuelle des films musicaux à montage clip, vous manifestez un parti pris du plan-séquence, de la continuité du flux musical filmique, ce qui produit une symbiose entre un certain classicisme du musical *et une certaine modernité. C'est volontaire?*

C'est intuitif, j'imagine. Une chose est sûre, j'aime les plans qui durent. Et j'aime beaucoup les mouvements lents, le *creeping dolly*. Quand je vais voir une exposition de sculptures, je suis constamment en mouvement, je marche lentement autour de l'objet. Les travellings lents sont les travellings de la gourmandise, de la curiosité, de l'approche tranquille. Je crois davantage à ces tensions qu'à celles engendrées par le montage rapide. Le mouvement est un privilège du cinéma. Je m'en prive le moins possible.

D'autres chantiers de films musicaux?

Oui. J'ai déjà évoqué *Le Violon rouge*, un long métrage de fiction. Le scénario, que j'ai écrit avec Don McKellar (comme pour le *Gould*), trace différents âges de la vie à plusieurs époques (du XVIIe au XXe siècles) et en divers pays d'Europe (Italie, Autriche, Angleterre), en Chine durant la Révolution culturelle, puis en Amérique, à Montréal. C'est l'histoire d'une âme, celle d'Anna, dont le mari luthier a fabriqué un violon pour leur enfant à naître. Mais l'accouchement tourne au tragique: Anna expire, le bébé est mort-né. Le maître luthier vernit le violon du sang de sa femme, et c'est ainsi que l'on accompagne l'âme d'Anna au fil des siècles (de 1681 à Crémone jusqu'à aujourd'hui). Avant de mourir, Anna aura entrevu, dans les cartes d'une servante, les diverses péripéties de son parcours, qui devient celui de l'instrument.

Je n'ai pas fait du *Violon rouge*, à proprement parler, un film sur l'histoire de la musique. Le violon et la musique sont devenus l'accompagnement du voyage d'une âme, de son immortalité. Mais il n'y a que la musique pour exprimer la dimension planétaire d'une même humanité. La musique est un véhicule, une dynamique, un mode d'expression, un langage universel.

Pour choisir la musique – ici elle est double: celles des divers violonistes dans l'intrigue, et puis la musique de film au sens courant –, j'ai d'abord constitué un corpus de diverses musiques du répertoire du violon. J'ai ensuite travaillé avec Joshua Bell, un brillant virtuose, qui a agi comme conseiller et qui est devenu ultimement la voix du violon rouge. Puis enfin Peter Gelb, président de Sony Classical, a proposé John Corigliano comme compositeur. Les premières rencontres avec John n'ont pas été très faciles, comme souvent dans ce genre de collaboration, mais nous avons signé un pacte et peu à peu la confiance s'est installée. À mesure qu'il écrivait la musique, j'ai découvert qu'il était bien l'homme de la situation et il a montré beaucoup de respect pour mes choix musicaux, le ton et la forme de la plupart des musiques utilisées en cours de montage. Il s'est aussi beaucoup inspiré des pièces que j'avais choisies pour chacun des personnages musiciens. Corigliano est d'ailleurs un expert dans ce genre de composition «à la manière de...», comme en témoigne son opéra *The Ghosts of Versailles*. Et puis il avait déjà travaillé au cinéma (*Altered States* en 1980, *Revolution* en 1985).

J'ai été frappé par la thématique de l'enfance, d'un instrument fabriqué pour un enfant, puis passant entre les mains d'autres enfants (en Autriche, en Chine), pour être en bout de course apporté par un expert à New York en vue de l'offrir à sa petite fille... Voyant cela, je me souviens de l'image que vous avez évoquée de votre propre enfance, assis sous un piano à écouter votre sœur...

C'est une lecture qu'on peut faire, quoique le scénario trace les périodes de la vie, de la naissance à l'âge adulte. C'était peut-être inscrit dans mon inconscient, et cela correspond à un fantasme qui m'habite: chaque enfant devrait baigner dans la musique dès son plus jeune âge.

Vous avez tourné un autre film pour Rhombus Media?

J'ai fait aussi *The Sound of the Carceri*. C'est une heure pour la télévision avec Yo-Yo Ma, film qui s'inscrit dans une série de six heures, une pour chaque *Suite pour violoncelle* de Bach que Yo-Yo Ma réenregistre treize ans après son premier disque. Dans chaque film, le violoncelliste s'inspire d'une discipline artistique différente: la danse, le kabuki japonais, l'architecture... On m'a offert de réaliser la *Suite n° 2 en ré mineur*, un film musique/architecture.

Comme on n'avait pas cinquante millions pour construire un édifice, j'ai proposé à Yo-Yo Ma de jouer dans un espace qui n'existe pas, dans un espace construit en animation par ordinateur. Plus précisément, l'artiste joue dans une reconstruction virtuelle des gravures de Giovanni Battista Piranesi, *Les Carceri* (*Les Prisons*). Le défi le plus intéressant consistait à transporter Yo-Yo Ma dans l'univers des *Carceri* dans l'espoir que sa musique en serait transformée. On a dû aussi inventer l'acoustique de ces prisons et adapter la sonorité du violoncelle à cette acoustique imaginaire. Le producteur Steve Epstein et les techniciens de Sony ont embarqué à fond dans cette expérimentation.

L'enregistrement sonore subit donc une sorte de manipulation machiniste?

En partie seulement. En fait, pour l'enregistrement, on a utilisé le seul édifice que Piranesi ait construit, la chapelle Santa Maria del Priorato à Rome. On s'est servi de cet espace-là comme point de départ. Yo-Yo Ma a d'abord ajusté le son de son instrument à l'espace de la chapelle, beaucoup plus petit que l'espace qu'on a construit par ordinateur. Ensuite Steve lui a donné une paire d'écouteurs et a incorporé des effets artificiels (des temps de réverbération plus longs) pour reproduire une perspective imaginaire des *Carceri*. Yo-Yo Ma a ajusté à ce décor sonore sa projection, ses tempi, son timbre. Il a changé sa technique d'archet pour la technique d'archet baroque. Et puis il a enregistré sa *Suite n° 2* en habitant cet espace virtuel. De plus, l'équipe de Sony a installé une vingtaine de paires de microphones pour permettre des options de perspective au mixage.

Dans cette expérimentation, il s'agissait de jouer à la fois, par la technique, sur la physique sonore d'un espace virtuel, mais aussi et surtout, au niveau émotif et créatif, sur l'idée d'interpréter Bach dans l'espace piranésien noir et lugubre, mais en même temps lumineux. Ces espaces virtuels, images et sons, se rattachent pour moi au problème de la représentation, à l'importance grandissante des illusions dans nos vies, à ces espaces imaginaires véhiculés par les films, les enregistrements sonores, le téléphone, etc. Notre quotidien est baigné par ces reproductions du réel, cette illusion est devenue notre nouvelle réalité.

De quoi est fait l'ensemble du film ?
Vingt minutes sont consacrées à l'interprétation de la *Suite* de Bach, qui est divisée en cinq séquences. Cinq autres séquences documentaires s'intercalent dans l'interprétation pour faire comprendre ce que je viens de vous expliquer, la démarche par laquelle Yo-Yo Ma est passé pour construire son interprétation musicale. On y voit Yo-Yo Ma bien sûr, Steve Epstein, l'architecte Moshe Safdie, un expert de Piranesi, John Wilton Elie, et le compositeur américain Richard Danielpour. Tous discutent du problème posé par le fait d'enregistrer dans un espace qui n'existe pas.

Les *Carceri* sont une œuvre aussi importante dans le monde pictural que la musique de Bach dans la musique. Elles ont inspiré des cinéastes comme Eisenstein et Lang, des écrivains, des peintres, des architectes... Je pense que l'originalité de notre démarche est d'explorer la dimension sonore des *Carceri*. À ma connaissance, personne n'a encore étudié cet aspect-là. Ça m'intéresse beaucoup parce qu'en faisant ce film, on se questionne sur le rapport entre représentation et réalité. Est-ce qu'on peut vraiment habiter une image? De la même manière, est-ce qu'un film peut marquer un individu au même titre qu'un événement vécu? Vous vous doutez de ma réponse à ces questions.

Je note qu'une fois de plus dans ce film, en allant chercher Piranesi, vous vous êtes tourné vers le passé...
Oui et non. Les œuvres de Bach et de Piranesi sont encore bien vivantes, on les joue, on les écoute et les imprime toujours, donc elles existent aussi dans le présent! Comme celles d'Orson Welles et de Glenn Gould...

Notes

1. Dans une étude en radiophonie, «Montréal et la naissance d'une nouvelle culture publique» (*Fréquence*, n° 1-2, 1994), Pierre Pagé fait remarquer que, durant les années 20, «le point de comparaison que se donnent les organisateurs du Salon de Montréal [de la radio] n'est rien de moins que celui de New York. La liaison symbolique, dès le début, est en direction nord-sud, passant par Boston, plutôt que vers Toronto ou Ottawa. La modernité ne semble pas se trouver à l'ouest». Cet axe Montréal/New York, très solide depuis longtemps dans les médias audiovisuels, a contribué à façonner un visage particulier à la culture québécoise, devenue une sorte de métissage «franco-américain».
Le même phénomène se remarque entre Halifax et la Nouvelle-Angleterre, depuis Toronto aussi. À l'extrême ouest, Vancouver maintient une sorte de cordon ombilical avec San Francisco et Los Angeles. Cela signifie que l'axe canadien est-ouest, tant désiré depuis la formation du pays comme colonne vertébrale de la socioculture, relève plutôt, ainsi que l'a noté Michael Dorland, de la *fiction*: «La facilité avec laquelle la fiction peut se mêler au factuel ne fait que souligner davantage que le terrain que veut occuper le concept canadien de souveraineté culturelle provient d'un *état imaginaire*.» («The War Machine: American Culture, Canadian Cultural Sovereignty & Film Policy», *Revue canadienne d'étude cinématographique*, vol. 1, n° 2, 1991)

2. Ce document, communiqué par Pierre Jutras de la Cinémathèque québécoise, fait partie du fonds Claude-Jutra des Archives de l'Université du Québec à Montréal. Les ayants droit en ont autorisé la publication.
3. Outre l'article de fond de *L'Encyclopédie de la musique au Canada*, dont il sera question plus loin, on peut signaler les quelques jalons suivants: Peggy Rooke, «Film Music», dans *Canadian Review of Music and Art*, n° 1-2, 1947; «À l'occasion d'un hommage aux compositeurs Eldon Rathburn et Maurice Blackburn», *Musique et cinéma* (Document n° 1), La Cinémathèque canadienne, Montréal, mars 1965; Eleanor Beattie, «Music in Films», dans *A Handbook of Canadian Film*, Toronto, 1973; dossier «Music in Film», *Motion*, vol. 4, n° 2, 1975; dossier «Music for the Movies», *Cinema Canada*, 1979.

   Le *Dictionnaire du cinéma québécois*, Boréal, Montréal, 1988, contient en outre des articles sur dix-huit compositeurs. Les Rendez-vous du cinéma québécois ont publié en 1991 la première *Discographie du cinéma québécois*. La Guilde des compositeurs de film canadiens (The Guild of Canadian Film Composers) a été fondée en 1979 et la revue *Le Compositeur canadien* traite assez souvent de l'activité filmique de ses membres.
4. Sous la direction d'Helmut Kallmann, Gilles Potvin et Kenneth Winters, Fides, Montréal, 1983.
5. «Récitatif», dans La Cinémathèque canadienne, *Musique et cinéma, op. cit.*
6. Pour une synthèse des travaux et des recherches en France, on consultera les articles «La dimension sonore: l'état des lieux» et «L'état des écrits» dans «Les théories du cinéma aujourd'hui», *CinémAction* n° 47, 1988. Voir la bibliographie pour les ouvrages des divers auteurs mentionnés.
7. Pour le colloque de l'AQEC, voir *Protée*, été 1985, en particulier la communication de Louise Carrière: «Son et expérimentation dans le cinéma d'animation à l'Office national du film du Canada (1939-1984)». Ce texte est un extrait de la thèse de doctorat de l'auteure (Université McGill, 1988), sur la question de la protestation dans le cinéma d'animation de l'ONF. Il revient à Louise Carrière d'avoir exhumé des archives de l'ONF les principaux textes relatifs à l'Atelier sonore. Je la remercie de m'avoir communiqué une copie de ces documents. Pour ce qui est du Groupe d'étude sur la bande sonore dans le cinéma québécois, sa première séance de travail, en mars 1989, consistait en une rencontre avec le concepteur sonore Claude Beaugrand. Une partie de cet entretien se retrouve dans l'article «Les sons d'un français d'Amérique», *La Revue de la Cinémathèque*, n° 1, mai-juin 1989.
8. *Memorandum* du 20 avril 1971, archives de l'ONF. Pour compléter ces archives afin de dresser les repères historiques qui suivent, j'ai fait deux interviews avec Alain Clavier (18 mai 1989) et Yves Daoust (19 mai 1989).
9. «Entretien avec Michel Fano», *24 images*, n° 60, printemps 1992.
10. Comme principales trames sonores sorties de l'atelier, Alain Clavier a dressé une première liste de films, qu'il considère comme les plus significatifs: *Heureux comme un poisson* (1971), *Metadata* (1971), *Ceci est un message enregistré* (1972), *Épilogue* (1972), *Onde orange* (1973), *This Is a Photograph* (1973), *Les Guérisseurs* (1974), *Modulo* (1974), *Subligoo* (1974), *Les Petits Inventeurs* (1975), *Volcano* (1976), *Bois sculpté* (1976), *Eau vivante* (1976), *Les Femmes de l'Inde* (1977), *Les Moulins à vent* (1978),

Travellog (1979), *Telidon* (1979), *Chili's Conference* (1979). Pour les disques: *Musiques de l'ONF vol. 1*, ONF, Montréal, 1977; *Questions générales sur la qualité de la vie... Medium-Media*, MS-11321, sans date.
11. Texte cité dans l'*Atelier sonore*, 23 février 1977.
12. La Cinémathèque canadienne, *Musique et cinéma, op. cit.*
13. *Op. cit.*
14. Memorendum du 19 avril 1971, archives de l'ONF.
15. *Ibid.*
16. *Op. cit.*
17. Interview de mars 1989 sur TV5.
18. Yves Daoust, *op. cit.*

Maurice Blackburn à l'ONF.

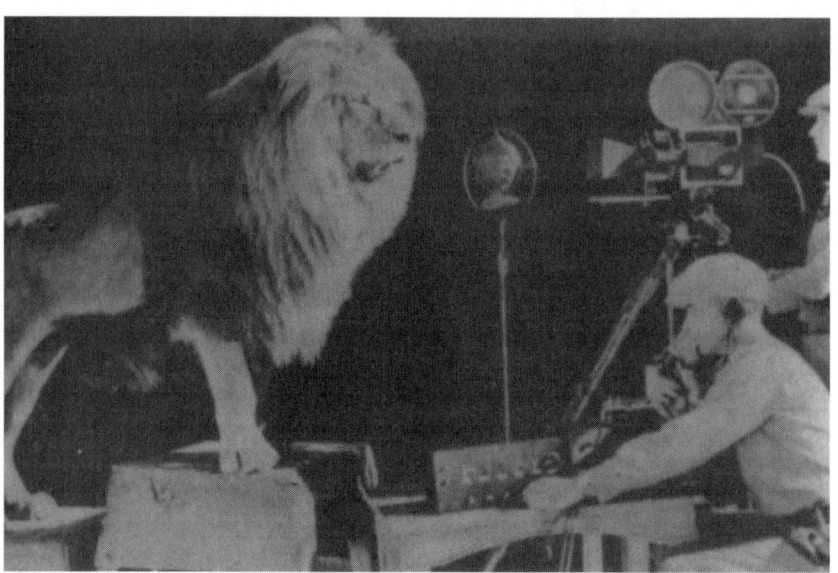
Premier enregistrement de la voix du lion de MGM.

CHAPITRE 13

Le bel effondrement du temple

Une période de déclin est un terreau propice à des bouleversements et à des métamorphoses, mais offre en même temps l'occasion d'une relecture du passé, d'une constitution de sa mémoire en archives.

Le film-opéra n'échappe pas à cette dynamique, où la réédition muséale est inversement proportionnelle à la rareté des nouvelles créations, à leur caractère ambigu de mutants. Le *musical* américain, genre codé s'il en fut, tributaire du système de production de l'ère des grands studios, est entré lui aussi dans la machine archivistique.

Le travail muséologique n'est pas qu'un assemblage d'artefacts, il est lui-même un discours sur ses collections. Les archives du *musical* hollywoodien confortent l'idée d'un genre glorieux qui a peu à voir avec l'audace et l'avant-gardisme de la création du film-opéra. Et si, quelque part, le *musical* flirte avec l'opéra, c'est peut-être seulement à travers l'idée qu'il s'en fait, un prisme déformant.

À cet égard, il est intéressant de regarder un instant la courbe historique de MGM, qui, après avoir été l'emblème et l'épitomé du *musical*, subit un des premiers et des plus catastrophiques effondrements de Hollywood, mais dont les archives brillent dans une aura et un discours antihistoriques.

Maintenant qu'on en est arrivé au troisième volet de *That's Entertainment!*, augmenté de *That's Dancing!* – hommage-fleuve aux *musicals* de MGM –, il y a lieu de se demander comment cette grande édition nostalgique et passéiste peut cohabiter avec cette *affaire* d'«argent sale» évoquée lors de la prise de contrôle de la célèbre firme par la banque française du Crédit lyonnais.

La noyade de MGM dure maintenant depuis plus de trente ans, dans une eau qui paraît sans fond. Pourtant, les archives de la firme au lion rugissant, devenues maintenant électroniques, n'ont de cesse d'être jour après jour remises en état, nettoyées, augmentées d'anciennes coupes et césures, voire projetées en primeur en tant qu'inédits. Le monument cinéphonographique est ainsi sans cesse réinstallé sur des ruines toujours fumantes. Un peu à l'image du finale de *The Day of the Locust*, quand l'immolation spectaculaire d'un grand studio s'accomplit sous nos yeux en même temps que la construction de son mythe dans l'imaginaire du film et dans le nôtre.

De toutes les archives MGM, c'est le corpus des *musicals* qui forme le thème majeur de l'exposition muséale. Jane Feuer note que les *musicals* de cette série confèrent leur symbolique à tout l'ensemble hollywoodien des studios, dans les titres adoptés en France: *Il était une fois à Hollywood* et *Hollywood... Hollywood!*[1]. Mais ne peut-on en dire autant du titre original américain, *That's Entertainment!*, qui signale à sa manière le projet dominateur du tout-Hollywood d'agir sur le plan du divertissement? Quoi qu'il en soit, les propriétaires actuels du catalogue de MGM manifestent leur idée que le *musical* est le genre emblématique et fondateur de la firme, dont la devise est toujours *Ars gratia artis*, et qui place la perfection technique-esthétique formaliste au-dessus de tout... et de tout soupçon.

Un lion névrotique

Des faisceaux d'éclairages de tragédie se promènent sur l'effondrement de la MGM durant les années 60-70, une sorte de dynamique d'autodestruction qu'illustre on ne peut mieux l'analyse récente d'Ann Douglas de la socioculture américaine dans son essai *Terrible Honesty*:

> Mme Douglas décrit le tragique spectacle des États-Unis, leurs traditions parallèles d'optimisme et de pessimisme unies puissamment durant

les années 20, juste avant que le pays soit cassé par la grande dépression et le spectre du fascisme en Europe. L'essayiste identifie l'organisation paradigmatique d'une maladie maniacodépressive, mal dont elle croit l'Amérique ravagée, continuellement en rechute[2].

Non seulement l'écroulement de MGM est-il le plus spectaculaire de l'hécatombe des grands studios hollywoodiens, mais il marque la fin brutale de l'esthétique de l'*Ars gratia artis*, qu'un marketing effronté avait claironnée au profit d'une longue politique qui exprimait le rêve d'une symbiose entre l'art européen et le *know-how* du *business* américain. L'utopie Mayer, qui ne devait toutefois tenir que le temps de sa rentabilité financière.

Gene Kelly l'a avoué sans détour[3]. Après avoir souligné que Louis B. Mayer était un homme haïssable, il rappelle que la gloire de MGM tenait au contingent d'artistes réfugiés d'Europe lors de la Seconde Guerre mondiale (Schönberg, Arthur Rubinstein, l'arrangeur maison Conrad Salinger), en symbiose avec ceux de la Great New York House (Levant, Bernstein, Comden et Green, Hume Cronyn et Jessica Tandy, Judy Garland, Lena Horne). Ces artistes, soutenus vaillamment par les producteurs et réalisateurs comme Freed, Minnelli et Donen, ne pouvaient se maintenir dans les faveurs des dirigeants de la firme qu'à une condition expresse: «*Made them money*».

Les *musicals*, gloire incontestée de MGM (on détourne même le label MGM pour lui faire dire *Musicals Great Musicals*), n'ont pu se développer et se reproduire qu'à la faveur de la forte rentrée des profits et des dividendes. Dès que la machine financière s'est mise à craquer et à tourner au rouge, les pouvoirs du *musical* ont fondu au soleil. Comme le raconte Hugh Fordin, les derniers projets d'Arthur Freed, durant les années 60, se sont évaporés l'un après l'autre: *Camelot, My Fair Lady, Hello, Dolly!*, et surtout celui qui aurait pu en être l'apogée, *Say It with Music*, un florilège des musiques d'Irving Berlin, que devait tourner Minnelli et au scénario duquel travaillèrent Comden et Green.

En 1969, les secousses d'agonie font rapidement se succéder à la barre financière de l'entreprise le Montréalais Edgar Bronfman, des Distilleries Seagram, puis Kirk Kerkorian de Tracey Investments, spécialiste en toutes sortes de firmes autres qu'artistiques. Les raz-de-marée successifs de la télévision et du rock-pop ont petit à petit livré les industries culturelles aux mains de *businessmen* tous azimuts. Le nouveau patron de MGM s'appelle alors James T. Aubrey, Jr., ancien dirigeant de CBS. En deux temps, trois mouvements, il ferme le chantier de *Say It with Music*, ordonne les célèbres enchères des costumes et accessoires que le studio avait accumulés depuis trente-cinq ans. «Il fit brûler la bibliothèque musicale, à l'exception d'une partition par film; les chutes, les préenregistrements, les bandes-son et l'énorme collection des plans d'archives furent également sacrifiés[4].» Bientôt, on vendrait la cinémathèque.

Ce catalogue appartient ensuite à Ted Turner. Mais avant que ce dernier ne l'utilise aux fins de rééditions, la nouvelle direction de MGM a eu le temps de livrer sa propre conception des archives du *musical* de la maison, en produisant en 1974 *That's Entertainment!*. La bande-annonce a prévenu les spectateurs: avec ce nouveau film, les producteurs de MGM ont concocté le plus magnifique de tous les *musicals* de l'histoire de la firme!

Paradoxale affirmation, assise sur le néant, et qui ne prélude tout au plus qu'à la construction d'un musée du *Musical*. Musée encore tronqué qui, malgré l'intérêt inestimable de plusieurs archives, s'entête à voir le *musical* comme des pièces détachées, de brefs numéros témoignant, comme le dit le commentaire, de la suprématie des stars sur les autres créateurs (producteurs, scénaristes, compositeurs, paroliers, réalisateurs, décorateurs, chorégraphes et ingénieurs du son). Erreur impardonnable, qui se contente de faire raconter cette anthologie par une grappe de stars vieillies, circulant dans les ruines des décors de MGM. Film nostalgique, *That's Entertainment!* fait par la négative la preuve que la muséologie du *musical* a besoin d'un autre type de regard analytique et d'une autre émotion, arrimés aux films et à leur adéquation à notre présent.

Cette série des *That's*, qui est le *Reader's Digest* du *musical* hollywoodien, est en vérité l'emblème et le monument de la mort du genre, sa meilleure glose à défaut d'analyse. Cela vient du fait que la série, construite sur le modèle initial du producteur Jack Haley, Jr., martèle la négation du genre dans sa forme autant que dans son propos. D'abord, en séparant malhabilement le chant et la danse (*That's Dancing* est un volume à part, enfant abandonné par les parents de *That's Entertainment!*), brisant ainsi ce qui, dans le *musical*, a fini par assurer la totalité des fusions des dialogues, des musiques/chants et de la danse. Ensuite, en n'étant qu'une suite de morceaux choisis, le *musical* filmique n'apparaît plus construit sur les lignes et l'arche d'une structure dramatico-musicale, mais sur la seule compilation des tubes. Le disque 78 tours avait procédé ainsi, mais à cause des contraintes techniques et matérielles. Après la guerre, l'art phonographique avait redonné son sens et sa place à l'intégrale lyrique. En produisant les *That's...*, les producteurs font un contresens réducteur, en plus de trahir la dynamique même de la musicalité des longs métrages. Il faudra attendre les années 80-90 pour voir surgir en vidéo les rééditions soignées, critiques, des intégrales (*The Wizard of Oz, An American in Paris, Meet Me in St. Louis* [*Le Chant du Missouri*], *Ziegfeld Follies*, etc.).

Le succès commercial de la matrice de Haley devait, hélas, engendrer une suite, *That's Entertainment II* (1976), dont les séquences de liaison furent platement dirigées par Gene Kelly, qui y joue aussi en compagnie de Fred Astaire. Le début et le finale de cette concoction puisent encore dans la célèbre chanson *That's Entertainment!* de *The Band Wagon*, pour en trahir et la lettre et l'esprit, puisqu'on s'en sert comme chanson locomotive du nouveau long métrage et qu'on y ajoute des *lyrics* de bonimenteurs pour désigner les vedettes des divers fragments choisis. Ce que cette chanson avait de pétillant et de caustique dans son intégration au contexte global de *The Band Wagon* perd ici tout son sel et elle n'apparaît plus que comme un jingle.

Plus encore, c'est la conception générale de ce sous-produit qui est floue, sans épine dorsale, et qui brasse les morceaux comme une salade hirsute, faisant ainsi paraître le numéro comme un bel édifice. Les extraits (plutôt les éclats ou les clips) s'enchaînent à la va-comme-je-te-pousse, sans idée directrice. Astaire et Kelly ne sont plus à la hauteur de leur extraordinaire duo de naguère dans *Ziegfeld Follies*, devenus l'ombre de leur ombre dansant gentiment devant ces photos de stars encastrées dans des vitrines de petit musée.

Plus grave aussi, l'esprit de suite dans l'anthologie du *musical* s'est perdu, comme si, paradoxalement, on manquait d'archives à MGM. Producteurs et réalisateur incorporent donc de nombreuses citations de films non musicaux, sautant sans vergogne des comiques classiques (Laurel et Hardy, les frères Marx, Buster Keaton) au couple Tracy/Hepburn, de Garbo à Gable, de Tarzan à *Gone with the Wind* (*Autant en emporte le vent*), du chien Rin Tin Tin à des documentaires de voyages à travers le monde. Clive Hirschorn a bien raison de conclure: «Le caractère inepte de ce film ne sert qu'à renforcer la triste idée que le *musical* de MGM est bel et bien mort[5].»

Un Américain à l'Opéra de Paris

Une des tentations récurrentes de MGM, dans son flirt très Beverly Hills avec le «grand art» européen, a été d'avoir l'air de se laisser séduire par l'opéra du Vieux Monde. Cette posture, qui se lit dans les broderies rococo de l'*Ars gratia artis*, n'a le plus souvent donné, selon l'expression de David Vaughan[6], que des produits kitsch, à la sauce esthétique du grotesque. Car il y a bien une esthétique *sauce américaine* en la matière, pas dans *Carmen Jones* comme on l'a cru à tort cependant, mais dans ces produits qui, tout en voulant métisser l'opéra européen et le moule Broadway, restent comme à mi-chemin de la métamorphose. La sauce est figée, l'hybridation inachevée dans un air hideux.

Ces accouchements de figures monstrueuses sont particulièrement visibles dans l'indécrottable répétition d'extraits du *Faust* de Gounod à l'Opéra Garnier, qui semble avoir marqué l'imaginaire new-yorkais et hollywoodien de manière obsessive et tape-à-l'œil, matérialisée par la tentation des parvenus d'étaler leurs diamants au Met, ou dans les films américains quand s'y glisse un fragment aimable du *Grand Opera*. Cette attitude s'est manifestée tôt, par exemple dans l'inattendu et insipide *Romance* (1930), dans lequel Garbo joue le rôle mélo d'une cantatrice qui exécute bien, au milieu de ses longs tourments, quelques arias qu'on ne voit jamais véritablement chantées en gros plan par la Divine, la doublure s'exécutant en plans éloignés ou en voix *off*. La Divine ne fait pas de *lipsync*. Pudeur, retenue, peur du grotesque? Ce film garde l'opéra à distance, en le vénérant certes, mais en n'y touchant que très épidermiquement.

Cette fascination méprisante, qui se laisse séduire un court instant sans tomber dans l'embarras ou la contrainte de l'opéra, se retrouve dans quelques-uns des *musicals* de la série de Jeanette MacDonald et Nelson Eddy, sortes d'opérettes encore respirables, tout comme dans la suite des Mario Lanza, où l'opéra et la mélodie pop, ravalés à l'étalon Hollywood Bowl, poussaient la note tant que les revenus continuaient à faire sonner le tiroir-caisse. On connaît la cruauté de MGM sur ce terrain, où un Lanza obèse est devenu indésirable à l'image: dans *The Student Prince*, on n'en conserva que la voix préenregistrée, montée sur la belle figure d'Edmund Purdom. Emblématiquement, Mario Lanza fut un des premiers sacrifiés de la décadence de MGM, en même temps qu'un des derniers porteurs du rêve de cette image d'Américain à Paris.

Le vrai dernier des immolés est Gene Kelly. David Vaughan, qui fait de cette star une analyse fine et pertinente, mentionne que très tôt le danseur imposa aux *musicals* ce que le critique nomme «une longue et prétentieuse séquence de ballet», qui rompt la dynamique de l'ensemble d'un film et, comme l'a remarqué Stanley Donen, «s'éloigne des éléments essentiels du sujet». Visible déjà dans *On the Town*, de même que dans *Singin' in the Rain*, ce morceau d'art pour l'art de la danse s'imposa au premier chef dans *An American in Paris* avec son célèbre finale.

Mais il faut chercher la clé de cette conception crypto-esthétique européenne de Kelly dans le plus singulier film MGM qui soit, *Invitation to the Dance* (commencé en 1952, distribué en 1956 seulement). Ce long métrage, sous l'entière responsabilité de Kelly, marque, mieux encore que la série posthollywoodienne des *That's Entertainment!*, les traces de la gangrène qui rongeait MGM. Ce film laisse dans l'embarras. D'une certaine façon, c'est un des plus courageux et des plus téméraires de toute l'histoire hollywoodienne du *musical*, un chef-d'œuvre bâtard dans lequel Kelly est allé au bout de son système et de ses ambitions. En même temps, il est difficile de ne pas souscrire au jugement de Vaughan qui y voit «un échec dans toute la force du terme[7]».

Arthur Freed, selon Fordin, détestait ce projet mais fut loyal envers l'utopie de Kelly. Ce dernier décida de tourner son *Invitation* à Londres, question de ne pas payer d'impôts aux États-Unis, et, pendant sa réalisation chaotique, fit des allers-retours à Paris pour contourner les lois britanniques du travail. Kelly a profité de ces balades pour annoncer son projet en conférence de presse à Paris, une manière métaphorique d'indiquer ses vues sur un film entièrement consacré à la danse. Cette idée simple, révolutionnaire pour Hollywood, Kelly ne sut pas la développer ni lui donner forme. Le récit que fait Fordin de cette réalisation est atterrant. Kelly naviguait à vue, sans gouvernail ni voiles. L'ensemble fut péniblement improvisé.

Le résultat est à l'avenant. Trois demi-heures superposées sans esprit de suite ni raccords. *Circus*, le premier ballet sur une partition de Jacques Ibert, offre une musique ingénieuse sinon transcendante, limitée par l'argument de Kelly, une histoire de clown, amoureux transi, rappelant trop un sous-*Petrouchka* ou un vague cliché de *Pagliacci*. Le mime de Kelly est terne et les figurants de la place publique sont dirigés très paresseusement. Ce ne sont même pas des danseurs. La deuxième partie, *Ring Around the Rosy*, pot-pourri de diverses figures chorégraphiques classiques, jazzées américaines, ou de mimes satiriques, souffre d'une musique incolore. Cette portion du film avait été tournée sur une musique de Malcolm Arnold, rejetée après coup, et André Previn fut engagé pour en composer une autre sur le montage terminé. Insupportable décision éditoriale, où Kelly réussit l'exploit historique de construire un *musical à l'envers*! Enfin, The Magic Lamp, concocté en jazz sur de pâles transpositions de la *Schéhérazade* de Rimski-Korsakov, s'il montre l'amusant couplage de Kelly dansant avec des dessins animés, ne s'élève pas plus haut que le sirop orientalisant de *Kismet* et les Disney de routine.

Au bout du compte, Kelly commet dans son film une double erreur. Il ne fait qu'additionner des ballets sans structure d'ensemble ni idée directrice, et son film exprime une conception sectaire de la danse à l'opéra, qui isole complètement l'art chorégraphique d'une action dramatique musicale, comme l'avait négativement institutionnalisé l'opéra européen. Dans cette optique, *Invitation to the Dance*, qui part de la bonne volonté de métisser la danse classique avec l'apport américain, ne réussit qu'à les faire cohabiter malencontreusement, dans la plus pure tradition du conservatisme.

C'est un ouvrage baroque dans un des sens étymologiques de *barrueca*, «perle irrégulière» ou «verrue». Un baroque plus à sa place dans une sorte de musée des horreurs de l'*Ars gratia artis* que dans un musée du *musical* du film-opéra.

* * *

> *Le cinéma c'est contagieux:*
> *Ciné suspense, ciné mystère...*
> *Moi, c'est le* musical *que j'préfère!*
> Jacques Demy et Michel Legrand
> «Ciné qui chante», dans *Trois places pour le 26*
> (interprétée par Yves Montand)

La débâcle des grands studios, de MGM et du *musical* entraîna tôt dans son sillage la troupe new-yorkaise, les Minnelli, Donen, Comden et Green, Kelly, qui tous franchirent avec difficulté le cap des années 60. En 1960 justement, dans *Let's Make Love* (*Le Milliardaire*) de Cukor, Gene Kelly fait une des premières apparitions (se jouant lui-même, il enseigne la danse à Yves Montand) par lesquelles il devait petit à petit construire et consolider son mythe dans les trois décennies suivantes.

Sa véritable résurrection, c'est à mille lieues de Hollywood et autres *Xanadu* que Kelly la doit, dans *Les Demoiselles de Rochefort*, grâce à l'amour de Demy pour le *musical* américain. Demy avait inventé sa propre écriture de *Filmoper* dans *Les Parapluies de Cherbourg*. Poursuivant sur la lancée de ce grand succès innovateur, si différent du *musical* hollywoodien comme le sera plus tard *Une chambre en ville*, mais maintenant avec l'Amérique musicale un lien de profonde et amicale complicité, Demy va foncer directement, avec *Les Demoiselles*, dans l'hommage à son modèle original. Ce *musical* si singulier, même dans la carrière de Demy – si on excepte son *Trois places pour le 26*, qui deviendra son testament –, Demy le construit comme un astucieux métissage des cultures française et américaine. Il importe de New York et de Hollywood George Chakiris, frais émoulu de *West Side Story*, ainsi que Gene Kelly.

Et c'est là que Kelly a obtenu, pour la seule fois de sa carrière, l'authentique hommage post-*musical* que le cinéma lui devait. Qu'il l'ait reçu d'un des cinéastes les plus novateurs de la Nouvelle Vague française n'en est que plus émouvant, puisque Demy ne joue pas ici la révérence au prétendu *auteur* Kelly, mais le salue en le mettant en situation dans un rôle de *musical* filmique où le parlé/chanté/dansé consacre, à juste titre, l'hommage posthume et la réactualisation moderne d'un genre en voie d'extinction.

MY NAME IS ALAIN RESNAIS

Que pensez-vous d'une expérience aussi singulière que celle de Jacques Demy, son hommage au musical *américain, en particulier dans* Les Demoiselles de Rochefort *et* Trois places pour le 26 ?

Comme tout le monde, j'ai beaucoup d'admiration pour Jacques Demy. J'ai passé avec lui des moments d'amitié trop rares, mais très forts. On s'entendait très bien. Après tout, c'est grâce à lui que j'ai pu voir *Company*. C'est lui qui m'a mené à Sondheim, par hasard presque, mais enfin! Nous avions bien des goûts communs. J'aurais bien voulu faire des films comme lui...

Ce qui est amer dans son cas, c'est qu'il n'ait trouvé des producteurs que si rarement pour faire ses films. Il aurait pu facilement en faire le double ou le triple. Nous avons été privés de choses étonnantes. Peut-être que maintenant ce serait plus facile, mais il y avait une réticence de la part des producteurs, à cause de la réticence du public, c'est toujours la même chose. Malgré le triomphe des *Parapluies de Cherbourg*, *Les Demoiselles de Rochefort* – que je trouve aussi réussi, peut-être même plus, plus moderne, plus âpre – n'a pas été un triomphe commercial. Après, on est forcément jugé par rapport à ce qu'on a fait.

En dehors des États-Unis, Demy est peut-être le seul à avoir poussé le film musical au maximum de réussite. Suis-je injuste? est-ce que j'en oublie? Les comédies musicales allemandes des années 30 comme *Le Chemin du paradis* ou *Le Congrès s'amuse*, eh bien! si la musique de Warner Heymann reste très agréable, pour ce qui est de la mise en scène et du jeu, ça ne marche plus du tout. Dans les comédies musicales américaines, ou chez Jacques Demy, il y a une grâce qu'on ne retrouve pas du tout là-dedans.

Diriez-vous qu'il y a une modernisation du genre dans cet hommage de Demy au musical *américain, dans cette volonté de rendre visibles les racines de son travail?*

Il doit y avoir une dizaine d'années de différence entre nous, mais après tout, nous sommes tous les deux nés en Bretagne, on voyait le même genre de films à peu de chose près. Je pense que pour lui comme pour moi, c'était aussi dépaysant par rapport à la vie bretonne, qui était très isolée du reste de la France. Le bout de la terre: Finistère. Les films mettaient deux, trois, quatre ans entre Paris et Nantes ou Vannes. Quand ce genre de film, par hasard, arrivait dans nos villes, dans nos villages presque, c'était un changement de climat complet, on était très surpris. Il n'y avait rien d'analogue autour de nous. Peut-être que ça frappait Demy comme moi. Nous faisions tous les deux du cinéma d'amateur. Lui, c'était du Pathé Baby 9,5 mm, moi du 8 mm, la différence était mince.

De votre côté, depuis que certains de vos films se réfèrent davantage au musical *– surtout à partir de* La vie est un roman *–, on sent* *qu'une partie de la critique a de la difficulté à vous suivre sur ce terrain. Il s'agit peut-être encore du malaise d'une certaine culture française par rapport à des racines américaines, que Demy connaissait bien et dont vous êtes les chantres. On dirait que le genre opéra ou* musical *gêne un peu...*

Premièrement, peut-être n'ai-je pas su amener les choses dans ces films de telle façon que les gens soient à l'aise. Mais je ne suis pas étonné du malaise que ça produit. Ce que j'ai essayé dans *La vie est un roman* – que certaines répliques soient chantées mais que la réponse soit parlée – peut désorienter. Mais c'est comme ça que je sentais les choses...

Par rapport au musical *américain, à la convention du genre, c'est tout à fait naturel, dans son caractère artificiel même...*

Oui, mais on ne partait pas dans la musique pour dix minutes. Ça s'arrêtait, ça recommençait, au début il y a une exclamation, puis deux mots, puis une phrase, puis ça monte un peu...

Je trouve lumineuse la manière dont Ruggero Raimondi parle. Vous avez fait le choix d'un chanteur d'opéra pour parler un texte. Peu de chanteurs d'opéra, sinon aucun, sont capables de «parler» un texte comme un comédien le fait. Le texte de Raimondi, pour prendre un américanisme, est «opératique»...

Tout à fait...

*C'est sa manière à lui, ici, de faire de l'opéra. Ou quand Cathy Berberian chante l'*Air de la nourrice, *dont les paroles sont quotidiennes, banales. Chanté par elle, c'est sublime.*

Le rôle de Raimondi était celui d'un utopiste. Ce genre de personnage existait vraiment en 1905-1910. Par exemple, les enregistrements de la voix d'Apollinaire révèlent une manière de s'exprimer vraiment très proche de l'opéra.

Une sorte de déclamation, de parlar cantando...

On peut s'amuser à dire que, comme c'était une époque où il n'y avait pas de microphones, il fallait toujours forcer la voix sur scène, mais même dans la vie courante, dans les salons. On peut imaginer qu'on prenait très naturellement un ton théâtral.

Dans le rétroviseur

La question du déclin du *musical* hollywoodien est plus claire depuis un certain temps, grâce au recul et à la contemplation distanciée que permettent l'archéologie et l'histoire. Durant les années 50-60 d'effervescence créatrice, la décadence devait paraître non seulement moins visible, mais aussi en porte-à-faux, alors même qu'on commençait à en déceler les signes.

Encore aujourd'hui, au gré de nos promenades et de nos parcours dans cette ère du *musical*, ce qu'on voit de temps en temps par les coups d'œil au rétroviseur peut apparaître comme l'antithèse de la décadence. Mamoulian, Minnelli, Donen sont encore à l'œuvre, Cukor réalise quelques-uns des meilleurs films de sa maturité, Agnes de Mille introduit une nouvelle donne dans la danse lyrique, par exemple dans *Oklahoma!*, et établit une fraîche modernité chorégraphique. C'est l'époque bienheureuse du Preminger de *Carmen Jones*, celle aussi où Goldwyn se bat vaillamment et crûment pour produire *Porgy and Bess*. Et puis, émerge une nouvelle génération. Sondheim vient au monde lyrique, parce qu'il fait certes partie, en tant que parolier, du groupe créateur de *West Side Story*, mais aussi parce qu'il a la chance d'avoir Richard Lester des Beatles comme réalisateur de son premier *musical* filmique, *A Funny Thing Happened on the Way to the Forum* (*Le Forum en folie*). En vérité, le colosse aux pieds d'argile, dont l'écroulement est tout aussi inattendu qu'inévitable, peut paraître alors comme un éblouissant monument.

À l'époque, ce cas de Mamoulian, lumineux et pathétique, devient la figure emblématique de cet étincelant statuaire du *musical*. Le fondateur du *Filmoper* américain, après dix ans de disgrâce due à l'échec de *Summer Holiday*, est engagé pour réaliser *Silk Stockings*. Il s'en tire avec succès du point de vue du *business*, avec une autorité magistrale surtout sur le terrain de l'esthétique. Un autre contrat suit, et pas le moindre, celui de réaliser *Porgy and Bess*.

Éclat de soleil dans le rétroviseur, puisque Mamoulian, ayant créé les deux *Porgy* sur scène (la pièce et l'opéra), est sans doute le seul metteur en scène à pouvoir donner à l'œuvre toute sa musicalité filmique. Mais cet éblouissement n'est pas la lumière du couronnement de Mamoulian dans le *musical*, plutôt celle de la mort et de la tragédie. Mark Jonathan Spergel l'a racontée par le menu détail. Cette chute de

Mamoulian est une des histoires les plus poignantes de Hollywood. Expulsé du plateau, Mamoulian entreprend de lutter contre Goldwyn. Il plaide sa cause devant la Screen Directors Guild. Preminger vient s'y défendre, Goldwyn ne se montre même pas. Au bout du compte, Mamoulian perd sa cause. Aux yeux de toute l'industrie, il est de nouveau en disgrâce, son combat pathétique pour la reconnaissance de la créativité est celui d'un homme solitaire, délaissé par son entourage. Peu après, il est néanmoins engagé pour *Cleopatra* (*Cléopâtre*), dont il sera remercié à nouveau, première victime de ce projet insensé et maudit. Mamoulian n'aura donc plus rien réalisé après *Silk Stockings*. Jusqu'à la fin de ses jours, vingt ans plus tard, sa vieillesse est traversée de zigzags entre honneurs et hommages, éclairant une lente descente aux enfers. Le finale de sa vie est à un rare niveau de tragédie morbide et horrifiante[8].

Cinéma, stéréo et rock'n'roll

Silk Stockings regarde déjà lui aussi dans un rétroviseur, et ne voit pas n'importe quoi. Le cinéma lui-même. Sauf erreur, ce film est le premier d'une lignée où la musicalité filmique établit sa genèse dans le filmique, à l'instar de la phonographie d'un Pierre Schaeffer quand il compose sur bandes magnétiques à partir de disques.

Silk Stockings, mis en musique par Cole Porter, vient de *Ninotchka,* ou, comme le dit parfois la très approximative politique des auteurs de Hollywood, du *Ninotchka* de Greta Garbo![9] La transversalité sied bien au *musical*, comme Virgil Thomson disait de l'opéra qu'il pouvait tout contenir. Qu'un film traverse sur scène dans un *musical*, qu'il retourne parfois au cinéma, ne fait qu'accentuer cette sorte de mise en abyme d'une matrice à l'autre, ballet de leur utopique symbiose.

Mamoulian étonne encore dans *Silk Stockings*, devenu son testament opératique, lui dont la carrière est jonchée de projets inaccomplis d'adaptations d'opéras: *Le Barbier de Séville, Carmen, Faust...* encore *Faust,* oui, dans un *musical* écrit avec Maxwell Anderson, *The Devil's Hornpipe* (devenu *Never Steal Anything Small*, 1959, Universal, réalisation de Charles Lederer, musique d'Allie Wrubel).

Silk Stockings, sans jamais citer une seconde *Ninotchka* avec Garbo, ni s'y référer ne serait-ce qu'indirectement, rend néanmoins un hommage à la mythologie du cinéma et de la superstar de MGM en livrant une écriture filmique proche de la mystique. Soit en plans fixes d'une économie toute monacale, mais vibrants de lumière et de musique, soit en imperceptibles mouvements de caméra pour accompagner, par exemple, l'érotique ballet de Cyd Charisse sur le satin et la soie, dans le «strip-tease» *Silk Stockings*. Mouvements filmiques si bien décrits par un critique américain, qui salue chez Mamoulian «son sens aigu du rythme dans l'exploration du plaisir sensuel du mouvement[10]». Si bien que le sujet de la farce antisoviétique, entre les mains de ce réalisateur aristocrate, Arménien originaire de Géorgie, réussit à ne même pas entrer dans le jeu idéologique de la guerre froide, et à ne s'attacher au bout du compte qu'à la fantastique beauté d'un Paris purement cinématographique de champagne, de haute couture, des jeux de l'amour et du hasard.

C'est par son style que Mamoulian rend hommage au cinéma, à *Ninotchka* et à Garbo, plutôt que par la citation et la référence, c'est sa manière à lui d'affirmer la modernité du cinéma, tout comme celle de la phonographie dans le numéro *Stereophonic Sound*, ou encore celle de l'apparition prégnante d'un Elvis Presley dans le finale de *The Ritz Roll and Rock*. Là, de même que Mamoulian se plaît à évoquer le Paris musicalisé de son *Love Me Tonight* ou celui de Lubitsch dans *One Hour with You*, la complicité de Fred Astaire fait qu'il se parodie gentiment lui-même, y joignant toute sa carrière emblématique, dans sa tentative réussie et transcendée de se colleter avec le rock'n'roll et les déhanchements chorégraphiques de la nouvelle musique noire du jeune musicien blanc de Memphis. *Finis coronat opus*, semblent sourire Mamoulian et Astaire dans la coda de ce film miracle, un authentique finale non clos, ouvert sur la nouvelle donne rock-pop du *musical*.

Dans cette optique, *Silk Stockings* est le chant du cygne du *musical*, le film dans le film qui boucle la boucle, finale de la première grande période de cette tentative désespérée de créer le *Filmoper* à Hollywood. Dans le rétroviseur historique, ce dernier Mamoulian, son ultime *musical*, luit de la lumière métaphorique du graphisme de son dernier plan, THE END.

Une nouvelle *Danse des heures*

Il y a d'autres sublimes couchers de soleil au seuil de l'entre chien et loup du *musical*. Comment ne pas s'émouvoir du mélancolique *Bells*

Are Ringing (1960), qui réunit Comden et Green, Minnelli et Judy Holiday, cette ex-Revuer de Greenwich Village plongeant avec moult sourires malicieux dans le seul *musical* de sa carrière. *Bells Are Ringing* clôt une décennie de *musicals*, inaugurée par *On the Town*, où s'est consolidée la mythomanie lyrique de New York.

Comme le rappelle de façon lumineuse Ann Douglas, c'est le New York des années 20 qui a mis au jour l'Amérique moderne:

> Durant cette décennie, les États-Unis non seulement se sont libérés de la domination culturelle européenne mais, ce faisant (c'est encore plus important), sont devenus, au vrai sens du terme, la première nation post-coloniale du monde moderne.
>
> Les États-Unis ont soudain, de manière puissante, plongé dans les médias de communication, dont les plus importants se sont tous formés et développés durant les années 20, au premier chef à New York. Le cinéma, l'enregistrement sonore et leurs épigones ont servi à accélérer notre travail et nos mentalités, notre conscience, ont transformé la culture elle-même. Ces médias ont emballé et transformé les États-Unis, en même temps que le monde entier. Mme Douglas note que seuls les médias pouvaient rendre les États-Unis transversables et exportables. Partout où se trouvent les médias, est parlé le véritable langage américain[11].

Dans le crépuscule du *musical* hollywoodien, il apparaît utile de ne pas oublier Joseph L. Mankiewicz, bien qu'il ne soit le réalisateur que d'un seul film en la matière, *Guys and Dolls* (*Blanches Colombes et vilains messieurs*, 1955). J'ai pu voir à Broadway, presque au moment de la mort du cinéaste en 1993, une reprise scénique de *Guys and Dolls*. La mise en scène stylisée, fortement rétro-nostalgique, n'est pas sans rappeler celle qu'utilisa le cinéaste pour son film, haussant à sa manière un New York ordinaire de l'Armée du salut et des petites pègres de quartier à la hauteur des galaxies brillantes de Broadway et de tout Manhattan.

Telle est la stylistique de cette réalisation superbement maîtrisée, dans laquelle s'impose au premier chef la solide chorégraphie de Michael Kidd, dont la modernité fait paraître le travail de Gene Kelly un peu rétro. Kidd réussit la symbiose rare entre le marché rythmé et la danse, prémonitoire de la danse contemporaine, équivalent chorégraphique subtil du *parlar cantando* dans le chant. Mankiewicz donne sa pleine mesure à cet élément du *musical* en cadrant toujours les danses en pied et en étant d'une fine retenue dans les mouvements de caméra. Pour se convaincre de la justesse de cette écriture, il suffit de la comparer avec un film-opéra de la même année, *Oklahoma!*, dont la réalisation de Fred Zinnemann, cadrant les danses de façon trop serrée, fait contresens avec le caractère innovateur des chorégraphies d'Agnes de Mille.

Mais *Guys and Dolls* est-il vraiment la seule incursion de Mankiewicz dans le *musical*? C'est oublier un peu vite son sublime *The Honey Pot* (*Guêpier pour trois abeilles*, 1967), qui apparaît comme un *musical* hors genre, éminemment lyrique par sa maîtrise musicale de la totalité audiovisuelle. Qu'il emprunte le support central de cette dynamique aux passages répétés du ballet *La Danse des heures* de Ponchielli (opéra *La Gioconda*) ne fait pas de *The Honey Pot* un opéra filmé fragmentaire. C'est toute l'écriture filmique de Mankiewicz qui est musicale, ses dialogues quasi chantants, ses bruits d'ambiance *pianissimi* d'une Venise feutrée, les musiques originales de John Addison et les échos de Ponchielli.

Ce film trop ignoré dégage une fine mélancolie puccinienne par sa manière de traiter le temps dans sa fluidité et sa mouvance – sujet en soi très ciné-musical – tout comme les êtres et les choses, dont l'existence même n'est qu'une sorte de passage de lumière, non une réalité crypto-réaliste. Ce fascinant *Volpone* postmoderne, le scénario de Mankiewicz en trace l'aspect mensonger par l'allégorie du théâtre, du cinéma, de l'opéra. C'est non seulement par le banal mensonge que M. Fox /Volpone tente d'extorquer les millions de ses ex-épouses, mais par son comportement de metteur en scène de tout premier ordre. Ce régisseur diabolique, au sourire mortifère, ce *director* américain en Italie (le Hollywood d'après-guerre et du plan Marshall culturel) a choisi comme ville-décor Venise, une des rares d'Europe à figurer à ce point la mort, la beauté de la mort en ralenti.

Dans un palais allégorique transformé en studio, M. Fox a monté un vrai plateau, avec meubles et accessoires loués à Cinecittà, avec disque de *La Gioconda* (dont le livret situe l'action à Venise, précisément). C'est là qu'il monte son propre ouvrage lyrique, après l'avoir fait directement sur la scène de l'opéra La Fenice. Les aléas de son histoire, de toutes ces sortes de jeux et de marivaudages, vont faire croire un instant que M. Fox finalement est démasqué, que justice sera faite! Que non, puisque le démiurge organise son suicide en mise en scène de sa mort, puisqu'il va survivre en *voice over*.

Mankiewicz, avec *The Honey Pot*, ses lumières et ses musiques, a fabriqué une synthèse de sa propre esthétique de la théâtralité déjà explorée dans *All About Eve* (*Ève*) et dans *The Barefoot Contessa* (*La Comtesse aux pieds nus*), et portée ici au sommet du raffinement. L'art de la représentation totale, intégrée, sujet et forme, fait de ce long métrage un véritable *Filmoper*, dont le sujet est la cinéphonographie. À cet égard, *The Honey Pot* est le *8 1/2* de Mankiewicz, exceptionnel scénariste/réalisateur hollywoodien.

«Je ne suis pas un auteur. Je suis un interprète. L'interprète d'un scénario.»

Lorsque je discutai avec Cukor à Beverly Hills, en juin 1968, le metteur en scène m'a fait cette déclaration ferme, qui établit de façon non ambiguë le niveau de créativité d'un certain type de réalisateur américain (ou du moins le sien propre), et remet en cause les prémisses d'une critique cinématographique axée sur la célèbre *politique des auteurs*. Je relis mes notes d'apprenti critique :

> Pour Cukor, un réalisateur au cinéma n'est auteur que s'il est aussi écrivain. Lui n'est pas écrivain, il s'entoure toujours de bons scénaristes. Il considère Mankiewicz plus écrivain que réalisateur, et Huston lui apparaît le meilleur composé des deux fonctions. Car, en fait, Cukor définit le réalisateur comme un «exécutant» (*interpretor*), l'exécutant d'un scénario (*interpretor of a script*), un peu, en somme, comme un musicien chevronné qui «exécute» du Bach ou, plus précisément, comme un chef d'orchestre. La créativité du vrai réalisateur apparaît dans la sincérité et la vérité de l'exécution. Ses qualités sont celles d'un artiste et d'un chef.

Il ne s'agit pas ici de fausse modestie. Cukor décrit le (bon) réalisateur hollywoodien comme le chef organisationnel d'une création collective, doublé d'un styliste. C'est la position privilégiée, dans notre siècle musical, du chef d'orchestre charismatique et vedette, tout comme de certains interprètes emblématiques, les Gould, Callas, Berberian, Piaf... Pour paraphraser René Leibowitz, nous sommes à l'époque du *double*, créateur/compositeur, d'une sorte de gémellité culturelle du renouveau ou de la révolution. Pas d'orgueil camouflé non plus quand Cukor affirme, comme le cite Alain Lacombe, qu'il n'est pas un réalisateur de *musicals*[12]. C'est avec ses capacités d'interprète styliste que le cinéaste aborde, durant les années 50-60, ce genre de films qu'il n'avait fait qu'effleurer au tout début de sa carrière. Quelle maestria ne développe-t-il pas, néanmoins, en alignant à intervalles rapprochés *A Star Is Born* (1954), *Les Girls* (1957), *Let's Make Love* (1960) et *My Fair Lady* (1964), (re)trouvant pour ses mises en scène les paramètres de retenue lyrique et de distanciation cinéphonographique déjà mis en lumière par Mamoulian, Lubitsch, King Vidor et Minnelli.

Tout comme ceux de Mankiewicz et Preminger durant la même période, les *musicals* de Cukor témoignent paradoxalement de l'existence d'une matrice assez solide et souple, ouverte, pour être réutilisée par divers cinéastes, même si à l'époque la chute des studios va bientôt rendre le *musical* caduc. D'ailleurs, si ces cinéastes réussissent à bien interpréter le genre, n'est-ce pas parce qu'il est déjà presque rendu dans la mémoire patrimoniale et l'archéologie du répertoire? L'interprète créateur a un avantage sur le novateur, celui de voir plus nettement un objet déjà éclairé par la distance et le dépouillement du magma.

Au fond, ce qu'on appelle la décadence du *musical* est en porte-à-faux. Le *musical* n'est pas décadent, au contraire. Il n'a jamais été aussi maîtrisé, aussi bien éclairé et aussi bien servi par le perfectionnement technologique. Ce qui est en décrépitude, en dérèglement imminent, ce sont les conditions matérielles et culturelles de sa production. Le système des studios a fait son temps, le rock-pop fleurit avec une fulgurante énergie, la télévision et la phonographie moderne se généralisent comme nouveaux vecteurs de l'audiovisuel. La cinéphonographie musicale, dans ce brassage généralisé, subit une métamorphose en profondeur.

Il est utile de ne pas le perdre de vue. *Jailhouse Rock* (*Le Rock du bagne*, 1957) et *King Creole* (*Bagarres au King Créole*, 1958) sont contemporains de *Silk Stockings* et de *Porgy and Bess*; *Carmen Jones* et *A Star Is Born* le sont de *Rebel Without a Cause* (*La Fureur de vivre*) et de *Johnny Guitar*, quand Nicholas Ray plonge au cœur de la décadence du western et de la civilisation américaine d'après-guerre pour en tirer une nouvelle esthétique de la mort. La symbolique de «l'étoile est née» est partout prégnante durant cette renaissance d'après-guerre. Bientôt, cette fois en Angleterre (autre lieu du *musical*), éclate la brillante explosion d'une étoile neuve, due à la rencontre conjoncturelle du rock, de la phonographie et du film; des Beatles, de George Martin et de Richard Lester. Ce qu'apportent *A Hard Day's Night* (*Quatre garçons dans le vent*) et *Help!* (*Au secours!*) est une matrice régénérée du *Filmoper*.

Tout cela marche vite et fort. Aux États-Unis, c'est la rencontre, peu après, d'un nouveau compositeur de *musicals*, Stephen Sondheim, avec le fabuleux Lester, formé dans la publicité télévisuelle. Place à *A Funny Thing Happened on the Way to the Forum*! Ce film-opéra est un feu d'artifice de bout en bout, maniant avec verve le kitsch du péplum romain avec la distanciation ironique et le clin d'œil amical (bien appuyés par la photo de Nicolas Roeg et le beau générique de fin, court film d'animation de Richard Williams), et préfigurant le montage rythmé, les inserts quasi surréalistes qui deviendront le pain quotidien du clip, de la vidéo musicale. Sondheim n'est pas sans offrir une clé intéressante pour la lecture de cette apparente pochade. Durant la course de chars romains, caricaturant tous les Ben Hur existants, le compositeur cite copieusement Mozart. Il salue la stylistique de la «turquerie» de *L'Enlèvement au sérail*, dont il ne faut pas oublier que Bernstein disait qu'il s'agissait d'un *musical* avant la lettre. Sondheim n'emprunte plus à la caricature de l'Empire ottoman; il va plutôt chercher dans le péplum hollywoodien, empire culturel du XXe siècle, matière à enrichir l'opéra américain.

Sondheim paraît assez typique de cette nouvelle génération, appelons-la «West Side Story». Pas plus que Bernstein, il n'aura vraiment de chance avec le cinéma. L'exception confirme la règle. *West Side Story* est un heureux accident, tout comme *Forum*. Bernstein se déploiera à la télévision, Sondheim au théâtre de Broadway et au New York City Opera.

Il aurait été captivant que le plus célèbre compositeur contemporain d'opéras Broadway trouve dans sa seconde apparition au cinéma matière à achever le cycle magique cinéma/théâtre/cinéma. Car c'est à la scène que Sondheim, à l'instar de quelques illustres prédécesseurs, va chercher ce cinéma qui lui est refusé en son lieu propre. Son interprétation/hommage à Ingmar Bergman, qui se métamorphose à travers *A Little Night Music*, construit sur le noyau de la valse, aurait mérité un émule de Cukor et de Mamoulian, pourquoi pas Scorsese, pour s'épanouir en langage interprétatif du cinéma contemporain; ce bel opéra a plutôt hérité de la plate réalisation de Harold Prince, débutant au cinéma. La mauvaise réputation de ce film est amplement justifiée: le résultat est impardonnable au regard d'un *musical* qui vient du cinéma, et qui aurait mérité, en revenant de la scène à l'écran, de retrouver la stylistique et la fluidité de l'original bergmanien.

Ce qui a été refusé à Sondheim par ce film lui a cependant été rendu au centuple, dans un des lieux les plus inattendus du *musical* américain. Le *Stavisky...* d'Alain Resnais (celui que le numéro de *L'Avant-Scène* sur Broadway nomme, avec Florence Malraux, «arpenteur de Broadway») est en effet un authentique *Filmoper*. Quoique singulier au premier coup d'œil au regard des notions plus convenues du film musical, *Stavisky...*, de par sa profonde et fluide musicalité audiovisuelle, a réussi à intégrer la musique dramatique de Sondheim tout en rendant hommage à l'ensemble de son théâtre musical. Le compositeur ne pouvait trouver mieux qu'un tel cinéaste, profondément mélomane. Il reste à rêver qu'Ettore Scola se voie confier, par un producteur fou s'il en reste, la tâche de faire maintenant un nouveau film d'après le *musical Passion*, lui-même une interprétation de *Passione d'amore*. Quel gigantesque miroir pour Scola, qui en a fabriqué tant d'autres, dont le cinéma lui-même, dans le plus beau film sur le cinéma après *8 1/2*, le mal aimé *Splendor*!

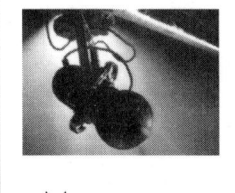

MY NAME IS ALAIN RESNAIS

Le musical américain de votre enfance vous a amené à travailler avec des compositeurs de musicals. Y a-t-il là un lien de continuité?
Pour moi, demander à Sondheim ou à Kander d'écrire la musique d'un film était une démarche naturelle, puisque ce sont des musiciens de spectacle. Aussi naturel que quand je m'adressais à Hans Werner Henze, qui faisait de l'opéra. Tout musicien qui s'intéresse à l'opéra s'intéresse au spectacle, donc au cinéma.

Quand j'ai vu ma première comédie musicale de Sondheim, *Company*, j'ai été stupéfait et emballé. Je suis allé en voir une deuxième, puis une troisième, etc. Je suis devenu un fanatique de sa musique. Ça m'a paru naturel de m'adresser à lui. J'étais très timide. Sondheim ne s'était sans doute jamais intéressé à la musique de cinéma, je trouvais que c'était un peu audacieux de le déranger pour ça, mais il a bien accueilli la proposition. C'est une des fiertés de ma vie que d'avoir pu le décider à écrire la musique du film intitulé *Stavisky...*, que pour ma part j'ai toujours appelé *Biarritz Bonheur*, ou *L'Empire d'Alexandre*, ou *Le Tombeau d'Alexandre*, au choix. C'est la seule fois de ma vie où on m'a imposé un titre. Mais le distributeur renonçait au film s'il ne s'appelait pas *Stavisky*. J'ai toujours du mal à prononcer ce titre.

Biarritz Bonheur *est un titre de* musical...
Oui, je suis d'accord. Je ne crois pas au film historique, aux reconstitutions historiques. Je ne me sens pas capable d'en faire. *Stavisky...* était parti, pour moi et pour Jorge Semprun, non pas de l'escroquerie qui, *après* la mort de Stavisky, a fait tomber le gouvernement, mais de la hantise de la vieillesse, de la hantise de perdre son apparence de jeunesse. Stavisky était un monsieur qui, la nuit, se mettait des escalopes de veau sur les joues pour ne pas vieillir. Cette optique orientait tout le film vers une sorte de demi-rêve. Dès les prises de vues, nous étions très près de la comédie musicale, d'autant qu'avant l'établissement du contrat, j'avais dit à Sondheim que je ne faisais le film que s'il acceptait d'y travailler. Certaines séquences ont été tournées alors que j'avais des écouteurs de walkman, prêtant l'oreille à certains extraits de *musicals* de Sondheim, qui me donnaient quelquefois des rythmes d'interprétation.

Ce qui est drôle, c'est que Sondheim n'a jamais accepté de refaire d'autres films, les miens non plus. Ça demande un tel travail. Il faut une abnégation terrible, aussi, pour être musicien de film, car c'est le metteur en scène et les acteurs qui attirent l'attention. Le compositeur de cinéma, c'est même rare qu'il soit mentionné par la critique. On a l'impression que c'est quelque chose qu'on ajoute et qui n'a pas d'importance.

La dynamique de Sondheim et la vôtre se rejoignent dans un certain esprit de faire de ce film une sorte d'opéra moderne.
Oui. On aurait pu imaginer que ce soit chanté. Puisque je savais que ce serait Sondheim, il y a eu une influence dès le dé-

part, j'en suis sûr. Il y avait l'amertume de Sondheim, bien présente dans le film aussi. C'était normal que ça se rencontre.

Vous avez mentionné la double présence du bonheur et de l'amertume dans le musical. *Dans votre* Gershwin, *vous montrez bien que dans les ouvrages d'Ira et George Gershwin éclatent le bonheur, la drôlerie, la farce. Mais en même temps, surtout dans la musique où c'est exprimé plus profondément, il y a la mélancolie. Pourrait-on dire que dans le* musical, *contrairement à ce qu'on pense et à ce que laisse entendre l'expression française «comédie musicale», l'expression du bonheur et de l'idéalisme ne se départit jamais d'une certaine amertume, d'une certaine mélancolie?*

Là, il faut que je réfléchisse. Dans les quelques centaines de *musicals* américains qui existent, y a-t-il une dominante de tristesse et de mélancolie? Dans l'opéra, c'est évident, ça va même jusqu'à la tragédie. Il y a des *musicals* qui sont entièrement comiques, entièrement optimistes (Richard Rodgers, par exemple, sauf *No Strings*, un des *musicals* les plus amers qu'on puisse rêver... Cole Porter, peut-être?). Dans Gershwin, il y a de tout, comme du burlesque dans *Strike Up the Band*...

Pour essayer de ne pas se concentrer sur la brièveté de l'existence et sur les douleurs physiques, morales, sentimentales qu'elle comporte, le premier geste, peut-on penser, serait de boire. L'alcool est un tranquillisant et un antidépresseur parfait – ou imparfait, car il y a des effets secondaires. Comment alors ne pas imaginer que, dans une espèce de mouvement de protestation, on a inventé la musique, qui colorera les actions quelquefois très tristes, permettra de les rendre supportables, voire toniques? À partir de la fameuse phrase qu'on attribue à d'autres mais qui est de Chris. Marker: «L'humour, c'est la politesse du désespoir», peut-être peut-on affirmer que le *musical*, c'est aussi une politesse du désespoir. Très souvent, le texte des chansons est mélancolique, sinistre ou amer. Ce qui n'empêche pas le rythme d'être très dynamique.

Il serait intéressant de faire une histoire de la comédie musicale dans cette optique. Les meilleures comédies musicales sont-elles les plus étranges? Chez Kander, *The Rink* est un grand mélo sinistre, *Chicago* est sinistre. *Cabaret* n'est pas gai non plus. Quant au *Baiser de la femme-araignée*, c'est peut-être la comédie musicale la plus impressionnante que j'aie jamais vue, par la musique de Kander, par la mise en scène de Harold Prince. Normalement, ce sujet devrait être insupportable à voir, mais on est pris, bouleversé.

THE KISS OF THE SPIDER WOMAN

Si on doute encore qu'il existe un opéra américain s'enracinant dans le *musical* de Broadway, cet ouvrage scénique de John Kander le contredit avec force et luminosité.

Plusieurs s'étonnent avec perplexité qu'une *comédie* musicale traite de sujets tragiques, que cet opéra emblématique métisse habilement les musiques populaires latino-américaines et la musique savante moderne, le théâtre et le chant, le chant et la danse, le tout coulé dans une mise en scène éblouissante de Harold Prince, qui sait utiliser toute la haute technologie scénique sans tomber dans le gadget tape-à-l'œil. Cet opéra de Kander, par son intelligence et son émotion, agit comme un révélateur et fait rebondir le *musical* dans la renaissance.

Ce qui frappe avant tout, dans cette production, c'est la prégnance du cinéma. Les rêves de Molina sont tous des films; le personnage d'Aurora, la femme-araignée, n'a d'existence que filmique – comme une sorte de Garbo mythique – et l'épilogue, *Only in the Movies*, marquant le passage dans l'au-delà de la mort, se déroule dans un cinéma, un palace archéologique suintant d'éternité.

Par-dessus tout, la mise en scène entière de Harold Prince a pour trame l'image et le montage filmiques. Le décor de la prison, dans ses lignes fines et quasi abstraites, se transforme en une suite de toiles et d'écrans, servant au premier chef de surface à la projection de nombreux films, sous forme de diapositives géantes en couleur et en noir et blanc, sorte de décor de studio dans lequel s'incrustent les mouvements des comédiens. De plus, la succession même des tableaux et l'entrelacement des scènes réalistes de prison avec les films se font par un montage très habile de coupes franches et de fondus en lumières. C'est d'ailleurs la lumière qui établit l'essentiel de l'écriture de cette mise en scène. Et le finale dans le palace s'accomplit par une succession étourdissante de fermetures à l'iris, du plus large au plus minuscule, cascade étincelante composée sur la figure du rectangle filmique.

Alors que le film musical a si souvent emprunté au théâtre de Broadway, *The Kiss of the Spider Woman*, en un moment où le genre cinématographique est de plus en plus rare, offre l'étonnant renversement de monter sur une scène un authentique film-opéra.

Notes

1. *Op. cit.*, p. ix.
2. Arnold Rampersad, «Psychomanhattanalysis», *The New York Times Book Review*, 12 février 1995.
3. Dans une interview au *Globe and Mail*, à l'occasion du lancement américain de *That's Entertainment III*.
4. Hugh Fordin, *op. cit.*, p. 483-484.
5. *Op. cit.*, p. 406.
6. *Op. cit.*, p. 90.
7. *Loc. cit.*
8. Pour s'en convaincre et s'en émouvoir, écouter en silence le glacial récit de Mark Jonathan Spergel dans *Rouben Mamoulian: Reinventing Reality – His Art and Life*, mémoire de maîtrise, City University de New York, 1990, p. 395-397.
9. D'autres exemples de Broadway suivraient: *Sweet Charity* (d'après *Les Nuits de Cabiria* de Fellini), trois Comden et Green: *Applause*, tiré d'*All About Eve*, *Lorelei* d'après *Gentlemen Prefer Blondes* (*Les hommes préfèrent les blondes*), et *Singin' in the Rain*; sans compter, plus récemment, deux Sondheim, *A Little Night Music*, d'après *Sourires d'une nuit d'été* de Bergman et *Passion,* d'après *Passione d'amore* (*Passion d'amour*) d'Ettore Scola. Fellini a gagné un doublé avec *Nine* (d'après *8 1/2*), et Andrew Lloyd Webber un autre *hit* avec *Sunset Blvd*. On compte aussi un *42nd Street* d'après le film homonyme, de même qu'un *Victor/Victoria* d'après le film de Blake Edwards (musique de Henry Mancini).
10. Cité dans Hollis Alpert, *The Life and Time of «Porgy and Bess»*, Knopf, New York, 1990, p. 267.
11. Arnold Rampersad, *op. cit.*
12. «Broadway, république du spectacle», *L'Avant-Scène cinéma*, numéro hors série, 1987, p. 156-157.

CHAPITRE 14

Films phonographiques de cinéastes compositeurs

I

Pendant les années 60, au moment où s'amorce le déclin du *musical* hollywoodien, traversé des grandes beautés crépusculaires de certains films-opéras, New York est le témoin involontaire de la réapparition d'une nouvelle forme de cinéma musical lyrique. Le Canadien Michael Snow y réalise, en 1964, son premier film sonore. Il séjourne dans la Grosse Pomme en tant qu'artiste en arts visuels, mais il est aussi musicien. Il avait abordé le cinéma par une première expérience «mclarenienne», un court film d'animation, *A to Z* (1956), un essai paradoxalement non sonorisé. Dès le deuxième film, toutefois, la barre est redressée et le titre, dans cette littéralité descriptive et matérielle dont Michael Snow est friand, est programmatique: *New York Eye and Ear Control*. En symbiose avec une longue plage de *free jazz*, l'artiste cinéaste construit le cœur de ses images avec une silhouette de femme qui est alors récurrente dans ses œuvres plastiques. Cette forme, à la fois réaliste et abstraite, peinture et sculpture, n'est pas sans évoquer Marilyn Monroe, ou encore cette Américaine blonde typique de la bande dessinée et du pop art. Ce motif devient un leitmotiv, une sorte de signature, voire de marque de fabrique de Michael Snow.

Cette célèbre silhouette, *Walking Woman*, a servi de *stencil* matriciel à des dizaines de fanions, en diverses couleurs franches et crues, qui s'étalent sur quelques grandes artères du centre-ville de Toronto en 1994. Une affiche sobre et chaude annonce le grand événement printanier du *Michael Snow Project*, de mars à juin, sur fond de flammes rougeoyantes de *Blue Blazes* qui renvoient à celles du film *To Lavoisier, Who Died in the Reign of Terror*.

La plus grande «exposition» jamais proposée d'un artiste canadien (appelée *Projet* pour rester tournée vers l'avenir plutôt qu'en célébration passéiste) s'est déroulée conjointement dans deux grands musées (le Power Plant de l'art contemporain et le Musée des beaux-arts de l'Ontario) et dans divers lieux complémentaires, offrant la presque exhaustive diversité d'un cinéaste peintre et sculpteur, photographe et musicien. Artiste multimédia à l'avant-gardisme éclaté, et qui s'est refusé la concentration sur une seule discipline, Michael Snow contemple aujourd'hui, des deux côtés du présent-avenir, ou de la présence-absence, comme il le fait duellement dans quelques œuvres (*Two Sides to Every Story, Contemplation of Light, Shade*, par exemple), plus de quarante ans d'un grand œuvre où divers médias *coexistent* en multiples radiations ondulatoires. S'y déploient de subtils transferts et transgressions de la peinture à la sculpture, de ces deux modes en photo ou encore avec écrans ou en montage théâtral-scénique, de musiques sur disques ou intégrées à des organisations muséales composites, de films construits avec des photos ou des graphiques, diverses prises de vues réelles, de l'animation, des éléments phonographiques ou des silences.

Le cinéma imprègne l'œuvre entière de Snow comme la structure essentielle d'un langage, d'une matrice sonore ou visuelle, comme une respiration imperceptiblement vitale. Déjà en 1968, à l'apparition de *Wavelength*, Michael Snow notait la force intégratrice du cinéma: «Le film me permet de rassembler des choses auparavant séparées dans mon œuvre[1].» Lumière et son permettent au cinéaste-artiste de porter à son zénith une incessante quête poétique sur le temps, qui construit et défait, comme le feu dans son action contradictoire de nourricier et de destructeur. Le cinéma, dit encore Snow, lui a permis de se «réaliser pleinement comme poète du temps, de la lumière et du son[2]».

Toronto a fait alors une fête exceptionnelle à ce poète singulier de l'inconfort et de l'underground, dont deux œuvres monumentales ont acquis un statut populaire: son célèbre vol d'oies sauvages du Centre Eaton (*Flightstop*) et son grand ouvrage sculptural *The Audience* au Sky-Dome. Les Blue Jays ont même offert à Michael Snow l'honneur de l'ouverture de la saison de base-ball.

Un poète audiovisuel du temps, devenu, l'instant du parcours d'une première balle, une star médiatique. Une façon comme une autre pour l'art expérimental de franchir le passage à la postmodernité.

Une des œuvres les plus singulières de Michael Snow, intitulée *Tap* (1969), est composée d'une grande photo, d'un texte dactylographié et d'une bande sonore. Son sujet est la phonographie, l'image montrant un magnétophone. En avant-plan, l'insert de mains frappant un micro (*tap*). Le haut-parleur diffuse un enregistrement de ces *taps* rythmés en musique, multipliés en boucles indéfinies. Le texte, pour sa part, affirme que *Tap* est *un film*: «*Tap* est un film sonore avec des images fixes.»

Cette composition donne une clé pour aider à apprécier et à comprendre le corpus filmique de Snow, une œuvre capitale dans le cinéma (expérimental) depuis les années 60. Tout en étant un travail filmique à part entière, qui peut s'apprécier comme produit audiovisuel spécifique, les quelque quinze films de Snow ne peuvent se détacher complètement de l'ensemble des formes d'expression utilisées par l'artiste torontois. Non seulement il y a de multiples passages de thèmes, de formes et d'écritures des films aux autres médias, et *vice versa* (<— —>), mais encore Snow imprègne-t-il quelques-uns de ses *non-films* d'une dynamique cinématographique. Ainsi *Tap*, mais aussi *Waiting Room* (1978), un composite de peinture et de sculpture. Le tableau, une sorte de nature morte de petits objets formant une salle d'attente, comprend un écran. Devant le tableau, sur un socle, un minuscule projecteur sculpté, en contreplongée, fait face à cet écran vide.

À une autre extrémité, des œuvres filmiques se situent à la frontière incertaine entre cinétisme audiovisuel et composition plastique. L'ingénieux mécanisme utilisé dans *La Région centrale* (1971) pour activer l'ordonnance programmée des travellings horizontaux et verticaux sert maintenant de base à une installation vidéo filmant son décor ambiant en temps réel, œuvre intitulée *Le La*. Pour sa part, *One Second in Montreal* (1969) est un film silencieux composé uniquement de photographies – seule la longueur des plans de chaque photo imprime la rythmique filmique à la structure d'ensemble. Un autre «film», *Side Seat Paintings Slides Sound Film* (1979), organise audiovisuellement une projection commentée par Snow de diapositives de certaines de ses œuvres plastiques. Enfin, *Two Sides to Every Story* (1974) est une installation où deux films projetés en même temps sur les deux bords d'un même écran, suspendu au centre de la pièce, appellent le spectateur à circuler d'un côté à l'autre dans le double flux d'images et de sons.

Un des traits fondateurs des films de Michael Snow est qu'ils sont situés dans l'ancrage précis, voire méticuleux, entre mouvement filmique et mouvement phonographique. L'artiste cinéaste, dans cette optique, se mue en *cinéaste compositeur*, suivant l'heureuse expression de Raymond Gervais:

> Le cinéma est l'art par lequel Michael Snow devint compositeur. Cette pratique l'amena à réfléchir précisément sur les caractéristiques propres au fonctionnement des appareils d'enregistrement du son et de l'image, sur les équivalences possibles entre le magnéto et la caméra, le tourne-disque et le projecteur, les formes musicales et le lexique cinématographique[3].

Comme il l'expliquait dans une intéressante interview accordée à feu le magazine américain *Ear*, Snow fut dès ses débuts cinématographiques fortement intéressé par les liens sons/images. Ce projet est nommément inscrit dans le titre de *New York Eye and Ear Control*:

> Le titre dit tout le contenu. Le film était un essai me permettant de travailler avec ces deux composantes de tout film sonore. J'ai tenté de conserver une séparation assez radicale entre ces composantes parallèles, l'image d'un côté, le son de l'autre, ici une musique continue. Ce sont deux entités différentes, la combinaison d'un élément dionysien avec un autre, apollinien. Ils s'influencent l'un l'autre, tout en donnant l'impression de demeurer entièrement autonomes. Mon intention était vraiment de rendre moins interactifs l'image et le son, plutôt que de les vouloir en synchronisation et en cohabitation.

Tout en reconnaissant que ses films expérimentaux ont surtout mis l'accent sur le «vocabulaire visuel, et plus particulièrement sur les mouvements de caméra», l'auteur de *New York Eye and Ear Control* souligne:

> Ce fut ma première tentative de réaliser ce qui m'apparut alors comme un domaine artistique presque encore vierge, celui des rapports

image/son dans le cinéma. Presque tous mes autres films ont été des développements de ce champ d'expression[4]...

Michael Snow est musicien, ce qui lui fait rechercher, comme dans *Wavelength*, les «dons de la prophétie et de la mémoire que seuls le film et la musique sont capables d'offrir[5]». La trame musicale de *New York Eye and Ear Control*, jouée par les jazzmen Albert Ayler, Sonny Murray, Don Cherry et Gary Peacock, fut enregistrée en continuité et sans recours à la bande image, alors en cours de montage. Ce procédé témoigne d'une volonté certaine, chez cet artiste, de combiner, sans les détruire, les composantes issues de sa pratique aussi bien de cinéaste que de musicien producteur de disques, d'opérer dans le film sonore une profonde démarche *ciné/phonographique*. Ce premier film de Snow lie par ailleurs la production musicale phonographique de son auteur à son champ de pratique dans les arts visuels, puisque son propos est celui-là même de son long ouvrage d'alors, *Walking Woman*, à la fois peinture, sculpture et élément de compositions multiformes. Dès sa conception, cette silhouette de femme, faut-il le rappeler, se présentait dans un cadrage invisible qui préfigurait celui du cinéma.

VIE ET MORT DE LA PELLICULE

To Lavoisier, Who Died in the Reign of Terror (1991) est une œuvre d'une beauté remarquable, dense et émouvante, d'une écriture formelle achevée. Sorte de poème audiovisuel philosophique sur le temps, qui construit et détruit, ce *Lavoisier* a la particularité d'offrir une éblouissante méditation sur le cinéma lui-même, plus spécifiquement sur le support pellicule qui est une mémoire, certes, mais dont la connaissance scientifique et technique permet mal de préserver la trace. La composition chimique de la pellicule ne résiste pas à l'usure, à la dégradation progressive, ses capacités mémoriales étant petit à petit grugées par une sorte de mort cancérigène. Pour visualiser cette idée, «Snow a collaboré au développement des images avec Carl Brown, qui a travaillé la pellicule manuellement pour qu'elle laisse apparaître des taches erratiques résultant d'une réaction chimique[6]», qui font voir l'image comme rongée de rouille, de points, de fissures, de trouées lumineuses, etc. Telle quelle, cette pellicule est porteuse du message visuel contradictoire du souvenir enregistré et de sa déperdition graduelle. Le contrôle technique-esthétique de ce double mouvement vie/mort est toutefois d'une telle beauté plastique qu'il en est autant l'illustration que la dénégation.

La bande sonore de *Lavoisier* est tout aussi captivante. Formée pour l'essentiel d'un long crépitement fantasmatique de feu, elle est parfois coupée de plages de silences pesants, d'une sorte de trou sonore sépulcral, en particulier dans cette séquence (formée d'un seul plan en plongée) du pianiste jouant sans être entendu, performance d'une musique morte, *non enregistrée*. Ce qui fait comprendre que la décomposition chimique de la pellicule est en même temps celle de la bande sonore. La phonographie aussi est mortelle, qui s'est déroulée un temps dans la finitude.

Seule la dernière séquence est traitée en mode «normal» de pellicule non dégradée. Mais Michael Snow veut tout simplement exprimer autrement la même idée. Ici, comme décor, un bloc architectural formé de colonnes et de divers praticables géométriques. Image d'abord stable, calme, dans une beauté non touchée. Soudain, à l'amorce d'un travelling avant, cette sorte de temple se met à trembler, à bouger, une colonne tombe, puis l'ensemble s'effondre. Le travelling avant devient lui-même violence, il bouscule littéralement la construction, l'annihile comme le ferait un bulldozer, sur une trame sonore de bruits destructeurs.

Cette même symbolique matérialiste du travelling avant démolisseur, Snow l'a déjà employée dans deux autres films. D'abord dans *Breakfast/Table Top Dolly* (1972-1976), puis dans *Presents* (1981). Dans le premier, plan-séquence d'une table montée pour le petit-déjeuner – comme une nature morte –, le travelling avant petit à petit tord la nappe, brise les œufs, renverse la pinte de jus de fruits, plie les assiettes et les verres de carton. Cette démolition lente par un mouvement de caméra pris *à la lettre*, est accompagnée d'un crescendo sonore d'une composition bruitiste tout aussi hallucinante dans ses cycles phonographiques répétés, graduellement amplifiés. *Presents*, la seconde séquence, d'une drôlerie et d'un tragique habilement agencés, montre un décor d'appartement où une jeune fille ouvre sa porte à un homme qui lui apporte des fleurs. La femme met un disque, Janos Starker interprétant des suites de violoncelle solo de Bach. Imperceptiblement d'abord, puis de manière de plus en plus évidente, le décor se met à bouger, la caméra aussi, qui va faire des travellings avant et arrière. Sur le plan sonore également, le tourne-disque accompagne ces soubresauts: l'aiguille glisse, gratte, saute, avance et recule, s'accroche dans un sillon. Finalement, le décor est détruit, défoncé par les travellings (Snow explique qu'il a réussi cet effet en plaçant une vitre épaisse devant la caméra; furtivement, on voit de temps en temps l'équipe travailler, en reflet dans cette vitre). L'électrophone et le disque aussi sont broyés, mettant fin à la bande sonore de la séquence.

Toutes les combinaisons sonores

Une des caractéristiques de l'écriture sons/images des films de Snow est de multiplier et varier les matériaux aussi bien que les procédés. Ondes radiophoniques, sons ambiants, voix et dialogues, musiques pré-enregistrées instrumentales, concrètes, électroacoustiques... Dans *Presents*, la troisième et dernière séquence (qui dure une heure) est formée d'une suite étourdissante de brefs plans tournés caméra à l'épaule et en mouvements très vifs. Ces nombreux plans ne sont pas sonorisés. La seule intervention sonore que choisit Snow est un bref coup de percussion à chaque coupe. Exemple unique, sans doute, d'une sonorisation systématique de la coupe franche, d'une rythmique auditive du montage visuel. Dans le même esprit, le film <— —> (*Back and Forth*, 1969), une longue composition de panoramiques gauche-droite et droite-gauche à vitesses variables, contient une structure sonore fondée sur des coups placés à chaque fin de plan.

Snow fait aussi entrer le silence dans la conception sonore. Certains films sont entièrement non sonorisés, comme *One Second in Montreal*, ou encore *So Is This* (1981), un jeu ironique rythmique sur le langage, fondé uniquement sur la visualisation des mots et des phrases, et traité comme un film d'animation. Ailleurs, Snow fait alterner les séquences sonores/musicales et celles des silences, comme dans *New York Eye and Ear Control* ou dans *To Lavoisier*. D'autres fois, le cinéaste va puiser dans l'électroacoustique, mixée ou non avec d'autres types de sons, comme dans *Wavelength* (1967), *La Région centrale* (1971) ou *See You Later/Au revoir* (1990). Au sujet de *Wavelength*, il explique:

> J'ai construit un glissando, qui dure environ 40 minutes, passant de la note la plus grave jusqu'au suraigu (50 cycles par seconde jusqu'à 12 000).

Cet effet fut réalisé électroniquement, et il se place comme un parallèle ou un équivalent sonore au zoom. Son très abstrait, je crois, ou, comme on dit, «son concret[7]».

Wavelength est un long et lent zoom avant dans un loft de New York, qui commence en plan général et se termine en très gros plan sur une photo en noir et blanc épinglée à un mur, représentant les vagues de la mer (*Atlantic Ocean*). Durant ce travelling optique, se déroulent inopinément quelques brèves scènes, qui s'infiltrent dans le champ de manière inattendue: un homme meurt, une femme téléphone à la police, etc. De sorte que le long glissando électronique est mixé avec quelques bruits ambiants et des bribes de paroles.

Dix ans plus tard, dans *Rameau's Nephew by Diderot (Thanx to Dennis Young) by Wilma Schoen* (1974), Michael Snow a construit une bande sonore fondée davantage sur du matériau sonore ambiant synchrone qui comprend beaucoup de dialogues. Mais le cinéaste ne veut pas se contenter du synchronisme «naturaliste» du *lipsync*. Il joue sur ce dialogue préenregistré en tous sens: distorsions, coupures de certains mots, ajouts de sons étrangers, masques, asynchronisation de phrases, etc. Il en résulte une distanciation volontaire (forcenée) entre la bande-son et l'image, qui fait apparaître les dialogues comme ceux d'une langue étrangère si incompréhensible qu'on ne pourrait plus, souligne Snow dans une très belle formule, l'écouter comme langage (véhicule de sens informatif) mais comme musique: «On peut faire avec le son des changements qui vont le conduire du côté de la musique plutôt que de celui de l'information.»

Ce très long métrage (plus de quatre heures) est sans contredit un monument érigé à la défense et à l'illustration de la cinéphonographie. «Pour moi, souligne Snow, c'est un véritable *film parlant*.» Le film, par sa démesure et sa forme de manifeste agit-prop (typique des années 70), se hisse à un sommet inégalé de la nécessaire *écoute* filmique. Comme le clame anarchiquement un des personnages: «Je ne veux ni manger, ni baiser, mais entendre.»

Un autre film de Michael Snow, *See You Later/Au revoir*, témoigne d'une fascinante musicalité filmique. Ce court métrage n'est formé pratiquement que d'un seul travelling circulaire, au ralenti extrême, qui suit un employé de bureau à la fin de sa journée de travail. L'employé regarde sa montre, se lève, prend son imper, passe devant le pupitre d'une collègue qu'il salue, se dirige vers la porte et sort.

Ce long cycle visuel, dont les couleurs du décor, des costumes, des accessoires et des éclairages varient subtilement et presque imperceptiblement, comme pour produire d'autres cycles plus restreints (auparavant, Snow parlait de la combinaison de plusieurs couches géométriques, «de cercles à l'intérieur d'autres cercles, des cycles dans d'autres cycles», à propos de *La Région centrale*[8]), est accompagné d'une série de plages sonores qui répètent un noyau musical de base – avec peu de modulations – à la manière des formes circulaires d'un disque.

Le module sonore de base est introduit par une série de coups/bruits de percussions, de manière linéaire, avant que d'autres sons ne forment plusieurs boucles comme des cercles. Les diverses reprises de ce module, au fur et à mesure que se déploient dans le long travelling circulaire les fragments de gestes et de mouvements, font penser à un disque programmé qui se répète jusqu'à l'épuisement des cycles visuels. Ainsi, cette formule d'une musique spécifiquement *phonographique*, visualisable mentalement comme les sillons du vinyle, fait corps avec la giration visuelle (quoique de façon asynchronique dans les mouvements), qu'elle soutient et alimente jusqu'à son terme.

«Ceci est un jeu poétique sonore sur le temps[9]»

Dans l'éventail très divers des sons filmiques, ce qui intéresse manifestement Michael Snow, c'est de ne jamais distraire le spectateur de la matérialité des multiples matériaux soniques, non plus que de leur réalité phonographique, leur propriété de sons enregistrés. À cet égard, un des ouvrages les plus intéressants de Snow est son *Side Seat Paintings Slides Sound Film* (1970), dont le titre même décrit pragmatiquement les éléments audiovisuels.

La bande sonore est tissée d'un enregistrement continu de la voix *over* de Snow qui décrit le catalogue de quelques-unes de ses œuvres plastiques en diapositives. Après quelques minutes, le ruban magnétique se met un moment à ralentir, la voix de Snow s'enlisant progressivement dans le grave, jusqu'à l'extinction des phonèmes et le seul rendu sonore de cordes vocales ayant perdu l'articulation langagière (la trame visuelle suit cette décélération jusqu'à la sous-exposition). Plus tard, le mouvement inverse est opéré – rechargement des batteries du magnétophone – et s'accentue pour atteindre une vitesse telle que la voix de Snow grimpe jusqu'au suraigu et l'image, de son côté, jusqu'à la surexposition, avant que le tout ne revienne à une certaine normale.

Encore ici, Michael Snow, jouant des aléas matériels de l'enregistrement, manipule l'ironie cynique et le tragique du son gravé, en même temps que la dégradation de la totalité de son œuvre où, sur le support film, se retrouvent les productions plastiques, la sculpture d'un écran dans l'écran, la photo diapositive, enfin l'enregistrement phonographique de sa propre voix. Artiste présent-absent, travaillant en posture inconfortable mais vivante, ne refusant aucun média audiovisuel, ni aucune de ses variables mécaniques, Michael Snow, passionné et froidement lucide, toujours brillamment attentif à chacun de ses films, jamais dupe du cinéma.

* * *

Automne 2002. Au tour de Montréal de rendre hommage à l'artiste et au cinéaste. Le Festival du nouveau cinéma et des nouveaux médias offre la primeur québécoise du dernier long métrage de Snow, *Corpus callosum*. Par ailleurs, le festival s'associe à la Cinémathèque pour une rétrospective de ses films, ainsi que pour une exposition composée de photographies, de la machine ayant servi à tourner *La Région centrale*, enfin de l'installation filmique *Two Sides to Every Story*. Par ailleurs, la Fondation Daniel Langlois a procédé au lancement du DVD-ROM *Digital Snow*, une somme documentaire de textes, dessins, images et sons puisés dans l'œuvre intégrale de l'artiste. Le coffret a été conçu et dirigé par Snow, en collaboration avec Epoxy et le Centre Pompidou.

Avec son humour habituel, Michael Snow présente son film:

> Le «corpus callosum» est une région centrale de tissus dans le cerveau humain qui transmet les messages entre les deux hémisphères. Le film *Corpus callosum* (ou la cassette, ou le travail de lumière projetée) dépeint, examine, présente ce qui forme cette zone intermédiaire. Entre début et fin, entre naturel et artificiel, entre fiction et fait, entre entendre et voir, entre 1956 et 2001. *Corpus callosum* juxtapose ou met en contrepoint le réalisme d'une métamorphose normale (comme une grossesse ou une explosion) dans un espace crédible, avec des changements de formes impossibles obtenus grâce à l'animation numérique. Il semble y avoir un héros et une

héroïne, mais pas de narration. De séquence en séquence, on voit divers personnages habillés de façon identique ou modifiés par les moyens de l'électronique. Le film est un tableau de transformations, une tragicomédie de variables cinétiques.

Une mystérieuse et magnifique synthèse de son œuvre plastique, cinématographique et musicale.

II

Peter Mettler, le cinéaste torontois, croit intensément à la musique comme forme structurante d'expression filmique. Dans *Scissere, Eastern Avenue, The Top of His Head, Tectonic Plates* (*Les Plaques tectoniques*) et *Picture of Light,* le cinéaste fabrique des montages et des mixages musicaux à partir de sons de tournage, de sons additionnels et de musiques préenregistrées ou live. *Eastern Avenue* se sert d'improvisations sur images des musiciens Christie MacFadyen et Joey Hardin, de même que de fragments phonographiques par Jean-Marc Larivière, les Harmonic Choir Celestial Harmonies et Fred Frith. *Scissere* emprunte aux disques de Meredith Monk, Max Roach, Ornette Coleman, Bruno Degazio, de chants grégoriens et du Ramayana Monkey Chant. *The Top of His Head,* à sa manière, est hautement musical, non seulement parce que Fred Frith en signe la composition élaborée et très complexe mais aussi parce que toute la bande sonore est conçue comme une partition: voix, bruits, effets spéciaux sonores et musiques sont noués en une immense tapisserie acoustique, grâce aux soins, entre autres, de John Martin, Catherine van der Donckt, Hans-Peter Strobl, Adrian Croll et Louis Hone.

Le jeune Gus Victor est vendeur d'antennes paraboliques dans une grosse firme torontoise. Le jour où il va négocier une des plus importantes transactions de la compagnie, il fait la rencontre inopinée de Lucy Ripley, artiste de performances postmodernes. L'univers de Gus bascule. Lucy disparaît, non sans laisser au jeune homme un symbole byzantin qu'il cherche à déchiffrer. La police le prend en filature à cause du passé anarchiste de Lucy. Dans sa quête, Gus découvre finalement une manière inédite de voir et d'entendre le réel, et de nouveaux moyens de communication.

Comme le sujet de ce conte fantastique se déroule dans le milieu torontois des communications par satellite et de la télévision (ô mânes de McLuhan!), Peter Mettler a été bien inspiré de confier la trame musicale de son film à Fred Frith, qui sait allier les instruments traditionnels aux synthétiseurs et aux boîtes radio, qui sait surtout fondre cette musique à toutes sortes d'autres éléments sonores et vocaux. *The Top of His Head* constitue sans doute une borne historique dans la bande sonore filmique au Canada.

Mettler, inspiré par le phénomène des aurores boréales, a composé en 1995 le long métrage *Picture of Light*. Cet ouvrage lyrique nordique, il l'a monté comme une partition, assurant lui-même le scénario, la réalisation, la direction de la photographie, le montage et la conception sonore. Méditation sensuelle sur les rapports entre la lumière filmique et les luminescences mythiques des aurores boréales, aussi difficiles à capter que le vent, *Picture of Light* pourrait aussi s'appeler *Picture of the Sound of Light*. Une tradition orale (une légende?) veut qu'on puisse entendre le son des aurores boréales. Premier facteur d'intérêt pour Mettler, toujours attentif à la musique des choses et des êtres. Un second facteur est l'intégration de cette quête à l'ensemble de sa bande sonore. Le cinéaste a construit son *sound of light* comme une remarquable partition sonore où s'entrelacent des voix diverses (dont la sienne), les bruits du paysage nordique (nature sauvage et techniques véhiculées par l'être humain), ainsi que des musiques inuits croisant celles de Jim O'Rourke et de Fred Frith. Pour la première fois, Mettler met sa propre voix en narration *over* sur ce film, voix de basse ronde et chaleureuse qui porte habilement son implication personnelle.

En mars 1992, j'entrepris avec Peter Mettler un échange épistolaire et des conversations qui le conduisirent à la rédaction de son essai *Music in Film: Film as Music*. À cette époque, Mettler travaillait à l'enregistrement et au montage des musiques de *Tectonic Plates*, transposition filmique de la pièce de Robert Lepage. Mettler fit de ce drame éclaté une sorte de *Hörspiel* avec images où les dérives des continents, des cultures américaines et européennes, des relations humaines et sexuelles, vibrent en d'amples plages sonores/musicales. S'y entrechoquent les musiques contemporaines de Michel Gosselin et celles de Chopin, ou encore la mémoire de celles de Jim Morrison. «Les cultures s'effondrent; les identités éclatent; les gens luttent pour les préserver pendant que les vies passées redeviennent articulées dans le présent, par la mémoire.» Dans cette métamorphose de *Tectonic Plates* en film-opéra, Mettler reste étonnamment fidèle à l'idée directrice de tous ses films: «Le film possède le même pouvoir de fugacité que la musique.»

Il m'a semblé intéressant de retrouver le premier brouillon de mes échanges avec Peter Mettler. Ils témoignent, avec «fugacité» justement, de cette capacité du cinéaste d'utiliser «l'improvisation et les parties souvent irrationnelles de notre être pour construire, ou sculpter, une œuvre filmique». Dans le dialogue sur ses films, tout comme dans ses films eux-mêmes, Mettler fait cohabiter les forces de la spontanéité avec celles de la structuration consciente. Il le fait toujours d'une manière très posée et lente, quasi mystique, avec sa voix timbrée comme celle d'un José van Dam. Une voix reflétant un opus éminemment lyrique: «La musique agit à partir de "terminaux" intuitifs, émotifs, inconscients. C'est probablement ce qui m'attire en elle. Une large part de la musique est un défi pour les mots et pour les définitions. Elle transcende une perception du monde que nous voulons faire entrer dans des catégories. La musique n'est pas complètement immunisée contre la rationalisation, mais elle garde une certaine fraîcheur, une capacité de dépassement. Le cinéma a le même pouvoir de travailler avec musicalité, ce qui lui donne une grande force.» — *Faire des films comme un compositeur fabrique des musiques. Alors, Peter Mettler, en bout de piste, êtes-vous un cinéaste ou un «musicien/compositeur audiovisuel»¿* — «Je n'ai jamais pensé la chose de cette manière. Mais c'est intéressant, et je me rends compte qu'il y a beaucoup de vérité dans cette idée. Si j'ai quelque raison de me sentir sûr de moi dans ce métier, c'est bien de cela que je tire quelque force...»

Du hasard, des dieux et des drogues

«Peter Mettler est un très grand cinéaste», de souligner Atom Egoyan au moment où *Gambling, Gods and LSD* reçoit le Prix du meilleur documentaire au 31ᵉ Festival du nouveau cinéma de Montréal en 2002. Déjà honoré à Nyon et à Vancouver, ce dernier-né de Mettler, qui suit d'assez loin son remarquable *Picture of Light*, se révèle comme une somme. Il a valeur de synthèse pour une œuvre qui se construit dans les marges, certes, mais avec une étonnante unité et une dynamique à nulle autre pareille dans le cinéma canadien et international.

Le long métrage de Mettler, que son auteur ne veut appeler ni documentaire ni essai mais «parcours musical», est l'adroit alliage d'une quête spiritualiste voyageant de l'Amérique à l'Europe jusqu'en Inde, et d'une écriture d'images et de sons qui à la fois témoigne de ce cheminement et le construit de minute en minute. Cela tient sans doute au fait que le cinéaste est à la fois scénariste et réalisateur, caméraman et monteur des plans sonores et visuels. *Gambling, Gods and LSD* rappelle le cinéma de Johan van der Keuken, chez qui le travail d'enregistrer et de monter est très étroitement lié à la construction du sujet et du propos. Mettler s'explique dans *Take One*:

> La tonalité propre à la perception de chacun imprègne le style visuel et les rythmiques sonores, désigne certains thèmes qui conviennent à un caractère et à ses intérêts. Ces données se répètent en spirales, plutôt qu'en cercles, parce qu'elles évoluent constamment et touchent de nouvelles expériences, de nouveaux environnements[10].

Le voyage initiatique de Peter Mettler touche autant la réalité personnelle que certains comportements humains dans divers pays. Rappel du petit garçon qu'il fut, de sa double ascendance suisse allemande et torontoise, souvent égaré dans les *no man's land* des aéroports et des avions, ces derniers formant un des leitmotive les plus prégnants du film. C'est dans un aéroport que Mettler découvre et observe, fasciné, une sorte de messe christique dans une immense chapelle, le «Toronto Airport Christian Fellowship Church». Après quelques autres détours en sol torontois, ses pérégrinations le conduisent à Monument Valley (dans le désert de la Mort) puis à Las Vegas; ensuite à Zurich et dans les passages des glaciers alpins (Nufenen, Albula, Grimsel et Furka); enfin à Bombay et dans divers temples de l'empire Vijayanagar. Dans ces lieux, il observe de multiples manifestations: machines sexuelles, invention du LSD, démolition du vieil hôtel Aladdin à Las Vegas, parades de rue à Zurich, cérémonies hindouistes. Partout, de folles quêtes d'immatériel et de transcendance à travers les sens, les gestes incantatoires et divinatoires, manifestations de volonté forcenée pour briser le carcan de la matérialité des choses et de l'humain, pour toucher la croyance, la foi, le dieu, élargir la perception, toucher une zone de sécurité et de paix. L'extase dans le fouillis de la matière, la folie du monde et sa dégénérescence; le septième ciel au coin de la rue. Voir et être. Entendre et croire. L'avion et la rivière sereine. Las Vegas et le désert de la vallée exsangue. Nature et culture.

Tous ces voyages, la variété époustouflante de ces expériences et de ces témoignages risqueraient d'éclater en mille miettes informes et incompréhensibles. Les années d'errance et d'enregistrement réunies en un premier assemblage brut formaient un ensemble de 55 heures. Comment alors ne pas empêcher ces matériaux de respirer tout en réduisant ce très, très long métrage dans un format diffusable de trois heures? En gardant l'ordre chronologique et le récit des voyagements tout en créant une structure. En partant des sons et des musiques autant que des images: «La structure du montage doit refléter la logique des zones cachées de la vie», déclare le cinéaste. La rivière évoque la source, les cultures débridées et les bruyants rassemblements religieux réclament le transcendantal, l'avion est métaphore de la quête; tous ces signes, pour Mettler, sont retenus et organisés comme une grande partition d'images et de sons. De sons surtout, les images vibrant à ces musiques, qu'elles soient créées pour le film (Fred Frith, Peter Braker et Dimitri de Perrot), ou encore empruntées à des disques (Jim O'Rourke, Henryk Gorecki, par exemple), soit encore cueillies par le cinéaste pendant les tournages.

Les délires humains, suivant Peter Mettler, qu'ils soient individuels ou collectifs, de l'ordre du jeu, de la drogue, de la messe noire en musique, de l'incantation spirite, sont en bout de piste une manière d'aiguiser les sens pour tenter d'atteindre le supranaturel, l'indicible, le métaphysique. De toute facon, peu importe la nouvelle réalité atteinte, c'est l'exploration même du sensible, si on y est attentif, qui nous conduit à des découvertes étonnantes sur le matériel même, sur son mystère et son indéfinie variété. La quête de l'immanence n'est peut-être, au fond, qu'une exploration exacerbée du sensible.

«La structure filmique peut refléter la logique même du vivant», conclut Mettler. Ce cinéaste est visionnaire, médium, sondeur: «Mon film s'adresse à la sensibilité hallucinée dans chaque être, dans chaque enfant, et qui tend à se perdre chez l'adulte.» *Gambling, Gods and LSD*, à sa manière, reprend la route magique d'«Alice au pays des merveilles».

III

Dans ses *Trottoirs de Montréal*, Pierre Hébert notait: «Où m'entraînent ces images qui me glissent entre les doigts?[11]» Cette interrogation rejoignait une réponse qu'avait donnée le poète Henri Michaux dans *Mouvements:*

> Signes
> signes non de toit, de tunique ou de palais
> non d'archives et de dictionnaire du savoir
> mais de torsion, de violence, de bousculement
> d'envie cinétique[12]

Pour son long métrage *La Plante humaine* (1996), le réalisateur de l'«envie cinétique» a incorporé des fragments déjà utilisés lors de performances ciné-musicales, en particulier dans *Adieu Léonard!* et *La Plante humaine*, dans un ensemble narratif qui sert de trame à un fastueux opéra audiovisuel.

M. Michel (Michael Lonsdale), veuf à la retraite, coule des jours paisibles dans son appartement de banlieue, qu'il partage avec son chien Léonard. Train-train routinier, un peu monocorde (longues marches, courses, visites au cimetière), qu'il interrompt par de fréquents arrêts à la bibliothèque municipale, où il va de temps en temps lire des contes à des enfants du quartier. Sinon, M. Michel coule les heures entre la télévision et deux livres qu'il a reçus en cadeau au moment de quitter son emploi de manutentionnaire à la bibliothèque: l'un sur Léonard de Vinci, l'autre de *Contes et légendes*.

Une vie sans histoire, incrustée dans la banalité, sauf que le crâne de cet homme est petit à petit grignoté, envahi, occupé par les légendes et les images électroniques. En particulier un conte africain psalmodié par un griot, ainsi que l'irruption de la guerre télévisuelle du Golfe. La tête de M. Michel devient alors une sorte de réceptacle ou de caverne où se bousculent pêle-mêle, comme dans un cauchemar, les bribes et les morceaux de légendes hébraïques, chinoises et kwatkiult, des cartes postales hétéroclites et une mitraillade d'images de guerre. Sans compter que le livre sur de Vinci lui fournit moult réflexions et dessins de déluges, scènes de combats, crânes, éclairages de feux, miroirs, devinettes et «prophéties sur les animaux raisonnables et irraisonnables». Le cerveau de M. Michel devient une vaste marmite de sorcellerie contemporaine d'images, de voix, de bruits et de musiques.

Au moyen des techniques multiples de gravure sur pellicule, de prises de vues réelles et de métissage des deux, Hébert construit, sur ce mince fil du quotidien, une suite de séquences opératiques où le réalisme bascule promptement et systématiquement dans le fantastique lyrique. Une cloclarde se métamorphose en sorcière et en archétype de l'Ancêtre mythique; les ados et leur *ghetto blaster*, en cercle chamanique guerrier autour d'un feu; M. Michel lui-même, en Moïse urbain contemporain pétrifié par la voix du Dieu hébraïque (il a *vu* la voix), ou encore par les multiples incantations des cultures orales archaïques.

Solidement épaulé par son équipe dont les noms sont familiers (Fernand Bélanger au montage, Claude Beaugrand à la conception sonore, Robert Marcel Lepage à la musique), Hébert a produit dans cette *Plante humaine* une synthèse et une somme de ses courts métrages antérieurs, en même temps qu'un aboutissement, un dépassement de ses techniques composites et de son écriture, ainsi que de son esthétique, entendue comme interprétation formelle et morale de l'être humain et du cosmos. Leitmotiv de *Père Noël* dans le souper des fêtes de Michel, de sa fille et de son petit-fils; d'*Étienne et Sara* dans la présence des enfants; de *Souvenirs de guerre*, bien entendu, dans le crescendo électronique de la guerre du Golfe, puis l'évocation des conflits en Somalie, au Rwanda, en ex-Yougoslavie. En outre, le cinéaste a intégré de nombreuses boucles de films gravées en direct lors de ses performances, composant ainsi une sorte de collier indéfini d'images mentales d'oiseaux, de feux, de pluie, de mer et de bateaux, de chiens enragés, d'homme défenestré, de croix, de cercueils et de tombes, de bombardiers, etc.

La première séquence du générique, un rêve du protagoniste, fait s'entrecroiser la présentation de M. Michel et l'amorce des multiples contes et légendes. La deuxième montre M. Michel au réveil puis dans son quotidien, une routine déjà grignotée d'images réelles et mentales de télévision et de cauchemars. La suite est un montage de séquences musicales à dominante thématique: mythe du déluge et des eaux tumultueuses; voix légendaires amérindiennes des Kwatkiult, chinoises, hébraïques («tout le peuple a *vu* les voix, le texte de l'Écriture»); batailles, guerres et morts; transfiguration après les épreuves. En finale, retour à l'apaisement: M. Michel, dépouillé des images télévisuelles et de ses cartes postales, va à la bibliothèque lire aux enfants la conclusion du conte africain qui a traversé toutes ces séquences. La courbe structurelle du film, après le prologue, s'amorce *sotto voce* dans les bruits ambiants de la quotidienneté, très vite striés de zaps électroniques, de textes de Leonardo et de contes. De sorte que s'installe assez rapidement un crescendo qui va éclater dans les séquences de guerre et les rêves angoissants, puis dans l'explosion de la fin de l'épreuve, quand le griot détruit et traverse la montagne-muraille, métaphore de la télévision. En postlude, se réinstalle la musique méditative et mélancolique (quatuor à cordes, vents et synthé), réduite en dernière instance au piano seul, puis au silence.

Cet opéra audiovisuel est construit dramatiquement sur les figures de l'oralité et des images, du livre et de la télévision, de l'archaïque et du moderne. Comment l'interpréter? On pourrait y voir une sorte de guerre entre la nature et l'impérialisme médiatique, une destruction de l'être humain prostré dans le «culte de l'image», pour reprendre la réponse à la devinette de Léonard de Vinci. Cette idée parcourt certes le film, comme en arrière-plan, en sourdine, par exemple quand Ignacio Ramonet dénonce la fausse conception du «voir, c'est comprendre». En revanche, on peut y lire une similitude entre les légendes anciennes sur les catastrophes et l'espèce d'eschatologie audiovisuelle créée par la télévision, une sorte de permanence entre les récits primitifs, cosmogoniques, et l'énorme discours électronique. Le choix de la guerre du Golfe est significatif à cet égard, vu la censure politico-militaire qui a imposé au monde entier ses images de jeu vidéo.

Cette lecture de convergence est renforcée par le fait que les songes et le *burn-out* de M. Michel sont alimentés par moult reportages, mais aussi par des contes et légendes véhiculés par la télévision, où le rabbin commente l'Écriture, où passe aussi un fragment d'*Au pays de Zom* de Gilles Groulx quand le financier, jouant *Boris Godounov*, meurt en scène. De fait, ce qui ressort de *La Plante humaine* (au sens matériel, par la gravure sur pellicule, mais aussi quand l'homme est agité et mû par le rythme des images envahissantes), c'est une nécessaire cohabitation de l'archaïque et du moderne, du récit primitif et de la télévision, du livre et de l'audiovisuel ou, comme le dit de Vinci, de «la vue qui est la fenêtre de l'âme» et de «l'oreille qui est la seconde». Dans cette optique, une certaine lutte contre le «culte de l'image», son idolâtrie, son idéologie, n'est pas un appel à sa destruction et à son anéantissement, mais à un rééquilibrage entre la place que tient aujourd'hui l'image électronique et l'espace qu'elle doit laisser aux manifestations anciennes, orales et sonores, de l'aventure humaine.

Cette réconciliation tendue et difficile entre la vue et l'ouïe, au bout du compte, fait de *La Plante humaine* une métaphore supplémentaire de défense pour une nouvelle symbiose entre le son et l'image, entre Apollon et Dionysos. Cette forme d'opéra contemporain convient non seulement à la quête de ce métissage, mais réalise du même coup un chaînon nécessaire à la construction du rêve weillien du film-opéra futur.

Des précurseurs cinétiques

Quand, au début de 1984, il terminait son film *Étienne et Sara* avec René Lussier et Robert Marcel Lepage, Pierre Hébert venait de trouver une combinaison, un détonateur capable de briser les carcans d'un univers d'images et de sons dans lequel il se sentait à l'étroit, voire prisonnier. Dès lors, il entreprenait, avec une fougue, une fièvre, un dynamisme singuliers, de se tenir en position hors cadre, de voyager en contrebande.

Il pratique depuis plusieurs années une défenestration audiovisuelle sans précédent. Il est devenu, comme ce portrait d'Henri Michaux, encore, qu'il affectionne et cite, cette sorte de danseur improbable mais réel que seul le trait cinétique peut matérialiser:

> Un défenestré s'envole
> un arraché de bas en haut
> un arraché de partout
> un arraché jamais plus attaché[13]

Pierre Hébert avait en fait amorcé son arraché au lancement en 1982 de *Souvenirs de guerre*, calligraphiant alors, sous forme d'appel aux spectateurs, un «cri contre le vent[14]». Dès lors, plus rien ne devait freiner une trajectoire qui, à travers les métissages de gravures sur pellicule et de musique actuelle, propulsait ses créateurs dans des «mouvements d'explosion, de refus, d'étirement en tous sens[15]». Prenant l'initiative, en 1984, Hébert défenestrait le cinéma d'animation de ses habituels processus de production et de diffusion, se jetait dans la performance-visionnement de ses films, accompagnés de musique live; plus tard, en 1986, il risquait même la gravure sur pellicule en direct devant le public[16], mélangeant désormais le cinéma «muet» et la musique «aveugle»; performant non seulement dans les salles d'art et d'essai, à la Cinémathèque québécoise et dans les festivals, mais aussi dans les galeries d'art, les musées et les maisons de la culture.

Protéiformes, Hébert et ses complices risquent ainsi, dans leur cirque imaginaire sans filet, ce qu'ils nomment «une expression actuelle, ironique, dérisoire, humoristique... et tragique de ces sociétés en voie d'exception à l'Âge des machines médiatiques[17]».

L'œuvre d'Hébert multiplie les signes de l'image en mouvement hyper-commerciale et hédoniste, de mitraillettes audiovisuelles agressives: pub, télé industrielle, animation léchée et mélodramatique. «Est-il possible, se demande le cinéaste, d'échapper à cette hégémonie du mouvement sur l'image, à ce triomphe de l'illusion et de la séduction?» N'est-il pas souhaitable, en lieu et place de cet hédonisme agressif et meurtrier, de trouver «des prescriptions perverses qui permettent d'avancer sur un chemin frauduleux[18]»?

La pratique filmique d'Hébert se donne d'abord comme une réponse, une résistance à ce déferlement. Pour les musiciens René Lussier, Robert Marcel Lepage, Jean Derome ou Fred Frith, le pendant sonore de cette action s'appuie sur l'improvisation et sur ces «images-bruits qui scandent notre vie quotidienne», ces «inspirations machinistes[19]». Ce faisant, les performances cinéma-musique de ces artistes («confrontation, au niveau le plus global, d'une pratique singulière de la musique et d'une pratique également singulière du cinéma d'animation») trouvent un mode d'expression multiforme et original, assez unique en son genre, mû par une éthique antimachiniste et antimilitariste.

Mais il y a plus. Ces dialogues audiovisuels sont construits sur une sonorisation large englobant textes et paroles, bruitages divers (live ou préenregistrés), de même que sur une palette iconique où la gravure sur pellicule domine, certes, mais sur laquelle se retrouvent aussi des photos, des diapositives, des dessins, des collages, des archives filmiques... Ainsi, ces matériaux «minimalistes» ne sont pas sans rappeler les premiers âges du cinéma où la fabrication et la diffusion d'images en mouvement étaient soutenues de musique live, augmentée de certains bruitages, commentaires et boniments. La musique était néanmoins l'ossature de ces anciennes ambiances sonores improvisées, et c'est de la musique qu'est venu au cinéma le sens du rythme et de la structure.

Pour projeter dans la (post)modernité ce néo-archaïsme, Hébert a construit petit à petit une logique du spectacle images/sons qui, en secondarisant les «formes pensées» sans les abolir, a misé sur diverses hypothèses de combinaisons audiovisuelles fondées sur les «formes en mouvement», sur les architectures rythmiques.

En 1984 au cinéma Outremont, à la première de toutes ces performances, Hébert, costumé dérisoirement en père Noël, «bonimente» une rétrospective de ses films, certains des plus anciens accompagnés de musique live, d'autres (*Père Noël*, *Souvenirs de guerre*, *Étienne et Sara*) donnés tels quels avec leur sonorisation. À la même occasion, le cinéaste décide de construire *Chants et danses du monde inanimé: le métro* en même temps que les musiciens, et de le diffuser d'abord en «muet» accompagné de musique live, avant de le sonoriser avec cette musique.

L'expérience qui suit *Ô Picasso: tableaux d'une surexposition* reprend ce modèle en le développant, en particulier en créant une sorte d'animation en boucle, qui à la fois répète un motif et le transforme imperceptiblement, donnant ainsi la sensation que les peintures et les dessins originaux de Picasso vibrent et se mettent en marche cinétiquement sans faire oublier leur structure picturale initiale.

En septembre 1986, pour *Confitures de gagaku* de Jean Derome, Hébert exécute en direct pour la première fois une boucle 16 mm de gravure sur pellicule, la fusionnant avec la composition musicale, les diapositives et la danse. Toutes les performances ultérieures seront construites sur ce travail en direct, avant de devenir, dans la majorité des cas, films au sens strict du terme. *Adieu bipède* (1987), puis *Adieu Léonard!*, inspirés le premier de Michaux et le second de Léonard de Vinci, de même que *Conversations* (d'où devait sortir *La Lettre d'amour*) et les improvisations avec Fred Frith et Robert Marcel Lepage, deviennent ainsi des créations qui sont à la fois jeu, recherche, processus de production et de diffusion de films.

De cette manière, Hébert réalise cette autre donnée esthétique de Michaux, pour qui la fabrication de formes en mouvement équivaut à aller «à une fête, à un débrayage non encore connu, à une désincrustation, à une vie nouvelle ouverte, à une écriture inespérée, soulageante[20]».

La pulsion qui meut cette lucidité et ce combat dans la gravure sur pellicule, Hébert l'a partagée avec l'énergie musicale que René Lussier décrit comme proche du rock et du funk, lui qui se voit comme un compositeur mécaniste, et qui voit son collègue Lepage comme un folkloriste mécaniste urbain[21].

Cette énergie sonore questionne à sa manière «les fonctions traditionnelles de la musique», les explore et les dissèque par l'humour, la dérision sceptique, antithèse du beau son et de la mélodie trop léchée, du commercialisme sonore phonographique et radiophonique. «Un son est si vite arrivé!» dit-on pince-sans-rire, avant d'*énergiser* par le free jazz et le free rock ces composites explosifs «de dosage de voix, d'instruments acoustiques et électriques, d'ambiances sonores sur bande, de synthétiseurs désuets et d'instruments inventés[22]».

Pour créer ces trames vibrantes, les musiciens s'entourent allègrement de guitares, de clarinettes, de flûtes, de piccolos, d'ocarinas, de guimbardes et, pourquoi pas, de claviers jouets! «J'aime bien, affirme Jean Derome, à la manière du père Ubu, l'allusion que fait le mot confitures à l'idée de composite, de conservation, de tradition et d'improvisation. En anglais, confitures se traduit par *jam* (qui veut dire aussi improviser) et par *preserve*[23].»

Cette dialectique de l'improvisation structurée est celle-là même qui aide à souder ces interactions images/sons entre les musiciens, l'animation préenregistrée ou en direct avec les textes et les voix, qui lie ces *polaroïds sonores* aux images minimalistes d'Hébert.

Toutes ces confitures audiovisuelles ne seraient qu'un joyeux tintamarre ou des graffitis pernicieux si elles n'étaient au fond créées en toute lucidité comme ce que Michaux nomme des *libérateurs*, ces pulsions vitales de battements cardiaques, de cris d'enfants, de corps dansants, de mots d'amour et de générateurs de mythes barbares et archaïques (au sens pasolinien). À la limite, la performance live devient littéralement symbole de vie, devant la menace d'un robotisme préenregistré, monté et mixé.

Angoisse et révolte se remarquent dans *Souvenirs de guerre* et *Étienne et Sara* (ce monde violent où nous jetons nos enfants); dans la rythmique haletante, effrénée des souterrains urbains (*Chants et danses du monde inanimé: le métro*); dans les images télévisées dérisoires et tordues de *Technology of Tears*. Dans ces courts métrages, parmi les plus noirs qu'ait fabriqués Hébert, suinte un pessimisme assez prononcé, mais ces rythmiques machinistes et guerrières, si haletantes soient-elles, sont traversées, entrelacées de pulsions vitales: babillages, cris et musiques d'enfants, battements cardiaques; mains fiévreuses de l'artiste jouant avec des images alternatives, survie urbaine malgré tout dans les paysages d'après-bataille. Les films qui suivront émergeront de ce magma avec plus de luminosité et de sérénité. Il s'agit, en une sorte de trilogie, d'une galerie de portraits emblématiques où, à partir des figures de Picasso, d'Henri Michaux et de Léonard de Vinci, s'alignent des artistes qui «témoignent de l'être par la création», qui pratiquent «l'invention saisie à la gorge[24]», et qui scrutent les origines mythiques de l'homme.

La Plante humaine, point d'orgue d'une filmographie encore ouverte, représente la synthèse de cette quête et de cette exploration.

Notes

1. Cité par Jud Yolkut, *Film Quarterly*, été 1968.
2. «Letter from Michael Snow», *Film Culture*, n° 4.
3. *Music/Sound. The Michael Snow Project*, Knopf, New York, 1994, p. 157.
4. Automne 1985.
5. *Michael Snow: Rétrospective*, Cinémathèque québécoise, 1975.
6. Brochure de présentation des films de Snow au Musée des beaux-arts de l'Ontario.
7. *Ear, op. cit.*
8. Cinémathèque québécoise, *op. cit.*
9. *Music/Sound. The Michael Snow Project, op. cit.*, p. 28.
10. Septembre-novembre 2002.
11. *Format cinéma*, n° 35, 20 octobre 1984.
12. Gallimard, 1982.
13. *Ibid.*
14. Cet appel ne fait pas partie du film *Souvenirs de guerre*. Il est cité dans le vidéo *Faire un film* de Réal La Rochelle, Collège Montmorency, 1984.
15. Henri Michaux, *op. cit.*
16. «Voici, pour ceux qui ne seraient pas familiers avec cette technique, un bref rappel de ce qu'est la gravure sur pellicule en direct. Il s'agit tout simplement d'insérer une boucle d'amorce noire 16 mm longue de 36 secondes dans un projecteur placé à côté d'une table lumineuse, de mettre le projecteur en marche, et de graver des images sur la partie de la boucle se trouvant temporairement hors du projecteur. On dispose d'environ 24 secondes avant que le projecteur ne tire sur le film pour projeter ce qui vient d'être animé. À chaque tour de boucle, de nouvelles images s'ajoutent jusqu'à ce que, après une heure de ce manège, la boucle soit pleine d'images. En spectacle, cette installation se double d'un obturateur actionné par

une pédale qui permet de couper temporairement la projection de certaines parties ou de la totalité de la boucle, au moment voulu.» (Pierre Hébert, *La Plante humaine: projet expérimental de gravure sur pellicule en direct*, ONF, juillet 1989, p. 15)
17. Extrait du programme *La Symphonie interminable*, 1985.
18. «Éloge de la fixité -1», *Format cinéma*, n° 41, 15 avril 1985.
19. Pierre Hébert, «*Chants et danses du monde inanimé: le métro*. Notes sur une expérience sonore en cinéma d'animation», *Protée*, vol. 13, n° 2, été 1985.
20. Henri Michaux, *op. cit.*
21. Notes pour le disque Derome/Lussier, *Le Retour des granules*, Ambiances magnétiques, AM 006, 1987.
22. Notes pour le disque Derome/Lussier, *Soyez vigilants... restez vivants!*, Ambiances magnétiques, AM 005, 1986.
23. Notes pour le disque de Jean Derome, *Confitures de gagaku*, Les disques VICTO 05, 1988.
24. Henri Michaux, *Dictionnaire universel des lettres*, Laffont-Bompiani, Paris, 1961.

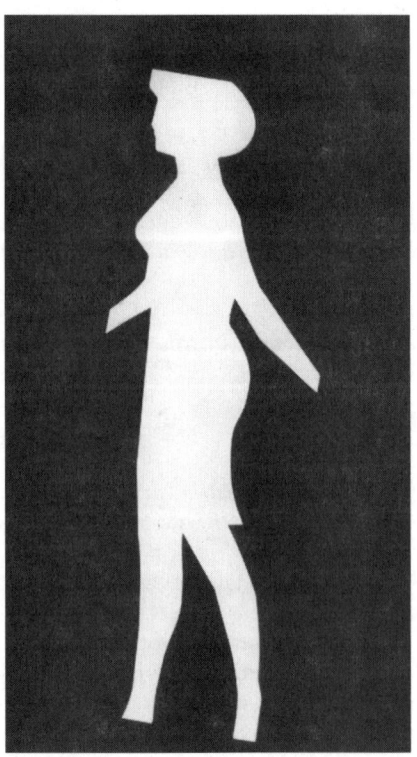

«Walking Woman» dans le film de Michael Snow,
New York Eye and Ear Control.

Chapitre 15

Le crépuscule du dieu

Quand, au début des années 90, Clint Eastwood tourne *Unforgiven* (*Impitoyable*), il signe par cette tragédie ce qui paraît être l'éloge funèbre du western américain. Le vieux Wotan des plaines, fatigué et ankylosé, peine à retrouver le simple geste de remonter en selle et ne réapprend à chevaucher, à tirer du fusil que pour semer la mort. Du moins ce qui apparaît enfin, en toute conscience, comme un vrai meurtre et une mort réelle, et non plus comme des gestes ludiques, ou des corps tombants chorégraphiés.

Unforgiven complète à sa manière, dans l'aura du western, un triptyque qui avait commencé dans le *musical* par *Honky Tonk Man* (1982) et *Bird* (1988). De sorte que cette grande trilogie combine l'essentiel de la mort des deux grands genres typiquement hollywoodiens, créations cinématographiques à part entière. Trilogie qui reprend, dans sa sphère, la combinaison mélancolique de *La fanciulla del West,* qui figurait prémonitoirement l'extinction du western et du film lyrique. On a toujours dit que *La fanciulla* était le plus cinématographique des opéras de Puccini. Peut-être aujourd'hui peut-on mieux y lire, métaphoriquement, la mort du cinéma, de ses deux genres quintessentiels, la longue agonie crépusculaire de ce dieu américain à deux têtes.

Pour le *musical*, ce crépuscule, qui se déploie en lent *decrescendo* depuis une trentaine d'années, apparaît dans un double courant qui peut sembler à certains égards un regain, mais qui n'est peut-être au fond qu'une série de tremblements d'agonie. D'abord, une sorte de longue remémoration du *musical*, qui donne, durant les années 70 et 80, des films comme *Cabaret* (1972), *Yentl* (1983) ou *White Nights* (1985).

Ce crypto-renouvellement est greffé à ce qui est, au fond, une continuation du vieux genre du *musical*. D'où une sorte d'hybride inaccompli qui, à travers une série de métamorphoses, fait perdurer la matrice du répertoire sans déborder immédiatement sur un nouveau *Filmoper*. Le travail d'accouchement est pourtant très intense. Le *musical* se nourrit d'abord des influences du rock-pop et de son corollaire filmique, le langage *clip*. Ensuite, le rôle des femmes est prépondérant. Liza Minnelli, nonobstant sa singularité et sa personnalité, prolonge la figure emblématique de Judy Garland. Julie Andrews fait une carrière assez prodigieuse commercialement, quoique l'esthétique des *musicals* filmiques où elle apparaît soit davantage l'aboutissement contemporain de l'héritage de Jeanette MacDonald (réminiscences de l'opérette européenne) que de celui du modèle indigène de Broadway. Ce dernier est plutôt défendu par Barbra Streisand (Glenn Gould la voyait supérieure à Élisabeth Schwarzkopf), qui domine le crépuscule et fait culminer l'aboutissement du filon par *Yentl*. Streisand crée de la sorte le seul *musical* filmique américain, sauf erreur, à être conçu et réalisé par une femme[1]. Mais *Yentl*, malgré la sympathie qu'il suscite, fait figure de satellite isolé. Il est en même temps l'objet et le signe de la fin du genre.

Autre paramètre de ce courant de l'ère crépusculaire, l'épanouissement de la chorégraphie dans le *musical*. Les embryons des années 50-60 (par exemple *Oklahoma!* et *West Side Story*) trouvent plus récemment, dans un feu d'artifice sans précédent, matière à sublimation de la danse, bouclant de la sorte la triade du *Filmoper*: paroles/chant/danse. *That's Dancing* en témoigne, certes à sa manière réductrice et hors contexte, mais a raison d'évoquer la fin d'une courbe qui englobe Bob Fosse, *Footloose*, *Saturday Night Fever* (*La Fièvre du samedi soir*) et Michael Jackson.

Le second courant est celui de l'*hommage*, plus typique des déclins, qui oscille entre la nostalgie et la relance postmoderne de l'autoréflexivité. Réapparaît alors la dialectique déconstruction/reconstruction, dans la même veine que celle qui, à l'aube du *musical*, avait détruit le vieil opéra européen pour construire le nouveau moule américain de Broadway.

L'hommage, assez largement empreint de mélancolie, sait néanmoins cohabiter avec la moquerie du «vieux» *musical*, la dérision décapante, ce que Jane Feuer nomme la «déconstruction critique» du genre[2]. *Phantom of the Paradise* en a tracé la voie, ainsi que *Nashville* (Robert Altman, 1975), qui aboutissent à l'éclatement rock de *Rock'n'Roll High School* (*Le Lycée des cancres*, Allan Arbush, 1979) et *The Blues Brothers* (*Blues Brothers*, 1980), ainsi qu'à celui de *This Is Spinal Tap* (1984). Cela donne aussi le grand finale nostalgico-dégoulinant de *Gremlins 2. The New Batch* (*La Nouvelle Génération*, 1990), sur la chanson de John Kander *New York, New York*.

«PAS MAL DU TOUT!»

Ce merveilleux et intelligent film de Joe Dante, qui est une satire achevée du monde tentaculaire des mass-médias au cœur de Manhattan, trace le portrait d'un magnat utopiste illuminé, néo-Kane formé de la contraction de Donald Trump et Ted Turner. Son empire ultra-clinquant va derechef être grignoté, attaqué et détruit par les petits monstres que sont les Gremlins, dernière horde à ce jour de la révolution hippie américaine, iconoclastes rieurs et baveux, morts-vivants «postmodernes» du hideux et de la gargouille, fêtards terroristes de la décadence «fin de siècle».

Dans une scène hilarante de la dernière partie du film, les centaines de monstres sont rassemblés dans le grand hall de ce nouveau Walhalla du Trump Tower, avant l'assaut décisif du camp de l'ordre et de la raison. La superfête que se paient les Gremlins est un calque du traditionnel réveillon new-yorkais du jour de l'An. En coda, les monstres entonnent et gueulent la chanson *New York, New York* qu'avait mythifiée Liza Minnelli. Un petit miracle s'accomplit alors grâce à ce *musical* grotesque, au point qu'un des leaders de la résistance, le père, interrompt ses préparatifs d'attaque, écoute quelques secondes le chœur des bêtes. Les larmes lui montent aux yeux: «Pas mal, pas mal du tout!» soupire-t-il.

Le recours au *musical* a donc déstabilisé un moment la lutte finale entre le bien et le mal, entre l'Amérique profonde, parsifalienne, et son champ de détritus. Court instant de brouillage entre la purification et l'imposture, dans lequel le mythique New York musical remonte à la surface en rassembleur souriant et tendre des contradictions tragiques de la société états-unienne. Pour Joe Dante et son scénariste Charlie Haas, ce bref instant de grâce, touchant et hirsute, est une manière de décrire la continuation du *musical* de Broadway dans un monde en ruine, résumant du même coup avec à-propos la situation du film lyrique hollywoodien après l'effrondement du Temple. Déclin tantôt tragico-nostalgique, tantôt burlesque et iconoclaste, offrant parfois les deux simultanément comme ici dans l'épopée dérisoire des *Gremlins 2*, qui éclate en rire-aux-larmes et offre sa lecture décontractée de ce que sont, par exemple, *Cabaret* et *New York, New York*.

«LIFE IS A CABARET, OLD CHUM»

Cabaret opère une rupture assez nette avec le modèle du *musical* où était visée l'intégration harmonieuse des dialogues, du chant et de la danse. Il ne s'éloigne toutefois pas complètement de la structure du drame avec musique, où alternent parties dialoguées et parties musicales. La musique elle-même et la danse sont réservées au club Cabaret de Berlin et n'interviennent jamais dans le développement dramatique comme tel. Ce film si attachant, avec ses belles musiques de John Kander, sait reprendre l'esprit de *The Band Wagon*:

> *Come, hear the music play*
> *Life is a cabaret, old chum...*

Mais *Cabaret*, qui avait d'abord été un spectacle scénique, est plus faible au niveau de son écriture filmique. Bob Fosse multiplie les montages clip avant la lettre, qui éloignent de l'attention et de la contemplation de la musique. Ce n'est pas le langage clip en lui-même qui est la cause de cet inconfort (Forman l'utilisera avec doigté et équilibre dans *Hair*), mais une sorte d'agitation nerveuse qui anime Fosse et le rend inattentif aux courbes de la dynamique musicale.

Ce que Fosse n'a pas réussi avec *Cabaret*, Martin Scorsese l'accomplit tout naturellement dans *New York, New York* (1977). Là encore, Liza Minnelli peut chanter «*Now my life is like a beautiful show*». La musique et le chant ne traversent pas le drame, mais appartiennent aux espaces du spectacle et du numéro de film. Et pourtant, quelle distance entre les deux longs métrages! Alors que *Cabaret* dresse un mur stylistique entre la musique de scène et les espaces dramatiques dialogués, Scorsese, tout en ayant affaire au même modèle de base, sait lier les deux zones en les entrelaçant sans cesse par l'image et le son.

Tandis que *Cabaret* décrit l'incrustation du nazisme à Berlin et l'enterrement d'un lieu culturel qui avait vu fleurir Weill, Brecht et Lang, *New York, New York* démarre au lendemain de la défaite du IIIe Reich, au jour de la victoire de 1945 sur Broadway, au même lieu qu'*It's Always Fair Weather*. Des milliers de marins et de soldats encore, mais surtout la militaire Francine Evans (Liza Minnelli), qu'on pourrait croire sortie de *Cabaret* après avoir changé de camp. La radio clame: «New York est heureuse, les États-Unis sont heureux et le monde est en paix», tandis que la caméra, en hommage à *Silk Stockings* de Mamoulian, montre d'abord sur la chaussée les pieds de Jimmy Doyle (Robert De Niro), gros plan en plongée qui reviendra clore le film.

Les deux comparses se croisent d'abord dans un grand bal où la musique est en arrière-plan, mais ils vont véritablement se connaître et se trouver à travers la musique d'une audition. Dès lors, toute la toile du film devient musicale, et Scorsese, magique dans ses raccords entre les plages musicales. Une plongée sur un quai dévoile un marin et une blonde dansant dans un rond de lumière, avec les seuls bruits musicalisés des trains qui passent, courte séquence rappelant avec sensibilité *On the Town*. Plus tard, un autre train au départ lent, dans lequel veut monter Doyle, prend une allure fellinienne sous une brillante averse de neige. Fellini encore, ou le vieux studio hollywoodien des *musicals*, dans ce remarquable dialogue du couple dans une petite forêt enneigée, au soleil couchant. Plus loin, quelques notes de saxo sous un immense panneau publicitaire. Raccords d'éclairages aussi, entre le studio d'enregistrement de disques et le cabaret, ou encore un bref insert de plongée kaléidoscopique à la Berkeley.

La célèbre mélodie de *New York, New York* est étalée tout au long du film, fragmentaire d'abord en esquisse floue de composition, puis peu à peu prenant forme, s'augmentant des paroles pour s'épanouir dans l'exécution finale. Brillante idée scénaristique, qui montre à quel degré d'incrustation et de prégnance peut aller l'usage d'une musique non confinée à l'espace d'un numéro, fût-il le plus célèbre du *musical* postmoderne.

Cela n'a pas empêché Scorsese de se prêter à l'ultime séquence du grand numéro musical, qui se nomme *Happy Endings*, de manière sémantiquement appuyée, pour mieux en déconstruire la fonction et le mythe. Ce numéro, coupé par les distributeurs à la sortie du film, a été restitué dans l'édition vidéodisque selon le montage du réalisateur. Ce court film-opéra est assez ingénieux, et se présente comme un hommage au film musical des années d'or du tandem Garland/Minnelli. Son scénario pourrait être de Comden et Green avec son intrigue marquée entre le *musical* à l'écran et sur Broadway.

Happy Endings se présente d'ailleurs comme le finale d'un film musical tourné à Hollywood par Francine Evans quelque part à la fin des années 50. Il commence en outre dans un décor de cinéma, vu du côté de l'écran, face au projecteur aveuglant. Quelques rangées de danseurs forment le public de cette salle, Francine Evans joue une ouvreuse tout en rouge. Elle enchaîne divers *lyrics* en parlé/chanté, suivant la bonne tradition, puis passe à l'aria qui la montre, grâce à un miraculeux producteur, dans un film rêvé avec décor de club, numéro de Broadway avec chœurs et danses, où elle peut jubiler: «*Now my life is a beautiful show*».

Brusque retour dans la salle de cinéma. Ce n'était qu'un songe. Y aura-t-il une «fin heureuse»? Oui, puisque le jeu recommence avec un autre producteur, tout aussi angélique que le premier, qui replonge Francine Evans dans le cinéma d'un chœur final joyeux, avec une immense fontaine Art déco et un grand escalier pour une troupe brillante de *girls*. Raccord brusque sur Jimmy Doyle en train de visionner ce film de son ex-épouse. Sur l'écran, les mots «*Happy Endings. The End*».

Est-ce que toute l'histoire de *New York, New York* ne pourrait se terminer ici, dans l'apothéose heureuse d'un film dans le film, le premier écran incrusté corrigeant, par sa beauté mélancolique, celui de la triste réalité diégétique de l'autre? Avec Scorsese, nous ne sommes cependant plus à l'âge d'or des *musicals* de Broadway et de Hollywood. Il n'y aura pas de fin heureuse pour Francine Evans et Jimmy Doyle. Quelques accords tristes et hachés du thème *New York, New York* ponctuent la séparation définitive du couple, avec une dernière plongée en gros plan sur les souliers de Doyle raclant les trottoirs de Manhattan.

Scorsese, en fin cinéaste musicien, offre une astucieuse recréation critique du film-opéra hollywoodien passé, une troublante évocation distanciée des films de Garland et Minnelli par le truchement de celle qui, même à son corps défendant, les représente si bien tous deux par sa filiation biologique et culturelle. *New York, New York* pourrait être ainsi un beau prélude au projet tant attendu de Scorsese sur Gershwin.

Pourtant, ce n'est pas Scorsese qui a démarré le post-*musical*. Peter Bogdanovich l'a précédé de deux ans avec *At Long Last Love* (*Enfin l'amour*, 1975). Si ce film fut le premier d'une série de bides commerciaux dans le nouveau *musical* fondé sur l'hommage à l'ancien, il est cruel que ce salut critique ait sombré dans les limbes du mépris et de l'oubli. Bogdanovich s'y révèle fin connaisseur et recréateur du *Filmoper* américain, tant au niveau plastique qu'à celui de la musicalité filmique. S'y retrouve le classicisme des Mamoulian et des Minnelli, tissant une gigantesque mosaïque muséale de musiques de Cole Porter.

Le générique ouvre et ferme le film sur un très beau plan fixe d'une boîte à musique figurant un couple de danseurs sur fond de miroirs. Ce motif donne le ton à la plastique du *musical* où vont s'enchaîner le satin et le marbre, le stuc chic et les voitures sport, les rues de carton-pâte et les appartements blancs, autant de signes et de référents à l'archaïque mystique hollywoodienne du genre, qui inclut aussi les théâtres de Broadway, les boîtes de nuit, les salles de bal et Central Park. Le réalisateur, visiblement attaché à ces symboles, ne les filme pas moins avec toute la distance critique ironique nécessaire pour contrer la nostalgie.

Bogdanovich fait preuve aussi d'un solide doigté dans les enchaînements sonores entre les parties musicales: bruits cristallins, sonneries d'horloge, dialogues enchaînés au chant, claquements de portes, bruits d'eau dans la piscine, etc. La séquence finale est remarquable: dans une gigantesque salle de bal, une chorégraphie simple mais subtile fait se croiser d'abord trois couples, puis deux (avec échanges successifs de partenaires), avant de se focaliser sur le duo principal qui disparaît, en fondu enchaîné, sur le motif initial de la boîte à musique. Au fond, ce que dit peut-être *At Long Last Love*, comme d'autres de ses émules, est que le post-*musical* américain, bâti sur la mémoire du *musical* effondré, n'est justement plus qu'une boîte à musique, un automate où la phonographie et l'image en mouvement s'allient désormais en un objet de beauté, certes, mais auquel la mécanique confère un rythme saccadé plus artificiel et plus troublant que l'original.

Barbra la magnifique

Streisand, la seule qui soit arrivée, durant le déclin, à prolonger le charisme de Judy Garland, a miraculeusement eu la chance, en début de carrière musicale au cinéma, de croiser Vincente Minnelli au moment du chef-d'œuvre de sa maturité, *On a Clear Day You Can See Forever*. Une émouvante photo de tournage montre le vieux maître et la jeune cantatrice-comédienne, signe d'un passage de la musicalité filmique vers un horizon incertain. Les autres *musicals* avec Streisand sont écartelés entre les triomphes commerciaux et les bides de studios en ruine, entre *Funny Lady* (1974) et *Hello, Dolly!* (1969), entre le remake du mythique *A Star Is Born* (1976) en mode rock et le projet forcené de *Yentl*.

Ces deux derniers *musicals* de Streisand portent la marque incrustée de la chute du *musical*. Le premier, dont la comédienne est coproductrice, parce que sa réalisation conventionnelle et aplatie ne réussit pas à métamorphoser dans le mode rock la tragique poésie jazzée de son illustre prédécesseur (Mark Rydell et Bette Midler y réussiront beaucoup mieux dans *The Rose* [*La Rose*] trois ans plus tard, avec un récit sur l'autodestruction dans l'industrie de la musique). Quant à *Yentl*, projet volontariste et insensé, il reste à ce jour le produit le plus paradoxal et l'échec le plus lugubre de l'histoire du film lyrique américain.

Barbra Streisand achève sa carrière dans le film musical par cette œuvre dont elle est à la fois scénariste, réalisatrice et principale interprète. *Yentl* se trouve à être non seulement le seul *musical* hollywoodien entièrement régi par une femme, mais un monument-hommage à toutes les femmes du *musical* américain. Un des tout derniers d'une lignée encore imperméable au rock et au clip.

Steven Bach raconte dans *Final Cut* le pur cauchemar de la production de *Heaven's Gate* de Cimino, qui ruina United Artists. Il n'est pas tendre non plus pour *Yentl*, qu'il refusa d'abord carrément, puis finit par accepter à contrecœur, séduit en désespoir de cause par l'enthousiasme entêté de Streisand, malgré ses doutes profonds sur la capacité de la star de contrôler toutes les fonctions qu'elle s'était distribuées dans le film[3].

Au début du siècle en Pologne, une jeune fille s'entête à étudier le Talmud, réservé aux hommes. Pour y arriver, elle décide de vivre sa transgression intellectuelle déguisée en homme. Le récit comprend une seconde transgression, sexuelle, dans un compliqué chassé-croisé de l'amour de deux garçons et du mariage de deux filles. Malgré cette histoire insolite et explosive, le sujet et la réalisation du film baignent dans un conformisme à faire pleurer Margot, si appuyé dans les conventions et les clichés qu'il défait et détruit au fur et à mesure son propos révolutionnaire, le déforme peu à peu dans un révisionnisme aberrant, le détournant de sa trajectoire. Yentl, incapable de réaliser son objectif, décide d'émigrer en Amérique. La dernière séquence sur le navire, pour la première fois dans le film, ressemble enfin à une scène de *musical*. Auparavant, même la musique de Michel Legrand aura été évacuée de l'intrigue, suite de ballades exprimant les sentiments contradictoires de Yentl en forme de commentaires *over* plutôt qu'intégrées dynamiquement au drame, si bien que le film achoppe cruellement au niveau même de la musicalité.

Yentl, un des produits les plus sympathiques et les plus consternants de l'histoire du *musical*, tue à la fois la modernité de son propos et la musicalité de son genre. Son échec repose sur un curieux statut d'anti-film-opéra par excellence. Peut-être faut-il malgré tout l'aimer comme un enfant gravement atteint? Si on avait à choisir la date précise de la mort du film lyrique américain dans sa veine Broadway, il faudrait prendre acte de 1983 et de *Yentl*.

Essayer la danse

On se souvient, dans une séquence magique de *The Band Wagon*, au moment où Cyd Charisse se demande si elle peut marier ses pas classiques avec le *tap* de Fred Astaire, que ce dernier lui répond: «Il n'y a qu'à essayer!» Le résultat est un métissage miraculeux.

S'il y a quelque chose d'aussi magique dans la phase du déclin et de la transformation du *musical* américain des vingt-cinq dernières années, c'est bien du côté de la danse qu'il faut le chercher. À cet égard, Jane Feuer[4] a remarqué une présence accrue de la danse comme élément diégétique dans divers *musicals* de la postmodernité, tels *Flashdance* (1983), *Footloose* (1984) et *Dirty Dancing* (*Danse lascive*, 1987), tous précédés des figures disco lancées par *Saturday Night Fever* (1977).

Cette explosion chorégraphique, emblème des années 80, se produit dans un riche espace où, par exemple, pour la seule année 1985, paraissent à la queue leu leu *White Nights*, *A Chorus Line* et *That's Dancing!*.

Ce dernier film, en forme d'anthologie et de synthèse, boucle la boucle sur le rôle de la danse dans le film-opéra américain et clôt son finale sur Michael Jackson, figure emblématique, dernière star américaine à ce jour dans le domaine. Deux questions retiennent l'attention dans *That's Dancing!* tout en y recevant une illustration et une réponse négatives.

La première (commentaire écrit par Jack Haley, Jr., véhiculé par Gene Kelly) laisse entendre que c'est la danse seule qui cimente tous les *musicals* américains. Premier contresens qui, faisant l'exclusion de la parole et du chant, isole la chorégraphie de l'ensemble dramatique musical. Dans ce contexte réducteur, pas étonnant que *That's Dancing!* fasse la part si belle aux numéros du «chorégraphe» Busby Berkeley, sans demander un instant dans quelle intrigue ils s'intègrent. Cette hagiographie ne peut s'empêcher de se contredire quelques commentaires plus loin, en affirmant qu'après les années 30 post-Berkeley, l'avenir de la danse dans les *musicals* appartiendra à des individus créateurs, Fred Astaire en tête.

La seconde question est posée par Mikhail Baryshnikov: comment le cinéma musical américain a-t-il fait cohabiter le ballet classique et la danse de Broadway? Le texte de Haley essaie péniblement de rappeler, en l'isolant encore, que le ballet classique a d'abord été méprisé et parodié durant les premiers âges du cinéma, puis qu'il a été fortement relevé par Annabella et Isadora Duncan (contresens ici, puisqu'il s'agit de danse moderne expressive et non plus de ballet classique), enfin consacré par Anna Pavlova, Vera Zorina, Margot Fonteyn (*The Red Shoes*, film britannique et non américain) et Noureïev. Ce que ce commentaire répudie, c'est l'apport de métissage et de modernité de grands chorégraphes dans le *musical* américain (Balanchine, Agnes De Mille) ainsi que le mode de résolution de la contradiction, ainsi que le montrent des films comme *The Band Wagon, Silk Stockings, Oklahoma!, Carousel (Carrousel), West Side Story, Sweet Charity, Hair*...

De surcroît, quand Baryshnikov apparaît dans un extrait de *White Nights*, il n'est montré qu'en solo classique, alors qu'une des grandes trouvailles de ce film, assez modeste mais éclairante, est de révéler en duo le danseur russe et le *tap dancer* américain Gregory Hines, ou encore Baryshnikov dans la chorégraphie moderne de Roland Petit pour *Le Jeune Homme et la Mort*. *White Nights* a ceci de sympathique qu'il pose et résout la question de la métamorphose du ballet classique en danse moderne, une des clés du *musical* américain. Twyla Tharp, qui chorégraphia *Hair* et *Amadeus* de Forman, est également à l'œuvre dans *White Nights* et apporte un éclairage particulier à cette résolution.

De tout cela, *That's Dancing!* ne souffle mot, s'enferrant et s'enfermant dans les mêmes paramètres nostalgico-commerciaux que le chœur des trois volumes de *That's Entertainment*.

1991: L'ANNÉE AMADEUS SELLARS?

Venu d'une planète extérieure au cinéma américain et au *musical*, Milos Forman a eu le destin particulier de contribuer à deux des plus exemplaires films-opéras du déclin hollywoodien, *Hair* (1979) et *Amadeus* (1983), qui ne sont en rien des hommages à l'ancien *musical*. Ils s'inscrivent pleinement dans la modernité du genre, et brillent ainsi comme des astres solitaires dans un espace devenu quasi muet.

Entre ces deux films, Forman a aussi réalisé en 1981 l'étonnant *Ragtime*, à sa manière un formidable film-opéra, et pas seulement grâce à la collaboration du compositeur Randy Newman et de la chorégraphe Twyla Tharp ni au fait que le protagoniste soit un pianiste de jazz et d'accompagnement de films muets. Ce qui transfigure *Ragtime* en film-opéra moderne, c'est l'art original et consommé de Forman du montage son et image, ses raccords fluides et ses enchaînements tout en musicalité audiovisuelle. Sans compter le parti pris hiératique de sa mise en scène et de sa direction d'acteurs, qui fait notamment apparaître le troublant chef de police joué par le vieillissant James Cagney comme un roi glacé verdien ou wagnérien, une sorte de statue du Commandeur. Et puis, comment ne pas signaler ce détail de fine musicalité, déjà rencontré dans le *New Orleans* avec Louis Armstrong, par lequel un musicien accomplit le métissage de Chopin et du jazz? *Ragtime* redit que l'auteur des *Mazurkas* véhicule lui aussi le blues.

La grande force de *Hair*, pour sa part, est de lier le silence et les bruits à la musique ainsi qu'à un certain type de cinéma direct (décors naturels[5] et style de caméra portée) avec une mise en scène et un montage maniaquement précis. Il en va de même d'*Amadeus*, dont la réussite est encore plus exceptionnelle, puisque le travail devait se faire avec de la musique classique. Or, la forme de *musical* ou de film-opéra d'*Amadeus* est à l'extrême opposé de presque tous les films sur la musique classique, aux États-Unis en tout cas. *Amadeus* accomplit enfin, dans l'espace américain où tous les autres avaient mal réussi ou échoué, la métamorphose du matériau classique dans le moule du *musical* de Broadway. C'est par un ingénieux montage que Forman réussit ce tour de force, après sa décision d'adapter la pièce de Peter Schaffer en créant un personnage nouveau, la musique. Ce faisant, le cinéaste plongeait dans la problématique du film-opéra américain, tournant carrément le dos à l'européen. La musique le contraignait à gagner ou à perdre le pari du film-opéra.

Victoire au-delà de toute espérance, *Amadeus* effectue un découpage très fin des musiques mozartiennes, qui assure la cohésion de tous les fragments visuels et sonores, voire des extraits d'opéras qui s'imbriquent avec naturel à l'ensemble et ne font plus figure d'inserts. Dans cette logique «broadwayenne», où par exemple Twyla Tharp chorégraphie le finale de *L'Enlèvement au sérail* tout comme dans un *musical*, Forman va jusqu'à inventer de toutes pièces. À preuve cet émouvant *patchwork* d'une sorte de *musical* devant un Mozart presque mort, et qui ressemble à un *Mozart Follies* aux tons felliniens, digne d'un Minnelli coordonnant les séquences bigarrées de *Ziegfeld Follies*.

Forman a métamorphosé Mozart en figure archétypale continuatrice de la génération hippie de *Hair*, créant de la sorte un parallèle tragique entre un génie précoce de la musique occidentale européenne et la jeunesse créatrice du rock américain. *Amadeus* a aidé d'autres cinéastes à naître, sans rien enlever à leur originalité.

Peter Sellars, dans sa tétralogie mozartienne de 1991 (les trois opéras sur des livrets de Da Ponte, précédés d'une introduction), opère une symbiose de ces éléments classique/rock. Le prologue *A Night at the Opera with Peter Sellars* (clin d'œil en passant aux Marx Brothers!) pose d'emblée le visage et le projet du jeune loup américain. Sellars irradie le look branché de l'*Amadeus* de Forman, tout en expliquant avec sérieux et application la scénographie et le sens de sa trilogie Da Ponte/Mozart. Respect intégral du texte des opéras (libretti et musique), en cohabitation avec le parti pris scénique américain, contradictoire jusque dans sa violence et ses excès. Voici trois opéras de la fin du XVIIIe siècle joués à l'américaine pour un jeune public américain d'aujourd'hui. Point à la ligne. Le Harlem de *Don Giovanni*, le Trump Tower des *Nozze di Figaro*, le restaurant rétro-«chromé» de *Cosi fan tutte*, autant de signes états-uniens émanant d'une sorte de nouvel Orson Welles, metteur en scène néo-baroque jusqu'au bout du cœur et de l'intelligence. À prendre ou à laisser.

Enfin, comment ne pas convoquer ici le singulier long métrage *Les Frères Mozart* (1986) de Suzanne Osten? Tout en restant profondément original, il ne cache pas sa dévotion émue à *Amadeus* de Forman, qu'il prolonge à sa manière, comme une variation sur le même thème, tout en annonçant prémonitoirement Peter Sellars dans son personnage de metteur en scène iconoclaste, naïf, brillant et hypersensible.

Un Peter Sellars embrassé par le fantôme de Mozart.

Fidélité/imposture

Les déclins culturels sont propices à la vénération de l'antérieur, à la réactivation de la mémoire. C'était d'autant plus simple avec le film musical que ce genre portait depuis son origine ses propres gènes d'autogratification et d'autoréflexivité. Le *musical* a toujours tenu haut son encensement perpétuel, mais jamais il ne fut plus aigu qu'à partir des années 70. À sa manière, il est un miroir du courant parallèle qui patauge dans l'incertitude du renouvellement, l'atteint un instant puis le perd de manière fulgurante. L'hommage protéiforme est le miroir aux alouettes de la mort proche.

Dans le *musical* américain, l'hommage a éclaté en tous sens, passant par la mise sur le marché commercial des archives et des stars vieillies ou dépassées jusqu'à la commémoration critique et distanciée. Gene Kelly y a circulé abondamment, Minnelli et Stanley Donen y ont fait leur chant du cygne en catastrophe, la relève des jeunes cinéastes indépendants s'y est produite en chorale plus ou moins détonnante. Toutes les formes musicales y sont passées, depuis le jazz de Broadway jusqu'au rock. Curieusement, les plus féroces hommages ont cassé du sucre sur le dos du jeune rock-pop. Non moins curieusement, la plupart de ces films, des plus intelligents aux plus béats, ont été massacrés par la critique et le public. Certains sont devenus presque invisibles, comme *At Long Last Love*.

Les hommages pleuvent. De pâles remakes qui font regretter les originaux (*A Star Is Born* de Frank Pierson en 1976, ou *The Jazz Singer* de Richard Fleischer en 1980) et qui, au lieu de se concentrer sur la paraphrase créatrice, essaient plutôt de tirer profit du succès mythique des vieux titres. Ailleurs, de nouveaux chants allient la fidélité emphatique et la distance critique: après *New York, New York, Movie, Movie* (*Folies-Folies*, 1978) de Stanley Donen ou *One from the Heart* (*Coup de cœur*, 1982) de Coppola et *Pennies from Heaven* (*Tout l'or du ciel*, 1981) de Herbert Ross.

Movie, Movie est une sorte d'auto-hommage gratifiant, propice à tenir allumées les flammes scintillantes d'autrefois. Il apparaît après une vague d'analyses critiques et d'interviews qui n'ont eu de cesse de réhabiliter le réalisateur de *musicals*, de le métamorphoser d'habile tâcheron en *auteur* et styliste. Stanley Donen rejette cette notion de styliste et, quoiqu'il n'aime pas Andrew Sarris (chantre américain de la politique des auteurs), accepte la définition que lui a donnée ce dernier, qui voit en lui «plus un catalyseur qu'une force créatrice[6]». C'est sa manière à lui de prendre ses distances par rapport au qualificatif d'auteur. Sur ce terrain, il en veut d'ailleurs beaucoup à Betty Comden et Adolph Green de s'être approprié la paternité du sujet de *Singin' in the Rain*[7].

Donen est un des rares réalisateurs de la grande époque des *musicals* à évoquer le concept d'opéra pour ce genre:

> Ce que nous avons produit n'était pas de l'ordre du réalisme mais de l'irréel. Les rues de New York dans *On the Town* ne sont pas réelles. Ce n'est pas réel, même si les rues le sont. Un *musical* est comme un opéra, dans la mesure où rien n'est réel. L'opéra possède sa propre réalité, qui n'a rien à voir avec le réalisme quotidien, et c'est exactement pareil pour le musical[8].

Il y a pourtant un de ses films sur lequel Donen revient en leitmotiv, *Seven Brides for Seven Brothers* (*Les Sept Femmes de Barberousse*), précisant qu'il a été associé de près à son scénario et à sa production. Revendication de paternité «auctoriale» sans dire le mot. Peut-on aujourd'hui faire une relecture intéressante de ce film? Venant d'un réalisateur qui trace sa filiation avec René Clair et Lubitsch, avec aussi le «monde de Fred Astaire[9]» et qui est en rupture avec la manière de Busby Berkeley, *Seven Brides for Seven Brothers* a certes l'audace de bâtir ses forts moments sur des chorégraphies de Michael Kidd avec des danseurs du New York City Ballet.

Deux séquences dansées sont d'une grande beauté. La première, lors de la corvée de construction d'une grange, oppose les mâles campagnards et les urbains en vue de la conquête des filles, nouvelles Sabines du Far

West. Chorégraphie d'une énergie invraisemblable, qui combine les figures de base de la *square dance* populaire avec les acrobaties de compétition et de combat, et qui s'adapte à merveille au rythme filmique ample et soutenu. Avec le recul, la seconde danse, celle des bûcherons dans la neige, apparaît plus moderne encore. Elle combine les pas aux mouvements et aux bruits des haches et des scies, le tout dans un paysage de neige naïvement très studio et émouvant, avec ses grandes toiles de fond représentant les Rocheuses. Cette séquence est plus près de l'opéra que la précédente par son onirisme contrôlé.

Néanmoins, quelques brillants fragments ne font pas un film. Le sujet de *Seven Brides...* est d'un folklorisme affligeant, non distancié, plus près de la pièce mélo de David Belasco, *The Girl of the Golden West*, que de sa transposition opératique *La fanciulla del West*. La réalisation de Donen est correcte tout au plus. Le réalisateur prêche pour un pragmatisme esthétique de la réalisation/coordination d'un film, et ne paraît pas s'attacher à l'écriture stylistique. Dans cette optique, il marque lui-même les limitations de son apport au *musical* hollywoodien.

Malgré ses perceptions fines sur le caractère opératique des *musicals* et sur ses habiles capacités de réalisateur/chef d'orchestre, il n'y a visiblement pas à chercher un auteur ou un styliste chez Donen. S'il en fallait une preuve additionnelle, elle est toute trouvée dans *Movie, Movie*, un piètre chant du cygne dont il a assuré toute la production et qui s'offre comme la dénégation même du statut d'auteur de *musicals*. Ce film bizarre et de facture anticommerciale a la forme d'un diptyque sur les vieux films de Hollywood. Le premier en noir et blanc, dans la veine du thriller ou du film noir. Le second en couleur, un *musical*. Cette structure permet, bien sûr, à Donen de rappeler symboliquement sa double appartenance au *musical* et à la comédie légère où il s'est taillé un beau succès. La dynamique de ce long métrage converge donc vers la musicalisation filmique, une bonne idée en soi. Qu'est-ce qui fait cependant qu'on reste de glace ? Sans doute son manque d'acuité et de distanciation critique, l'absence inquiétante d'autoréflexivité. Donen travaille à plat dans la nostalgie mélodramatique, sa fidélité ne se métisse pas à l'imposture, même pas à l'humour de premier degré. Le cinéaste s'est construit, à défaut de monument modeste, une sorte d'album polaroïd de famille, qui fait bâiller même les proches et les amis.

Les ciels du *musical*

Il y a une quête triste et lancinante, dans les derniers *musicals* des années 80, pour retrouver et reconquérir les espaces azurés qui, derrière les noirs nuages, sont capables de faire pleuvoir les sous d'or, les *pennies from heaven*. La tragique question revient sans cesse depuis *The Wizard of Oz*: «Qu'y a-t-il de l'autre côté de l'arc-en-ciel?» L'interrogation se traduit dans le long soupir du vendeur de disques 78 tours, protagoniste de *Pennies from Heaven* (1981): «Il doit bien y avoir un lieu où les chansons sont réelles.»

Ce film de Herbert Ross, interprété par Steve Martin et Bernadette Peters, une des dernières incursions de MGM dans le *musical*, s'attache à cette ballade mélancolique, longue mélopée blues, à la fois distanciée du nostalgisme et tournée vers un Eldorado. Il dégage partiellement le charme amer et désuet du scénario de Dennis Potter, le créateur de la série télévisée anglaise de huit heures du même nom qu'interprétait Bob Hoskins. Cette série, de même que deux autres de Potter, avait offert une trouvaille peu banale: faire intervenir dans l'intrigue le produit original phonographique des années où est située l'action et ainsi forcer gentiment ses personnages à chanter et à danser en *playback* sur les vieux 78 tours. Et cela, sans égard au sexe des voix originales (un personnage masculin pouvant chanter sur une voix féminine et *vice versa*), à leur âge, etc.

L'adaptation américaine, écrite par Potter lui-même, conserve ce parti pris formel, mais sa nouveauté est amoindrie et délayée par les arrangements modernes des musiques, par le traitement sonore des voix et par la recréation de chorégraphies somptueuses à la Busby Berkeley, ce que s'était refusé l'original anglais qui se gardait de toute parenté visible avec la comédie musicale.

Il y a en revanche de sublimes moments de simplicité dans ce *Pennies from Heaven*, le plus beau étant justement la chanson-titre située dans une halte routière: *Diners*. La séquence commence à l'intérieur du restaurant. Il pleut abondamment. Les personnages sont assis près des fenêtres. Tout d'un coup, le mur du bâtiment glisse et ouvre le décor sur l'orage. Le personnage sort, toujours chantant. Un nouveau plan le montre près d'un haut mur formé d'une photo géante, un collage noir et blanc/sépia de scènes tristes des années de la Dépression. Au fil de la chanson, la pluie se métamorphose en piécettes d'or tombant du ciel, alors qu'un nouvel éclairage fait briller cette manne.

Deux autres courts moments montrent, d'abord dans un bar, trois costauds chantant avec de petites voix féminines nasillardes, puis, devant un micro de studio radiophonique, deux femmes et un homme s'exécutant sur trois voix masculines. Enfin une courte scène, dans un cinéma, dévoile un large écran où, en noir et blanc, Fred Astaire et Ginger Rogers interprètent le célèbre *Let's Face the Music and Dance* de *Follow the Fleet* (*Suivons la flotte*, 1936). Steve Martin et Bernadette Peters, comme des miniatures en couleurs, se retrouvent devant cet écran et les deux couples dansent simultanément les mêmes mouvements. Quand le couple sort du cinéma sous la pluie, la fille chantonne quelques mesures de *Singin' in the Rain*...

Ces moments de grâce, d'esprit scorsesien, ne suffisent malheureusement pas à donner à l'ensemble une cohérence critique que l'original anglais avait ficelée en liant le portrait glabre des années de Dépression avec l'utopie musicale qui voulait maquiller et transfigurer cette réalité grinçante. Le film de Herbert Ross conduit plutôt à privilégier la nostalgie d'une époque dure mais capable de rêver, alors que le vrai sujet est la superposition antinomique et tragique de la réalité misérable avec, tout simplement, un produit phonographique manipulé par un vendeur que tout conduit à l'échec, en affaires comme en amour, et qui finit par erreur sur l'échafaud. Il meurt platement, dans le vide et le silence, tandis que les disques continuent de tourner et les films d'Astaire et Rogers de défiler. La cinéphonographie, croyait Edison, a pour propriété de capter les voix et les visages des morts.

Une sorte de couronnement cinématographique de la stylistique télévisée de Dennis Potter s'accomplit plutôt dans *On connaît la chanson* (1997), qu'Alain Resnais dédie à la mémoire du créateur de *Pennies from Heaven*. Le beau mérite de ce film, qui reprend la formule de Potter en la transfigurant dans une fine et intelligente trame dramatique, ainsi que dans l'écriture inimitable de son réalisateur, est de donner de la visibilité à la phonographie dans le cinéma. En plaçant dans la bouche des personnages des fragments de disques de chansons, Resnais met en transparence la réalité généralement occultée de l'enregistrement sonore filmique. Dès l'ouverture, le gras général nazi von Choltitz refuse l'ordre de Hitler de détruire Paris en chantant, par le truchement du disque de Joséphine Baker: «*J'ai deux amours, mon pays et Paris...*» Cet éclatant et bref moment suffit à planter le décor, à mettre en place le leitmotiv matriciel qui traverse tout le film, mixant voix d'hommes et de femmes sur des corps de même sexe ou non, gardant toujours à l'évidence l'autonomie de chaque matériau en même temps que leur nécessaire association. Ce faisant, *On connaît la chanson* témoigne, à la manière d'un manifeste, de l'irréaliste et sublime métissage des enregistrements sonores et visuels dans le cinéma musical.

Pennies from Heaven fut un four et *One from the Heart* chuta plus bas encore. Pourtant, le film de Coppola marque un moment historique dans la métamorphose du film-opéra américain. Le cinéaste le créa entièrement dans son mythique Zoetrope, ce qui contribua à l'effondrement de ce premier studio moderne indépendant.

One from the Heart suit la dynamique musicalisation que Coppola avait réussie dans *Apocalypse Now*, où cohabitaient adroitement Wagner et The Doors. Ici, s'accomplit une symbiose entre, d'un côté, les films-fleurs pastichés du jazz et des rythmes latino-américains, et, de l'autre, la ballade postmoderne de Tom Waits. Le film est admirablement construit en triptyque: deux segments modernes (le premier, un opéra blues de Waits, le second combinant les voix de Crystal Gale et de Tom Waits) encadrent un pastiche du vieux *musical* hollywoodien.

Coppola a génialement compris que la musicalité filmique ne réside plus dans l'adéquation entre le préenregistré et le jeu en direct mimant cette phonographie. Au contraire, il laisse l'opéra de Tom Waits (qui nomme ainsi ses ballades enfumées, ironiques et rauques) suivre son propre chemin phonographique, tandis que l'image développe le sien, les deux s'entrelaçant en contrepoint. Ainsi, Coppola permet au film-opéra d'entrer dans l'ère du *nouvel opéra audiovisuel.* D'ailleurs, le pastiche central du *musical* ancien ne sert ici que de repoussoir, puisqu'il illustre l'aspect vétuste et déclassé de ce type de film, pas nécessairement dépourvu de charme suranné, mais inadéquat pour témoigner de la nouvelle musicalité filmique. Gene Kelly, dit-on, en aurait supervisé la chorégraphie. A-t-il alors compris que Coppola ne lui rendait que l'hommage d'un tombeau?

One from the Heart est admirable à plus d'un titre: son parti pris du décor, de l'accessoire, des éclairages et des couleurs virant sans arrêt, modulant sans tromperie sous nos yeux son utilisation systématique de la rétroprojection derrière les décors (la même année, à Munich, Syberberg utilisait un procédé semblable pour son *Parsifal*), tout comme son insistance à situer toute l'intrigue entre deux petits rideaux bleus d'un théâtre de marionnettes (un au début qui s'ouvre, l'autre à la fin qui se ferme), exactement comme l'avait fait Preminger dans *Porgy and Bess*.

Enfin, comment oublier le travail ingénieux et sensible de Richard Beggs à titre de *sound designer*. Plus que jamais, cette création d'une *direction sonore* porte bien son nom qui, en parallèle avec celle du visuel, ne craint pas d'afficher sa manipulation des voix, des bruits et des musiques de Tom Waits, de les tisser dans un magnifique collage. Par-dessus tout, il faut admirer l'entêtement (bien peu commercial) à jouer du *ralentendo* perpétuel tout au long du récit musical des amours contrariés et vains, passionnés et sans issue. Coppola se permet d'inventer un langage qui est certes celui du clip, mais un *clip au ralenti*, et ce, en pleine explosion des chaînes façon MTV. Ainsi, à contre-courant, il ne pouvait que plonger dans le vide. Maintenant que l'arrosage clip/mitraillette tourne en rond depuis plus de quinze ans, on peut découvrir l'audace de *One from the Heart*, et la nécessité d'une écriture aussi moderne que l'autre, mais qui n'hésite pas à se dire attachée aux racines du blues et de l'authentique film-opéra américain. *One from the Heart* est un film important, une œuvre de *passage*.

«*Life is not a cabaret, old chum!*»

Là où la plupart des films-hommages achoppent, il en est au moins un qui réussit au-delà de toute espérance. À l'instar de la vie de son héros («ma vie est une farce sanglante»), le réalisateur Carl Reiner n'a pas peur d'utiliser le ton de la farce sanglante pour honorer le tombeau hollywoodien du *musical*. Le truisme de son prégénérique le dit aussi à visage découvert: «C'est un film, intitulé *Bert Rigby, You're a Fool*.»

Bert Rigby est un jeune mineur britannique désabusé: «La vie *n'est pas* un cabaret, vieux pote.» Son nihilisme est contrebalancé par une passion hirsute, anachronique, inoffensive et critique du *musical* américain classique. Pour se distraire, il participe à des concours du «bon vieux temps» où il fait des imitations de Fred Astaire et de Gene Kelly. Un pur hasard, une malchance, le voilà un soir gagnant. Il se voit propulsé jusqu'à Hollywood pour y tourner des pubs utilisant ses portraits de Chaplin et de Buster Keaton. Dans ce Hollywood où tout est plus grand que nature, y inclus les coquerelles, Bert a une aventure sentimentale avec une riche héritière (Anne Bancroft) qu'il imagine avoir vue dans *Silk Stockings*, tout en se faisant assez d'argent pour revenir chez lui acheter un cinéma en ruine. Il le reconvertit en Bert Rigby Entertainment Center et y présente des spectacles à la Fred Astaire. Un dernier carton du film précise: «Ce film est dédié avec amour à Gene Kelly.»

Scénario et réalisation de Carl Reiner, musique de Ralph Burns, jeu étincelant de Robert Lindsay, Anne Bancroft, Cathryn Bradshaw et Robbie Coltrane, tout concourt à faire de *Bert Rigby* le chef-d'œuvre satirique de la nostalgie et de l'hommage sérieux qui ne se prend pas au sérieux. Antithèse de tous les *That's Entertainment*, *Bert Rigby*, à travers ses allures juvéniles, ses contorsions ludiques, imitatives des *singies-dancies-talkies*, révèle le véritable postmodernisme de l'après-*musical*, mélangeant fidélité et imposture. C'est l'aboutissement de la vision critique déconstructrice qui avait concocté *Rock'n'Roll High School*, *The Blues Brothers* ou *This Is Spinal Tap*.

Film dénigré, *Bert Rigby* est lui aussi devenu un fantôme. En le précipitant dans les limbes, les critiques, qui ne peuvent supporter qu'un hommage sincère au *musical* ne soit pas lénifiant et passéiste, ont dû essayer d'exorciser le démon que leur présente ce film implacable, à l'intelligence mordante. La modernité de *Bert Rigby*, son humour acide, son montage nerveux et sautillant, sa lucidité mélancolique, tout lui donne l'allure d'un chant du cygne et d'une sorte d'historique du *musical*, qui passe par la citation des classiques, leur présence musicale dans la vidéocassette, jusqu'à l'exercice vide de l'imitation et de l'exploitation commerciales. En posant à sa manière la question: comment garder vivant le corpus du *musical* et sa charge émotive, comment rénover les vieux cinémas des triomphes d'antan sans les frigorifier en musées?, *Bert Rigby* répond à sa manière décontractée, en liant le référentiel archaïque à la vie actuelle terne et à l'avenir muré.

Un mineur, la nuit, danse gracieusement comme Fred Astaire (l'industrie minière, en Angleterre, appartient aussi au vieux substrat de la technologie en ruine); une des plus belles cantilènes du film, *Dream a Little Dream of Me*, fait danser Bert Rigby avec sa copine enceinte (l'antithèse de la féminité dans le *musical*); le jeune homme survit à la décadence de son travail en multipliant les petits boulots précaires dans la pitoyable industrie du showbiz, celle des pubs télévisées, qui le conduisent tout droit à devenir tondeur de gazon à Hollywood ou livreur de pizzas. «La vie *n'est pas* un cabaret, vieux pote.» Si le film lance un clin d'œil à *Singin' in the Rain* et à *The Band Wagon*, il n'en fait pas moins dire sèchement à la mère de Bert: «Dis à Gene Kelly de retourner chez lui!» Si, à Hollywood, Bert peut encore marcher et danser dans les rues de studio où Fred Astaire naguère s'exécuta, il n'en constate pas moins que plus personne n'y connaît Buster Keaton. *Bert Rigby, You're a Fool* est une farce sur la mort, une sorte de jeu juvénile sur les fantômes d'autrefois, traités non comme des stars inaccessibles, mais comme des copains et des petites amies.

La présence d'Anne Bancroft, joliment vieillissante, ne fait qu'accentuer le rapprochement qu'on peut faire entre ce film et *Garbo Talks* (1984) de Sidney Lumet, le film le plus émouvant tourné sur la Divine, où l'amitié fascinée pour les stars vient du contact simple et quotidien («vieux pote»), et non plus de l'adoration illuminée à distance. Dans cette foulée, *Bert Rigby* a déboulonné les statues du *musical*, détruit les religions sectaires des hommages sépulcraux, et préparé le terrain pour des opéras modernes sur l'actualité du travail, du chômage, de la désespérance. Un iconoclasme qui a dérouté en son temps.

Proches cousins de Bert Rigby

La verve destructrice de *Rock'n'Roll Highschool* (1979) d'Allan Arkush s'inscrit dans l'esprit adolescent de chahut et de fronde contre l'école autoritaire et débilitante. Le rock est encore une arme et un langage, un mode de pensée et d'expression, une musique militante. Loin cependant d'être propulsé par une idéologie pesante et stérile, il agit comme une farce ludique, une sorte de rêverie éveillée libérante. Ce dérapage bon enfant ne veut détruire l'école publique que lorsqu'elle est rigide; sans le dire, les jeunes aiment bien l'école, à condition qu'on y respire, tout simplement. C'était déjà la leçon des Marx Brothers vis-à-vis de l'art lyrique dans *A Night at the Opera*.

The Blues Brothers (1980) de John Landis est déjà plus grinçant, puisque sa moquerie grignote et pince, abreuve de sarcasmes le cœur même de l'industrie du rock-pop. Démontage adroit et sarcastique, voici un *musical* antimusical où le grotesque sert de repoussoir à une industrie qui a depuis longtemps perdu son innocence et sa poésie de jeunesse.

Le sommet de ce genre (auto)destructeur appartient toutefois à *This Is Spinal Tap* (1984) de Rob Reiner[10], où le *musical* rock éclate en mille miettes, à la manière des nombreux batteurs du groupe britannique (en tournée aux États-Unis), qui tour à tour ont mystérieusement explosé, depuis les années 60 jusqu'au début des années 80. Ce faux rockumentaire, ficto-critique jusqu'à la moelle, possède un visage inédit et un style incroyablement original. Il traque un groupe de hard rock en déclin, les Spinal Tap, mais sans cris ni hurlements, d'une façon feutrée et en sourdine, *sotto voce*, comme une sorte de chute molle interminable, une descente aux enfers dans l'incrédulité et la ouate.

Les gags pince-sans-rire se bousculent. Pastiches de vieux shows télévisés des années 60 (en noir et blanc d'abord, puis en couleurs), du temps où les Spinal Tap courtisaient la jeunesse hippie fleurie. Aujourd'hui dans leur quarantaine, les membres du groupe cèdent à la mode du *hard rock*: parties génitales artificiellement gonflées sous le pantalon moulant (une jeune policière découvrira le pot aux roses lors d'une vérification de sécurité à l'aéroport); masques, accessoires et décors tous plus hideux les uns que les autres, puisant dans les clichés des archaïques films d'horreur. Un nouveau disque apparaît, *Smell the Glove*. À cause de la censure, le manager le lance dans une pochette noire sans texte ni images, disant: «Le noir absolu évoque la mort, et la mort se vend bien.» C'est un bide.

Les deux leaders du groupe, qui se décrivent candidement comme des visionnaires et des poètes, ratent leur pèlerinage sur la tombe d'Elvis à Graceland, chantant faux leur hommage posthume. Le guitariste explique doucement que la référence historique à sa musique vient de Bach et de Mozart, lui-même se situant entre les deux en *do* majeur pour une nouvelle chanson, *Let My Love Pop*, qui trahit une connotation érotique à peine voilée. Mozart se glisse à nouveau dans le finale hard rock de ce film à l'intelligence placide, au regard souriant et incrédule comme celui de son faux interviewer de service qui, avec sa gentillesse et ses questions polies, fait germer un humour destructeur, propre à inhumer trente ans de *musical* filmique rock.

En son temps, *Silk Stockings* avait fait entendre la mort du *musical* de Broadway, et Fred Astaire y rigolait avec le nouveau rock. *This Is Spinal Tap* sonne le glas du rock des années 50-60, montre Elvis bien enterré et fait visionner les bandes magnétoscopiques qui se moquent affectueusement des Beatles. L'insignifiance du groupe Spinal Tap contribue à faire table rase du cinéma rock-pop. Un nouveau *Filmoper* peut naître. Il est d'ailleurs déjà tout proche, chez un jeune Jarmusch par exemple, qui n'arrête pas de répéter qu'il aurait surtout voulu être compositeur et que ses films sont structurés comme des partitions musicales.

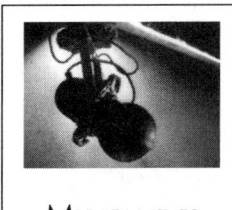

MY NAME IS ALAIN RESNAIS

Dans L'Atelier d'Alain Resnais, *François Thomas rencontre M. Philippe-Gérard, le compositeur de* La vie est un roman, *qui se dit très heureux et très impressionné de travailler avec vous, parce que «la musique est une dimension du film, comme l'histoire ou la dramaturgie»: «Alain Resnais est un musicien, un créateur musical.» On vous entend répondre: «Je ne suis qu'un amateur de musique.»*

Pourtant, vous travaillez comme un musicien *dans vos films, dans lesquels images et sons prennent leur dynamique, leur souffle rythmique davantage dans la musique que dans les arts visuels ou picturaux. Dans l'ensemble de vos films (et pas uniquement dans ceux qui se rapprochent de l'opéra ou du* musical*), vous travaillez suivant la logique de la musicalité filmique.*

Oui, je le souhaite. Ce n'est ni très conscient ni très volontaire. Il est certain qu'on cherche un rythme juste pendant la prise de vues, et que le musicien doit chercher lui aussi un rythme qui lui paraisse réel, ce dont je suis incapable car je ne peux écrire deux notes de suite. C'est pourquoi je dis forcément que je ne suis pas musicien.

Mais je me souviens d'une chose: quand Hans Werner Henze est venu à Paris pour écrire la musique de *Muriel ou le temps d'un retour*, en 1963, il n'avait jamais fait de vraie musique de film. Il nous a observés dans la salle de montage pendant plusieurs jours. Il n'était jamais resté dans une salle de montage de cinéma. Il nous a dit en partant qu'il était très frappé par le fait que la succession des collures d'un plan à l'autre, le passage de la caméra d'un endroit à un autre, étaient des phénomènes qui lui paraissaient très familiers, très proches de son travail de compositeur. Il doit sûrement y avoir – je ne suis pas le seul à le dire – des rapports entre les rythmes visuels et les rythmes musicaux.

Je peux ajouter que tant que la musique d'un de mes films n'a pas été placée, on ne peut pas juger de la compréhension de l'intrigue. Si ça marche bien, tout s'éclaire, sinon le film reste mauvais, obscur... Plusieurs fois, j'ai vu le producteur, ou bien des gens à qui on montrait la copie de travail, se perdre dans l'histoire. Mais, à partir du moment où la musique était placée, il n'y avait plus aucun problème. Cela montre bien que la musique n'est pas ajoutée mais fait partie du film *si* on l'a prévue au départ. On disait autrefois: s'il y a une mauvaise scène, on ajoute de la musique. On arrivait à des films qui avaient une heure et demie d'accompagnement musical pour une heure et demie de projection. Ces films ont d'ailleurs leur charme maintenant et créent un climat un peu obsédant...

Stravinski parlait de musique étalée comme du papier peint sur les murs...

Un autre mystère de Stravinski, c'est qu'on lui a commandé des films à Hollywood (il a écrit la musique de cinq ou six films) et qu'à l'arrivée, sa musique a toujours été refusée. De ce matériel, il a tiré des suites (on retrouve par exemple dans *Ode* ce qu'il a écrit pour *Jane Eyre*), des compositions musicales de concert qui ont un côté tout à fait hollywoodien. Alors on se dit: «Pourquoi est-ce que Hollywood a refusé cette musique, puisque, quand nous l'entendons, nous avons l'impression d'être au cinéma?» C'est une musique très drôle et très sage. Pourquoi donc fait-on une différence, puisque c'est exactement l'équivalent? Waxman, Herrmann, Steiner ont même été plus audacieux que Stravinski.

Il y a une sorte de corrélation. Denys Arcand disait: «La compréhension que j'ai toujours eue de la musique moderne, c'est qu'elle est comme de la musique filmique.» Il y a une sorte de mystère dans le recoupement entre la musique de notre siècle et le cinéma, qui est une musique audiovisuelle, que Michel Fano a appelée le «nouvel opéra audiovisuel»...

Oui, on pourrait le rêver en tout cas...

... où voix, sons et musiques finissent par faire un ensemble avec la bande-image...

Oui...

Vos dialogues avec François Thomas ont conduit à plusieurs nouveaux éclairages sur vos rapports avec la musique, en général et dans vos films. Vous lui déclarez que, au fond, dans l'ensemble de votre travail cinématographique, vous êtes un «nostalgique de l'opéra». Formule brève, très éclairante.

Oui, c'est tout à fait conscient. Pour une bonne moitié de mes films, pendant l'écriture du scénario, j'ai souvent pensé qu'il faudrait un tout petit coup de pouce pour que ça devienne un opéra. Cela ne s'est pas produit, car je n'avais peut-être pas les compositeurs disponibles, c'est un gros problème. Mais la tentation a toujours existé, toujours.

On m'a parfois proposé de tourner des opéras existants. Mais, de même que (peut-être par superstition, je n'y attache pas une importance réelle) je me sentirais mal à l'aise si je devais adapter un roman, j'ai toujours envie que les sujets soient écrits spécialement pour le cinéma. Je m'en suis tenu à cette règle. Tourner *Pelléas et Mélisande* ou *Cosi fan tutte* ne me stimule pas du tout. *Wozzeck,* que j'apprécie beaucoup, je ne me sens pas le courage de le tourner car j'aurais l'impression de faire une adaptation. Vous pouvez m'objecter: «Vous avez tourné deux pièces de théâtre.» Oui, mais le théâtre, ce n'est pas un roman, justement. Je ne sens pas de différence entre le théâtre et le cinéma. Un jour, peut-être, un compositeur dira: «Je vais écrire directement pour le cinéma.» Peut-être pensera-t-il à moi...

L'écoute de Pauline Oliveros

Dans le finale du film-essai de Michael Blackwood *Four Composers: Laurie Anderson, Tania Leon, Meredith Monk, Pauline Oliveros,* cette dernière, accordéon en main, entend une sirène d'ambulance qui perce soudain sa fenêtre, puis décroît très, très lentement. Pauline Oliveros écoute ce bruit, avec une sorte d'attention patiente et excessive, jusqu'à l'installation d'un trou de silence. Puis sa voix douce et souriante réapparaît en fondu enchaîné sonore. Je cite de mémoire:

> Quand un son s'achève et s'éteint, je me dis: est-ce que je l'entends encore, ou est-ce que j'ai déjà commencé à l'imaginer?

Je vois dans cette belle réflexion une allégorie pour évoquer la mort du *musical* filmique. Quand cette forme du film-opéra s'éteint progressivement, entre les années 50 et 80, est-ce qu'on l'entend encore, ou commence-t-on à l'imaginer?

Et l'imaginer – à la fois le rappeler et le déformer –, n'est-ce pas commencer à donner naissance à de prochaines musiques et compositions, empreintes de mémoires et cherchant de nouveaux sons au-delà du silence? La mort du *musical* filmique, l'espace incertain entre l'écoute affaiblie qu'on peut en faire et le silence où travaille l'imaginaire, n'est-ce pas justement le moment d'émergence du nouveau *Filmoper*? Le *decrescendo* des derniers grands *musicals* forme un espace, un chien-et-loup du son et du silence où peut et doit réapparaître l'enfant musical du futur. Ce nouveau *Filmoper* reprend le concept de Weill d'un opéra filmique fondé sur l'approfondissement d'une bande sonore intégrale liée à la musicalité visuelle. Weill travaillait sur un terrain encore presque vierge. Aujourd'hui, on peut tabler sur presque cent ans de développements technologiques et esthétiques, et en particulier sur le compost des trente dernières années.

Les sonorités du nouveau *Filmoper* américain, déjà audibles, n'en sont pas moins encore ténues, parfois dispersées, sans formes génériques particulières. Elles présentent des bribes musicales éclatées, au confluent des rencontres inespérées entre le jazz et les musiques actuelles, entre le son acoustique et celui des machines.

Une chose est certaine: ce nouvel opéra audiovisuel embryonnaire vient de l'espace plus ou moins marginal des indépendants. Pour l'instant, devant les *musicals*, les majors font le mort. Les musicalités filmiques fraîches sont signées par des Clint Eastwood, Scorsese, Woody Allen, Jim Jarmusch, Spike Lee, Laurie Anderson, Tom Waits, David Lynch, Frank Zappa, David Byrne, Tim Burton... Même si une mégalopole culturelle comme Disney puise encore dans le *musical* archaïque du long métrage d'animation pour se faire un pont d'or avec *The Lion King* (*Le Roi lion*) ou *The Beauty and the Beast* (*La Belle et la Bête*), film qui a même donné naissance à un *musical* sur Broadway, Tim Burton y répond du tac au tac par son anti-Disney *Nightmare Before Christmas* (*L'Étrange Noël de monsieur Jack*). De même que Philip Glass, en créant son opéra *La Belle et la Bête*, fournit d'abord et avant tout une *nouvelle bande sonore* pour les projections du classique de Cocteau. Tous ces indépendants logent au cœur de la cinéphonographie des origines, régénérée par les expériences de modernité des maîtres. Certains d'entre eux, néanmoins, amorcent déjà des passages du côté de la nouvelle ère de la vidéographie musicale.

Perdre la musique

Les anges de la mort traversent en coup de vent violent *Trumpet Number Seven* (1991), film qui réalise à lui seul la synthèse du *Filmoper* de l'actuel cinéma américain indépendant. Dans ce premier long métrage singulier et inattendu d'Adrian Velicescu et Crocker Coulson, circulent en effet les anges terrifiants de l'Apocalypse, dont une dérangeante gravure clôt le film, accompagnée de la voix mezzo rauque, *a cappella*, de Diane Trimble. Ces anges mortifères sonnent les trompettes du jugement dernier, brisent les sceaux de toute vie humaine face à son destin d'éternité.

La trompette est l'instrument réel et symbolique de la musicalité de ce film. Ezzie, jeune homme ayant appartenu au *band* des Dark Angels, est trompettiste, tout comme l'était le chef de groupe Horacio, mort mystérieusement et dont l'absence a précipité le groupe dans le néant. Ezzie est catastrophé, sa copine Cinder n'arrive plus à le tirer de sa torpeur morbide. Tantôt il se terre dans son appartement visqueux, tantôt il erre comme un chien saoul dans un Los Angeles pauvre et en ruine, vétuste et rongé jusqu'à l'os. C'est prémonitoirement le Los Angeles qui, quelque temps après avoir été filmé ici, a explosé dans les émeutes et le feu. Les anges de *Trumpet Number Seven*, en hérauts, avaient sonné cette autre apocalypse.

Ezzie est en manque de voix, d'instruments, de *sound facts*, il souffre jusqu'à l'agonie et la démence de la perte de la musique, du son harmonique, ce qu'il produisait avec ses copains des Dark Angels, mais aussi de toute la musique de l'univers et de la matière. Le jeune homme manque de souffle, il ne peut plus sortir un seul son de son instrument, sinon une fois une plainte enrouée et déchirante.

Mais la réalité de la non-musique n'est pas pour Ezzie le silence du vide. Au contraire (et c'est plus horrifiant encore), il est petit à petit envahi par les bruits, par les sons adverses et harcelants, ceux de la décrépitude et de la mort. Alors que sa voix à lui, toujours en avant-plan, gravement et lentement murmure son désarroi, celles des autres l'agressent. Voix aiguë et criarde de Cinder, d'un garagiste ou d'un fou dans un restaurant, d'une prostituée qui a «autant de noms que d'amants», à l'instar du Satan biblique qui se nomme Légion. Bruits rongeurs aussi, qui s'installent *crescendo* tout le long du film: circulations pesantes, hélicoptères, vents et orages, cloches et boîtes à musique, juke-box et jeux vidéo, ainsi que tous les râlements lâchés par la pourriture et les ruines.

La seule musique qu'Ezzie entende quelques minutes avec un brin d'extase, il se la fait jouer sur un magnétophone, la savoure dans ses écouteurs comme un souvenir lointain des Dark Angels, phonographie illusoirement actuelle d'un temps révolu, bientôt elle-même interrompue par un nouveau dérapage sonore de cris, de trompettes anarchiques, de voix féminine en soprano lancinant. Une seule fois, avant de s'enfoncer, Ezzie va avoir une dernière réaction. Il essaie de se faire réengager dans une boîte, mais se fait rétorquer que sa musique est *hors service*, qu'il lui faudrait plaire avec le goût d'aujourd'hui pour les vieilleries musicales. Il ne veut rien savoir de cette prostitution, et s'en va plutôt accompagner l'ange de la mort.

Trumpet Number Seven est remarquable pour deux raisons: parce que son intrigue développe la dialectique musiques/bruits, et parce que sa réalisation la traduit avec une maîtrise étonnante pour un premier long métrage. Velicescu (image et réalisation) et Coulson (scénario, production et montage sonore), aidés du mixeur Jean-Luc Andy et des musiciens Walt Vincent et Diana Trimble, ont organisé une remarquable bande-image (noir et blanc tour à tour teinté de sépia, de bleu, de gris charbon, puis couleurs froides et glauques), en contrepoint avec une conception sonore musicale, vocale et bruitiste qui hausse l'ensemble au niveau du nouvel opéra audiovisuel. Michel Fano, qui vit *Trumpet Number Seven* durant le week-end des Parcours en cinéphonographie de Montréal, en septembre 1991, n'hésita pas à le qualifier sur-le-champ de chef-d'œuvre.

* * *

Cette dernière vague de *Filmoper* américains postmodernes met au jour, dans le domaine de la musicalité filmique, ce que Denys Arcand, depuis son poste d'observation de Montréal, a appelé le déclin de l'empire américain. Ils renvoient à la cruelle, plaintive et belle voix d'Edith Wharton, prolongée dans *The Age of Innocence* (*Le Temps de l'innocence*, 1993) de Scorsese par le tragique mezzo *over* de Joanne Woodward, qui va chantant: «La vie est la chose la plus triste qui soit, attenante à la mort.»

Pas étonnant que ce film admirable, un des plus beaux de Scorsese à ce jour, situe sa séquence initiale au Metropolitan Opera de New York, durant une représentation du *Faust* de Gounod. Cet opéra (nous l'avons vu notamment à travers *The Band Wagon*), emblématique de l'histoire du *musical* filmique américain, n'est-il pas l'opéra par excellence de la décadence du monde ancien, celui du Second Empire français, celui de la religion saint-sulpicienne? En replantant *Faust* dans la mégalopole de New York, l'ancien monde européen en exil érigeait son propre tombeau, ce que met en lumière le film de Scorsese, où les violences des familles et des rituels millionnaires, des succès des dîners et des opéras dégagent une archéologie et une ethnologie d'un monde sépulcral sous ses ors et ses fleurs. À travers les phrases musicales fantomatiques de ce *Faust*, le cinéaste nous dit lui aussi à nouveau que l'Amérique est un tombeau.

Dans un autre de ses aphorismes terribles, tragiques, Edith Warton indique que, pour le protagoniste, la comtesse Ellen Olenska n'est plus collée qu'à une mémoire fissurée: «Elle demeura dans sa mémoire simplement comme la plus plaintive et plus poignante d'une cohorte de fantômes.» De la même manière, les *Filmoper* américains de ces dernières années forment une cohorte mélancolique et déchirante de fantômes.

De nouveaux fantômes cinéphonographiques de l'opéra.

Notes

1. Elle comble, par cette exception à la règle, le vide laissé par Ida Lupino, qui aurait pu être la première à réaliser un *Filmoper*, puisqu'elle était chanteuse et musicienne.

Ida Lupino n'aura fait que passer dans le *Gay Desperado* de Mamoulian, empêchée qu'elle fut, à titre de productrice/réalisatrice, de pouvoir investir dans les énormes frais de production des *musicals*.
2. *Op. cit.*, p. 131.
3. *The Final Cut*, Morrow, New York, p. 389-390.
4. *Op. cit.*, p. 131.
5. Malgré *The Pajama Game* (1957), c'est extrêmement rare dans le *musical*.
6. *The American Cinema*, Dutton, New York, 1968, p. 127.
7. Pour plus de détails, lire «Stanley Donen Interviewed by Stephen Harvey», *Film Comment*, juillet-août 1973.
8. *Movie*, n° 24, printemps 1977.
9. *Op. cit.*, p. 27.
10. Ne pas confondre avec Carl Reiner.

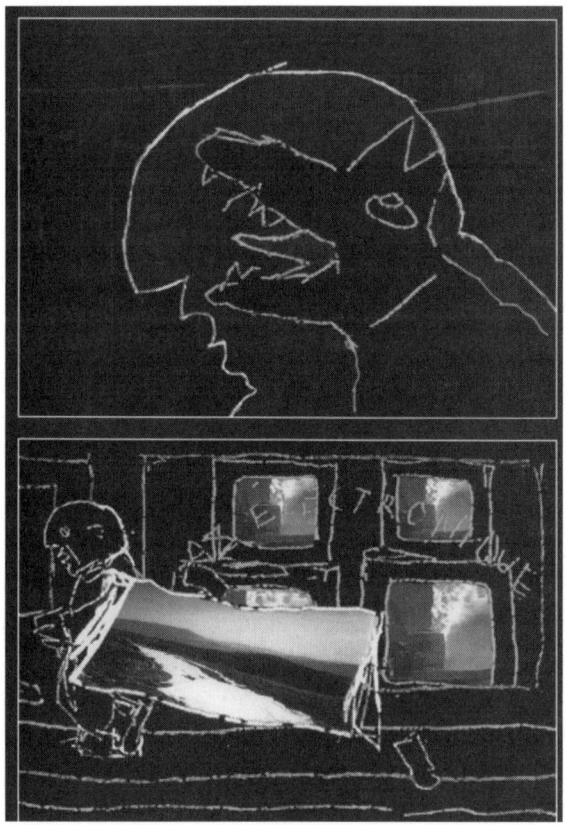

La Plante humaine de Pierre Hébert.

Chapitre 16

Partitions audiovisuelles opératiques

«J'entends par montage, écrit Marcel L'Herbier, non seulement la technique du montage, mais tout ce qu'il faut utiliser de connaissances musicales pour mener ce travail à bien[1].» Cette fine observation de l'auteur de *L'Inhumaine* éclaire ce qui fonde la musicalité filmique: le montage.

L'Herbier, au moment où il réfléchit au projet d'un Conservatoire des arts nouveaux: cinéma, jazz, radio, disque, music-hall, ne craint donc pas de confier à un musicien les cours de montage cinématographique. De cette manière, il veut concrétiser la clé de voûte des inventions théoriques et pratiques qui, dans les années 20 à 40, ont établi l'apport capital de l'art musical au cinéma[2].

À l'époque où L'Herbier tenait ces propos, Norman McLaren commençait à peindre sur pellicule des sons, des musiques et des images. C'est ainsi que le Canada s'ouvrait à son tour à la musicalité filmique, suivi bientôt du Québec. Courant qui ne s'est jamais arrêté depuis, comme en témoigne cette réflexion de Jacques Leduc:

> La musique d'un film n'est pas que la musique d'un film. Les voix ont des timbres, les sons ont des couleurs. De tous les arts auxquels il peut ressembler, c'est de la musique que le cinéma se rapproche le plus. C'est un art du temps, par opposition aux arts de l'espace. Les musiciens entre-

tiennent en commun avec les cinéastes un rapport intrinsèque avec le Temps et une propension à l'organiser de façon onirique[3].

La musicalité filmique, dans les cinémas québécois et canadien, bien que souvent située dans les marges de la production, parfois même dans la clandestinité, exprime un esprit de *suite* (qui évoque une forme musicale tout autant que la ténacité), un des traits dynamiques des nouveaux cinémas d'après-guerre. Depuis, les cinémas québécois et canadien scintillent de ces ouvrages que Balazs appelait du «cinéma lied» et L'Herbier, des «cinéphonies», formes proches de l'opéra.

Le primitivisme éclairé des bricolages audiovisuels

C'est à New York, peu avant d'entrer à l'ONF, que McLaren commença à tracer des éléments visuels et sonores directement sur pellicule 35 mm. Un premier *Allegro* (1939), acheté par le Guggenheim Museum of Non-objective Painting, fut suivi de *Points* et de *Boucles* en 1940.

Le cinéma de McLaren, niché de la sorte d'abord au musée, apparaît paradoxal non seulement par son singulier processus de production (sans caméra ni magnétophone, ni laboratoire), mais par le fait que, comme le souligne Guy Glover, il s'installe dans un domaine de la cinématographie «d'où la parole est presque exclue et qui est à la frontière de la musique et de la danse[4]».

Dans les années 50, McLaren poursuivra dans cette veine avec *Voisins*, *Two Bagatelles*, *Rythmetic* et *Jack Paar Credit Titles*, dans les années 60 avec *Mosaïque*, pour finir en 1971 avec *Synchromie*. C'est aussi sur cette route qu'en 1953 puis 1955 McLaren croisera Maurice Blackburn, lors d'*A Phantasy* puis de *Blinkity Blank*. La musicalité des cinémas québécois et canadien prenait donc racine grâce à ces deux bricoleurs à la fois naïfs et rigoureux, espiègles et graves.

McLaren, avec la peinture et la gravure d'images et de sons, s'inventa une musicalité filmique proche de la *musique de danse*. S'il ne sortit jamais, comme l'a souligné Michel Fano[5], du système synchronique sons/images, c'est, je crois, qu'il a spontanément opté pour une musicalité d'accompagnement et de soutien de la gestuelle et de la visualisation rythmiques, à la manière dont il a souvent travaillé, pour d'autres films, sur des musiques populaires: jazz et boogie-woogie, marche de Sousa, *square dances* et chansons québécoises, *reel* de violoneux, orgue de Barbarie, etc.

Ces musiques populaires, souvent exécutées à leur origine sur des instruments modestes, parfois même «raboutés», ont naturellement inspiré McLaren qui poussait la logique du bricolage jusqu'à se passer de tout appareil enregistreur. Peindre et graver des sons, tout autant que des images, consistait à musicaliser des rythmiques audiovisuelles simples, brutes même, qui se prêtent moins à l'écoute qu'à la participation dansante. McLaren apporta à ses films peints le même soin maniaque et passionné que les musiciens de jazz qui exécutent des combinaisons fascinantes de structures modulaires fixes et de plages d'improvisation libre.

Les expérimentations lyriques de McLaren et Blackburn ne doivent pas faire oublier, en cette aube pionnière, celles d'Arthur Lipsett, plus méconnues. Attaché au secteur de l'animation de l'ONF, ce cinéaste a concocté, dans les années 60, quelques courts métrages sur la base de jeux de montages audiovisuels. Par exemple, *Very Nice, Very Nice* (1961), un fascinant collage sur le thème de la fausse satisfaction vis-à-vis de la lourdeur dramatique de l'actualité et du futur. Lipsett structure son essai au moyen d'une alternance de sous-séquences lentes et réflexives, brutalement enchaînées à des montages ultrarapides, «clippés», de pubs et autres agressions urbaines. Travaillant surtout avec des photos, il n'utilise que rarement les images en prises de vues réelles, tout en exécutant une tapisserie sonore très fouillée, bâtie de voix de téléphone et de radio, de cris de foules, de musiques et de chorales militaires, de divers bruits ambiants. Tantôt synchrone avec l'image, cette bande sonore se permet de temps en temps un développement libre, comme en radiophonographie. Si cette technique paraît aujourd'hui un peu vétuste, il n'empêche que Lipsett, signataire unique de ces curieux opérascopes modernes, a donné au cinéma direct canadien une ouverture poético-sonore qui s'inscrit bien dans la mouvance des musicalités nouvelles du film contemporain, et qui sut en son temps attirer l'attention de Stanley Kubrick et de George Lucas.

LE PETIT THÉÂTRE DE JACQUES LEDUC

Dans la longue et surprenante série *Chronique de la vie quotidienne* qu'il réalisa à l'ONF à la fin des années 70, Jacques Leduc eut à deux reprises l'occasion de travailler avec le compositeur électroacousticien Yves Daoust. D'abord dans l'avant-dernier des sept épisodes, *Samedi. Le ventre de la nuit* (1977), puis dans l'épilogue, un court métrage, *Le Plan sentimental* (1978).

Cette collaboration est doublement intéressante parce qu'elle marque une des rares expériences entre un membre de l'Atelier de conception sonore et un cinéaste du direct documentaire, faisant sortir la musique électroacoustique de la zone du cinéma d'animation où elle tendait à demeurer confinée. Ensuite parce qu'elle permet à Leduc une application de ses idées sur la musicalité filmique.

Ces deux films expriment en effet une symbiose d'images et de sons tissés en une pulsation musicale complexe, mais toujours juste, dans laquelle l'intervention électroacoustique s'inscrit naturellement en s'imbriquant dans les voix et les sons, les prolongeant, puis leur donnant forme et rythme de manière structurante.

L'électroacoustique trouve ici, de cette façon, un terrain fertile où s'exprimer, poussant jusqu'au bout la logique qui veut qu'en cinéma direct, la bande sonore ne soit jamais seulement la captation des voix et des bruits ambiants, calque de l'image, mais nécessite un travail de choix et de traitements acoustiques, puis de montage et de mixage. Cette donnée concrète des sons directs, Daoust la prend telle quelle puis, imperceptiblement d'abord, de manière plus nette ensuite, il la précise oniriquement et abstraitement.

Ce travail est plus évident dans *Le Plan sentimental*, puisque cet épilogue ne contient pas à proprement parler de dialogues d'intervenants en situation. Synthèse de l'ensemble de la *Chronique*, ce court métrage comprend des images en travelling de rues et de routes, de cours d'écoles, travellings en plans-séquences assez longs, parfois coupés de flashs ultrarapides, qui culminent sur un écran fantomatique au milieu d'un ciné-parc vide. Le film se termine sur une brève séquence animée à partir d'une photo polaroïd, qui se transforme en porte qui se referme toute seule en claquant.

La bande sonore, captivante, puise dans les sons de tournage des bribes de paroles plus ou moins nettes, toutes sortes de bruits, des musiques d'ambiance préenregistrées, des comptines, des fragments radiophoniques en anglais ou en français, des hurlements de haut-parleurs de fêtes foraines. Par exemple, sur le plan-séquence émouvant de l'écran du ciné-parc, des sifflements de vent sont mixés à des bribes de bandes sonores venant du projecteur de la cabine, de brefs extraits opératiques d'*O sole mio*... Ces éléments sont interreliés, regroupés, rythmés par Yves Daoust, augmentés de répétitions en boucle de certains modules sonores culminant sur l'écran vide du ciné-parc désert.

Le «petit théâtre» de Jacques Leduc, on le trouve à son meilleur dans *Le Ventre de la nuit*, où s'expriment avec acuité et nostalgie les fêtes populaires du samedi soir, fêtes foraines et bingos, ciné-parcs, petit «show» miteux d'hypnotisme, veillées sur les balcons de ruelles et, par-dessus tout, dans la dernière partie du long métrage, au moment de la fête de clôture du cinéma Capitol de Famous Players (rue Sainte-Catherine à Montréal), suivie de la démolition du palace.

Après une ouverture musicale à l'orgue de Barbarie, le film démarre en un long plan-séquence fixe sur quatre hippies fêtant sur la galerie arrière d'une cour minuscule qui donne sur une ruelle. C'est la veille de la Saint-Jean-Baptiste. Bière, musique western ambiante, cris d'enfants *off* dans la ruelle, petits spectacles donnés tour à tour par chaque personnage: danse en sabots, danse de la fille sur un reel irlandais, vernissage d'un tableau et d'une photo. Toutes ces scènes, Leduc les cadre en demi-ensemble fixe, sa caméra en posture anachronique comme dans les premières bandes enregistrant du théâtre filmé.

Après cette entrée en matière, le cinéaste relie en montage parallèle des séquences de la foire agricole de Saint-Hyacinthe (manèges et jeux divers, bingo monstre, marathon de danse genre *On achève bien les chevaux*) avec d'autres où un vieil homme fait des séances d'hypnotisme, la soirée d'un ciné-parc, ainsi que la clôture et la démolition du cinéma Capitol. Théâtre/cinéma. Opérascopes populaires d'un samedi soir, éparpillés dans l'axe Montréal/Saint-Hyacinthe croisant le cinéparc en rase campagne.

Dans ce parcours de fin d'après-midi («4 heures à l'horloge Coca-Cola», dit une voix *off* de haut-parleur à la fête foraine), qui passe ensuite au coucher de soleil («sur la ruelle Sunset Boulevard», dit une autre voix *off*), puis va jusqu'à la nuit («11 heures à l'horloge Coca-Cola»), la courtepointe du *Ventre de la nuit* est cousue de tous ces morceaux, visuels et sonores, d'une longue fête triste et stupide, où le public est autant acteur que spectateur, où alternent plans fixes et travellings ondulants, tréteaux de fortune et délires imaginaires.

Dialectiquement, la bande sonore faufile tous ces morceaux visuels, et non seulement les fait tenir ensemble, mais rythme et structure le temps de la fête, son départ dynamique et fringant, son *crescendo* bruyant et tapageur, puis son finale mélancolique et terne, où s'accumulent les désillusions, les pleurs, le silence, les détritus.

Comme dans *Le Plan sentimental*, ce long métrage mixe un riche ensemble de voix et de bruits dominé par les crachements des micros et des haut-parleurs, le bric-à-brac strident de la cabine de projection du ciné-parc, les radios et les magnétophones des voisins... S'en détachent, de façon plus nette, l'orgue de Barbarie du début, puis des boucles électroacoustiques au ciné-parc (sorte de caisse enregistreuse répétitive, bruits des rotations des projecteurs), une brève plage au ralenti ponctuant la fin du marathon de danse, un passage de clavecin électronique, très vif et rapide, après le bingo; et puis, à la fin du film, sur les images de démolition du Capitol, la chanson populaire *over* qui grince: «Grand-maman, oh! oui grand-maman, vous avez dû passer par là...»

Vent d'est

La seconde moitié des années 80 a donné naissance, au Canada anglais, à une nouvelle couvée de cinéastes dont le commun dénominateur est l'hypersensibilité à la bande sonore et à sa musicalité contrapuntique avec l'image. Ces cinéastes ont fait ainsi éclater, dans l'expression postmoderne, ce qui était encore à l'état underground dans les décennies précédentes, et ce, dans une gamme très large de films: l'expérimental, le documentaire-essai, le long métrage de fiction.

Ainsi sont réalisés, par exemple, à Vancouver *The Traveller* (1989) de Bruno Lazaro Pacheco, comme à Toronto les joyaux de Patricia Rozema, d'Atom Egoyan et de Peter Mettler. Mais un corpus plus étonnant encore peut-être se trouve à l'extrême est du pays, à Halifax, sur les rives de l'Atlantique, dans une solitude magnifique, inattendue, à l'image du *Latecomers* de Glenn Gould, où «la mer sert de basse continue[6]». Il s'agit de l'œuvre de William MacGillivray qui, depuis l'étonnant *Life Classes* (1987), a produit coup sur coup *I Will Not Make Any More Boring Art* (1988), *The Vacant Lot* (1989), *Understanding Bliss* (1990) et *For Generations to Come* (1995).

MacGillivray, en sus du scénario et de la réalisation, s'occupe de près du montage de ses films (musiques, images), et il a un flair aiguisé pour leur environnement sonore, pour des entrelacs subtils de voix, de musiques populaires et de bruitages.

Cette manière est particulièrement subtile dans son essai *I Will Not Make Any More Boring Art*, sur le centenaire du Nova Scotia College of Art and Design, pour lequel il confie la musique à Michael Snow, qui y dirige le Canadian Creative Music Collective (CCMC). Fascinante rencontre, au générique d'un même film, de Snow et MacGillivray, qui ne peut que décupler les pouvoirs de la musicalité filmique. Par exemple, l'ouverture de ce long métrage nous fait plonger au cœur même de la paraphrase de la modernité, quand la musique actuelle jazzée du CCMC est métissée de voix féminines et d'interviews avec Garry Neill Kennedy racontant comment, après 1967, le Centre d'art de la Nouvelle-Écosse marqua sa rupture avec la tradition, s'ouvrit à l'art moderne international et devint unique en son genre en Amérique du Nord.

Puis sont tissées de cette manière les multiples séquences où se succèdent les célèbres *visiting artists* du Centre (Les Levine, Krzysztof Wodiczko, June Leaf, Eric Fischi, entre autres), des fragments d'opéras-vidéos de Joseph Beuys et de Nam June Paik, du *Coventry* de Klaus Von Bruch et des *Larmes d'acier* de Marie-Jo Lafontaine. Sans compter, en finale, Michael Snow live, recevant un doctorat honorifique et déclarant à l'assistance, sourire en coin: «Félicitations à tous ceux d'entre vous qui reçoivent un diplôme en ambiguïté», avant de se fondre, sur la bande sonore, dans la dernière pièce musicale du CCMC. Si, comme le souligne Garry Neill Kennedy, un peu avant Snow, plus personne aujourd'hui ne peut croire qu'il y ait une solution à un projet d'éducation artistique, *I Will Not Make Any More Boring Art* témoigne avec éclat, de manière grave mais sans nostalgie, que l'art actuel est celui de l'ère de l'ambiguïté, donc fortement éclaté, plus musical que verbal.

Les moments les plus émouvants des longs métrages de fiction de MacGillivray sont d'ailleurs construits sur de telles plages musicales audiovisuelles[7]. L'ouverture et la coda de *Life Classes*, par exemple, lents travellings doublés d'une chanson en gaélique, de voix féminines et de crépitements électroniques; l'ouverture aussi d'*Understanding Bliss*, sur les fragments poétiques de la nouvelle de Katherine Mansfield; ou encore ces beaux passages de *Vacant Lot*: mixages de musique rock et de bruits d'atterrissage d'avion; plus tard les voix du père et de sa fille en musique country évocatrice de terre promise; enfin, plus près du finale, les métissages de vents d'hiver, de chant choral, d'avion en décollage et de cordes rock.

For Generations to Come, en dépit de son inscription dans le documentaire de recherche sociale, est à la hauteur de l'étonnante écriture du cinéaste et prolonge la quête incessante de son auteur dans le champ du nouvel opéra audiovisuel, que ce soit en mode fiction, essai expérimental, ou ici dossier et document.

Une chose frappe au premier abord: *For Generations to Come* est le film qui rappelle le plus la célèbre *Solitude Trilogy* de Glenn Gould, qui en fait réémerger le fantôme vingt-cinq ans plus tard, à la fois comme mode d'écriture et comme hommage. Il est possible qu'il n'y ait aucune volonté de MacGillivray en ce sens. C'est sa stylistique, appliquée avec une rigueur et une maîtrise sans faille, qui le conduit à ce résultat troublant, où les mânes gouldiens se promènent dans les grands espaces canadiens, des glaces au soleil quasi californien, de Terre-Neuve à Vancouver, du pays des Inuits à Montréal, de Toronto au Nouveau-Brunswick.

MacGillivray démarre son film avec des contrepoints et des entrelacements de voix et de musiques. Tout au long du document, il reprend cette matrice pour en faire des modules de liaison des portraits des diverses familles. Les portraits mêmes prolongent cette manière, tout en ayant l'air de se cantonner dans le documentaire. C'est que le cinéaste, par un montage images/sons astucieux et quasi invisible, joue des rythmiques de voix, de bruits et d'images qui fracturent l'apparente fluidité des interviews et des reportages. De sorte que c'est tout l'ensemble qui est coulé dans les rythmes des contrepoints audiovisuels.

Les sons d'un Français d'Amérique

Dans le renouveau du documentaire québécois depuis une dizaine d'années, trop peu d'attention a été accordée à la revitalisation éblouissante et magistrale de la bande sonore. Les dynamiques nouvelles des métissages fiction/documentaire, l'irruption du «je» dans l'intrigue, par exemple, ont été analysées principalement sous l'angle iconographique[8].

Pourtant, dans les meilleurs films produits, le travail sur les matériaux sonores (au niveau aussi bien de la prise de son que du montage sonore et du mixage) a conduit à l'émergence de la fonction créatrice de la *conception sonore*.

À ce titre, le travail d'un Claude Beaugrand, entre autres, apparaît déjà exemplaire, sinon emblématique. Il s'exprime dans le film de Jean Chabot, *Voyage en Amérique avec un cheval emprunté* (collection «L'américanité» de l'ONF), pour indiquer la force et l'impact d'une conception sonore qui bonifie en symbiose le travail déjà solide de la recherche, de la scénarisation, de la musique, de l'image et de la réalisation. «Ce film est un blues», commente Chabot[9].

De part en part, la bande sonore de ce film – aquarelle ou fusain – matérialise le ton feutré, intime de ce rêve éveillé qui glisse, de Montréal aux États-Unis, vers des parcelles cauchemardesques d'enfance, d'esprits ancestraux amérindiens, de fantômes du menu peuple de l'indépendance américaine, de mânes de loyalistes... «Disparaître... Amérique... disparaître.» — «Est-ce que ça s'en va, le Canada?» — «Derrière moi, tout à coup, au loin, le Québec est muet...»

Dans son périple vers le Sud américain, Jean Chabot s'entretient un moment avec l'Amérindien Henry Lickers, qui lui explique la configuration géographique de son pays, sis à la démarcation du Québec (Saint-Régis), de l'Ontario (Cornwall) et de l'État de New York. La séquence commence par la chanson *Wounded Knee* de Floyd Westerman en trame *over*, sur de lents travellings de pylônes électriques et d'un survol de l'immense territoire; on suit un canot sur des bruits de vent et d'eau, avant la conversation entre Chabot et Lickers; puis des sifflements venteux sur les joncs et les hautes herbes à ras d'eau. Soudain, à travers ce fort vent, en arrière-plan, des rappels de la chanson, surgissant en léger *crescendo*, puis s'évanouissant en *decrescendo* rapide: une fois, comme un coup de vent culturel fantomatique; un peu plus loin, une seconde fois. Ces reprises de fragments musicaux en forme de brises venteuses sont une très belle trouvaille, avant que Lickers raconte l'ancienne culture mohawk du partage de l'agriculture, de la pêche et de la chasse, et comment l'actuelle réserve d'Akwesasne rappelle un autrefois sans frontières. Ainsi, Claude Beaugrand établit en contrepoint sonore/musical la dialectique dramatique de cette séquence: survie physique de l'Amérindien / mort de sa culture; pérennité du vent et de la musique, dans lesquels se glisse, en un instant de fulgurance, le souffle de la mort et du passé.

Des dizaines d'éléments sonores se profilent dans ce film. Dès le prégénérique, ramages de vent dans les arbres sur une note musicale grave soutenue; roulements de voitures sur le pont Victoria; voix *over* de Gilles Renaud, disant le commentaire à la première personne du réalisateur; remue-ménage sonore et battements cardiaques sur une échographie de bébé en eaux utérines; vents mêlés de stridences de cigales et de bourdonnements de fils à haute tension; crooners et fanfares de fêtes canadiennes du 1er juillet, de célébrations américaines du 4 juillet; bruits et musiques de reconstitutions théâtrales de batailles pour l'indépendance américaine, où les coups de feu sonnent comme des coups de cymbales; crachements mécaniques d'une fonderie; roulements de pneus sur les autoroutes, radio de voiture, glissement de l'eau sous la barge d'un passeur; guitares blues et musiques de René Lussier; voix *over* de Yolaine Rouleau en épilogue; babillements et joyeux cris d'enfant sur le générique de fin...

Ce ne sont là que quelques bribes de la bande sonore de *Voyage en Amérique avec un cheval emprunté*. En fait, ce qui est frappant, ce n'est pas tant la riche variété ni la qualité intrinsèque des matériaux sonores et de la prise de son de Claude Beaugrand, mais les lignes de force de sa conception et de son montage sonores. Une manière très adroite de mettre les voix *in*, *off* et *over* en avant-plan velouté, chaleureux, traduisant le caractère retenu et intime de paroles d'un journal personnel et de contes. Même procédé pour les avant-plans de vents, d'eaux, d'oiseaux... En outre, Beaugrand joue finement, en touches impressionnistes, des plans moyens ou des arrière-plans de bruits ambiants quand ils sont reliés à la narration *over*; palette sonore discrète et équilibrée, réalisée avec doigté par les responsables du mixage, Hans Peter Strobl et Adrian Croll.

La conception sonore traite avantageusement aussi la musique singulière de René Lussier, typique de la manière métissée du compositeur, alliage de relents folk flirtant avec le rock *hard*, de lentes modulations de type blues sur guitare, sans compter diverses harmoniques et rythmiques de tambours, de cornemuses ou autres timbres, musiques à la frontière ambiguë des bruits, des musiques *live* et des notes. Là encore, Claude Beaugrand a bien su mélanger aux autres matériaux sonores cette musique dont l'esprit et la lettre sont justement de pouvoir se fondre dans un tout audiovisuel, non de se mettre en gros plan de musique *over* autosuffisante.

Il n'y a pas de recette, explique Claude Beaugrand, pour la conception sonore. Je n'ai pas de système préconçu, organisé. Je travaille de façon empirique. Je profite de chaque film pour faire une recherche sur les matériaux sonores, essayer de recréer un climat, ajouter à l'image sans redondance, moins faire du sens que créer une émotion, y inclus par des sons irréalistes. Le son ne triche jamais, et s'il triche, la fausseté est claire, contrairement à l'image, qui est toujours plus ou moins perçue comme illusion. Par la bande sonore, le spectateur est à la fois dans l'image et à côté d'elle, mais toujours au centre de sensations qui le touchent personnellement. Dans cette optique, le son a une qualité et une force plus grandes que l'image. Au bout du compte, le rôle du concepteur sonore est double: clarifier les intentions du réalisateur, et réparer les limites ou les erreurs de l'image et du montage. Le réalisateur désire la reproduction sonore de son univers. Mon travail de concepteur sonore réside donc dans cette dynamique un peu folle de décoder cette volonté et ce désir, tout en y trouvant ce qui m'intéresse et en essayant de faire passer mes propres idées. Autrement dit, utiliser à la fois la volonté du réalisateur de s'exprimer par le son et son «incompétence» à la traduire, car l'univers et la mémoire sonores sont extrêmement vagues. Pour y arriver, rechercher et combiner tous les sons possibles, y inclus les sons non réalistes, les sons impressionnistes, construire un produit chaud, qui arrache l'adhésion de l'auteur du film[10].

Voyage en Amérique avec un cheval emprunté est une «descente aux enfers» sous forme de conte triste, mais non tragique, un exorcisme, puis une remontée vers le sol natal, les racines, la nouvelle enfance, la natalité. Parcours, dit Chabot, où il s'agit de «se libérer d'un petit mythe personnel de l'Amérique», et que la partition sonore de Beaugrand rend à son niveau, comme un blues dans la cuisine, ou une musique de chambre jouée dans une pièce aux fenêtres largement ouvertes, laissant entrer et circuler de nombreux pans de bruits extérieurs, sans empêcher les musiciens de réfléchir à voix haute.

Une gerbe de passiflores

En réalisant en 1985 *Passiflora*, Fernand Bélanger et Dagmar Gueissaz-Teufel donnaient un des essais filmiques les plus percutants du cinéma québécois. Avec la complicité de Claude Beaugrand, encore lui, et des musiciens René Lussier, Jean Derome et André Duchesne, à cause aussi du fait que Fernand Bélanger est également monteur image et monteur son, *Passiflora* s'est développé en véritable opéra, genre à peu près inexistant dans la cinématographie québécoise, si on excepte *Au pays de Zom* de Gilles Groulx.

Ces deux films ont une autre parenté: utiliser la forme opératique pour parler de l'opéra lui-même, plus précisément de son inscription dans l'audiovisuel contemporain, de sa métamorphose technologique. Car l'opéra, depuis sa semi-extinction au théâtre, au début du siècle, s'est régénéré dans et par le cinéma et la vidéo, y trouvant un nouveau lieu et des techniques d'expression neuves. Dans ce contexte, pareils opéras technologiques conduisent au cœur même de la musicalité filmique du lyrique.

Comme les «fleurs de la Passion» – les passiflores à figure de vendredi saint kitsch et sanguinolent –, ces deux films-opéras au baroquisme tortueux utilisent un style lent et hiératique permettant l'épanchement de grands discours pathétiques contemporains. Pathétiques et fortement médiatisés: celui de Jean-Paul II au Stade olympique de Montréal, et celui de l'homme d'affaires québécois Zom.

Dans *Passiflora*, la musique est formée d'amalgames de sons traités par Claude Beaugrand (bruits et voix en provenance des prises en direct), imbriqués dans les partitions bruitistes de ces tenants de la musique actuelle que sont Lussier, Derome et Duchesne. La trame sonore participe à la fictionnalisation du reportage, à la mise en essai critique du compte rendu d'événements médiatiques puissants sur le pape et Michael Jackson. La musicalisation filmique nourrit le second degré de ce qui s'appelait le documentaire, et participe à la destruction de ce faux «genre».

Et *Passiflora* n'est pas seul de son espèce. On retrouve des paramètres opératiques semblables dans *Le Royaume ou l'Asile* (1989), dont la musicalisation audiovisuelle est assumée par un audacieux quatuor: Claude Beaugrand, André Duchesne et les cinéastes Jean et Serge Gagné. Les collages visuels et sonores, ici, laissent s'entrechoquer des ondes multiformes issues des arts plastiques, du théâtre, de reportages radio, d'interprétations musicales, de docudrames, des décors naturels de la Côte-Nord...

La pêche au son

«Hey! tu m'entends-tu?» Voilà la phrase que souffle d'entrée de jeu René Lussier à Claude Beaugrand sur la bande sonore, au départ du générique du *Trésor Archange* de Fernand Bélanger. Le musicien parle au preneur de son. Bien sûr que Claude entend René, c'est son métier. Compositeur et concepteur sonore: les deux «Espiègles», les deux pêcheurs de son formant les protagonistes et l'ossature de ce long métrage.

«Archange», on verra tantôt pourquoi. «Trésor» est emprunté au *Trésor de la langue*, étonnant poème radiophonique que Lussier composa en 1989 pour Radio-Canada FM. Ce *Hörspiel*, tel un Phénix renaissant perpétuellement de ses cendres, a connu un développement et de riches régénérations. Lussier, toujours avec l'aide complice de Beaugrand, en tira un disque, «allongé» comme un bon espresso, en fit ensuite une partition de concert pour les festivals de musique actuelle de Victoriaville et de Montréal, enfin un matériau scénaristique pour le film de Bélanger.

La matrice du *Trésor de la langue* repose sur deux paramètres: d'abord, une quête des sons relatifs à l'histoire du Québec profond, contes et chansons folkloriques, discours divers depuis Duplessis jusqu'à René Lévesque, vivats du général de Gaulle et slogans agit-prop de Michel Chartrand, lecture du *Manifeste du FLQ*; ensuite, un état de la langue française d'aujourd'hui, au hasard des coins de rues, de routes ou de bureaux. Ces paroles en florilège, Lussier les a écoutées, solfiées, annotées, puis il en suit les inflexions et les rythmes à la guitare. Il a composé de la sorte la musique du parler québécois en notes doublées. Révélation, mimétisme, mise au jour d'une forme de musique actuelle, très sérieusement faite en musicologue, mais qui ne se prend pas au sérieux, d'une surprenante hilarité.

Pour son propre *Trésor*, Bélanger a voulu rendre hommage à cette composition très originale et à son double auteur, un bijou de tendresse et d'humour rentré. Le cinéaste a filmé le concert de Montréal («présidé» par Richard Desjardins), en même temps qu'il a demandé à Lussier et à Beaugrand de refaire leur *trip* de Montréal aux Archives de folklore de l'Université Laval, en descendant à rebrousse-poil le Chemin du Roy, monté en 1967 par de Gaulle, de Québec à Montréal, du navire de guerre (!) de la marine française au balcon du Québec libre. Bélanger, fin métisseur de documentaire et de fiction, agrémente son *road movie* de mises en scène adroites et subtiles: les deux Espiègles, faisant la pêche au son le long du fleuve et de ses quais, voyagent dans la Citröen (la vraie!) de De Gaulle, rebaptisée *The French Spirit*.

Bélanger ne peut en rester là, lui le chantre postmoderne des patenteux, des bizouneux et des violoneux qui, depuis *De la tourbe et du restant* (1979) jusqu'à *Passiflora* (1985), en passant par *Love Addict-Offenbach* (1984), se tient sur le faîte du cinéma off-québécois, tricotant sans arrêt tous les objets et toutes les personnes «ty-peupe» du terroir, dans une approche singulière d'empathie et de critique, de proximité et de distanciation, courtepointe opératique d'images/sons unique en son genre. Pour le meilleur, il ajoute au concert filmé de Montréal et au voyage de pêche du duo du son le roman de Jacques Ferron *Le Saint-Gelais* (construire un trois-mâts pour quitter Batiscan, transgresser l'interdit, prendre sa voie et la *voix*, parole, langue et mémoire) mais aussi la dame conteuse de cet étonnant bazar hétéroclite, souk québécois indescriptible appelé *La Picrate Archange*. Il ajoute des contes traditionnels, dont celui de *L'Espiègle et le Cochon* (le cochon, c'est le roi, l'espiègle, le Québécois débrouillard laissé à son sort après la conquête britannique et la fuite de l'aristocratie française) et l'histoire plus en profondeur des Amérindiens, le génocide et l'esclavagisme dont ils ont été l'objet, ce qui n'empêche nullement le récit épicé de cette «sauvagesse», si métissée qu'on l'a appelée «Marguerite aux cinq ou six nations», qui se faisait un devoir et un plaisir de «rendre service aux hommes»...

Il faudrait un gros catalogue pour énumérer le bric-à-brac et les mille bibelots sonores et visuels de ce *Trésor Archange*. Fernand Bélanger entrelace tout ces objets avec son septième sens du montage musical et de la ligne directrice dans l'apparent fouillis, une écriture clippée qui suit le concert en l'agrémentant d'inserts inattendus et d'ajouts inspirés, une mise en scène sobre mais très étudiée de tous les matériaux documentaires. C'est au fond le secret du meilleur cinéma direct québécois qui, malgré ses allures de *snipettes* sonores et d'images de polaroïd, est peut-être un des plus subtils cinémas modernes de la mise en scène et de la composition audiovisuelle.

Le *Filmoper* de Gilles Groulx, *Au pays de Zom*

Il aura fallu presque six ans pour qu'*Au pays de Zom* soit terminé (1977-1983). Un premier projet en 1977, un second en 1979. Tournage et montage l'année suivante. Puis un grave accident d'auto en janvier 1981 qui laissa Groulx et son film errer pendant des mois comme des morts-vivants...

Zom et son réalisateur ressortis de l'ombre des morts, on a pu constater avec émerveillement quelle «résurrection» ce film représentait. Dans le grand œuvre du cinéaste, *Zom* renoue avec la profonde logique antérieure des autres films: la priorité du culturel dans le tissu social. Bien sûr, Gilles Groulx, anarchiste de toujours, ne s'est jamais rallié aux groupes et partis marxistes-léninistes québécois des années 70, mais il a été profondément influencé par eux. En témoigne son rôle de professeur adjoint à l'image, à côté de Jean-Marc Piotte dans *24 Heures ou plus*, fonction dans laquelle il ne s'est jamais autant approché de la propagande orthodoxe de parti. Heureusement, les meilleurs moments de ce film, où le culturel est encore vivace (par exemple: le contrôle de l'information à *La Presse*, le dopage des jeunes par les jeux, la télé, les flippers, ou encore le dressage au hockey pour annuler la pensée politique chez les joueurs...), contredisent déjà ce détour par la tribune. Par ailleurs, c'est aussi au milieu des années 70 que Groulx s'est tenu proche de la Semaine de la contre-culture de Montréal, et qu'il a témoigné de la culture dans les films *Une semaine dans la vie de camarades* et *À vos risques et périls*.

Durant les années 60 d'accouchement du cinéma québécois, la ligne de force des films de Groulx est bien la prédominance du travail culturel, intellectuel, psychique, de ses capacités révolutionnaires, dans l'esprit de Borduas et de *Refus global* (1948), auquel le cinéaste se réfère indéfectiblement à titre de premier manifeste québécois de révolution culturelle[11]. Dans *Le Chat dans le sac* (1964), Barbara pratique le théâtre de Brecht, Claude lutte contre les médias (presse écrite et audiovisuelle) pour en tirer la nécessité symbolique de prendre les armes, à la manière du Front de libération du Québec.

En 1968 et 1969, *Où êtes-vous donc?* et *Entre tu et vous* rebrassaient en collages images/sons d'une audace peu commune la lutte de la vie, de l'amour, de la musique contre les marteaux-pilons broyeurs que sont la télévision (séquence étonnante d'*Entre tu et vous* où un couple, à la table de cuisine, de profil au moniteur télé, est sucé jusqu'à la moelle par une voix *over* qui récite le programme complet d'une chaîne), la publicité, la radio violeuse...

Progressivement, dans les films de Groulx, les bandes-son passent du jazz à l'opéra, au lyrique. *Au pays de Zom* rejoint le puissant courant qui a projeté, à partir des années 80, le travail culturel progressiste dans un rajeunissement de la musique classique, de l'opéra en particulier. Ce courant, dominant à Paris (et en Europe), mais pratiquement inexistant au Québec, Gilles Groulx – par quelle alchimie? – l'a réalisé pleinement dans *Zom*, avec la collaboration étroite du musicien Jacques Hétu et du chanteur Joseph Rouleau.

Plus encore, il a accompli ce qu'une majeure partie de la mode intellectuelle de l'opéra n'a pas réussi encore: faire signifier l'opéra politiquement, c'est-à-dire avec un livret clair, cynique et grinçant, langage banal, langage-étiquette de la bourgeoisie, de ses discours quotidiens dans les médias, de ses rêves de mort honorable sur les scènes de la Scala ou du Bolchoï, drapée dans ses mises en scène/musées, dépolitisées, a-critiques, dans ses trahisons de saison en saison de ce que furent les sens politiques révolutionnaires de musiques comme celles de Mozart, de Verdi, de *Fidelio*, de *Carmen*, de *Lulu*... *Au pays de Zom* affirme, en toute logique anarchique: l'opéra peut dire le politique, l'idéologique en clair, y compris la dénonciation même de l'opéra embourgeoisé!

Le film confie à l'interprète/chanteur Joseph Rouleau trois niveaux de discours musicaux pour exprimer la déprime du grand bourgeois: le parler grandiloquent en légère dissonance, le *parlar cantando*, lequel s'enchaîne enfin à l'aria proprement dite. La musique de Jacques Hétu règle la partition de ces strates vocales qui se structurent dans les plans-séquences très lents de Groulx.

Zom reste un film à découvrir. Pour lui-même, mais aussi comme aboutissement et synthèse de l'évolution de son auteur dans son discours audiovisuel sur les industries culturelles modernes, sur la lutte révolutionnaire des individus contre la monopolisation des mass-médias, contre la volonté de puissance de s'accaparer des ressources créatrices de ces merveilleuses machines *wonder-of-the-age*. Contrôler le *deus ex machina* contemporain, la culture industrielle pour le bien-être de chacun et de tous, est un problème plus actuel que jamais. *Zom* est peut-être une image prémonitoire de la désagrégation du Moloch culturel du XXe siècle qui, tout en rendant possible et en favorisant la création, ne l'a pas moins trop longtemps restreinte, censurée, canalisée et étouffée, et qui doit céder sa place. Zom le bourgeois québécois, le capitaliste, ne respire plus, il meurt dans son théâtre d'opéra, à l'ombre du drapeau canadien.

* * *

La tapisserie des principales partitions audiovisuelles opératiques du Québec et du Canada serait incomplète sans l'évocation du remarquable travail lyrique de Denys Arcand dans son œuvre filmique[12]. La matrice dramaturgique des films d'Arcand est la tragédie des humanités gréco-latines, reformulées dans la tragédie française de Racine et Corneille... Dans la culture française du XVIIe siècle, la tragédie était, croit-on, psalmodiée par les comédiens dans une sorte de *parlando* déclamatoire, rythmé, sur le tremplin duquel Lully, Charpentier et plus tard Rameau allaient construire et consolider l'opéra français en tragédie musicale. Comme les films d'Arcand sont structurés par des cellules rythmiques, comme ses bandes sonores sont traitées comme de la musique, ils opèrent ce curieux métissage, qui en distille à la fois la fascination et le trouble, d'une forme de tragédie lyrique moderne, cas assez rare, puisque les opéras modernes (audiovisuels ou sonores) ne sont pas nécessairement fondés sur un modèle aussi ancien et aussi archaïque que celui de la tragédie, mais plutôt sur celui du drame romantique. De sorte que les principaux films d'Arcand peuvent être qualifiés de tragédies en musique.

C'est le cas de ses remarquables premiers courts métrages à l'ONF dans les années 60 (*Champlain, Les Montréalistes, La Route de l'Ouest*), suivis des crépusculaires longs métrages des années 70: *On est au coton* et *Réjeanne Padovani*. La même stylistique se répercute dans ses films plus connus, *Le Déclin de l'empire américain, Jésus de Montréal, Love and Human Remains*. La matrice de la tragédie lyrique permet au cinéaste d'aborder «tout le mystère de l'être humain, sa tragédie».

Denys Arcand précise: «Que nous reste-t-il pour échapper à ce *fatum*? L'art probablement, l'art seulement, qui peut aider à toucher ce mystère, à s'en faire l'écho, puisqu'il dépasse notre rationalité. Dans l'art, c'est la musique et le chant qui parviennent sans doute le mieux à l'expression de ce mystère. Dans cette optique, le moule de la tragédie lyrique est une excellente forme d'expression. La musique lyrique est lancée quelque part dans l'univers, elle fait comme une onde dans le cosmos, une réverbération. Probablement que ces ondes seront éternellement sans réponse, sans écho. Cela n'empêche qu'il faut s'élever jusqu'à cette beauté mystérieuse, la produire. Elle a sa vie propre, elle *s'entend*, même si on en sait le caractère éphémère. S'il y a quelque chose à laisser de nous, c'est ça. Il faut que les films en témoignent dans une certaine mesure.»

Notes

1. Lettre de Marcel L'Herbier au compositeur belge Arthur Hoérée, 19 juin 1942, citée dans Louise Cloutier, *Arthur Hoérée, musicien d'écran, technicien du cinéma et critique cinématographique*, mémoire de maîtrise en musicologie, Paris-Sorbonne, juin 1977, p. 19. C'est dans le même travail qu'est citée l'appellation «cinéphonies» qu'utilisait L'Herbier pour décrire des films musicaux.
2. Béla Balazs, *L'Esprit du cinéma*, Paris, Payot, 1977, p. 166, quand l'auteur parle de «musique visuelle du montage». Dans son autre ouvrage, *Le Cinéma: nature et évolution d'un art nouveau* (Payot, 1979), Balazs utilise les expressions «cinéma lyrique» et «cinéma lied» (p. 229). À remarquer que, pour Eisenstein autant que pour Balazs, la musicalité filmique existe dès le cinéma «muet». Balazs, dans *Le Cinéma*, parle de la «musique des images muettes» (p. 229). Eisenstein, pour sa part, dans *Au-delà des étoiles* (UGE, coll. «10-18», Paris, 1974, p. 281), fait remarquer: «En effectuant votre montage, vous devez également assembler et dissocier vos fragments, les combiner jusqu'au moment où votre assemblage "se mettra à chanter" [...] dès l'instant où l'assemblage commence à s'élever jusqu'à la régularité de la construction musicale, on peut dire qu'il commence à être ce qu'il doit être.» Eisenstein précise bien par ailleurs (p. 274) que la musicalité filmique n'est pas celle qui «se fait directement dans la musique» d'un film, mais celle qui forme la structure rythmique et le *dessin musical interne* du film. Il ajoute enfin, pour lever toute ambiguïté: «Dans le cinéma audio-visuel, la musique commence à partir de l'instant où la coexistence ordinaire du son et de l'image cède la place à une association arbitraire du son et de l'image, c'est-à-dire à partir de l'instant où le synchronisme naturel cesse d'exister.» (p. 282)
3. «Notes, en suite», *Revue de la Cinémathèque*, n° 5, février-mars-avril 1990.
4. *McLaren*, Office national du film du Canada, 1980. Pour mémoire, le cinéaste a réalisé aussi quelques films musicaux d'une facture plus classique, des dessins animés illustrant des chansons folkloriques et des musiques traditionnelles québécoises et canadiennes: *Hen Hop* (1942), *Alouette* (1944), *C'est l'aviron* (1944), *Là-haut sur ces montagnes* (1945), *Fiddle-de-dee* (1947), *La Poulette grise* (1947), *Le Merle* (1958). D'autres illustrent des musiques de jazz ou latino-américaines comme, en 1959, *Short and Suite* et *Serenal*.
5. «Entretien avec Michel Fano», *24 Images*, n° 60, printemps 1992.
6. Guyslaine Guertin, *Glenn Gould pluriel*, Courteau, Montréal, 1988, p. 193.

7. Pierre Véronneau parle de l'importance des «ouvertures» filmiques chez MacGillivray, dans «À l'Est, rien de nouveau?», *Identité: renaissance du cinéma d'auteur canadien-anglais*, Cinémathèque québécoise, Montréal, 1991.
8. Voir en particulier «Le documentaire. Vers de nouvelles voies», *Copie zéro*, n° 30, décembre 1986.
9. Cité par Francine Laurendeau, «Quand le documentaire surpasse largement la fiction», *Le Devoir*, 5 mars 1988.
10. Propos extraits d'une rencontre de Beaugrand, le 10 mars 1989, avec le groupe d'étude sur la bande sonore dans le cinéma québécois de l'Association québécoise des études cinématographiques (AQEC). Preneur de son, monteur et concepteur sonore, Claude Beaugrand a travaillé notamment sur la série *Le Son des Français d'Amérique* (Michel Brault, André Gladu), *Passiflora* (Fernand Bélanger et Dagmar Gueissaz-Teufel), *Équinoxe* (Arthur Lamothe), *L'Atelier* (Suzanne Gervais), *Sortie 234* (Michel Langlois), *Trois pommes à côté du sommeil* (Jacques Leduc) et *La Plante humaine* (Pierre Hébert).
11. Paul-Émile Borduas, *Refus global & Projections itinérantes*, Montréal, Parti-Pris, réédition 1977.
12. Réal La Rochelle, «Sound design and music as *tragédie en musique*: the documentary practice of Denys Arcand», dans André Loiselle et Brian McIlroy, ed., *Auteur/Provocateur. The Films of Denys Arcand*, Flicks Books and Praeger, 1995. L'original en français, «De la tragédie lyrique. Conception sonore et musique chez Denys Arcand», est inédit.

Glenn Gould (Colm Feore) composant un documentaire radiophonique à la CBC, dans *Thirty-two Short Films About Glenn Gould*.

CHAPITRE 17

Cinéma gouldien
Dernier détour par la phonographie

Quel serait le film québécois le plus bizarre, le plus inattendu, le plus au cœur de la musicalité cinéphonographique? Au surplus réalisé non pas par un cinéaste, mais par un créateur en arts visuels, celui-là même qui a produit en 1986, pour le hall du Cineplex Odeon Le Faubourg à Montréal, la sculpture-peinture *Transition/Illusion/Réflexion*? Au bout de cette question apparaît le court métrage *Pierre Mercure* de Charles Gagnon, peut-être le seul *film-disque* à avoir jamais été produit.

D'une durée de 33 minutes 1/3, s'inscrivant par là même dans le temps phonographique de la vitesse de rotation du vinyle, ce film construit son hommage-épitaphe au musicien Pierre Mercure en deux cycles de girations interreliés. À l'image, une courte séquence des funérailles du musicien, filmée volontairement en *home movie*, reprise inlassablement en modulations de noir et blanc et de filtres couleur, en tirages négatif et positif; au son, une autre boucle, asynchrone, mélange de folklore québécois et d'électroacoustique, elle aussi «toujours recommencée»...

Exemple extrême, œuvre limite, ce «film-disque», comme l'œuvre de Michael Snow, témoigne à sa façon d'une tendance originale et singulière, dans l'audiovisuel canadien et québécois, à lier cinéma et art musical phonographique.

Il y a des exemples plus surprenants encore. Au premier chef celui de Glenn Gould réalisateur de documentaires radiophoniques. Dans ces créations phonographiques pour la radio, Gould emprunte la *musicalité filmique* même, se réfère au langage filmique prégnant de musique.

Radio as Music, dit le titre du reportage vidéo de John Thompson, tourné pour CBC en 1975 au moment où Gould procède au mixage de *Quiet in the Land* avec l'ingénieur du son Donald Logan. «La radio comme cinéma», pourrait-on ajouter du même souffle.

> John Thompson: Vous reliez tous les problèmes sonores à la terminologie visuelle de la vidéo...
> Glenn Gould: Oui, c'est exact.
> J. T.: Êtes-vous un réalisateur filmique frustré?
> G. G.: Il existe une très forte composante visuelle dans la radio[1]...

Dans *A Glenn Gould Fantasy* (1980), le musicien-réalisateur répète son attachement au cinéma. Il se réfère encore à l'«arrière-plan filmique» de ses créations radiophoniques, il définit la monophonie de *The Idea of North* comme du cinéma en noir et blanc. Il n'arrêtera jamais de puiser dans le vocabulaire filmique, mais aussi dans les modes de fabrication: fondus et fondus enchaînés, montages contrapuntiques ou polyphoniques, mixages de voix, de bruits et de musiques. Il léguera ainsi un fabuleux héritage de «cinéphonies» phonographiques. D'abord, son immense *Solitude Trilogy*[2], puis ses «films» musicaux radiophoniques. Ces documentaires contrapuntiques englobent: *Leopold Stokowski: a Portrait for Radio* (1971); *Pablo Casals: a Portrait for Radio* (1973); *Schoenberg: the First Hundred Years. Fantasy-Documentary* (1974); *Richard Strauss: the Bourgeois-Hero* (1979). Le cycle se termine avec *A Glenn Gould Fantasy*, publié dans *The Glenn Gould Silver Jubilee Album*. Le détour phonographique ne distraira jamais Glenn Gould de nicher au cœur du cinéma, d'un cinéma qui, privé de son compagnon visuel, n'en révélera que mieux son essentielle musicalité.

Mais il ne fut pas seul, et les années 70 furent particulièrement créatrices sur ce terrain, comme nous l'avons vu en décrivant l'expérience de l'Atelier de conception sonore à l'ONF. Au milieu des années 80, Yves Daoust devait, dans son *Maurice Blackburn portrait d'un méconnu*, pour la radio FM de Radio-Canada, illustrer magnifiquement ces détours phonographiques qui témoignent des pulsations et des constructions musicales filmiques. Il fit de même pour sa *Fantaisie radiophonique*. Un autre disque de Daoust avec la claveciniste Catherine Perrin, *Anecdotes*, se place dans la même trajectoire. Il en va ainsi du *Trésor de la langue*, de René Lussier, *Hörspiel* où s'entrelacent les prises de sons en direct de Claude Beaugrand, les traitements acoustiques d'archives (Charles de Gaulle, René Lévesque), ainsi que les musiques de l'ensemble dirigé par Lussier.

Plusieurs travaux cinéphonographiques ont été faits en hommage à Gould, dont le vidéogramme de Rober Racine *J'aurais dit Glenn Gould*, celui de Radio-Canada, *Glenn Gould: extasis* ainsi que *Thirty-two Short Films About Glenn Gould* de François Girard[3].

Celui de Radio-Canada, construit par Jocelyn Bérubé avec les grands moyens du multimédia, sur des textes de Michel Schneider (présent aussi en interview), convoque de nombreux témoins et admirateurs: entre autres Yehudi Menuhin, Bruno Monsaingeon, François Girard, Jean-Jacques Nattiez, Christian Bourgois, de même que des proches du musicien. Les textes de Schneider sont livrés soit sous forme dramatique par le comédien Jean-Louis Millette, soit en mise en scène d'une émission radiophonique animée et jouée par Louise Drapeau. Malgré l'abondance et la pertinence de ces multiples voix et témoignages, ce vidéogramme pèche par l'accumulation gratuite d'effets spéciaux, si fragmentés et mitraillés comme dans les clips qu'ils empêchent l'approfondissement des réflexions et offrent une musique nerveuse qui ne connaît pas le rubato ni les indispensables silences. Le seul élément captivant de cet essai, en regard du legs gouldien comme compositeur, est de laisser le critique musical Jacques Drillon mettre en lumière l'apport marquant de Gould dans l'art phonographique contemporain: «Il est le premier à avoir fait une véritable œuvre discographique, le premier à avoir pris conscience de l'importance que ça pouvait avoir.» L'incorporation de la mise en scène dans un studio de radio révèle par ailleurs involontairement un manque important dans ce portrait, soit les compositions phonographiques de Gould, ses documentaires contrapuntiques pour la radio. Le studio présenté ici, dans son conformisme et sa mise à plat, est aux antipodes de celui imaginé et réalisé par Gould, polyphonique et musicalisant la moindre parole, le plus infime son d'ambiance, par exemple ce fameux bruit de «mer comme basse continue».

En revanche, le vidéogramme de Rober Racine, *J'aurais dit Glenn Gould*, très minimaliste, en forme de vidéo d'art pour musée, se concentre sur un seul sujet. En convoquant des extraits de dialogues de Gould avec John Jessop, monteur adjoint à CBC, Racine plonge au cœur de l'originalité créatrice du musicien, voix sonore singulière s'adressant à une autre, ici au travail même de Racine dans l'art visuel et musical. *J'aurais dit Glenn Gould*, comme le note son réalisateur, se veut avec pertinence «un chant de l'écoute». Ce chant, dont l'infrastructure est la phonographie, est celui-là même qui, depuis un siècle, constitue l'enjeu et l'utopie du *Filmoper*. La mort aura saisi Glenn Gould au seuil d'un nouveau studio de compositeur lyrique cinéaste.

Le film de François Girard a magnifiquement compris l'ampleur de la révolution gouldienne dans l'audiovisuel musical. La structure et l'écriture de ce long métrage sont devenues une paraphrase éclairante du travail de composition de Gould. Il n'apparaîtra donc pas incongru que la dernière voix de cet essai évoque le nom le plus singulier, le plus écartelé du lyrisme musical contemporain, sorte de visionnaire extravagant des médias audiovisuels, dont une violente hémorragie cérébrale interrompt, à cinquante ans, un parcours jusque-là développé dans la phonographie et la radio, mais déjà entièrement tourné vers le «cinéma du futur». Gould a laissé une ingénieuse matrice sonore de *Filmoper* de fin de millénaire. Comme le rêve Christian Bourgois dans *Glenn Gould: extasis*, il aurait été passionnant de voir ce musicien face aux images et aux sons de synthèse qui se sont épanouis après sa mort. Le film de François Girard illumine les paramètres essentiels de cette création, un sujet de recherche constant, de fascination quasi insondable.

My name is François Girard

Thirty-two Short Films About Glenn Gould *continue de surprendre, son succès est très grand. On se demande comment un jeune cinéaste est arrivé à aborder un sujet pareil, si difficile. C'était une commande?*
Non. C'est un sujet que j'ai choisi.

Comment s'intéresser à un personnage d'une telle envergure, sachant d'emblée qu'il est déjà abondamment traité par les rééditions de disques et de vidéos, les colloques, la littérature... Comment aborder ce sujet sans craindre de tomber dans les clichés?

Je ne me suis pas posé ces questions-là au départ. Avant de commencer, je ne connaissais de Gould que sa musique et quelques histoires. Au-delà de la musique, je crois que c'est son caractère énigmatique qui m'a attiré. Je suis donc parti de presque zéro et j'ai abordé le sujet avec une certaine distance. Je crois qu'il était plus facile pour moi d'aborder Gould que pour les cinéastes de Toronto qui ont grandi dans l'ombre de son mythe.

La musique de Gould a complètement envahi ma vie pendant des années. C'est devenu presque obsessif. Mais le personnage de Gould va au-delà de la dimension musicale et j'espère que mon film le fait aussi. Gould était un grand penseur des communications. Un penseur tout court... Il concevait la musique comme un véhicule, non une fin.

Et la technologie moderne de la même manière, l'enregistrement phonographique, la radio...

Oui, il fut le premier à abandonner le concert pour se consacrer à une carrière d'enregistrement, dont il a suivi toutes les étapes de transformation. De la mono à la stéréo, du direct au montage, de l'analogique au numérique. Il a été un des premiers à monter ses enregistrements, il pouvait y avoir jusqu'à dix-sept coupes dans un seul mouvement, au moment où on considérait comme une hérésie le simple fait de penser au montage musical. Il savait domestiquer la technologie.

On dit parfois qu'une des particularités de la culture canadienne, c'est d'avoir eu un rapport d'avant-garde avec les médias, l'audiovisuel. Je pense à McLuhan.

Ce n'est pas tellement surprenant. Le Canada est un pays virtuel tenu par un chemin de fer qui le relie *coast to coast* et une série d'antennes qui font le relais entre Saint John's et Victoria. Le territoire commande l'utilisation des médias. En fait, si on enlève ces quelques institutions, je me demande ce qui reste du Canada.

Gould s'est intéressé à un thème très ancré dans la culture canadienne, celui de la nordicité et des grands espaces, où les médias sont nécessaires et vitaux. Mais le Nord chez Gould a aussi un sens symbolique. Il fait référence, à travers sa propre obsession, aux notions de solitude et d'au-delà. Une solitude et un au-delà que Gould cherche à rejoindre sans jamais y parvenir, sinon à la fin de sa vie. Dans la première image de mon film, on voit Gould qui revient du Nord. Ce n'est pas Gould qui revient de Hudson Bay, mais de cette solitude, de cet au-delà, pour venir passer un peu de temps avec nous.

Comment est venue l'idée d'approcher ce personnage par la dramatisation, sans documents d'archives?
Il n'a jamais été question de faire un documentaire. Dès le départ, mon idée était de faire un film biographique et d'incarner le personnage avec un acteur. Aucun document d'archives n'a été utilisé, à l'exception de la photo de Gould qui apparaît à la fin du générique.

En réalité, c'est un peu plus compliqué que ça. J'ai décidé de montrer du personnage trente-deux aspects, à travers trente-deux films brefs. Cette structure emprunte à l'œuvre marquante de la carrière de Gould, les *Variations Goldberg*, ses deux arias et ses trente variations. Je me suis donné la liberté de mêler les genres et les styles. On retrouve donc parmi les trente-deux films quelques interviews, films en réalité beaucoup plus près du documentaire que de la fiction, mais qui s'inscrivent très méthodiquement dans une structure dramatique.

Cette structure était fixée au départ?
Oui. J'avais besoin d'une idée du genre pour approcher le personnage. Tous les films biographiques se heurtent au même problème de devoir réduire à quatre-vingt-dix minutes la vie entière de quelqu'un. De plus, Gould est un personnage particulièrement complexe et dense. La structure en trente-deux séquences a été ma réponse à ce problème. J'ai d'abord cassé la statue de Gould en mille miettes, et ensuite, j'ai ramassé les morceaux qui m'intéressaient le plus, qui m'apparaissaient plus essentiels. Et puis je les ai recollés. Pendant des mois on a tra-

vaillé à construire ce collage. Le premier matériau utilisé, ce sont les cent dix heures de musique enregistrées entre 1955 et 1982. J'ai écouté tout ça chronologiquement, en notant ce qui m'intéressait de façon subjective. Puis j'ai examiné d'autres documents, ses écrits, articles, films, émissions de télé, photos, interviews; j'ai rencontré ses proches, les témoins.

Les gens sont très intrigués par la structure en fragments, alors qu'au fond, découper un récit en trente-deux fragments, le cinéma fait ça depuis cent ans. La seule différence ici, c'est d'avoir mis un noir entre les séquences, et d'avoir mélangé les genres d'un film à l'autre pour avoir des angles plus incisifs sur certains traits du personnage.

Si Glenn Gould existe dans mon film, c'est dans l'espace entre les séquences, dans les noirs, dans le choc de deux idées que le spectateur assemble. C'est un principe vieux comme le monde, affirmé ici de façon plus formelle. Je ne cache pas mes influences formalistes. Je suis un formaliste, très intéressé par le langage de la structure. J'aime les films de Greenaway, de Jarmusch, de Godard pour cette raison. Les spectateurs à qui on s'adresse aujourd'hui sont de grands experts en communication. Ils ont mille films et dix mille heures de télévision derrière eux. Cacher la construction du récit et la forme d'un film pour créer l'illusion d'une réalité est une idée désuète.

Cette manière interpelle le spectateur comme le disque le fait avec des plages. Une pièce, puis le silence, le noir sonore entre les plages phonographiques. Le film ressemble à cette facture.

Cela paraît plus visible dans ce film, mais c'est la même chose pour tous les films. Il y a toujours cette nécessité de rompre, de hacher de façon évidente ou non. De plus, la référence au disque et à la musique est davantage qu'une analogie. C'est le sujet même du film. Tout part de là. En dehors de cette référence aux *Variations Goldberg,* qui a inspiré la structure du film, il y a l'idée de cerner un personnage musical, un phénomène de musique.

Des critiques et des musicologues ont tenté de démontrer que Gould, en plus d'être musicien, était écrivain, artiste de la radio... une sorte de Vinci des communications. D'une certaine façon, ils avaient tort. Gould a touché à plusieurs médias mais les a tous abordés en musicien. Il s'est développé par la musique, il a écrit en musicien, il a fait de la radio en musicien et pensé musique toute sa vie. Tout vient de la musique. Il faut comprendre que Gould a passé toute son enfance et toute son adolescence à jouer Bach des jours et des nuits entières. Son cerveau s'est développé en forme de fugue. Quoi qu'il fasse, sa pensée est contrapuntique. C'est aussi dans la musique qu'il a développé son obsession du contrôle, de la perfection des formes, de la virtuosité dans l'exécution. Tout part de là pour rejoindre l'écriture, la radio, le disque, le discours et l'analyse. La clé de voûte du monde de Gould, c'est la musique.

J'ai été agréablement surpris que vous occupiez quelques séquences à parler de ses compositions radiophoniques. Son héritage de compositeur, n'est-ce pas la radio, ces essais radiophoniques, qui sont de vraies compositions musicales?

Tout à fait juste. Une des principales raisons qu'a données Gould pour justifier son abandon des concerts en 1964 était son intention de se consacrer à la composition. Il est mort en 1982. Durant ces dix-huit années, il n'a pas construit une œuvre de compositeur à proprement parler, bien qu'il ait exploré plusieurs avenues. Je laisse les musicologues se prononcer sur ce sujet mais une chose est claire: sa production n'est ni substantielle, ni homogène, ni organisée. En revanche, à la radio, où il avait commencé à travailler avant 1964, il a produit une œuvre beaucoup plus consistante. Son art de la manipulation et du montage, sa pensée contrapuntique ont trouvé un écho dans ses chefs-d'œuvre radiophoniques. Je pense entre autres à la fameuse *Solitude Trilogy*. Il a inventé la radio polyphonique. Il y a quelque chose d'extraordinairement cohérent dans cette démarche radiophonique par rapport à toute sa vie, sa pensée, son identité. On ne peut nier la qualité proprement musicale de ce travail. Il s'agit sans aucun doute de son legs en tant que compositeur. Je pense que mon film est assez clair là-dessus. Dans la séquence *Question with No Answer*, un personnage dit: «Vous avez quitté le concert pour faire de la composition. Mais après toutes ces années, il n'y a toujours rien de concret!» Je crois que Gould a répondu à cette critique par la radio.

Il est frappant, quand Gould parle de ses essais radiophoniques, qu'il utilise toujours le vocabulaire cinématographique: fondu enchaîné, gros plan, avant-plan, etc. Aujourd'hui en musique, on parle de «cinéma pour l'oreille». Est-ce que la composition radiophonique n'est pas pour Gould son cinéma à lui?

Oui, je pense que Gould pensait souvent en cinéaste. Il y a une notion claire du spatial dans ses travaux radiophoniques. Dans ses enregistrements aussi. Il a exploré les possibilités spatiales de son médium. Par exemple, pour enregistrer une sonate de Scriabine, il a placé dans le studio quatre paires de microphones placées à différentes distances du piano: très loin au fond de la salle, plus près dans la salle, à dix pieds du piano comme cela se fait normalement et à quelques pouces des cordes. Il a enregistré toutes ces perspectives sur multipiste, et au montage, dans un spectaculaire arpège descendant, il fait passer le point de vue de l'auditeur du fond de la salle à l'intérieur du piano dans une série de fondus enchaînés. Il y a quelque chose de cinématographique là-dedans. De la même manière, dans son documentaire radiophonique *Quiet in the Land*, il fait un long travelling avant qui amène l'auditeur à travers les champs, puis qui traverse une route pour rejoindre l'édifice d'une communauté religieuse et finalement entrer dans l'édifice.

J'ai bien aimé la séquence Truck Stop, *où Gould écoute les conversations dans un restaurant de la même manière qu'il compose pour la radio.*

Oui, j'ai utilisé cette scène pour illustrer le quotidien de Gould, mais surtout pour démontrer la genèse de son travail radiophonique et sa pensée radiophonique en relation avec Bach et la polyphonie. C'est la scène qui introduit le film *The Idea of North* qui suit juste après. Comme Gould, nous avons construit trois dialogues en contrepoint, nous avons fait parler tout le monde en même temps. C'est de loin la scène la plus difficile à mixer que j'aie jamais faite. On a tout recommencé trois fois. Là, on se frottait au talent d'exécution de Gould dans une comparaison directe.

J'ai compris pourquoi Gould mettait jusqu'à quatre cents heures de montage et de mixage pour chaque programme qu'il produisait.

Thirty-two Short Films About Glenn Gould utilise une palette très variée de sources sonores et de manières de travailler le son. Interviews en direct ou reconstituées dramatiquement, traitements diversifiés des musiques, jeux constants entre le in, *le* off, *le* over. *Par exemple, dans la séquence initiale du* Lake Simcoe, *le prélude de* Tristan *est d'abord en* over. *Un peu plus loin, on s'aperçoit que l'enfant Gould écoute ce passage wagnérien à la radio. Au début, c'est* off, *on ne voit pas l'enfant, puis cela devient* in *(on découvre le petit écoutant la radio), enfin c'est enchaîné en* over. *Ailleurs, dans la* Variation en do mineur, *vous rendez visible le son optique. Et puis, il y a l'utilisation de l'avant-plan très marqué pour certaines musiques ou des voix, comme des prises radiophoniques. D'où est venue l'idée de travailler le son dans tous ces modes?*

De la même manière que le scénario explore toutes les façons d'approcher un personnage. À travers des styles et des traitements différents, j'ai essayé d'ouvrir un éventail d'approches sonores. La bande sonore gère d'abord et avant tout un matériau musical, donc j'ai essayé de jouer de toutes les manières possibles en explorant un maximum d'interactions entre images et musiques. Sur l'ensemble, il y a, je crois, vingt-deux films qui font entendre la musique de Gould. Parmi eux, certains l'utilisent de manière traditionnelle comme support dramatique. Dans d'autres, la musique est moteur et déclenche toute la mécanique visuelle. Dans *CD-318*, par exemple, j'ai filmé l'intérieur d'un piano en action. La structure et la dynamique temporelle sont données par la musique. Dans *Hambourg*, il reçoit un disque et toute la séquence converge vers l'écoute d'une plage de ce disque. Dans *Variation en do mineur*, les pistes optiques sont visibles à l'écran, la musique de Beethoven est non seulement le sujet, mais le tout audiovisuel.

Un autre type d'utilisation est la musique comme sujet. Dans *Leaving*, à la fin, Gould roule en voiture dans la ville, on entend la sarabande d'une *Suite française*. Gould appelle Jessie pour lui dire: «Devine ce qui joue à la radio?» Il écoutait donc la musique en même temps que le spectateur.

Un jeu entre le son over *et le son du champ/hors-champ?*
Il s'agit en fait d'un glissement. Faire croire au spectateur à une utilisation dramatique de la musique, pour finalement contredire cette impression et impliquer le personnage. Il y a aussi la musique tapisserie. Dans *Gould Meets Gould*, où Gould se parle à lui-même, la musique est en arrière-plan. Elle n'est alors ni support dramatique, ni sujet, mais donne une texture à la scène et un rythme au personnage.

La durée de chaque séquence (du scénario au montage) s'est ajustée à celle des mouvements musicaux. Pas de *fade-in*, de *fade-out*, pas de coupes sauf à de très rares exceptions. Nous avons également essayé d'être très fidèles à la sonorité des enregistrements tels que Gould les avait conçus. On a fait plusieurs essais dans une salle de cinéma avant d'attaquer le mixage. On a découvert que la stéréophonie telle qu'on l'entend dans un salon, donc telle qu'elle est conçue dans la production d'un disque, donnait une certaine largeur à l'image stéréo. Dans une salle, cette image est réduite au centre. On a donc utilisé différents équipements pour forcer le son du film à une ouverture comparable à la stéréophonie en situation d'écoute domestique.

Vous allez au-delà de la musique, dans le traitement des voix et des bruits, en utilisant l'avant-plan et l'arrière-plan, le in, *le* off. *Est-ce que vous souhaitiez que cette tapisserie témoigne de la continuité de l'enregistrement musical, qu'elle aille jusqu'à la conception musicale sonore de type radiophonique?*
Pour être logique avec l'idée de départ, il devait y avoir trente-deux idées sonores, autant d'utilisations possibles de la musique et des montages sonores. C'est d'abord la vision d'ensemble d'un segment qui déclenche une idée sonore. Par exemple, dans la scène d'ouverture, Gould marche vers nous sur la neige et vient nous retrouver. Il apporte avec lui la musique. Cette image d'un homme qui marche vers nous devient la métaphore de cet homme qui revient de l'au-delà, portant avec lui sa musique. L'idée sonore qui soutient cette image est toute

simple. Une musique d'abord entendue très, très faiblement, puis amenée en *crescendo* à la pleine présence. Le montage son et la musique contribuent à une seule et même chose, l'évocation d'une idée qui n'existe pas dans le réel. Cette fusion entre musique et montage sonore est essentielle mais si difficile à obtenir. Malheureusement, cette approche est souvent négligée. Trop souvent, le montage son ne fait que supporter un prétendu «réel» et, pour terminer le film, on étend une musique avant de passer au mixage. Cette approche m'ennuie comme réalisateur et surtout comme spectateur.

Pour *Thirty-two Short Films About Glenn Gould*, on a essayé de respecter ce genre d'idées-là. Mais, une fois de plus, je crois qu'on aurait pu aller plus loin. J'ai passé des mois à travailler le matériau musical. On aurait pu aller aussi loin avec tout le reste de la bande sonore. Les moyens nous ont fait défaut. Mais je crois que je suis le seul à m'en faire avec ces détails. La seule question qui compte vraiment, c'est de savoir s'il y a un personnage qui vit et respire sur l'écran. Si ça se produit, la partie est gagnée à 90 %.

L'autre aspect essentiel, dans ce cas-ci, était de transporter les enregistrements de Gould dans le médium cinéma, avec le minimum de pertes à tous les niveaux, et de permettre une rencontre entre cette musique et un public. Cette rencontre a eu lieu, je crois, en grande partie à cause de la force de la musique elle-même. La bande sonore du film s'est très bien vendue aux États-Unis, et s'est classée quatrième pendant plusieurs semaines au *Billboard* classique.

> *J'aime beaucoup la manière dont on peut faire un avant-plan très marqué avec la voix d'un personnage, comme Scorsese l'a fait avec la voix du Christ dans* The Last Temptation of Christ (La Dernière Tentation du Christ). *Dans le* Gould *aussi, cette voix est en avant-plan, comme toujours murmurée, collée au micro. Cela donne l'image sonore d'un personnage secret, qui se confie à voix basse, qui ne crie pas... C'est le mode radiophonique de traitement de la voix. Welles travaillait beaucoup comme ça aussi au cinéma.*

À la fin du film, sur un long noir de trente secondes, on entend la voix d'un animateur radio qui annonce la mort de

Gould. Cette voix ne pourrait être plus collée au microphone. L'effet est intéressant. Soudainement, il n'y a plus d'espace... qu'une voix et des centaines d'oreilles qui flottent dans le noir.

Dernier exemple. Dans Practice, *le piano est entendu en* over, *on voit que Gould écoute. Un personnage écoute la bande sonore du film, c'est moderne comme traitement. Il écoute un de ses disques à ce moment-là?*

Non, c'est la musique dans sa tête qu'il écoute. Plus précisément: c'est la bande sonore du film qui écoute ce que lui entend dans sa tête. *Practice*, c'est un film sur un pianiste qui ne joue pas de piano.

Comment interpréter le grand succès de Thirty-two Short Films About Glenn Gould?

Quelques centaines de hasards qui se produisent au bon moment et dans le bon ordre. Je ne sais pas. Ça ne se planifie pas en tout cas.

Ce que je sais en revanche, c'est que l'aventure de *Thirty-two Short Films About Glenn Gould* a renforcé ma conviction dans une certaine vision du cinéma. J'ai du respect pour tous les cinémas. Comme spectateur, je vais tout voir, et ce que j'aime n'a pas de genre ni de pays. Je suis très bon public. Quand les lumières s'éteignent et que la séance commence, j'aime tous les films... jusqu'à ce qu'ils soient mauvais. En contrepartie, comme cinéaste, je suis beaucoup moins tolérant. Je passe mon temps à déchirer mes scénarios et à refuser ce qu'on m'offre pour une raison simple: j'essaie de faire des films que je n'ai pas vus. Disons que je me fais la vie dure.

Les étiquettes «films d'auteur», «films commerciaux», «films grand public», «films d'essai» et autres ne veulent pas dire grand-chose. C'est le langage des distributeurs. Tous les cinéastes du monde veulent faire un bon film et tous veulent avoir des salles pleines. Et le succès ne vient jamais là où on l'attend. Je pense qu'on fait toujours trop de catégories. L'impact de *Gould* dans ma démarche est d'avoir fait la preuve, à mes yeux, qu'un film de recherche qui ne joue sur aucune recette préétablie peut devenir commercialement viable. Un film qui tourne le dos à toutes les conceptions hollywoodiennes peut réussir à Hollywood. Mon film est l'anti-carte de visite hollywoodienne, et soudain je reçois une quantité d'offres des États-Unis. On peut faire un cinéma d'exploration qui atteint le public. En ce sens, *Gould* est un stimulant qui m'encourage...

Notes

1. *Radio as Music*, réalisation de John Thompson, CBC, Toronto, 1975.
2. Voir *Glenn Gould pluriel*, textes réunis par Ghyslaine Guertin, Montréal, Courteau, 1988. *The Solitude Trilogy* comprend: *The Idea of North* (1967), *The Latecomers* (1969), *The Quiet in the Land* (1977). Là-dessus, voir l'analyse de John P.L. Roberts, p. 169. Sur ce corpus, voir Thérèse Sabriat, p. 198.
3. Voir aussi l'hypermédia produit par The Banff Centre et réalisé par Henry See, *The Glenn Gould Profile*.

ÉPILOGUE

L'opéra sans nom,
ou «l'opéra de New York»?

Dans les années 50, quand s'amorce la décadence du *musical* hollywoodien, un double événement en illumine paradoxalement la crise majeure.

Le premier est la production de *Carmen Jones* et son énorme succès commercial en Amérique, puis l'affaire de son interdiction en France, qui scelle pour vingt ans ce film dans le nouvel enfer d'un index juridicomoral. De même que le chef-d'œuvre de Bizet peut être considéré comme «l'opéra par excellence[1]» à cause de ses capacités d'être à la fois populaire et de satisfaire les plus exigeants des musiciens savants, le *Carmen Jones* de Preminger est le *musical* filmique emblématique du nouvel opéra américain.

Le second événement est que cette *Carmen Jones* voisine avec *Porgy and Bess*. Le chef-d'œuvre de Gershwin accomplit lui aussi la fusion entre les racines musicales populaires afro-américaines et la science musicale de l'Europe contemporaine, de la France surtout (Debussy, Nadia Boulanger, Ravel...). Que ces deux opéras soient au cœur de la négritude américaine ne fait qu'ajouter à l'inconfort de leur présence. Dans une de ses farces cyniques et désabusées, très révélatrice, Oscar Levant aurait déclaré que *Porgy and Bess* était le plus grand opéra *juif* américain!

Profanation/alchimie

Dans ce métissage des cultures juive et afro-américaine dans le *musical* se situe une partie de la gêne et du non-dit véhiculés par l'affaire *Carmen Jones* en France, puisque le mot-clé de l'argumentation juridico-morale de défense de la mémoire et de l'intégrité de l'œuvre de Bizet est bien celui de *profanation*.

Cette chicane illustre le fossé infranchissable entre le statut au XXe siècle de l'opéra européen du répertoire, et la création d'un nouvel opéra contemporain, qu'un Kurt Weill promut en Europe, mais dont il ne trouva ou n'envisagea les éléments de résolution que sur Broadway et à Hollywood. Son cheminement à ce titre est emblématique aussi, de même que la froideur à son égard en France, jusqu'à tout récemment.

Ce qui ne veut pas dire que le même «procès» n'a pas eu lieu aux États-Unis, ou du moins le même démêlé juridico-esthétique. Hollywood, tout compte fait, a en général forcé le *musical* à se limiter à un genre étroitement encadré, autant par les codes de morale que par ceux de la production et du financement, voué aux succès commerciaux de masse, dans une industrie culturelle où la «popularité» se joue majoritairement à l'aune du tiroir-caisse, non pas grâce à l'alchimie des métissages.

Car l'alchimie est une quête insensée, le rêve infini d'un œuvre au noir qui, rapidement, aux yeux des holdings hollywoodiens, prend l'allure d'une messe satanique. Le véritable opéra filmique américain, le *Filmoper*, c'est l'alchimie de l'image en mouvement et du son par la musicalité. Rétrospectivement, on s'aperçoit qu'il y en a finalement très peu à Hollywood, surtout quand ces opéras s'alimentent aux racines des cultures populaires juive, afro-américaine et européennes. Les visées de Gershwin, de Weill et de Bernstein, tout comme de leurs épigones dans le *nouvel opéra audiovisuel*, sont apparues à plusieurs comme un joli sabbat!

Car, contrairement à ce que prescrit le genre à Hollywood, le vrai *musical*, s'appuyant justement sur le pouvoir de la musique, son énergie et sa liberté, peut répandre une certaine terreur idéologique et morale. La musique n'a pas de sujet, de récit, de programme, de propos. Elle parle et s'exalte d'elle-même; pas étonnant, dans cette optique, qu'il soit congénital au *musical* de se choisir comme sujet et objet de quête, d'extase et de mort.

Si le *Filmoper* a contribué à la popularisation de l'opéra par la cinéphonographie, c'est bien d'abord par sa rupture radicale avec l'*Opernfilm* européen et le risque qu'il a pris de l'accusation de profanation. Mais l'eau a coulé amplement sous les ponts depuis *Carmen Jones*, et ce qui pouvait paraître comme un repaire de sorcières et de démons se révèle maintenant comme un laboratoire pour le nouvel opéra, ce que Luigi Nono appelle «un nouveau théâtre musical toujours en devenir[2]». Tout laboratoire, malgré parfois un air un peu hirsute et débridé, construit des formes matricielles pour l'avenir.

Le premier siècle du cinéma aura entre autres servi à cette passionnante renaissance: succéder à l'opéra scénique vieux de trois siècles et l'installer, en le renouvelant de fond en comble mais sans en renier la richesse patrimoniale, dans un lieu et avec des moyens contemporains, la cinéphonographie. Ce siècle fondateur, s'il nous paraît parfois bien long, est, au vu d'une plus large histoire ouverte sur le prochain millénaire, peut-être encore tout juste expérimental et embryonnaire. La musique n'épuise jamais ses extases, pas plus que les sons originels ne cessent de clamer le pouvoir du *prima la musica*...

Le *Filmoper* existe-t-il encore?

Ce caractère fragmentaire explique peut-être que ce nouvel opéra nord-américain, ce *Filmoper* inédit, n'ait pas encore reçu le baptême d'un nom générique. On l'a vu, Kurt Weill a hésité, parlant d'un «espace gigantesque situé entre les deux genres[3]», entre l'opéra et le *musical*.

Leonard Bernstein aussi, comme on l'a déjà noté: «Peut-être le mot opéra n'est-il pas celui qui convient[4].» John Mauceri le décrit, en le situant dans un lieu vague entre l'opéra et le *musical* de Broadway, comme «cette chose entre les deux qui n'a pas de nom[5]». Stephen Sondheim, pour sa part, trace une ligne de démarcation radicale entre l'opéra et le *musical*: «L'opéra est plus proche du concert rock que du *musical*, parce qu'il est centré sur l'interprète. C'est l'interprète qui compte, non le *song*[6].» À propos de *Porgy and Bess*, beaucoup s'interrogent: est-ce un opéra, ou un drame musical de Broadway[7]?

Cette difficulté est presque aussi ancienne que la forme même de l'opéra. William Christie ne rappelle-t-il pas qu'en Angleterre, du temps de Purcell, le mot *opéra* désignait une pièce dramatique moitié parlée, moitié chantée, confiée à des acteurs qui chantaient? De la sorte, «opéra» signifiait au XVIIe siècle ce que les Anglo-Saxons appellent aujourd'hui le *musical*. Cette ambiguïté du drame lyrique a essaimé dans la cinématographie lyrique. Pour le cinéma américain, tout comme pour ceux du Québec et du Canada, on peut faire sursauter si on donne le nom de film-opéra à divers films musicaux opératiques. Ces films bâtards (ce «cinéma impur», comme l'appelle Alain Resnais) ont pourtant connu une évolution fulgurante, ne serait-ce que sous le vocable très général et très flou de *musicals*.

Où en est rendu, en fin de siècle, ce *Filmoper* nord-américain? Il n'est déjà plus dans le cinéma, sauf en de rares exceptions. À la fin du documentaire américain de Margaret Selby *Everybody Dances Now* (1991), le critique musical Nelson George déclare calmement: «La vidéo musicale est le *musical* du temps présent, même en forme compacte[8].» Le film-opéra a subi une profonde mutation technologique: il est traité électroniquement, s'est aminci par la miniaturisation qui le fait tenir dans le format du clip ou du court et moyen métrage, il est diffusé par la télévision et la vidéo. Même le long métrage se plie à cette norme. François Girard fait remarquer que son *Secret World*, le concert de Peter Gabriel, même tourné sur pellicule, n'existe que monté sur support électronique et informatique et ne fait désormais plus l'objet de projections en salles de cinéma.

La formule compacte triomphe, et retrouve paradoxalement la dimension du bref opérascope des origines du cinéma, comme en témoignent les recherches sur l'archéologie du clip[9]. Le clip a toujours existé depuis Edison, il s'est déployé dans les courts métrages musicaux de l'aube de la commercialisation du film sonore, puis dans les *soundies* et les Scopitones. Il était d'ailleurs souvent à l'œuvre dans les longs métrages mêmes, sous forme de numéros enchâssés dans l'intrigue plus ample. Certains montages de ces courts opérascopes, cachés dans les longs *musicals*, avaient même autrefois le rythme et la trépidation du clip. Revoyons Minnelli, par exemple dans *The Band Wagon*, lors de la séquence des «Triplets», ou encore dans celle déjà analysée de la dernière partie d'*On a Clear Day You Can See Forever*.

Au niveau esthétique, la vidéo musicale a aussi contribué à approfondir son alimentation aux racines jazziques: dans ses ramifications nombreuses du rock-pop, certes, mais en particulier dans le grand succès du rap (magnifié aussi par Spike Lee au cinéma), qui renoue si adroitement avec l'ancienne matrice de *parlar cantando* accompagné de danse. Pensons encore à Minnelli, quand le numéro *The Great Lady Has an Interview* fait «rapper» avant la lettre ses interprètes, ou encore à la première séquence de *West Side Story*.

La vidéo musicale semble d'autant plus dans la mouvance du film musical que, comme pour lui, l'impureté même de son caractère spécifique continue de se manifester. Si peu de compositeurs ont écrit directement pour le *Filmoper*, la vidéo musicale témoigne aussi de son origine dans le spectacle *live* et dans la phonographie. Mais cette cohabitation entre arts d'interprétation et transpositions dans l'audiovisuel n'a jamais empêché que se développe une authentique écriture filmique ou vidéographique pour la construction du *Filmoper*. C'était tout l'argument fondateur de Kurt Weill, qui n'envisageait la création de nouveaux films-opéras qu'avec les conditions et les ressources du cinéma sonore. Peter Sellars a repris cette idée lors du tournage de sa trilogie Da Ponte/Mozart, soulignant que «pour l'opéra, ce qui compte n'est pas la mise en scène de l'intrigue, mais celle de la musique[10]».

Du côté des indépendants et des avant-gardistes, le même phénomène de transmutation a joué. John Cage plaçait des films de Michael Snow dans ses concerts-performances[11]. Steve Reich, commentant les films de Snow, aime par exemple dans *Wavelength* la tension entre le jeu sur le temps (le long zoom avant et le crescendo de son parallèle sonore) et les éléments dramatiques qui se déroulent dans la sphère de cet espace-temps[12]. Frank Zappa a travaillé sa musique en film et en vidéo. Des films comme ceux de Tom Waits, *Big Times*, ou de Laurie Anderson, *Home of the Brave*, sont à la frontière entre l'art cinématographique et l'art vidéographique.

L'espace créatif de la vidéo d'art a aussi trouvé un terrain fertile pour la création de nouveaux opérascopes. David Lynch s'est associé à Angelo Badalamenti pour le vaporeux et inquiétant *Industrial Symphony N° 1*. Maints cinéastes-vidéastes ont aussi «clippé» pour nourrir le filmique électronique, par exemple Steve Barron ou Bob Giraldi, mais c'était sans compter avec le studio américain Zbig Vision, monté par le Polonais Zbigniew Rybczynski, et qui a produit entre autres *The Orchestra*, un sommet de l'opérascope des nouvelles technologies, magnifique moyen métrage qui est une sorte de remake électromagnétique de *Fantasia*. Rybczynski a choisi six pièces archiconnues de Mozart, Chopin, Albinoni, Rossini, Schubert et Ravel, qu'il enfile en les situant dans un faux théâtre d'opéra, et qu'il relie par quelques bruitages brefs, bizarres et inattendus.

Du côté québécois, deux réalisations s'imposent. *La Voisine*, de Diane Poitras, adapte un spectacle de Dulcinée Langfelder, danseuse montréalaise d'origine new-yorkaise, mettant en lumière et en chorégraphie une femme esseulée d'un quartier populaire de Montréal qui, suivant la réalisatrice, «a fait son credo du rêve américain et vit en tête à tête avec son téléviseur». Sur des musiques originales de Christian Calon et de Robert Marcel Lepage, tissées à des emprunts phonographiques de Ravel et de Weill, *La Voisine* opère un subtil syncrétisme entre la culture américaine du *musical* et celle de la solitude québécoise dont la seule fenêtre est un écran de téléviseur. Dans sa dynamique même, ce film télévisuel apparaît comme une synthèse de l'opérascope nord-américain ancien et nouveau.

Le vidéogramme de Charles Guilbert (musique de Patrick Lafond) *Rien ne t'aura, mon cœur* est une rare incursion dans le genre musical. S'adressant d'abord à l'oreille, comme le fredonne la chanson d'ouverture, avec «une vingtaine de chanteurs de la vie de tous les jours», mais offrant aussi à l'œil mille sortes de décors et d'objets fabuleusement insolites, ce film décapant, mélancolique, suintant l'humour par chaque note et chaque image, prolonge la veine si originale des œuvres antérieures de Guilbert et de Serge Murphy comme *Le Bal des anguilles* et *Sois sage, ô ma douleur*. Continuité qui se métamorphose ici en chansons et en danses, *Rien ne t'aura, mon cœur* est un heureux et inattendu postmusical.

La vidéo musicale et la vidéo d'art sont devenues porteuses du *Filmoper*, et appellent à des recherches et à des analyses spécifiques qui débordent les limites du présent essai. Ce qui n'empêche pas, au sein de la profusion vidéographique, la cohabitation avec le *musical* filmique proprement dit. Il n'y a pas de mort véritable en la matière, l'extinction du *musical* cinématographique n'est pas absolue. Au moment où on ne s'y attend plus, surgissent d'heureuses surprises, des miracles, dont on peut citer quelques exemples en fin de parcours.

En baisser de rideau, s'offre un choix entre *Blues Brothers 2000*, pour lequel John Landis ressuscite avec brio la mémoire de l'original tout en mettant un terme à son deuil de Belushi, ou encore une séquence de *The Big Lebowski*, quand Joel et Ethan Coen transforment un cauchemar du Dude en numéro de *musical* qui se détache quelques minutes de la musicalité d'ensemble d'un film où s'incrustent en mosaïque les mesures du compositeur Carter Burwell, les décors sonores de Skip Lievsay, de même que nombre de citations phonographiques de Korngold, Mozart, Meredith Monk, Moussorgsky, Bob Dylan, Yma Sumac et *tutti quanti*. Pas étonnant alors que les frères cinéastes aboutissent à *O Brother, Where Art Thou?*, authentique *musical* construit avec une mosaïque ingénieuse de musiques populaires américaines.

On peut évoquer aussi un des rares *musicals* canadiens à avoir été concoctés à Toronto, *Zero Patience*, scénario et réalisation de John Greyson, musique de Glenn Schellenberg. Cet opérascope suit de peu le *Thirty-two Short Films About Glenn Gould* de François Girard, torontois aussi par son producteur Rhombus Media. Avec son écriture filmique très décontractée, *Zero Patience*, s'inspirant de la grande liberté du *musical*, réussit le mélange des genres, dans l'esbroufe et le sérieux, la douce folie et la mélancolie.

Fignolé avec des moyens assez simples, ce *musical* à petit budget aborde la question du sida de manière à la fois grave et loufoque, faisant mine d'utiliser une forme pédagogique propre à renseigner une jeunesse qui ne comprendrait les choses qu'à travers la musique, le clip et les contes mythiques des jeux vidéo. Un peu à la manière d'un cours d'immersion en sexualité. Ainsi les trucs du *musical* sont-ils utilisés pour représenter, en chants et en danses, les animaux contagieux, les sorcières du virus dans le sang (piscine post-Esther Williams!), le décor surréaliste pour les essais de traitements antisida, sans compter trois danseurs nus dans les douches ainsi que deux anus en forme de bouches qui font du *lipsync*!

L'ensemble est coulé dans une atmosphère pseudo-*scholar* de recherche, visant au fond à contrer les mythes que le sida viendrait des Africains, des gais, des prostitués et des héroïnomanes. Un moment hilarant se produit lors de l'enquête sur la prétendue origine de l'apparition du sida en Occident, dont le virus aurait été véhiculé par un agent de bord québécois au début des années 80. Le chercheur confie à son directeur, dans un chuchotement abyssal de secret d'État, que le virus a été effectivement généralisé par un *FRENCH-CANADIAN*! Il faut voir la tête médusée du directeur lors de cette révélation, à placer dans le contexte canadien-anglais survolté à l'idée de l'indépendance du Québec. L'agent de bord Zero Patient est décédé depuis longtemps, il se promène maintenant en fantôme, et fait le bonheur du chercheur qui s'extasie: «*You're my first gay ghost!*» Zero Patient deviendra un héros pour avoir contribué aux recherches qui ont conduit... au *safe sex*.

À sa manière, *Zero Patience* prolonge le succès étonnant de *Falsetto* à Broadway (autre *musical* doux-amer sur le sida), continuant ainsi à renforcer le puissant lien nord-sud avec New York, et qui offre peut-être le premier authentique *musical* (ou anti-*musical*) canadien-anglais.

Autre film-opéra inattendu, voici la Cendrillon des dictatures latino-américaines. Adaptation de l'ouvrage lyrique contemporain de Tim Rice et Andrew Lloyd Webber, *Evita* d'Alan Parker (1996) est-il un épiphénomène, comme il l'était peut-être il y a vingt ans lors de sa création phonographique (en 1976, avant son adaptation pour la scène deux ans plus tard)?

Astéroïde isolé, *Evita* surprend à la fois par sa présence inattendue dans l'industrie du cinéma et par son *texte* inusité (livret et musique). S'il s'agissait de l'adaptation filmique d'immenses triomphes comme *Cats* ou *The Phantom of the Opera*, on comprendrait la manœuvre. Mais son sujet et sa forme musicale avaient de quoi rebuter. Contrairement au *musical* fondé sur l'alternance des dialogues et du «chanté-dansé», *Evita* est un opéra sans séquences parlées. Son propos singulier vient du fait que le livret puise dans la politique contemporaine, choix rarissime dans l'art lyrique moderne, qui a toutefois inspiré, ces dernières années, les compositeurs américains John Adams (*Nixon in China* et *The Death of Klinghoffer*) ou Stewart Wallace (*Harvey Milk*). De plus, *Evita* utilise un élément brechtien (peu fréquent dans les *musicals*) pour cimenter les divers tableaux de la vie d'Eva Peron: le rôle de Che sert de narrateur-commentateur, tissant et éclairant les diverses péripéties, aidant du même coup le spectateur à se distancier des méandres émotifs du parcours de cette *Cenerentola* contemporaine.

Alan Parker, déjà si adroitement sensible dans les films musicaux *Pink Floyd. The Wall* et *The Commitments* (*Les Commitments*), signe une mise en scène de la musique à la fois fluide et nerveuse. En revanche, scénariste en compagnie d'Oliver Stone, il semble avoir eu tort d'exiger la composition d'une nouvelle chanson d'amour pour la dernière partie. Cette idée alourdit trop romantiquement le film et enlève à l'original le côté abruptement tragique de la mort d'Eva Peron, fatalisme ponctué de cloches graves *decrescendo*. De plus, la distanciation – le rôle de Che – ne fonctionne pas de manière éclairante dans le film. Mécanique scénique qui agit adroitement au théâtre, son utilité au cinéma est plus ambiguë. Le personnage, tel que filmé par Parker, a trop souvent l'air d'un complice de l'opportunisme d'Evita plutôt que d'une voix permettant de s'en démarquer. C'est l'ensemble de la mise en scène filmique qui devrait assurer le regard critique.

De tous les opéras d'Andrew Lloyd Webber, seul *Jesus Christ Superstar* avait auparavant bénéficié d'une adaptation filmique, en 1973. *Evita* inscrit de manière partiellement convaincante, dans le rare film-opéra contemporain, un ouvrage lyrique singulier et fascinant. *Success story* sans issue, destin médiatisé qui eut son instant de fulgurance dans la partie hideuse de l'histoire de l'Argentine, la vie d'Eva Duarte se prolonge dorénavant par la musique, comme les harmoniques d'un cauchemar politique.

Et puis, comment ne pas voir *Moulin Rouge*, de Baz Luhrmann (2001), comme une sorte de synthèse d'un siècle de *musical*?

Chante enfin la lune de Méliès... Le réalisateur irradie une intelligence rare, celle du *musical* américain du passé, que seule une archéologie audiovisuelle peut recréer avec les moyens d'aujourd'hui.

Ce que le cinéaste accomplit est assez exceptionnel: son film navigue, avec ironie et sensibilité, dans l'espace du vingtième siècle, pour explorer et synthétiser l'ensemble du *musical* de tout un siècle, morceau de cette musique contemporaine qui – Menuhin le disait avec émotion – a eu l'extraordinaire chance de voir naître le phonographe et le cinématographe.

De Jacques Offenbach au rock, au rap et au disco, en passant par les Beatles, David Bowie et Brian Eno, de Méliès à Renoir, des voix frêles mais justes de Nicole Kidman et d'Ewan McGregor au ténor puissant de Domingo, de la Marilyn Monroe de *Diamonds Are a Girl's Best Friends* au Georges Van Parys de *La Complainte de la butte*, *Moulin Rouge* fait le tour de la cinémathèque du *musical*, tire un rideau sur le premier acte du XXe siècle, puis l'ouvre sur le nouveau grâce à un film très métissé. Un *musical* à la fois classique et clippé, volontairement assis dans un Paris de carton-pâte et de maquettes, de lignes et de couleurs à la Toulouse-Lautrec (comme chez Minnelli ou le Renoir de *French Cancan*), mais en même temps pétaradant des flashs de la vidéo musicale, des travellings et des effets spéciaux électroniques, sans compter ses trouvailles et clins d'œil. La lune de Méliès se met à chanter comme à l'opéra. Ou bien on évite le cliché de la musique d'Offenbach pour le french cancan, empruntant plutôt une seule musique du maestro et la brassant à la sauce de chorale rap. Joli et surprenant déplacement.

Luhrmann se promène dans ce XXe siècle de bric-à-brac comme un authentique amoureux du *musical*, un collectionneur qui a épousseté les artefacts du musée pour recréer du neuf, comme les platinistes d'aujourd'hui inventent de nouvelles musiques à partir de vieux disques vinyle. Syncrétisme casse-cou, à faire retrousser le nez à maints cinéphiles et mélomanes, mais dans ce cas-ci très bien réussi.

L'opéra de New York

Les berges de la Seine, la nuit d'un réveillon de Noël, dans un Paris vu par le prisme de New York. Joe (Woody Allen) retrouve son ex-femme Steffi (Goldie Hawn). C'est presque la fin d'*Everyone Says I Love You* (*Tout le monde dit «I Love You»*). Le couple à nouveau réuni, l'espace d'un moment nostalgique et fugitif, se prend à murmurer de tendres mots, puis à danser. Un blues assez banal, d'abord, qui se transforme soudain en ballet surréalisant: Steffi glisse magiquement sur la berge, ou s'envole vers le ciel; debout, Joe la tient un instant au bout de ses doigts. Dans ce film musical, précise Woody Allen, la vie se déploie comme dans un *cartoon*. Les corps s'allègent, chantent et dansent, après avoir bougé sur le plancher des vaches, et dialogué, souri ou pleuré.

«Aucune liste de films sur New York ne serait complète sans les œuvres de Woody Allen», déclare Martin Scorsese. Évoquant *Manhattan*, le complice Scorsese loue ce «merveilleux cri d'amour doux-amer à New York». La mythologie de la *Big Apple* n'aurait pas été complète pour Allen s'il n'avait, dans son parcours, abordé aux rivages du *musical*. Après tout, le sociologue américain John Dizikes, dans son essai *Opera in America*, qualifie à juste titre le *musical* de Broadway d'«opéra de New York».

Everyone Says I Love You brille maintenant de tous ses feux «en chanté et en dansé». Mais Woody Allen n'en avait-il pas offert un avant-goût quand, dans le finale de *Mighty Aphrodite* (*Maudite Aphrodite*), le chœur grec, sur les falaises méditerranéennes, entonne et «swingue» son très new-yorkais *When You're Smiling (The Whole World Smiles With You)*? Si la tragédie d'Œdipe peut se métamorphoser en *musical*, un film de Woody Allen aussi en est capable, à condition d'y mettre New York en gros plan, c'est évident, mais aussi Paris (hommage indirect au Gershwin d'*An American in Paris*?), et pourquoi pas Venise, que le cinéaste aime pour des raisons personnelles mais qui est depuis longtemps le décor naturel de tant d'opéras.

Pour ce premier essai en *musical*, coup de maître. Woody Allen innove en ne choisissant pas nécessairement des chanteurs-comédiens, mais plutôt des comédiens qui tout à coup chantent, avec ou sans une bonne voix. Le réalisateur ne leur demande pas non plus de danser, sauf quelques pas gracieux comme tout le monde sait faire, mais les entoure de vigoureux danseurs pour ponctuer son récit de superbes numéros chorégraphiques: sur la 5ᵉ Avenue, les mannequins d'une vitrine d'Yves Saint Laurent s'animent; les clients et le personnel d'un hôpital ou d'une boutique de bijoux s'agitent, ou encore les fantômes des ancêtres à la fin d'un dîner de famille; un soir de réveillon de Noël à Paris, les invités sont tous déguisés en Marx Brothers; sans compter le ballet final sur les berges de la Seine, où Goldie Hawn peut témoigner, par exception, de son métier dans le *musical*.

Les séquences chantées ne sont pas moins ludiques, quoique tenues par des voix douces et petites, *sotto voce*, y compris celle de Woody Allen, fragile et timide, dans *I'm Thru With Love*. Le film démarre en coupe franche par une chanson, *Just You, Just Me*, qui donne le *la* pour tout l'ensemble (la mélodie se retrouvera même, par un beau clin d'œil, sur le violon classique d'Itzhak Perlman). Ce premier duo d'amour, tressaillant à travers les jets d'une fontaine, est bientôt grossi d'un chœur de *nannies* promenant des bébés en poussettes. Et c'est ainsi, de fil en aiguille, tout au long de près de vingt-cinq pièces musicales style Broadway, où se glissent quelques bribes d'italien et de français, voire d'hindi lors d'une irrésistible séquence de taxi new-yorkais conduit par un sikh. Le réalisateur fait même chanter une phrase à une jeune fille en sanglots, peut-être une première dans le *musical*!

Toutes ces musiques, au fond, disent et redisent le propos toujours recommencé du cinéaste: l'amour va et vient, rit et pleure, s'apaise puis replonge dans l'angoisse. Ce qui frappe néanmoins, ce qui imprime à ce *musical* une bonne touche de modernité, est sans contredit le caractère fatalement délétère de l'amour. Rien ne tient, chaque coup de cœur est éphémère et fugitif, sourit et repart. Chacun semble retomber sur ses pieds, automate remonté comme si de rien n'était. Derrière cette façade décontractée, circule une sorte de mélancolie quasi tragique, l'image d'une famille qui ne tient plus qu'à un fil prêt à être coupé, peut-être par quelques Parques invisibles.

L'amour, plutôt que vécu, est devenu objet de notes de musique. C'est sans doute là que réside sa permanence. Pour paraphraser Scorsese, *Everyone Says I Love You* ressemble à un cri d'amour doux-amer pour l'opéra de New York.

N'est-ce pas le nom qui s'impose en définitive? Le *Filmoper* nord-américain a bien mérité d'être appelé l'*opéra de New York*. C'est du cœur de Manhattan que naît sa matrice de Broadway, ou son premier modèle de film-opéra grâce à *Applause*. Son émigration en Californie hollywoodienne ne change rien à l'affaire. L'opéra de New York est fondateur du film-opéra américain dans le *musical* et le post-*musical*, de même que dans les sources principales de l'underground et du cinéma indépendant. Cet opéra a réussi le plus éblouissant métissage qui soit, dans l'art lyrique contemporain, des gains de modernité du répertoire européen et de sa rencontre avec le jazz afro-américain. *Porgy and Bess* en est sans contredit l'épitomé, et Gershwin, son «nouveau Mozart» (dont Leonard Bernstein rêvait en pensant à lui-même), comme le laisse deviner le beau film d'Alain Resnais.

D'autres figures témoignent, plus visiblement peut-être, de ce métissage de l'opéra européen et de celui de New York. Si *Carmen Jones* en reste la borne emblématique, deux autres se sont aussi imposées.

Celle d'abord du Pierrot au visage enfariné, véhiculé par le mythique Caruso grâce à l'aria *Vesti la giubba* d'*I Pagliacci*, dont le visage sanglotant et barbouillé s'est retrouvé dans les balbutiements du cinéma sonore naissant. Cette figure, issue des lointaines contrées du théâtre et du cirque, s'imposa de manière si puissante, par le truchement de la voix du ténor italo-américain, qu'elle est réapparue sous de multiples formes. Au Québec, on en trouve des traces jusque dans le cinéma des premiers âges, quand les bonimenteurs musiciens des petits films opérascopes furent appelés des *paillasses*[13]. Ailleurs dans le *musical* américain, un Lawrence Tibbett la fit revivre dans l'intrigue hollywoodienne de *Metropolitan*. Enfin, comment ne pas voir à l'œuvre ce gros plan de Canio-Paillasse dans le métaphorique *Be a Clown* filmé par Minnelli?

La seconde figure, plus prégnante encore, est celle de Faust, partout et indéracinable depuis l'enregistrement en direct sur cylindre, en 1904, par Lionel Mapleson, au Metropolitan Opera. Bien sûr, le colossal succès de l'opéra de Gounod en Amérique y fut pour quelque chose, jusqu'à assurer le triomphe dramatique de Jeanette MacDonald dans *San Francisco*. Mais n'oublions pas le relais que lui assura Buster Keaton dans son film «muet» *The Haunted House* (1921), où les moqueries sur l'opéra et sur *Faust* (dont un intertitre dit que les musiciens sont en train littéralement de l'«exécuter») préfigurent le déboulonnage des Marx Brothers dans *A Night at the Opera*. L'icône de Faust a aussi hanté Mamoulian, inspiré Betty Comden et Adolph Green pour *The Band Wagon*, structuré *The Phantom of the Paradise* après quelques fantômes de l'Opéra, avant de s'incruster dans *The Age of the Innocence* de Scorsese. L'opéra rock *Faust* (1996), pour sa part, présente déjà l'infrastructure phonographique d'un possible film-opéra.

Le mythe de Faust a aussi marqué fortement Leonard Bernstein, et peut-être soufflé une idée à Comden et Green. Dans son soliloque de présentation à la télévision de la *Faust Symphony* de Liszt[14], Bernstein fait une description vibrante et passionnée de cette figure par excellence de la cohabitation forcenée de multiples contraires. Mais ceci est une autre histoire qui appartient à l'œuvre télévisuelle de Bernstein, à son écran dionysiaque.

Le profil faustien moule les traits mêmes de l'opéra de New York. Le vieil opéra d'Europe, populaire et savant, expérimenté mais à bout de souffle, est prêt à troquer son âme contre une neuve jeunesse et des amours inédites. À New York, cet opéra a signé un contrat inquiétant et irrésistible pour sa transfiguration en *Filmoper*.

Notes

1. René Leibowitz, *Histoire de l'opéra*, Buchet/Chastel, 1957.
2. *Écrits*, Bourgois, 1993, p. 233.
3. *Op. cit.*, p. 264.
4. Voir *Introduction*, note 29.
5. Cité par Jamie James, «How Many Great American Operas? One for Sure», *New York Times*, 4 octobre 1992.
6. Dans *PlatformPapers*, n° 5, Royal National Theatre, Londres, 1993.
7. *Porgy and Bess: An American Voice*, film américain de Nigel Noble, Thirteen /WNET, 1997.
8. Film de Margaret Selby, États-Unis, Thirteen/WNET, 1991.
9. Charles M. Berg, *op. cit.*, et Réal La Rochelle, «Esquisse archéologique du clip», *24 Images*, n° 48, mars-avril 1990.

10. Dans le film de Jean-Pierre Gorin, *Letter to Peter: Saint François d'Assise in Salzburg*, 1992.
11. Luc Desjardins, «Cinéma structurel et musique répétitive: correspondances», dans *Cinémas*, vol. 9, n° 2-3, printemps 1999.
12. Voir *Presence and Absence. The Films of Michael Snow 1956-1991*, Art Gallery of Ontario/Knopf, 1995.
13. Information communiquée par Germain Lacasse au moment de ses recherches pour *Le Bonimenteur et le Cinéma oral*, Ph.D., Université de Montréal, septembre 1996.
14. «Liszt and the Devil» (13 février 1972), programme de la série télévisée *Young People's Concerts* produite pour CBS.

Edison's Violin.

POSTFACE

Arrivé au terme de ce livre, le lecteur a amplement pu se faire ses propres idées sur ses qualités. Voici les miennes.

La gageure, ne l'oublions pas, était en partie d'offrir une vision neuve d'un cinéma très commenté. Quantité d'ouvrages ont été consacrés à la comédie musicale américaine, au premier rang desquels ceux de Rick Altman et Alain Masson, et une demi-douzaine aux rapports entre opéra et cinéma, dont l'essai de Youssef Ishaghpour *Opéra et Théâtre dans le cinéma d'aujourd'hui*. Or, La Rochelle a défié toute attente en réunissant ce qui d'habitude est séparé.

Premier pari, il a entrelacé les États-Unis, le Québec et le Canada anglophone. Paradoxalement, ce qu'ont en commun ces trois cinématographies est de refuser l'opéra filmé! Sinon, ce ne sont guère que divergences, alimentées cependant par la même nécessité d'inventer une relation autre à la musique.

Second pari, il a relié à l'opéra ce qui en paraît le plus éloigné. Hollywood développe «une crainte et une phobie vis-à-vis de l'opéra», Montréal ou Toronto favorisent souvent la forme courte, l'essai ou le documentaire, nous voilà loin du drame lyrique. La formule de Bernstein est citée deux fois: «Peut-être le mot "opéra" n'est-il pas celui qui convient.» Le film-opéra étudié ici se tient volontiers à distance des modèles scéniques consacrés, mais il témoigne d'une irrigation de la forme dramatico-musicale et le sujet implicite du livre est la notion de musicalité cinématographique. Le coup de force est d'avoir trouvé la trace de l'opéra dans la ténuité apparente du court métrage animé ou du film expérimental, même si La Rochelle, à quelques incursions près, a choisi de laisser ce dernier pan de côté. Des propos comme ceux de Blackburn sur son penchant pour l'opéra, qui l'empêche de compartimenter les éléments visuels et sonores mais l'incite à les relier et les fondre, attestent d'emblée la réalité de cette influence opératique secrète. Le cinéma documentaire n'est pas en reste. Chez Girard, par exemple, la musicalité règne tout autant dans ce magnifique portrait de femme qu'est *Souvenirs d'«Othello»* que dans des essais ou des fictions directement musicaux comme *Thirty-two Short Films About Glenn Gould* ou *The Red Violin*. J'ajouterai que Blitzstein, Thomson et, dans une moindre mesure, Copland, qui rêvaient de fonder une musique spécifiquement américaine et, particulièrement, un opéra américain (tout en jouant avec les mots pour désigner leurs œuvres: *a play with music, a play opera*), se sont en matière de cinéma surtout illustrés, à la fin des années 30 et dans les années 40, dans le documentaire engagé.

La Rochelle a bien montré les responsabilités à la fois individuelles et collectives dans les films ou dans les grandes tendances. Il reconnaît comme créateurs, comme auteurs d'une œuvre à part entière et non simples participants à l'œuvre des autres, tels scénaristes, concepteurs sonores ou compositeurs, à commencer par Blackburn, pour la reconnaissance plus large duquel il a fait beaucoup, notamment en codirigeant l'édition du coffret de CD indispensable *Filmusique, filmopéra* en 1996.

Dans ce périple nord-américain aux itinéraires imprévisibles, La Rochelle a mêlé des étapes réputées et d'autres qui le sont beaucoup moins. Il a mis l'âpre et féroce *It's Always Fair Weather* sur le même plan que les autres volets plus connus de la trilogie des années 50 de Comden et Green. Il remet en mémoire des films trop négligés dans la documentation sur les rapports entre musique et cinéma, tel *Ragtime* de Forman. Pour ne rien dire d'œuvres qui ont peu traversé les frontières canadiennes et qu'il donne envie de découvrir ou de revoir, comme *Trumpet Number Seven* de Velicescu. Il a vu quantité de films rares qui peuvent être des chaînons importants dans l'histoire et l'esthétique du cinéma musical. Les deux révélations majeures sont ses commentaires abondants sur *Where Do We Go from Here?* de Ratoff et *Porgy and Bess* de Preminger. Et La Rochelle de mettre au jour, pour ce dernier film, le cas exceptionnel d'une bande musicale et sonore coordonnée en amont par un autre metteur en scène (Mamoulian en l'occurrence) que celui présent sur le plateau. Pour autant, il s'est abstenu de surestimer par principe l'œuvre rare. Les chansons de *Where Do We Go from Here?* que Weill et Ira Gershwin entonnent avec entrain dans leurs bandes de démonstration exhumées par le disque *Tryout* m'ont offert la même jubilation qu'à La Rochelle. Tant pis si l'unique comédie musicale originale de Weill pour le cinéma n'est pas à la hauteur des attentes!

J'aime aussi dans *Opérascope* le refus de la ségrégation artistique, de la hiérarchie entre art noble et art populaire. Il faut mesurer par exemple que la reconnaissance du Weill américain ne va pas de soi en Europe d'où j'écris. Le livre préfère aux cloisonnements établis les rapprochements singuliers. Bien des procédés modernes employés par l'art savant sont tout aussi présents, et souvent antérieurement, dans l'art populaire. Les écoles esthétiques communiquent entre elles. La Rochelle a fait ressortir le rôle de la fertilisation croisée. Il est alors en phase avec ses auteurs admirés, puisque le même état d'esprit transparaît clairement dans les propos des deux interviewés, Resnais et Girard, et que l'on pourrait en dire autant de McLaren, Hébert, Lussier, Blackburn, Sondheim et d'autres.

Au-delà, avez-vous remarqué que le terme récurrent du livre est métissage? La Rochelle ignore les barrières artistiques entre l'Europe et le Nouveau Continent (au point d'employer une terminologie allemande, *Opernfilm* et *Filmoper*, pour parler de phénomènes nord-américains). Il a ainsi tracé des lignes inattendues: Weill-Blackburn-Fano, par exemple. Il signale le lien précoce et insoupçonné entre Boulez et Jutra. Le métissage est aussi celui du cinéma avec les autres arts. L'analyse des comédies musicales hollywoodiennes s'enrichit du rappel de leurs sources, ou de leurs rivales, scéniques. Les interactions entre cinéma et musique se déploient dans les deux sens, Cage, par exemple, incorporant des films de Snow dans ses concerts-performances. Sans oublier l'industrie du disque, ni la dramatique radiophonique qui abonde en liens peu explorés avec le septième art: échanges de talents (metteurs en scène, scénaristes, comédiens, musiciens), adaptations de films sur les ondes et parfois de pièces radiophoniques à l'écran, influences esthétiques.

La notion de fusion est inséparable de celle de métissage. Dans le domaine stylistique, cela nous vaut notamment le débat sur la manière de fondre en un tout organique les différents composants sonores. Les préoccupations de Daoust, désireux d'exploiter musicalement l'ensemble des sons et de «structurer toute la bande sonore comme une œuvre musicale électroacoustique», vont sans doute trop loin quand elles prennent un tour normatif, mais elles se retrouvent chez d'autres musiciens ou concepteurs son. Depuis l'émergence de ce dernier poste dans les années 70, les grandes créations sont fréquemment issues du travail en symbiose, plutôt que chacun de son côté, d'un compositeur et d'un responsable du son. La structuration sonore existe dans le long métrage de fiction, mais le plus souvent se cache. Et elle s'exerce aussi bien dans le film musical qu'ailleurs. Pour prendre deux exemples complémentaires de ceux de La Rochelle, dans la prison de *Chicago* de Rob Marshall, les gouttes d'eau qui coulent d'un robinet de lavabo en rythme scandé et finissent par lancer la chanson collective *The Cell Block Tango*, dans la lignée des «symphonies de bruits» chères à Mamoulian, ces gouttes d'eau émanent de la même inspiration que, dans la chambre d'hôtel de *Barton Fink* des frères Coen, l'alliage inextricable des bruitages de Lievsay et de la partition de Burwell lorsque la caméra paraît pénétrer dans le siphon du lavabo.

Loin d'un parcours systématique et prévisible, ce concert promenade qu'est *Opérascope* épouse une musicalité dans sa construction. Entrecroisant les angles d'attaque, La Rochelle a mêlé une structure épisodique et la continuité du propos, en revenant régulièrement sur certains courants, sur certains créateurs comme Mamoulian, sur certaines idées-forces. Échos, rimes, une architecture est à l'œuvre. C'est un balancement entre le familier et l'inconnu, le long et le court métrage, l'historique et l'esthétique, la voix de La Rochelle et celle de ses invités… Cette structure efface l'asymétrie entre le cinéma états-unien et ses voisins québécois et canadien qui, hormis le documentaire et l'animation, n'ont vraiment éclos qu'après la Seconde Guerre mondiale. Dans cette quête au long cours, ponctuée par les références aux dates de projection, de création, de tournée, de parution, La Rochelle a livré la synthèse de vingt années de réflexions. L'art est d'avoir tiré parti des circonstances de cette genèse en s'appuyant parfois sur l'ardeur immédiate des articles parus au fil des ans et en approfondissant, adaptant, restructurant, d'où la charpente finale. Faites comme moi l'expérience de revenir à un ou deux des articles initiaux et vous verrez l'écrivain à l'œuvre.

Et, comme une postface s'écrit en dernier et permet d'intégrer les nouvelles les plus récentes, apportons de l'eau au moulin d'*Opérascope* en précisant que le plus ancien film sonore synchrone, mentionné dans le chapitre 2, a été récemment reconstitué. En 1894 ou dans les premiers mois de 1895, Dickson menait pour Edison un premier essai mythique de synchronisme entre le Kinetograph preneur de vues et le phonographe. Ce très court film, où un violoniste fait danser deux hommes en jouant devant l'énorme pavillon d'un appareil enregistreur, nous était parvenu sans sa bande sonore jusqu'à ce qu'un des responsables de la Bibliothèque du Congrès eût l'intuition qu'un cylindre cassé et négligé pouvait être le bon. Walter Murch, le concepteur son d'*American Graffiti* et d'*Apocalypse Now,* se vit confier la reconstitution, dont le résultat est présenté à la Bibliothèque... une nouvelle visite en perspective pour notre promeneur solitaire. On put alors identifier la musique: la barcarolle des *Cloches de Corneville,* l'opérette de Robert Planquette. La comédie lyrique était bel et bien présente au baptême du film sonore, même s'il a fallu plus d'un siècle pour le savoir.

François Thomas

GÉNÉRIQUE

Opérascope doit beaucoup à certaines personnes et à certains organismes, que je veux remercier de tout cœur.

François Thomas, professeur à l'Université de Rennes, spécialiste d'Alain Resnais et d'Orson Welles, a suivi cet essai de bout en bout, pendant plusieurs années. Depuis ce temps, je l'appelle «maître», même si je pourrais être son père.

Les cinéastes **Alain Resnais** et **François Girard** ont chaleureusement accepté de donner des heures d'entretiens destinés à cet essai. Il était entendu que leurs voix s'entrelacent au fil des chapitres analytiques.

Ont donné amicalement de leur temps et de leur énergie pour la préparation du manuscrit et des photos, François Gagnon, Jean-Sébastien Durocher, Marc Degryse et Frank Desgagnés.

Merci également, pour des lectures d'étape, des conseils ou des discussions, à Rick Altman, Robert Daudelin, Michel Veilleux, Luc Desjardins, Peter von Bagh, Christian Labrande, Philippe Leduc, Michael Snow, Peter Mettler.

Les organismes suivants ont prêté leur concours:
- La Médiathèque Guy-L. Côté de la Cinémathèque québécoise de Montréal;
- Audiovisual Department, Library of Congress, Washington;
- Mike LeBel's Video, Los Angeles;
- L'Office national du film du Canada, Montréal;
- La Phonothèque québécoise / Musée du son, Montréal.

Salutations enfin à Bernard Miège, de l'Université Stendhal de Grenoble, qui fut mon mentor pour *Callas. L'opéra du disque*, et qui m'a encouragé à poursuivre mes explorations pour traquer l'opéra dans les médias audiovisuels. Hier dans le disque, aujourd'hui au cinéma, demain à la radio et à la télévision.

Crédits photographiques
Frank Desgagnés: couverture, 104, 126, 194, 398
Collection Cinémathèque québécoise: 8, 34, 44, 58, 89, 134, 178, 224, 270, 318, 348, 368

Marc Degryse: 210-211, 384
Frank Sanna: 32
Luc Simon Perrault, *La Presse*: 10
Phonothèque québécoise / ONF: 244, 269

BIBLIOGRAPHIE

Ouvrages

Abel, Richard, Altman, Rick (éd.), *The Sound of Early Cinema*, Bloomington et Indianapolis, Indiana University Press, 2001.
Alpert, Hollis, *The Life and Times of 'Porgy and Bess'. The Story of an American Classic*, New York, Knopf, 1990.
Altman, Rick (éd.), *Genre: the Musical. A Reader*, Londres, Boston et Henley, Routledge, 1981.
Altman, Rick, *The American Film Musical*, Bloomington et Indianapolis, Indiana University Press, 1989.
Altman, Rick, *La Comédie musicale hollywoodienne*, Paris, Armand Colin, 1992.
Altman, Rick (éd.), *Sound Theory – Sound Practice*, New York et Londres, Routledge, 1992.
Arnheim, Rudolf, *Radio. An Art of Sound* [1936], New York, Da Capo Press, 1972.
Attali, Jacques, *Bruits. Essai sur l'économie politique de la musique*, Fayard/Presses Universitaires de France, 2001.
Augaitis, Daina, Lander, Dan (éd.), *Radio Rethink. Art, Sound and Transmission*, Banff, Walter Phillips Gallery, 1994.
Barrios, Richard, *A Song in the Dark. The Birth of the Musical Film*, New York et Oxford, Oxford University Press, 1995.
Bernstein, Leonard, *The Joy of Music*, New York, Simon and Schuster, 1959.
Bernstein, Leonard, *La Musique expliquée aux enfants*, Paris, Arte/Hachette, 1995.
Berthomé, Jean-Pierre, Thomas, François, *Citizen Kane*, Paris, Flammarion, 1992.
Biel, Michael J., *The Making and Use of Recordings in Broadcasting Before 1936*, mémoire de Ph.D., Northwestern University, 1977.
Bogle, Donald, *Toms, Coons, Mulatoes, Mammies & Bucks. An Interpretive History of Blacks in American Films*, New York, Continuum, 1994.
Bosseur, Jean-Yves (éd.), *Le Sonore et le Visuel. Intersections musique/arts plastiques aujourd'hui*, Paris, Dis Voir, s. d.
Bouineau, Jean-Marc, *Les 100 chefs-d'œuvre du film musical*, Alleur, Marabout, 1989.
Bourre, Jean-Paul, *Opéra et cinéma*, Paris, Artefact, 1987.
Bradley, Edwin M., *The First Hollywood Musicals. A Critical Filmography of 171 Features, 1927 through 1932*, Jefferson et Londres, McFarland, 1996.

Carringer, Robert L. (éd.), *The Jazz Singer*, Madison, University of Wisconsin Press, «Wisconsin/Warner Bros. Screenplay Series», 1979. Comprend les annexes suivantes: «The synchronized Sound Sequences», «The Day of Atonement», «Warner Brothers Studios», «Vitaphone Activity in Hollywood», «How the Vitaphone Enters In», «Musical Score for 'The Jazz Singer'», «Vitaphone: What the Projection Entails».

Carringer, Robert L., *The Magnificent Ambersons. A Reconstruction*, Berkeley, Los Angeles et Oxford, University of California Press, 1993.

Castarède, Marie-France, *Les Vocalises de la passion. Psychanalyse de l'opéra*, Paris, Armand Colin, 2002.

Chateau, Dominique, Jost, François, *Nouveau cinéma, nouvelle sémiologie. Essai d'analyse des films d'Alain Robbe-Grillet*, Paris, Éditions de minuit, 1979.

Chion, Michel, *La Musique au cinéma*, Paris, Fayard, 1995.

Chion, Michel, *Le Son*, Paris, Nathan, 1998.

Colpi, Henri, *Défense et illustration de la musique dans le film*, Serdoc, Lyon, 1963.

Comden, Betty, *Off Stage*, New York, Simon & Schuster, 1995.

Cook, Nicholas, *Analysing Musical Multimedia*, Oxford, Clarendon Press, 1998.

Crafton, Donald, *The Talkies. American Cinema's Transition to Sound 1926-1931. History of the American Cinema, Volume 4*, Berkeley, Los Angeles et New York, University of California Press, 1999.

Crenshaw, Marshall, *Hollywood Rock. A Guide to Rock'n'Roll in the Movies*, New York, Harper Collins, 1994.

Dizikes, John, *Opera in America. A Cultural History*, New Haven et Londres, Yale University Press, 1993.

Douglas, George H., *The Early Days of Radio Broadcasting*, Jefferson et Londres, McFarlane, 1987.

Eyman, Scott, *The Speed of Sound. Hollywood and the Talkie Revolution. 1926-1930*, New York, Simon & Schuster, 1997.

Fawkes, Richard, *Opera on Film*, Londres, Duckworth, 2000.

Feuer, Jane, *The Hollywood Musical*, Bloomington et Indianapolis, Indiana University Press, 1993.

Fordin, Hugh, *La Comédie musicale américaine*, Paris, Ramsay, 1987.

Gabbard, Krin, *Jammin' at the Margins. Jazz and the American Cinema*, Chicago et Londres, University of Chicago Press, 1996.

Gaudreault, André, Lacasse, Germain et Raynauld, Isabelle (éd.), *Le Cinéma en histoire*, Québec et Paris, Nota Bene/Méridiens Klincksieck, 1999.

Girard, François, McKellar, Don, *Thirty-two Short Films About Glenn Gould*, Toronto, Coach House Press, 1995.

Gomery, Douglas, *The Coming of Sound to the American Cinema: A History of the Transformation of an Industry*, mémoire, University of Wisconsin-Madison, 1975.

Goodwin, Andrew, *Dancing in the Distraction Factory*, Minneapolis, University of Minnesota Press, 1992.

Gordon, Eric A., *Mark the Music. The Life and Work of Marc Blitzstein*, New York, St. Martin's Press, 1989.

Gottlieb, Jack (éd.), *Leonard Bernstein's Young People's Concerts*, New York, Doubleday, 1992.
Gould, Glenn, *Non, je ne suis pas du tout un excentrique. Un montage de Bruno Monsaingeon*, Paris, Fayard, 1986.
Green, Stanley, *Encyclopædia of the Musical Film*, New York et Oxford, Oxford University Press, 1988.
Green, Stanley, *Encyclopædia of the Musical Theatre*, New York, Da Capo, 1976.
Guertin, Guyslaine (éd.), *Glenn Gould pluriel*, Montréal, Courteau, 1988.
Hébert, Pierre, *L'Ange et l'Automate*, Montréal, Les 400 coups, 1999.
Hilmes, Michele, *Hollywood and Broadcasting. From Radio to Cable*, Urbana et Chicago, University of Illinois Press, 1990.
Hirschhorn, Clive, *The Hollywood Musical*, Londres, Pyramid Books, 1991.
Huynh, Pascal (éd.), *Kurt Weill de Berlin à Broadway*, Paris, Éditions Plume, 1993.
Ishaghpour, Youssef, *Opéra et théâtre dans le cinéma d'aujourd'hui*, Paris, La Différence, 1995.
Jean, Marcel, *Pierre Hébert, l'homme animé*, Montréal, Les 400 coups, 1996.
Jelot-Blanc, Jean-Jacques, *30 ans de cinéma musical. 1955-1985*, Paris, PAC, 1985.
Jullier, Laurent. *Les Sons au cinéma et à la télévision. Précis d'analyse de la bande-son*, Paris, Armand Colin, 1995.
Kahn, Douglas, Whitehead, Gergory (éd.), *Wireless Imagination. Sound, Radio and the Avant-Garde*, Cambridge et Londres, MIT Press, 1992.
Kassabian, Anahid, *Hearing Film, Tracking Identifications in Contemporary Hollywood Film Music*, New York et Londres, Routledge, 2001.
Kittross, Sterling, *Stay Tuned. A Concise History of American Broadcasting*, Belmont, Wadsworth, 1990.
Kowalke, Kim (éd.), *Essays on a New Orpheus. Kurt Weill*, New Haven et Londres, Yale University Press, 1986.
La Rochelle, Réal (éd.), *Écouter le cinéma*, Montréal, Les 400 coups, 2002.
Lacasse, Germain, *Le Bonimenteur de vues animées*, Québec et Paris, Nota Bene/Méridiens Klincksieck, 2000.
Lacombe, Alain, *George Gershwin. Une chronique de Broadway*, Paris, Van de Velde, 1980.
Lacombe, Alain, *L'Écran du rock*, Paris, Lherminier, 1985.
Lastra, James. *Sound Technology and the American Cinema. Perception, Representation, Modernity*, New York, Columbia University Press, 2000.
Ledbetter, Steven (éd.), *Sennets & Tuckets. A Bernstein Celebration*, Boston, BSO/Godine, 1988.
Levin, David J. (éd.), *Opera Through Other Eyes*, Stanford, Stanford University Press, 1994.
Lewis, Tom, *Empire of the Air. The Men Who Made Radio*, New York, HarperCollins, 1991.
Leyda, Jay (éd.), *Eisenstein on Disney*, Methuen, 1990.
Masson, Alain, *Comédie musicale*, Paris, Stock/Cinéma, 1981.
Masson, Alain, *L'Image et la Parole. L'avènement du cinéma parlant*, Paris, La Différence, 1989.
Marmorstein, Gary, *Hollywood Rhapsody. Movie Music and Its Makers. 1900 to 1975*, New York, Schirmer Books, 1997.

Menuhin, Yehudi, Davis, Curtis W., *The Music of Man*, Toronto, New York, Londres et Sydney, Methuen, 1979.

Mouëllic, Gilles, *Jazz et cinéma*, Paris, Cahiers du cinéma, 2000.

Newson, Iris (éd.), *Wonderful Inventions. Motion Pictures, Broadcasting, and Recorded Sound at the Library of Congress*, Washington, Library of Congress, 1985. Ouvrage complété par deux disques de musiques de films par David Raskin.

Parish, James Robert, Pitts, Michael R., *Hollywood Songsters. A Biographical Dictionary*, New York et Londres, Garland Publishing, 1991.

Peyser, Joan, *The Memory of All That. The Life of George Gershwin*, New York, Billboard Books, 1998.

Phillips, Ray, *Edison's Kinetoscope and Its Films. A History to 1896*, Westport, Greenwood Press, 1997.

Pitschen, Salome, Schönholzer, Annette, *Peter Mettler. Making the Invisible Visible*, Lucerne, Reihe Andreas Züst, 1995.

Pitts, Michael R., *Radio Soundtracks: A Reference Guide*, Metuchen et Londres, Scarecrow Press, 1986.

Potter, John, *Vocal Authority. Singing Style and Ideology*, Cambridge, Cambridge University Press, 1998.

Robinson, David, *From Peep Show to Palace. The Birth of American Film*, New York, Columbia University Press, 1996.

Robinson, David, *Musique et cinéma muet. Les Dossiers du Musée d'Orsay, n° 56*, Paris, Réunion des Musées Nationaux, 1995.

Rushdie, Salman, *The Wizard of Oz*, Londres, BFI Publishing, 1992.

Sanders, Ronald, *The Days Grow Short. The Life and Music of Kurt Weill*, Los Angeles, Silman-James Press, 1991.

Schafer, R. Murray, *Le Paysage sonore*, Paris, Lattès, 1979.

Shedden, Jim (éd.), *Presence and Absence. The Films of Michael Snow. 1956-1991*, Toronto, Art Gallery of Ontario, Knopf Canada, 1995.

Silverman, Stephen M., *Dancing on the Ceiling. Stanley Donen and His Movies*, New York, Knopf, 1996.

Smith, Steven C., *A Heart at Fire's Center. The Life and Music of Bernard Herrmann*, Berkeley, Los Angeles et Oxford, University of California Press, 1991.

Snow, Michael, *Digital Snow. DVD-ROM*, Anarchive 2, Epoxy/Centre Pompidou, 2002.

Snow, Michael (éd.), *Music/Sound. 1948-1993*, Toronto, Art Gallery of Ontario, Knopf Canada, 1994.

Spergel, Mark J., *Rouben Mamoulian: Reinventing Reality. His Art and Life*, mémoire de maîtrise, City University, New York, 1990.

Tambling, Jeremy, *Opera, Ideology and Film*, New York, St. Martin's Press, 1987.

Tambling, Jeremy (éd.), *A Night at the Opera. Media Representation of Opera*, Londres, Paris et Rome, John Libbey, 1994.

Taussig, Michael, *Mimesis and Alterity. A Particular History of Senses*, New York et Londres, Routledge, 1993.

Tchernia, Pierre, *80 grands films musicaux*, Paris, Casterman, 1990.

Terenzio, Maurice, MacGillivray, Scott, Okuda, Ted, *The Soundies Distributing Corporation of America. A History and Filmography*, Jefferson et Londres, McFarlane, 1991.

Thomas, François, *L'Atelier d'Alain Resnais*, Paris, Flammarion, 1989.
Tietyen, David, *The Musical World of Walt Disney*, Milwaukee, Hal Leonard, 1990.
Vidal, Marion, *Vincente Minnelli*, Paris, Seghers, «Cinéma d'aujourd'hui», 1973.
Weiss, Allen S., *Phantasmic Radio*, Durham, Duke University Press, 1995.
Welles, Orson, Bogdanovich, Peter, *This Is Orson Welles*, New York, HarperPerennial, 1993.
Wlaschin, Ken, *Opera on Screen*, Los Angeles, Beachwood Press, 1997.
Woll, Allen, *Black Musical Theatre*, New York, Da Capo, 1989.
Wollen, Peter, *Singin' in the Rain*, Londres, BFI Publishing, 1992.
Zizek, Slavoj, Dolar, Mladen, *Opera's Second Death*, New York et Londres, Routledge, 2002.

Articles et dossiers

«Alain Resnais», *Positif*, n° 442, décembre 1997.
Altman, Rick, «Le Son contre l'image ou la bataille des techniciens», *Hollywood 1927-1941*, *Autrement*, n° 9, septembre 1991.
Altman, Rick, «Naissance de la réception classique. La campagne pour standardiser le son», *Cinémathèque*, n° 6, automne 1994.
Altman, Rick, «The Silence of the Silents», *Musical Quarterly*, vol. 80, n° 4, hiver 1996.
Bandy, Mary Lea (éd.), *The Dawn of Sound*, New York, The Museum of Modern Art, 1989.
Berg, Charles M., «Cinema Sings the Blues», *Cinema Journal*, vol. 17, n° 2, 1978.
Berrett, Joshua, «Louis Armstrong and Opera», *Musical Quarterly*, vol. 76, n° 2, été 1992.
Block, Ursula, Glasmeier, Michael (éd.), *Broken Music. Artists' Recordworks*, Berlin, Berliner Künstlerprogramm des DAAD, 1989.
«Le Bonimenteur de vues animées. The Moving Picture Lecturer», *Iris*, n° 22, automne 1996.
Burns, Gary, Johnson-Grau, Brenda (éd.), *Music Video*, *OneTwoThreeFour*, n° 5, printemps 1987.
Canosa, Michele (éd.), *L'Immagine Acustica*, Bologne, Transeuropa, *Cinegrafie 5*, novembre 1992.
Cardinal, Serge, «Médiation ou modulation sonore?», *Cinémas*, vol. 9, n° 1, automne 1998.
«Cinéma et opéra», *La Revue du cinéma*, n°s 427 (mai 1987), 429 (juillet-août 1987) et 430 (septembre 1987).
«Cinéma et opéra», *L'Avant-scène Opéra* (n° 98) et *Cinéma* (n° 360), mai 1987.
Comden, Betty, Green, Adolph, «Introduction», *Singin' in the Rain*, New York, Viking Press, «The MGM Library of Film Scripts», 1972.
«La Comédie musicale de Broadway à Hollywood», *Positif*, n° 437/438, juillet-août 1997.
Desjardins, Luc, «Cinéma structurel et musique répétitive: correspondances», *Cinémas*, vol. 9, n° 2-3, printemps 1999.

Fano, Michel, «Film, partition sonore», *Musique en jeu*, n° 21, novembre 1975.
Fano, Michel, «Musique et cinéma», *Encyclopædia Universalis*, vol. 4.
Fano, Michel, «Le Son et le Sens», *Cinémas de la modernité. Films, théories*, Colloque de Cerisy, Paris, Klincksieck, 1981.
Gomery, Douglas J., «Writing the History of American Film Industry: Warner Bros. and Sound», *Screen*, vol. 17, 1976.
«La Grande Histoire des musiques de films», *Les Inrockuptibles*, n° 298, 10 juillet 2001.
Hammerstein II, Oscar, *Notes* sur la pochette du disque *Carmen Jones*, RCA, RCX-134, 1954; RCA/Victor, LM-1881, 1954.
Handzo, Stephen, «The Sound of Sound: A Brief History of the Reproduction of Sound in Movie Theaters», *Supplement: Sound and Music in the Movies*, *Cineaste*, vol. XXI, n° 1-2, 1995.
Harvey, Stephen, «Stanley Donen», *Film Comment*, juillet-août 1973.
Hauduroy, Jean-François, «L'Écriture musicale. Entretien avec Betty Comden et Adolph Green», *Cahiers du cinéma*, n° 174, 1966.
Hillier, Jim, «Interview with Stanley Donen», *Movie*, n° 24, dossier *The Musical*, 1973.
Jost, François, La Rochelle, Réal (éd.), «Cinéma et musicalité», *Cinémas*, automne 1992.
La Rochelle, Réal, «Opérascope: les parcours de l'opéra filmique» dans «Les Ouvertures de l'opéra. Une nouvelle géographie culturelle?», *Transversales*, Presses universitaires de Lyon, 1996.
La Rochelle, Réal, «Quand le dialogue devient chant. Entretien avec Alain Resnais» dans «La Comédie musicale. De Broadway à Hollywood», *Positif*, n° 437/438, juillet-août 1997.
La Rochelle, Réal, «L'Écran dionysiaque. Le travail de Leonard Bernstein à la télévision», *Fréquence*, n° 3-4, 1995.
Lacombe, Alain, Rode, Claude, «De Broadway à Hollywood. L'Amérique et sa comédie musicale», *Cinéma*, numéro hors série, 1981.
Lacombe, Alain, «Broadway, république du spectacle», *L'Avant-scène*, numéro hors série, 1987.
McGilligan, Pat, Daniell, Tina, «Betty Comden and Adolph Green: Almost Improvisation», *Backstory 2. Interviews with Screenwriters of the 1940s and 1950s*, Berkeley, Los Angeles et Oxford, University of California Press, 1991.
«Musique!», *1895*, n° 38, octobre 2002.
«Musique de film Orient-Occident», *Positif*, n° 451, septembre 1998.
«Musique de film (2) Hollywood», *Positif*, n° 452, octobre 1998.
«Musique et image», *Positif*, n° 502, décembre 2002.
«Opera and Music Theatre», *Ear*, mars 1985.
L'Oreille oubliée, Centre Georges Pompidou, 1982.
«Orson Welles», *Positif*, n° 449/450, juillet-août 1998.
«La Parole au cinéma. Speech in Film», *Iris*, vol. 3, n° 1, 1985. La seconde partie de l'article de Rick Altman, «The Technology of the Voice», se trouve dans *Iris*, vol. 4, n° 1, 1986.
Porcile, François, Garel, Alain (éd.), *La Musique à l'écran*, *CinémAction*, n° 62, janvier 1992.
Rauger, Jean-François, «Le Cinéma de genre entre l'extase et l'agonie», *Art Press*, n° 14 hors série, 1996.

Robinson, David, «Rouben Mamoulian. Painting the Leaves Black», *Sight and Sound*, été 1961.
Roger-Ferdinand, «L'Affaire "Carmen Jones"», *Revue internationale du droit d'auteur*, n° 8, juillet 1955.
Rohauer, Raymond, *A 40th Anniversary Tribute to Rouben Mamoulian. 1927-1967*, New York, Gallery of Modern Art, 1967.
Shaman, William, «The Operatic Vitaphone Shorts», *ARSC Journal*, vol. 22, n° 1, printemps 1991.
«Sounding Off: Film Sound/Film Music», *The Velvet Light Trap*, n° 51, printemps 2003.
Thomas, François, «Radio et cinéma», dans «Hollywood 1927-1941», *Autrement*, n° 9, septembre 1991.
Thomas, François, «La Radio: fin d'un âge d'or», dans «New York 1940-1950», *Autrement*, n° 35, février 1995.
Vaughan, David, «After the Ball», *Sight and Sound*, n° 26, automne 1956.
«La Voix, l'écoute», *Traverses*, n° 20, Centre Georges Pompidou, novembre 1980.
«Voix off», *Hors cadre*, n° 3, printemps 1985.
Weill, Kurt, *Notes* sur la pochette du disque *Street Scene*, Columbia, COL 4139, 1973.
Welles on the Air. The Radio Years, New York, The Museum of Broadcasting, 1988.
Wilk, Max, «"Make Someone Happy". Betty Comden», *They're Playing Our Song*, New York et Londres, Moyer Bell, 1991.
Winer, Stephen, «Betty Comden & Adolph Green's Musicals», *The Velvet Light Trap*, n° 11, hiver 1974.

DISCOGRAPHIE

The 1903 Grand Opera Series, Sony Classical MH2K 62334, «Masterworks Heritage», 1996.

60 Years of Music America Loves Best, RCA Victor LM-6088, volume II, 1960. De Caruso à Perry Como, en passant, entre autres, par Maurice Chevalier, Mario Lanza, Toscanini, Guy Lombardo et Risë Stevens.

Adieu Leonardo! Robert M. Lepage, Ambiances magnétiques AM 024, 1987.

Aldous Huxley's Brave New World, «Original Radio Broadcasts» (1956), Pelican Records LP 2013, 1979. Musique originale de Bernard Herrmann.

Alessandro Moreschi. The Last Castrato. Complete Vatican Recordings [1902-1904], Pearl OPAL 823, 1984.

APM Celebrates a Century of Sound (1877-1977), Antique Phonograph Monthly 410782A&BX, 1978.

«Bernard Herrmann on Film Music», *Bernard Herrmann Film Scores*, Milan/BMG 35643-2, 1993.

Bizet, Georges, Hammerstein II, Oscar, *Carmen Jones* (extraits), RCA RCX-134, 1954. Notes d'Oscar Hammerstein II.

Blackburn, Maurice, *Filmusique. Filmopéra*, Phonothèque québécoise/ONF, Analekta AN 2 7005-6, 1996.

Broadway Through the Gramophone 1920-1929, Pearl GEMS 0085, 2000.

Chants et danses du monde inanimé. Lepage/Lussier, Ambiances magnétiques AM 001, 1996.

Columbia's 1903 Grand Opera Series. The First Recordings of Opera in America, Columbia Odyssey Y2 35932, 1978.

Cylinders (Edison) 1899-1910, «Artists of the Metropolitan and Hammerstein Opera Companies», Club "99" CEL-2, s. d.

Daoust, Yves, *Anecdotes*, Empreintes digitales, IMED-9106, 1991.

Daoust, Yves, *Bruits*, Empreintes digitales, IMED 0156, 2001.

Durocher, Jean-Sébastien, *Laissez une voix...*, Conservatoire de musique de Montréal, mai 2000.

The Edison CD Sampler, Edison National Historic Site, ECDS-1, 1984.

Edison Record, Rubini Records GV 92, «Edisonia volume two», s. d.; GV 105, «Edisonia volume three», 1983.

Gershwin, George, *Porgy and Bess. An Original Sound Track Recording*, Columbia Masterworks, PS 2016, s. d.

Gershwin, George, *Porgy and Bess (1951 Studio Recording)*, Sony Classical MH2K 63322, «Masterworks Heritage», 1998.

Gershwin, George, *To Broadway from Hollywood*, Chansons cinéma/Iris musique, 3008 032, 1998.

Gould, Glenn, *A Glenn Gould Fantasy, The Glenn Gould Silver Jubilee Album*, CBS Masterworks 35914, 1980.

Gould, Glenn, *Solitude Trilogy. Three Sound Documentaries*, CBC Records/Les disques SRC, PSCD 2003-3, 1992.

Great Voices on Radio. Rare Broadcast Vocal Performances 1941-1946, Sandy Hook Records, S.H. 2041, 1980. Chanteurs d'opéra exécutant des mélodies populaires: Ezio Pinza, Lily Pons, Grace Moore, Lauritz Melchior, Lawrence Tibbet, etc.

Herrmann, Bernard, *Welles Raises Kane*, Unicorn-Kanchana UKCD 2065, 1994.

Herrmann, Bernard, *A Portrait of "Hitch"*, London 443 895-2, 1969.

IXE-13. Bande sonore originale, Les Productions François Dompierre, PFDCD-8000, 1997.

Leonard Bernstein's Conducts His Music for the Theater, Columbia Masterworks MG 32174, 1973.

Lepage, Robert Marcel, *La Plante humaine*, Ambiances magnétiques, AM042CD, 1997.

Lost in the Stars. The Music of Kurt Weill, A&M Records SP 9-5104, 1985. Notes du concepteur Hal Willner.

Lussier, René, *Le Trésor de la langue*, Ambiances magnétiques, AM015CD, 1989.

The Mapleson Cylinders. 1900-1904. Complete Edition, «Recorded during performances at the Metropolitan Opera House», The New York Public Library, Rodgers and Hammerstein Archives of Recorded Sound R&H-100, 1985. Notes de David Hall et de David Hamilton.

MET Stars on Broadway, Metropolitan Opera Guild, MET 204, 1980.

MET Stars in Hollywood, Metropolitan Opera Guild, MET 205, 1981.

Moulin Rouge. Soundtrack, Interscope Records B00005BJ20, 2001.

O Brother, Where art Thou?, Mercury 088 170-069-2, 2000.

Opera Meets Broadway, Ariel Records, OMB 15, 1983.

Opera Stars in Hollywood, Ariel Records, OSH 14, 1983.

A Party With Betty Comden and Adolph Green, Broadway Angel ZDM 64773 2 9, 1993.

Peter Bogdanovich's At Long Last Love. Music and Lyrics by Cole Porter, RCA ABL2-0967, 1975.

The Phantom of the Opera, Lux Radio Theatre Broadcast (1943), Delos International, Facet F/CD 8115, 1987.

Phonographic Entertainment. Music and Elocution, Folkways Records, Phono-Cylinders vol. 1 FS 3886, 1961; vol. 2 FS-3887, 1961.

Puccini, Giacomo, *The Maestro's Voice (New York, 1912)*, Gramofono AB 78779, 1998.

Rien ne t'aura mon cœur. Bande sonore originale, CG 001, s. d.

Sondheim at the Movies, Varèse Sarabande VSD-5805, 1997.

Sunset Boulevard Starring Gloria Swanson. Original Radio Broadcast, Lux Radio Theatre (1951), Mark56 Records, 1976.

Theatre of the Imagination. Radio Stories by Orson Welles & The Mercury Theatre, Voyager V10121 (laserdisque sonore), 1988.

This Is Broadway's Best, Columbia Masterworks B2W 1, s. d. Notes de Goddard Lieberson et riche documentation iconographique sur les enregistrements originaux de *musicals* américains par la Columbia.

Weill, Kurt, *Street Scene*, Columbia Records Collectors' Series, COL 4139, 1973. Notes du compositeur.

Weill, Kurt, *Lady in the Dark*, Sony Classical MHK 62869, «Masterworks Heritage», 1997.

Weill, Kurt, Hindemith, Paul, *Der Lindberghflug (Historical Broadcast Recording, Berlin 1930)*, Capriccio 60 012-1, 1990.

Weill, Kurt, *From Berlin to Broadway*, Pearl GEMM CDS 9189, 1995. Volume II, GEMM CDS 9294, 1997.

Weill, Kurt, Gershwin, Ira, "Tryout", DRG Records 904, 1979.

Welles, Orson, *Dracula (CBS, 1938)*, Phonurgia nova PN 0461/8, «Les Grandes heures de la radio», 1990. Préface de François Thomas.

Welles, Orson, *L'Ile au trésor (CBS, 1938)*, Phonurgia nova PN 0461/7, «Les Grandes heures de la radio», 1990. Préface de François Thomas.

Welles, Orson, *Rebecca (CBS, 1938)*, Phonurgia nova PN 0461/19, «Les Grandes heures de la radio», 1995. Préface de François Thomas.

Welles, Orson, *War of the Worlds (CBS, 1938)*, Evolution Records ES 4001-2, 1975.

The Wonder of the Age. Mr. Edison's New Talking Phonograph, Argo ZPR 122-3, 1970.

Zero Patience. A Musical About Aids, Milan/BMG 73138-35675-2, 1994.

INDEX DES FILMS

<— —> (Back and Forth), 297, 301
"E", 250

8 1/2, 287, 290, 294
24 Heures ou plus, 363
42ᵉ Rue, voir 42nd Street
42ⁿᵈ Street, 67, 95, 294
2001: A Space Odyssey, 64, 131
2001: L'Odyssée de l'espace, voir 2001: A Space Odyssey

À la recherche de Garbo, voir Garbo Talks
À nous la liberté, 20, 73, 82
A to Z, 295
À vos risques et périls, 363
Abijévis, 249
Adventures of Ichabod and Mr. Toad (The), 124
Âge de chaise (L')), 25
Age of Innocence (The), 347, 397
Aïda (1911), 24, 111
Aïda (1953), 13
Aimez-moi ce soir, voir Love Me Tonight
All About Eve, 287, 294
Allegro, 350
Alouette, 366
Altered States, 265
Amadeus, 125, 329-331
American Graffiti, 403
American in Paris (An), 170, 275, 277
Anchors Aweigh, 169
Apocalypse Now, 336, 403
Applause, 13, 67, 69, 75-78, 90, 136, 396
At Long Last Love, 325, 331
Atelier (L'), 367
Au pays de Zom, 255, 312, 360, 362-365
Au secours!, voir Help!
Auntie Mame, 140

Autant en emporte le vent, voir Gone with the Wind

Babes, 168
Babes in Arms, 108
Bagarres au King Créole, voir King Creole
Bal des anguilles (Le), 390
Ballet mécanique, 86, 208
Band Wagon (The), 57, 134, 136, 139, 143-146, 149, 153, 172, 175, 241, 243, 275, 322, 327, 328, 339, 347, 388, 397
Banni, voir The Outlaw
Bar magnifique (Le), voir Wonder Bar
Barefoot Contessa (The), 287
Barkleys of Broadway (The), 57, 136, 139, 141-143, 242
Barton Fink, 402
Beau fixe sur New York, voir It's Always Fair Weather
Beauty and the Beast (The), 345
Belle Cartouchière (La), voir The Girl of the Golden West
Belle de Moscou (La), voir Silk Stockings
Belle et la Bête (La) (1946), 127, 345
Belle et la Bête (La) (1991), voir The Beauty and the Beast
Belle Jeunesse, voir Summer Holiday
Bells are Ringing (The), 140, 284-285
Bert Rigby, You're a Fool, 337-339
Better 'Ole (The), 65
Between the Acts at the Opera, 66
Big Broadcast (The), 85
Big Lebowski (The), 390
Big Times, 389
Bird, 93, 319
Birds (The), 42, 199, 207
Birth of a Nation (The), 12
Black and Tan, 86, 165

Blanche-Neige et les sept nains, voir *Snow White and the Seven Dwarfs*
Blanches Colombes et vilains messieurs, voir *Guys and Dolls*
Blinkity Blank, 250, 350
Blue Skies, 191
Blues Brothers, voir *The Blues Brothers*
Blues Brothers (The), 321, 338, 339
Blues Brothers 2000, 390
Bogus Bandits, voir *Fra Diavolo*
Bois sculpté, 268
Boîte à musique (La), voir *Make Mine Music*
Boucles, 350
Boulevard du crépuscule, voir *Sunset Blvd.*
Boy Friend (The), voir *Ken Russell's Talking Picture: The Boy Friend*
Breakfast/Table Top Dolly, 300
Broadway Melody, 50-52, 58, 63, 66-69, 71, 109, 136, 138
Broken Blossoms, 134
Busby Berkeley's Disc (The), 94

C'est l'aviron, 366
Cabaret, 235, 320, 322-323
Cabin in the Sky, 93, 153, 155, 172-174, 186
Camelot, 273
Cape Fear (1961), 206-207
Cape Fear (1991), 206-207
Caprice de Noël, 250
Cargo, 260, 261
Carmen (1915), 111, 195
Carmen (1984), 182, 188
Carmen Jones, 26, 93, 138, 182, 184-190, 193, 227, 233, 234, 276, 282, 288, 385-387, 396
Carousel, 328
Carrousel, voir *Carousel*
Casablanca, 195
Ceci est un message enregistré, 268
Ceux de Cordura, voir *They Came to Cordura*
Champlain, 365
Chant du Missouri (Le), voir *Meet Me in St. Louis*
Chant du printemps (Le), voir *Maytime*
Chanteur de jazz (Le), voir *The Jazz Singer (1927)*
Chantons sous la pluie, voir *Singin' in the Rain*
Chants et danses du monde inanimé: le métro, 315, 316, 318
Charge victorieuse (La), voir *The Red Badge of Courage*
Chat dans le sac (Le), 363
Chemin du paradis (Le), 280

Chercheuses d'or, voir *Gold Diggers*
Chevauchée fantastique (La), voir *Stagecoach*
Chicago, 402
Chili's Conference, 269
Chorus Line (A), 327
Chronique de la vie quotidienne, 351-354
Ciné-crime, 250
Citizen Kane, 39, 129, 196, 197, 199, 206, 208
City Lights, 37, 82
Cleopatra, 283
Cléopâtre, voir *Cleopatra*
Clockwork Orange (A), 46, 53, 131-132
Commitments (Les), voir *The Commitments*
Commitments (The), 392
Comtesse aux pieds nus (La), voir *The Barefoot Contessa*
Congrès s'amuse (Le), 280
Contes d'Hoffmann (Les), 13
Corpus callosum, 304-305
Corsaire rouge (Le), voir *The Crimson Pirate*
Cosi fan tutte, 330, 389
Coup de cœur, voir *One from the Heart*
Cover Girl, 137, 169
Crimes and Misdemeanors, 53
Crimes et délits, voir *Crimes and Misdemeanors*
Crimson Pirate (The), 174, 178
Cuirassé Potemkine (Le), 259

Dame de Shanghai (La), voir *The Lady from Shanghai*
Dames, 108
Dance of Life, 72, 76
Danse lascive, voir *Dirty Dancing*
Danseur du dessus (Le), voir *Top Hat*
Das Brunch, 257
Day of the Locust (The), 272
De la tourbe et du restant, 362
Déclin de l'empire américain (Le), 365
Demoiselles de Rochefort (Les), 279, 280
Der letze Mann, 37
Der Rosenkavalier, 13
Dernier des hommes (Le), voir *Der letze Mann*
Dernière Tentation du Christ (La), voir *The Last Temptation of Christ*
Devil's Brothers (The), voir *Fra Diavolo*
Dirty Dancing, 327
Don Giovanni (Losey), 182
Don Giovanni (Sellars), 330, 389
Don Juan, 62, 64-66
Dortoir (Le), 260, 261

INDEX DES FILMS • 421

Eastern Avenue, 305
Eau + (L'), 250
Eau vivante (L'), 268
Edison's Violin, 59-60, 403
Embrasse-moi, chérie, voir Kiss Me Kate
Emperor Jones (The), 26, 67, 70, 80, 86-88, 93, 153
Enfin l'amour, voir At Long Last Love
Entre tu et vous, 363
Entreprenant Monsieur Petrov (L'), voir Shall We Dance
Entrons dans la danse, voir The Barkleys of Broadway
Épilogue, 268
Équinoxe, 367
Étienne et Sara, 311, 313, 315, 316
Étrange Noël de monsieur Jack (L'), voir The Nightmare Before Christmas
Ève, voir All About Eve
Every Sunday, 109
Everybody Dances Now, 388, 397
Everyone Says I Love You, 394-396
Evita, 392-393

Fame, 46, 53
Fantasia, 26, 66-67, 103, 105, 122-124, 389
Fantastica, 255
Fantôme de l'Opéra (Le), voir The Phantom of the Opera
Fantôme du Paradis (Le), voir Phantom of the Paradise
Faucon maltais (Le), voir The Maltese Falcon
Femmes de l'Inde (Les), 268
Fiesta (La), 117
Fièvre du samedi soir (La), voir Saturday Night Fever
Fiddle-de-dee, 366
Figaros Hochzeit, 13
Filles du Roy (Les), 251
Flashdance, 327
Flesh and the Devil, 134
Flûte enchantée (La), voir Tröllflöjten
Folies-Folies, voir Movie, Movie
Follow the Fleet, 335
Footlight Parade, 108
Footloose, 320, 327
For Generations to Come, 354, 356
Forum en folie (Le), voir A Funny Thing Happened on the Way to the Forum

Four Composers: Laurie Anderson, Tania Leon, Meredith Monk, Pauline Oliveros, 343-344
Fra Diavolo, 118, 180-182
French Cancan, 393
Frères Mozart (Les), 331
Funny Lady, 326
Funny Thing Happened on the Way to the Forum (A), 282, 289
Fureur de vivre (La), voir Rebel Without a Cause
Furie de l'or noir (La), voir High, Wide and Handsome

Gambling, Gods and LSD, 307-309
Garbo Talks, 140, 339
Gay Desperado (The), 76, 96-99, 125, 348
Gay Divorcee (The), 145
Gentlemen Prefer Blondes, 294
Gershwin, 140, 237, 292
Girl of the Golden West (The), 219, 220
Girls (Les), 89, 288
Going Hollywood, 50
Gold Diggers, 85
Gold Diggers of 1933, 95
Gone with the Wind, 275
Good News, 139, 169
Gospel According to Al Green (A), 87
Grand Caruso (Le), voir The Great Caruso
Grapes of Wrath (The), 156
Great Caruso (The), 117, 124
Green Pastures (The), 82, 86, 91-93, 153, 172, 186
Gremlins 2. The New Batch, 321-322
Guêpier pour trois abeilles, voir The Honey Pot
Guérisseurs (Les), 268
Guys and Dolls, 285-286

Hair, 322, 328-330
Hallelujah, 26, 67, 69, 80-82, 84, 92-94, 153
Hallelujah, I'm a Bum, 80, 82-84, 86
Hard Day's Night (A), 289
Haunted House (The), 397
Hearts in Dixie, 82
Heaven's Gate, 221, 326
Hello, Dolly!, 137, 273, 326
Help!, 289
Helzapoppin, 182
Hen Hop, 366
Heureux comme un poisson, 268
High, Wide and Handsome, 76, 96, 99-101

Hollywood chante et danse, voir *Hollywood Review of 1929*
Hollywood... Hollywood!, voir *That's Entertainment II*
Hollywood Review of 1929, 45, 46, 50, 53, 58, 72, 108, 109
Home of the Brave, 389
Homme qui ment (L'), 22
Hommes préfèrent les blondes (Les), voir *Gentlemen Prefer Blondes*
Honey Pot (The), 286-287
Honky Tonk Man, 319

I Want to Go Home, 140, 149, 151
I Will Not Make Any More Boring Art, 354-355
Il était une fois à Hollywood, voir *That's Entertainment!*
Île des amours (L'), voir *New Moon*
Impitoyable, voir *Unforgiven*
Industrial Symphony N° 1, 389
Inhumaine (L'), 349
Intervista, 184
Invitation à la danse, voir *Invitation to the Dance*
Invitation to the Dance, 170, 277-278
It's Always Fair Weather, 57, 136, 139, 140, 146-149, 241, 323, 400
IXE-13, 256

Jack Paar Credit Titles, 350
Jailhouse Rock, 288
Jane Eyre, 342
Jazz Singer (The) (1927), 24, 30, 38, 50, 63-66, 68, 71, 80, 83, 136, 195
Jazz Singer (The) (1980), 331
Je, 250
Jesus Christ Superstar, 393
Jésus de Montréal, 365
Johnny Guitar, 218, 219, 221, 222, 288
Johnny Guitare, voir *Johnny Guitar*
Jolie Fermière (La), voir *Summer Stock*
Jour après jour, 250
Joyeuse Divorcée (La), voir *The Gay Divorcee*
Joyeux Bandit (Le), voir *The Gay Desperado*
Judex, 133

Ken Russell's Talking Picture: The Boy Friend, 94-95
King Creole, 288
King Kong, 145
Kiosque à musique (Le), voir *Every Sunday*

Kismet, 172, 182-184, 278
Kiss Me Kate, 137
Knickerbocker Holiday, 154, 163-164
Kreutzer Sonata (The), 117

Là-haut sur ces montagnes, 366
Lady from Shanghai (The), 220
Lady in the Dark, 154, 162-164
Lady's Morals (A), 120
Last Temptation of Christ (The), 380
Laura, 186
Let's Make Love, 89, 278, 288
Let's Sing Again, 9
Letter to Peter: Saint François d'Assise in Salzburg, 398
Lettre à mon père, 249
Lettre d'amour (La), 315
Lieutenant souriant (Le), voir *The Smiling Lieutenant*
Life Classes, 354, 355
Lion King (The), 345
Lost in Sodom, 208
Lost in the Star, 154, 235-238, 244
Louise, 13, 90, 233, 244
Love Addict-Offenbach, 362
Love and Human Remains, 365
Love Me Tonight, 76, 86, 88, 90-91, 96, 98, 136, 171, 230, 284
Love Parade (The), 67, 69, 75, 78-79, 86, 88, 90, 177
Lucia di Lammermoor, 111
Luisa Tetrazzini écoutant un disque de Caruso, 116
Lumières de la ville (Les), voir *City Lights*
Lumières de ma ville (Les), 255
Lust for Life, 183
Lycée des cancres (Le), voir *Rock'n'Roll High School*

Ma vie est une chanson, voir *Words and Music*
Madama Butterfly, 13
Madame Croque-Mari, voir *What a Way to Go!*
Magicien d'Oz (Le), voir *The Wizard of Oz*
Magnificent Ambersons (The), 196-200
Make Mine Music, 26, 123-124
Maltese Falcon (The), 195
Manhattan, 394
Marnie, 207
Match d'amour, voir *Take Me Out to the Ball Game*
Maudite Aphrodite, voir *Mighty Aphrodite*
Maytime, 67, 69, 96, 120, 121, 129, 179, 180
Meet Me in St. Louis, 169, 275
Mélinda, voir *On a Clear Day You Can See Forever*

Melody Cocktail, voir *Melody Time*
Melody Time, 124
Merle (Le), 366
Merry Widow (The), 67, 86, 88, 89, 179
Mes espérances, 60
Metadata, 268
Metropolis, 14
Metropolitan, 117, 121-122, 396
Mighty Aphrodite, 394
Milliardaire (Le), voir *Let's Make Love*
Million (Le), 20, 73
Modern Times, 37, 82
Modulo, 268
Montréalistes (Les), 365
Mosaïque, 350
Moulin Rouge, 393-394
Moulins à vent (Les), 268
Mourir, 261
Mourir à tue-tête, 251
Movie, Movie, 332, 333
Muriel ou le temps d'un retour, 341
Music For the Movies: Bernard Herrmann, 205
Music of Kurt Weill (The). September Songs, 155-160
My Cousin, 111
My Darling Clementine, 220
My Fair Lady, 89, 273, 288

Naissance d'une nation, voir *The Birth of a Nation*
Napoléon, 134
Nashville, 321
Naufragés du quartier (Les), 251
Nerfs à vif (Les), voir *Cape Fear (1991)*
Never Steal Anything Small, 283
New Moon, 118, 119
New Orleans, 125, 329
New York Eye and Ear Control, 208, 295-296, 298-299, 301
New York, New York, 322-325, 332
Night and Day, 137
Night at the Opera (A), 67, 70, 99, 117, 118, 121-123, 144, 180, 339, 397
Night at the Opera with Peter Sellars (A), 330
Night Magic, 256
Nightmare Before Christmas (The), 345
Ninotchka, 283, 284
Noah's Ark, 64
Notes sur un triangle, 251
Nouvelle génération (La), voir *Gremlins 2. The New Batch*

Nozze di Figaro (Le), 330, 389
Nuit et Jour, voir *Night and Day*
Nuit magique (La), voir *Night Magic*
Nuits de Cabiria (Les), 294
Nuits ensorcelées (Les), voir *Lady in the Dark*
Nursery Favorites, 117

O Brother, Where Art Thou?, 391
Ô Picasso: tableaux d'une surexposition, 315
Obsession, 206
Oiseaux (Les), voir *The Birds*
Oklahoma!, 282, 286, 320, 328
On a Clear Day You Can See Forever, 172, 175-177, 235, 326, 388
On achève bien les chevaux, voir *They Shoot Horses, Don't They?*
On connaît la chanson, 335-336
On est au coton, 365
On the Town, 76, 78, 139, 146, 148, 153, 167-171, 277, 285, 323, 332
On the Waterfront, 168, 169
Onde orange, 268
One from the Heart, 332, 336-337
One Hour with You, 86, 89, 284
One Night of Love, 67, 117, 120
One Second in Montreal, 297, 301
One Touch of Venus, 154, 164
Opéra de quat'sous (L') (1930), 13, 156, 162
Orange mécanique, voir *A Clockwork Orange*
Orchestra (The), 123, 389-390
Othello, 200-203
Où êtes-vous donc?, 363
Oui, Giorgio, voir *Yes, Giorgio*
Outlaw (The), 150
Ouverture Tannhäuser, 117

Pajama Game (The), 193, 348
Parade d'amour, voir *The Love Parade*
Paramount en parade, voir *Paramount on Parade*
Paramount on Parade, 85, 108
Parapluies de Cherbourg (Les), 279, 280
Parsifal (1904), 111
Parsifal (1982), 134, 182, 227, 336
Passiflora, 359-360, 362, 367
Passion d'amour, voir *Passione d'amore*
Passione d'amore, 290, 294
Pays de rêve, voir *Going Hollywood*
Pêche au son (La), 249
Pennies from Heaven, 332, 334-336
Père Noël! Père Noël!, 311, 315

Petits Inventeurs (Les), 268
Phantasy (A), 250, 350
Phantom of the Opera (The) (1925), 67, 128-131
Phantom of the Opera (The) (1943), 128, 129
Phantom of the Opera (The) (1962), 128-130
Phantom of the Opera (The) (1982), 128-130
Phantom of the Opera (The) (1989), 128-130
Phantom of the Opera (The) (1990), 128-130
Phantom of the Paradise, 128, 131-134, 321, 397
Picture of Light, 305-307
Pierre Mercure, 369
Pink Floyd. The Wall, 392
Pique-nique en pyjama, voir The Pajama Game
Pirate (Le), voir The Pirate
Pirate (The), 169, 172, 174, 175, 241
Place au rythme, voir Babes in Arms
Plan sentimental (Le), 251, 352-354
Plante humaine (La), 41, 255, 310-313, 317, 318, 367
Plaques tectoniques (Les), voir Tectonic Plates
Playhouse (The), 13
Pluie qui chante (La), voir Till the Clouds Roll By
Points, 350
Porgy and Bess, 26, 80, 93, 225-235, 238, 282, 288, 337, 400
Porgy and Bess: An American Voice, 397
Porte du paradis (La), voir Heaven's Gate
Poulette grise (La), 366
Poursuite infernale (La), voir My Darling Clementine
Presents, 300-301
Prince étudiant (Le), voir The Student Prince in Old Heidelberg
Prologues, voir Footlight Parade

Qu'est-ce qu'on attend pour être heureux?, 53
Quatre garçons dans le vent, voir A Hard Day's Night
Queue tigrée d'un chat comme pendentif de pare-brise (La), 249

Radio Days, 209
Ragtime, 329, 400
Raisins de la colère (Les), voir The Grapes of Wrath
Rameau's Nephew by Diderot (Thanx to Dennis Young) by Wilma Schoen, 302
Rebel Without a Cause, 288
Red Badge of Courage (The), 221
Red Shoes (The), 328
Red Violin (The), 204, 256, 264, 400
Région centrale (La), 297, 301, 303, 304

Reine de Broadway (La), voir Cover Girl
Réjeanne Padovani, 365
Revolution, 265
Rhapsodie en bleu, voir Rhapsody in Blue
Rhapsody in Blue, 137
Rien ne t'aura, mon cœur, 390
Rigoletto, 13
Rock du bagne (Le), voir Jailhouse Rock
Rock'n'Roll High School, 321, 338, 339
Roi lion (Le), voir The Lion King
Romance, 276
Rose (La), voir The Rose
Rose (The), 326
Rossignol et les Cloches (Le), 255
Route de l'Ouest (La), 365
Royaume ou l'asile (Le), 360
Rythmetic, 350

Samedi. Le Ventre de la nuit, 352-354
San Francisco, 67, 69, 70, 96, 120, 129, 397
Satchmo the Great, 168
Saturday Night Fever, 320, 327
Say It with Music, 273-274
Say It with Songs, 71-72
Scissere, 305
Secret World, 200, 256, 261-263, 388
See You Later/Au revoir, 301-303
Sept Femmes de Barberousse (Les), voir Seven Brides for Seven Brothers
Serenal, 366
Seven Brides for Seven Brothers, 332-333
Shall We Dance, 143
Short and Suite, 366
Show Boat (1929), 68, 82, 93
Show Boat (1936), 67, 69, 82, 86, 93, 104
Show Boat (1951), 93
Side Seat Paintings Slides Sound Film, 298, 303
Silk Stockings, 76, 227, 282-284, 288, 323, 328, 338, 340
Singin' in the Rain, 45-54, 57, 58, 106, 132, 136, 139, 143, 147, 149, 152, 170, 241, 277, 294, 332, 339
Sisters, 206
Smiling Lieutenant (The), 86, 88, 89
Snow White and the Seven Dwarfs, 26, 70, 101, 103
So is This, 301
Sœurs de sang, voir Sisters
Sois sage, ô ma douleur, 390
Soleil de nuit, voir White Nights

Son des Français d'Amérique (Le), 367
Sonatine, 37
Song o' My Heart, 67, 97, 119
Sortie 234, 249, 367
Sound of the Carceri (The), 265-267
Sourires d'une nuit d'été, 294
Souvenirs d'«Othello», 200-203, 256, 263, 400
Souvenirs de guerre, 311, 313, 315-317
Splendeur des Amberson (La), voir *The Magnificent Ambersons*
Splendid Romance, 111
Splendor, 14, 290
St-Louis Blues (1929), 86, 165
Stagecoach, 195
Star is Born (A) (1954), 89, 107, 288
Star is Born (A) (1976), 326, 331
Stars Over Broadway, 122
Stavisky..., 290, 291
Student Prince (The) (1954), 179, 276
Student Prince in Old Heidelberg (The), 24, 67-68
Subligoo, 268
Suivons la flotte, voir *Follow the Fleet*
Summer Holiday, 76, 100, 155, 175, 176, 235, 282, 285
Summer Stock, 56
Sunnyside Up, 73-75
Sunset Blvd., 195, 294
Sur les quais, voir *On the Waterfront*
Sweet Charity, 328
Synchromie, 350

Take Me Out to the Ball Game, 139, 155
Taxi Driver, 206
Technology of Tears, 316
Tectonic Plates, 305-307
Telidon, 269
Temps de l'innocence (Le), voir *The Age of Innocence*
Temps modernes (Les), voir *Modern Times*
That's Dancing!, 272, 274, 275, 320, 327-329
That's Entertainment!, 272, 274, 275, 277, 329, 338
That's Entertainment II, 274, 275, 329
That's Entertainment III, 272, 274, 275, 294, 329
Théâtre flottant (Le), voir *Show Boat (1936)*
They Came to Cordura, 218-221
They Shoot Horses, Don't They?, 353
Thief of Bagdad (The), 134
Thirty-two Short Films About Glenn Gould, 200, 256, 264, 371-382, 391, 400

This is a Photograph, 268
This is Spinal Tap, 321, 338, 340-341
Till the Clouds Roll By, 137
To Lavoisier, Who Died in the Reign of Terror, 296, 299-301
Top Hat, 67, 69, 86
Top of His Head (The), 305-306
Tous en scène, voir *The Band Wagon*
Tout l'or du ciel, voir *Pennies from Heaven*
Tout le monde dit «I Love You», voir *Everyone Says I Love You*
Tragédie de Carmen (La), 187
Traveller (The), 354
Travellog, 269
Trente-deux films brefs sur Glenn Gould, voir *Thirty-Two Short Films About Glenn Gould*
Trésor Archange (Le), 361-362
Trois place pour le 26, 278, 279
Trois pommes à côté du sommeil, 367
Tröllflöjten, 13, 182, 227
Trumpet Number Seven, 345-346, 400
Twirligig, 250
Two Bagatelles, 350
Two Sides to Every Story, 296, 298, 304

Un caprice de Vénus, voir *One Touch of Venus*
Un homme et son péché, 39
Un jour à New York, voir *On the Town*
Un numéro du tonnerre, voir *Bells are Ringing*
Un petit coin aux cieux, voir *Cabin in the Sky*
Under a Texas Moon, 64
Understanding Bliss, 354, 355
Une chambre en ville, 279
Une étoile est née, voir *A Star is Born (1954)*
Une heure près de toi, voir *One Hour with You*
Une nuit à l'opéra, voir *A Night at the Opera*
Une nuit d'amour, voir *One Night of Love*
Une semaine dans la vie de camarades, 363
Unforgiven, 319

Vacant Lot (The), 354-356
Verts Pâturages (Les), voir *The Green Pastures*
Very Nice, Very Nice, 351
Veuve joyeuse (La) (1907), 24
Veuve joyeuse (La) (1934), voir *The Merry Widow*
Victor/Victoria, 294
Vie est un roman (La), 151, 152, 280, 281, 341
Vie passionnée de Van Gogh (La), voir *Lust for Life*
Viennese Nights, 64, 118, 119, 136
Violon rouge (Le), voir *The Red Violin*

Vitaphone Varieties, 62
Vive l'amour, voir *Good News*
Voice of the Screen, 58
Voisine (La), 390
Voisins, 350
Volcano, 268
Voleur de Bagdad (Le), voir *The Thief of Bagdad*
Voyage en Amérique avec un cheval emprunté, 357-359

Wavelength, 296, 299, 301-302, 389
Week-end, 39, 40
West Side Story, 69, 141, 154, 279, 282, 289, 320, 328, 389
What a Way to Go!, 140, 238-242

Where Do We Go from Here?, 154, 162, 164-167, 400, 401
White Nights, 125, 320, 327-329
Wizard of Oz (The), 67, 69, 86, 93, 101-103, 164, 174, 195, 275, 334
Wonder Bar, 94
Words and Music, 137

Xanadu, 279

Yentl, 320, 326-327
Yes, Giorgio, 124

Zero Patience, 391-392
Ziegfeld Follies, 105-108, 137, 172, 275, 330, 389

TABLE DES MATIÈRES

INTRODUCTION
«Théâtre Opérascope»: l'opéra des cinémas nord-américains 11

PROLOGUE
«The birds are coming!» 35

PREMIÈRE PARTIE
Un nouveau film-opéra 43

1. *Singin' in the Rain*: le *musical* de la révolution Warner/Vitaphone   45
2. Warner/Vitaphone à la défense de l'opéra américain   59
3. 1929: big-bang du *musical* filmique   71
4. L'onde de choc des années 30   85
5. *La Traviata* aux Ziegfeld Follies 105
6. La phonographie et la mort 127
7. La tétralogie de Comden et Green 135
8. Weill et Bernstein au seuil du film-opéra hollywoodien 153
9. L'exception de l'opéra filmé 179
10. Nouveau détour du côté de la phonographie 195

INTERMEZZO
Scénario d'un film-opéra. *La fanciulla del West* de Puccini 213

SECONDE PARTIE
Archives et métamorphoses 223

11. Dans la caverne de la Bibliothèque du Congrès 225
12. Un nouvel opéra 245
13. Le bel effondrement du temple 271
14. Les films phonographiques de cinéastes compositeurs 295
15. Le crépuscule du dieu 319
16. Partitions audiovisuelles opératiques 349
17. Cinéma gouldien. Dernier détour par la phonographie 369

ÉPILOGUE
L'opéra sans nom, ou l'«opéra de New York»? 385

POSTFACE par François Thomas 399

GÉNÉRIQUE 405
BIBLIOGRAPHIE 407
DISCOGRAPHIE 415
INDEX DES FILMS 419

AGMV Marquis
MEMBRE DE SCABRINI MEDIA
Québec, Canada
2003